知识就在得到

# 杨立新 民法典讲义（下）

LECTURES on CIVIL LAW

著

新星出版社　NEW STAR PRESS

# 目录（下） CONTENTS

## 第五章 增加财富的交易规则
Chapter 5

**105 | 合同**
公司之间签"对赌合同"，属于赌博行为吗？ / 003

**106 | 合同相对性**
未经债务人同意，债主可以把应收账款交由其他人收取吗？ / 009

**107 | 合同解释**
签了一万八千年后还债的借条，法律会如何认定效力？ / 016

**108 | 合同成立**
因不可抗力未及时确认采购订单，合同会成立吗？ / 022

**109 | 要约邀请**
买房时的宣传资料，属于合同的有效部分吗？ / 027

**110 | 合同条款**
签订合同时未约定价款，合同能成立吗？ / 033

**111 | 预约合同**
开发商签了商品房认购书后反悔，业主能要求交房吗？ / 039

**112 | 格式条款**
保险赔付时，条款含义有多种解释，法律会如何认定？ / 044

113 | 悬赏广告
　　失主能以拾金不昧为理由，不给悬赏报酬吗？ / 049

114 | 戏谑行为
　　在访谈中声称把艺术馆送给他人，有法律效力吗？ / 054

115 | 缔约过失责任
　　中标后未能签约，可以追偿本该获得的利润吗？ / 060

116 | 合同效力
　　法定代表人已经签字的合同，董事会能主张不生效吗？ / 067

117 | 事先免责条款
　　合同约定了人身损害免责，有法律效力吗？ / 072

118 | 合同履行
　　商铺续租10年后房东阻拦装修，会构成违约吗？ / 078

119 | 选择之债
　　借条里约定了多种还债方式，要还款了，债主享有决定权吗？ / 083

120 | 合同履行抗辩权
　　认为对方有财务风险就拒绝交货，会构成违约吗？ / 088

121 | 借新还旧
　　跟银行借新贷还旧债，保证人还要承担保证责任吗？ / 093

122 | 履行变动
　　贷款购房后要提前还贷，银行有权不接受吗？ / 099

123 | 情势变更
　　商铺因疫情人流锐减，能请法院判决减租吗？ / 106

124 | 债权人撤销权
　　待还债的财产被办理了抵押登记，债主能主张撤销吗？ / 111

125 | 债权人代位权
　　债主代债务人追回了款项，有权优先受偿吗？ / 115

126 | 合同转让
　　确定了结果的裁判文书，可以买卖吗？ / 119

127 | 债务加入
　　没有使用借款但答应了共同还债，要承担法律责任吗？ / 125

128 | 清偿
　　存款被冒领，存款人还能要求银行继续支付本息吗？ / 131

129 | 合同解除
　　按时交付设备但迟延安装，会导致合同解除吗？ / 137

130 | 抵销
　　双方互负债务，就可以要求抵销吗？ / 142

131 | 提存
　　房东拒收房租意图毁约，租客该如何保护自己？ / 148

132 | 违约责任
　　商家对商品有质量瑕疵不知情，要承担惩罚性赔偿吗？ / 154

133 | 定金
　　接受定金后违约，要承担什么法律后果？ / 159

134 | 买卖合同
　　待交易的货物因地震灭失，该由谁承担损失？ / 164

135 | 保证合同
　　提供担保时没有约定担责方式，法律会如何认定责任？ / 168

136 | 租赁合同
　　房东要卖房，房客能优先购买吗？ / 174

137 | 快递合同
　　未保价的快递物品丢了，应当怎么赔偿？ / 179

138 | 客运合同
　　客运巴士上乘客因太拥挤受伤，由谁承担赔偿责任？ / 183

139 | 中介合同
　　接受中介服务后"跳单"，有什么法律后果？ / 189

140 | 合伙合同
　　合伙时没有约定收益分成比例，该怎么分配利润？ / 194

141 | 无因管理
　　捡到宠物猫后悉心照料，可以要求主人补偿照顾费吗？ / 200

142 | 不当得利
　　微信转账转错人，对方拒不归还怎么办？ / 204

# 第六章 个人财富的传承方法
## Chapter 6

**143 | 遗产**
母亲生前经营的网店，子女能继承吗？／211

**144 | 继承权**
放弃了遗嘱继承，还可以主张法定继承吗？／216

**145 | 继承权丧失**
儿子伤害父亲后被谅解，还有权继承遗产吗？／221

**146 | 继承开始**
夫妻俩同时遇害，相互还发生继承关系吗？／225

**147 | 继承方式**
设立遗嘱后，又签了遗赠扶养协议，哪个效力更优先？／229

**148 | 遗嘱继承**
遗嘱写明儿媳永不改嫁才能继承房产，有法律效力吗？／235

**149 | 遗赠**
舅舅去世时留给外甥一幅名画，一年后，外甥还能接受吗？／240

**150 | 遗嘱方式**
以打印方式设立的遗嘱，有效吗？／246

**151 | 遗嘱效力**
经公证机构公证过的遗嘱，效力最优先吗？／252

**152 | 遗嘱执行人**
遗嘱内容含义不清，遗嘱执行人做出的解释有优先效力吗？／257

**153 | 遗嘱见证人**
立遗嘱时，继承人可以作为见证人吗？／261

**154 | 法定继承**
再婚后，继子有权继承继父的遗产吗？／265

**155 | 法定继承人**
死者的配偶健在，兄弟姐妹还能主张继承遗产吗？／270

**156 | 代位继承**
侄子女、甥子女可以继承叔伯姑舅姨的遗产吗？／275

**157 | 丧偶者继承权**
丧偶儿媳尽了赡养义务，能继承公婆的遗产吗？／281

**158 | 应继份**
同一顺序的继承人有多个，遗产是平均分配还是可多可少？／285

**159 | 非继承人酌分遗产**
放弃了遗赠，非继承人还可以分得遗产吗？／291

**160 | 遗产管理人**
遗产无人继承，遗产债权人该找谁还款？／295

**161 | 遗产债务清偿**
继承后遗产不够还债，继承人还能主张留出生活费吗？／300

**162 | 转继承**
遗产分割继承人死亡了，遗产该归谁所有？／306

**163 | 必留份**
遗嘱里没给留遗产，未成年继承人能要求继承吗？／312

**164 | 遗赠扶养协议**
签订遗赠扶养协议后照顾邻居多年，邻居可以反悔吗？／318

**165 | 无人继承遗产**
孤寡老人的遗产无人继承又无人受遗赠，遗产该如何处理？／323

# 第七章 保护权利的侵权责任
Chapter 7

**166 | 侵权责任保护范围**
抚育16年的儿子不是亲生的，能要求前妻赔偿吗？／330

**167 | 侵权责任构成要件**
在相邻的饭店门旁摆样品花圈，属于侵权吗？ / 337

**168 | 侵权责任归责原则**
汽车风挡玻璃爆裂致人死亡，车厂无过错也要承担责任吗？ / 343

**169 | 共同侵权行为**
汽车追尾造成后车乘客重伤，能要求前车驾驶员赔偿吗？ / 349

**170 | 共同危险行为**
四个孩子向楼下扔砖造成他人死亡，谁承担赔偿责任？ / 354

**171 | 分别侵权行为**
前后车重复碾轧，怎样对受害人进行赔偿？ / 358

**172 | 过失相抵**
放在路边的开水桶烫伤了儿童，能主张监护人有过失而减轻责任吗？ / 363

**173 | 损益相抵**
医疗事故致患者死亡，可以用捐款抵扣赔偿吗？ / 369

**174 | 第三人原因**
房屋因地铁施工成了危房，开发商要承担赔偿责任吗？ / 374

**175 | 受害人过错**
学生受到学校处分后自杀身亡，学校要承担赔偿责任吗？ / 380

**176 | 自甘风险**
踢足球导致骨折，可以要求对方球员赔偿吗？ / 387

**177 | 自助行为**
顾客吃霸王餐，店家可以扣物、扣人催要餐费吗？ / 391

**178 | 人身损害赔偿**
城市居民和农村居民在同一事故里身亡，死亡赔偿金有不同标准吗？ / 397

**179 | 财产损害赔偿**
  汽车肇事撞坏文物造成2000万元损失，需要全部赔
  偿吗？ / 404

**180 | 精神损害赔偿**
  顾客因"容貌不佳"被禁止进酒吧，可以请求精神损害赔
  偿吗？ / 410

**181 | 损害具有人身意义的特定物**
  祖宗画像丢失，能请求精神损害赔偿吗？ / 416

**182 | 违约精神损害赔偿**
  发现旅游团里有传染病人，能要求旅行社赔偿精神
  损害吗？ / 420

**183 | 公平分担损失**
  在电梯里劝阻吸烟，老人猝死，劝阻者有责任吗？ / 426

**184 | 定期金赔偿**
  受害人要求一次性赔偿，但侵权人主张定期支付，
  法律会如何认定？ / 431

**185 | 监护人责任**
  帮朋友带孩子，孩子伤人了，由谁承担赔偿责任？ / 436

**186 | 暂时丧失心智损害责任**
  司机突发心梗造成交通事故，要承担责任吗？ / 440

**187 | 用人者责任**
  外卖小哥送餐撞伤他人，外卖平台要承担赔偿
  责任吗？ / 445

**188 | 定作人指示过失责任**
  工人维修棚顶，导致木架砸伤行人，房主要承担
  责任吗？ / 451

**189 | 网络侵权责任**
  在网站上被"人肉搜索"，网站要承担赔偿责
  任吗？ / 457

**190 | 违反安全保障义务损害责任**
  顾客在没有护栏的消防通道里跌落，饭店要赔偿全部
  损失吗？ / 462

**191** | 学生伤害事故责任
  儿童放学后身体不适，校方要承担责任吗？ / 468

**192** | 产品责任
  过量喷洒杀虫剂引起爆炸，生产商要承担赔偿责任吗？ / 473

**193** | 机动车交通事故责任
  顺路捎朋友去机场，出车祸了，司机要赔偿吗？ / 479

**194** | 医疗损害责任
  患者因选用了便宜的手术器材受损，医院要承担责任吗？ / 485

**195** | 环境污染和生态破坏责任
  加油站被偷油，阀门未关造成泄漏污染，由谁承担责任？ / 491

**196** | 高度危险责任
  放炮炸石后，碎石滚落致害他人，应当赔偿吗？ / 496

**197** | 饲养动物损害责任
  狗被挑逗后伤人，狗主人要赔偿吗？ / 502

**198** | 建筑物倒塌损害责任
  业主挖地下室导致墙塌伤人，开发商要赔偿吗？ / 507

**199** | 高空抛物损害责任
  无法查清高空抛物行为人，由居民楼全体高层业主赔偿吗？ / 513

**200** | 障碍通行物损害责任
  前车遗撒物品造成后车损害，道路管理者要承担责任吗？ / 518

**后记　规范只是途径，权利才是目的** / 523

第五章

一

# 增加财富的交易规则

## 105 合同

公司之间签"对赌合同",属于赌博行为吗?

本节开始正式进入本书的第五章:增加财富的交易规则,对应的是《民法典》的合同编。合同编规定的,是与合同交易相关的行为规则。如果说物权侧重于保障民事主体的财产基础,是一种静态财产权,那与之对应的合同债权就是一种动态财产权。它要保障的,是民事主体能有机会通过公平、合理的交易来增加自身财富。

本节先来学习合同这个概念。先来看一个案例。

某投资公司、某实业公司和老王共同签署了《增资协议书》,约定投资公司对实业公司增资两亿元,取得实业公司30%的股权,老王则继续持有70%的股权。合同还约定,实业公司须在三年内完成上市,如果不能上市,老王必须回购投资公司所持有的股份。

获得投资后,虽然实业公司业绩有增长,但最后还是没能成功上市。投资公司就要求老王回购股份,但老王却不同意了。他认为回购条款具有赌博性质,是没有效力的。而且,投资公司在入股期间,也取得了公司分红,并没有受损,因此拒绝回购。

在我国,以营利为目的的赌博确实是不合法的。但是,案例里三方签的协议是商业对赌协议。它虽然也具有类似于赌博的不确定性,但其实是一种特殊的合同类型,叫射幸合同,是被法律认可的。因此,老王的说法没有道理,案例中的回购条款具有法律效力。

要理解这个结论,得先来看看到底什么是合同。

## 合同的定义和特征

《民法典》第 464 条给合同下了定义：合同是自然人、法人、非法人组织之间设立、变更、终止民事法律关系的协议。

虽然我们今天习惯把合同、协议和契约这三个表述画等号，但根据上述法条你会发现，在法律上，协议的范围其实比合同要大。比如，张三和李四在下棋，双方说好下完这一局就各自回家，这也是一种协议，但不能认为是合同。这样的协议不涉及民事法律关系的设立、变更和终止，只能说是日常约定。

至于契约与合同，这两个词最开始的含义其实也并不相同。在中国的历史上，契约是指记录了双方约定的法律文书；"合同"实际上只是在两份文本之间的"骑缝"，也就是我们今天签合同要盖的那个"骑缝章"。

我现在还保留着一份清朝的契约，两份契约背靠背，把一份折起来，就使两份文本有了一个接缝，在骑缝处写上"合同"两个大字，当事人一人一份。要确认双方契约的真实性时，就把两份文本合在一起，"合同"二字就对上了。因此，就取其"合起来相同"的意思为合同。不过，在 1949 年后，我们基本上就不使用契约这个表述了，统一都用合同的称谓。

理解合同时，要注意把握它的三个法律特征。

**第一，合同由法律行为引起**。合同行为必然是人的行为，如果是自然事实引起的法律关系变动，与合同无关。同时，行为人还必须具备一定的民事行为能力。不满 8 周岁的未成年人或者是没有辨认能力的成年人，都属于无民事行为能力人。他们即使签订了合同，也不能发生合同的效力。

**第二，合同因意思表示一致而成立**。合同的缔结由当事人自主支配。在不违背法律法规的情况下，通行意思自治原则。

**第三，合同的本质是一种债权**。这里说的债，并不是欠债还钱的具体债务，而是民法里的一个专有概念。《民法典》第 118 条对此的解释是：债权，是一种权利人请求特定义务人为或者不为一定行为的权利。比如，签了买卖合同，买卖双方就都能享有债权，有权让对方为一定的行为。买家有权要求交付商品，卖家则有权要求支付金钱。除了因为合同产生债权，《民法典》还规定，侵权行为也会产生债权。比如，张三把人打伤了，那伤者当然有权请求张三赔偿，这叫侵权之债。此外，还有无因管理之债和不当得利之债，也叫"准合同"。比如事前没有合同，就帮人维护了财产，或者无根据地取得了他人的财物，这些情况也会产生债权。

## 合同的种类

合同的成立通行意思自治原则，只要不违反法律法规，当事人之间可以自主决定"就什么事情、以什么方式"订立合同。这就意味着，现实中合同的具体样式会非常多，无法一一穷尽。不过，这些合同归纳起来，可以分成五类。

**第一，典型合同与非典型合同**。其实原来这种分类被称为有名合同和无名合同，《民法典》换了一个新说法。区分的标准也好理解，就是看《民法典》是否给某类合同确定了名称，并且设立了特定的法律规则。《民法典》确定的典型合同有 19 类，其中有很多在生活中很常见，比如买卖合同、租赁合同、借款合同等。也有一些我们可能相对陌生，比如融资租赁合同、技术合同、建设工程合同等。限于篇幅，这里不再一一展开。至于《民法典》没有明文规定的合同，那就统称为非典型合同，例如医疗服务合同、培训合同等。这类合同既要符合《民法典》总则的一般性规定，也会参照与之最类似的典型合同规则适用法律。

**第二，双务合同与单务合同**。这里说的"务"就是义务。顾名思义，它是以当事人是否存在给付义务来分类的。双方当事人都负担义务的合同是双务合同，最典型的就是买卖合同，一手交钱一手交货。单务合同，则是仅有一方负担给付义务，比如赠与合同。

**第三，诺成合同与实践合同**。所谓"诺成"，就是"一诺即成"。在诺成合同里，一旦一方对另一方做出承诺，合同就能成立，产生法律效果。承诺不能兑现，就会产生违约责任。比如签租赁合同，就算签订后无法立即入住，合同也算成立。在入住前，如果房东违反承诺，又不想租了，他就要承担违约责任。实践合同则与诺成合同相反。除了双方做出承诺，还必须交付了标的物，合同才能成立。例如赠与合同，只有赠与物交到受赠人手里，合同才算成立，同时赠与行为也一并完成。如果答应了赠与，但最后没有实施，受赠人也不能追究违约责任，因为合同压根没有成立。但要注意，如果不是普通的赠与，而是像捐款这样有公益性质的赠与，那就是诺成合同了。承诺做出，法律就会要求兑现，否则要承担违约责任，这样才有利于保护公共利益。

**第四，要式合同和不要式合同**。"要式"，就是法律对合同成立有没有要求特定形式。最典型的是买房、买车，这是大额交易，法律要求必须是书面合同，这就是要式合同。但如果是去商店买菜、买肉，显然不需要签订书面合同，这就是不要式合同，可以用口头形式订立，也可以用书面形式订立。其实我们每一天都在订立大量的合同，只不过大多是以口头方式完成的，这些都是非要式合同。

**最后，还有一类比较特殊的合同类型，是确定合同与射幸合同。**"射幸"有侥幸的意思，是指缔约时，合同的法律效果还不能确定。例如在有奖销售中，买卖合同是确定合同，买家获得什么商品、卖家得到多少价金，这都是清楚的，但其中的中奖合同是射幸合同，买家是否能获奖，这是不确定的。本节案例中说到的对赌协议，也是一类典型的射幸合同。

虽然违法赌博和对赌协议都具有不确定性，但违法赌博更多只是消耗金钱，不利于推动生产，甚至还会滋生心理成瘾、打架斗殴等社会问题，所以我国法律严令禁止。而对赌协议本质上是一种融资方式，有利于缓解企业融资困难。对实业公司来说，它能得到投资，进而扩大生产；对投资公司来说，因为有回购条款，投资风险也可控。所以，商业公司约定对赌协议，法律是认可的。只要执行回购条款时，各方符合《公司法》规定的程序，不会损害公司债权人和其他股东的利益，法院都会支持。

到这里，本节案例的结论就很清晰了。

投资公司给实业公司增资两亿元，取得了实业公司的 30% 股权，是正常的投资行为。

三方在协议中约定实业公司上市不成，老王必须回购股权。这个约定构成民法里规定的射幸合同，是受法律保护的。实业公司成功上市，投资方就会获得巨大利益。不能实现上市，老王要回购股权，投资方一点损失也没有。看起来，这样的对赌协议似乎对一方不是很公平。但是这就是商业行为，双方根据意思自治原则达成合意，也没有违反法律法规，就会产生合同债权。所以，老王认为回购条款无效是没有道理的。如果他坚持不履行回购条款，那投资公司可以向法院起诉，请求判令老王履行合同义务。

## 106 合同相对性

未经债务人同意,债主可以把应收账款交由其他人收取吗?

我们知道,合同的本质是一种债权债务关系,也就是权利人可以请求特定义务人做或者不做一定行为。这里有一个关键是"特定义务人",意思是合同只会在签约各方之间产生法律拘束力,这也叫合同相对性。来看一个案例。

某医药公司向材料公司订购了一批化学用品,总价 2000 万元,双方约定先取货,一年后付款。在离付款期还有半年的时候,材料公司急需一笔资金,就找到金融机构签订了一个融资合同。双方还约定,取得融资后,材料公司手里的 2000 万元应收账款后续交由金融机构直接收取。

后来,在 2000 万元账款快到清偿期的时候,金融机构向债务人医药公司发送了一份《应收账款转让确认书》,告知医药公司后续向其还款。但医药公司认为,自己的债权人是材料公司,金融机构无权要求偿还。双方就发生了争议。

前文讲过,应收账款可以用于质押借贷。如果借贷人到期没有清偿债务,质权人有权申请变价应收账款,但不能直接代为收取账款。而本节案例中,材料公司在借款时,却和金融机构约定,2000 万元应收账款后续直接由金融机构收取。这样的约定是不是有法律效力呢?

要回答这个问题,得先知道《民法典》对合同相对性是怎么规定的。

## 什么是合同相对性

所谓合同相对性,是指依法成立的合同仅对当事人具有法律约束力。俗话说的"打酒要找提瓶子的人要钱"就是这个意思。与合同相对性对应的是权利的绝对性。比如,物权、人格权等权利类型就具有绝对性,不仅能约束当事人双方,还能约束其他第三人。比如,买家张三和李四签订房屋买卖合同,"房子多大、卖多少钱",这是写在合同里的,只会约束交易双方,所以法律不要求公示。但如果是房屋过户,涉及物权变动,法律就会要求登记公示。登记之后,除卖家李四之外的其他所有人,也都受法律约束,要承认张三是新房主,不得侵害他的房屋所有权。

合同相对性在合同中的体现,主要有三个方面。

**第一,是合同主体的相对性**。也就是合同关系只能发生在特定的主体之间。例如,立遗嘱和签订合同都是民事法律行为。遗嘱只有遗嘱人一个人的法律行为,不存在对方接受或拒绝的情形,所以没有相对人也能设立。然而在合同里,主体是特定且明确的,合同关系要成立,必定要有双方,甚至是多方主体。

**第二,是合同内容的相对性**。合同里的权利义务相互对应,一方享有的权利,就是另一方负担的义务。比如,在保管合同里,保管人的保管义务和存放人的受保管权利相对应;在买卖合同里,买卖双方交付价款、商品的权利和义务,也是相互对应的。此外,合同内容的相对性,还意味着合同里约定的权利和义务只能由合同当事人享有和承受。如果丈夫个人借钱，没有用于家庭生活，债主却让其妻子清偿，这就不行，因为债权人只能向合同的义务人主张权利。再如，成年的儿子借了钱，在欠条上写明由他的爸爸还钱，这也不行，因为这是在为合同之外的其他人设定义务，属于无故为他人增加负担。

**第三，既然合同的主体、内容都具有相对性，对应的，不履行合同义务引发的违约责任，当然也具有相对性。**具体来说，就是债务人违约应当由自己承担责任，不能将责任推卸给他人。同时，也不能要求合同以外的其他人承担责任。比如网上购物，商家发错货了，这是商家违约，买家收货后当然不能要求快递公司承担责任。但是如果商家没有发错货，是合同以外的第三人，也就是快递公司毁坏了商品，那买家能不能要求快递公司承担违约责任呢？答案是也不行。因为这个运输商品的合同是快递公司和商家签的，快递公司的违约责任，应该由商家去追究。至于买家，他可以直接向商家主张权利，要求退款或者换货，不用和快递公司交涉。因为到底是卖家发货时就有破损，还是快递公司损坏了货物，买家是没办法证明的。不过在现实中，也有些时候是快递公司愿意直接向买家赔偿，但这就属于快递公司主动"花钱了事"。赔偿后，他也就不用再向商家承担责任。

## 合同相对性原则的突破

虽然《民法典》第465条规定了合同具有相对性，但这只是一般情况。在法条里还有一个表述，就是"法律另有规定的除外"。在特定情况下，合同相对性原则是可以突破的。归纳起来，主要是三种情况。

**第一，涉他合同。**虽然说合同内容具有相对性，不能为合同以外的人设定义务，但是，在合同里单纯地为第三人设置利益，这是没问题的。有一年保险公司推出了金婚保险，有人就花500元买一份金婚保险，送给一对新婚夫妇，等他们到了金婚，也就是结婚五十周年的时候，就可以得到5万元的金婚保险金。这就是为他人投保，是一个典型的涉他合同。

**第二，债权人撤销权和代位权。**简单来说，债权人撤销权就是债务人要通过合同逃债了，债权人可以请求法院撤销这个合同。比如张三欠李四10万元，为了逃避债务，张三就故意把财产送给王五。这个时候，债权人李四就可以向法院起诉，撤销张三和王五之间的赠与合同。虽然赠与合同是张三和王五之间的，李四属于第三人，但李四仍然可以请求法院撤销，这也是对合同相对性的突破。

债权人代位权也很好理解。变形一下刚才的案例，假设是王五欠着张三的钱，但张三为了逃避对李四的债务，故意不找王五讨债。这个时候，李四就有权代位张三，直接向王五要债。这也是突破了合同相对性。

**第三，在一些特定的典型合同里，法律明确规定了突破合同相对性。**比如保理合同，保理的全称叫"保付代理"，是一个金融术语。简单来说，就是双方可以订立合同，约定一方把自己的应收账款转让给保理人，也就是提供保理服务的公司。转让人能获得融资，保理人则负责后续收款。本节案例就是这种情况，材料公司把自己对医药公司的应收账款转让给了金融机构。金融机构虽然不是债权人，但基于保理合同，也可以向医药公司直接收款。再如建设工程合同，因为建设工程通常要涉及勘查、设计、施工等部分，比较复杂。所以法律规定，总承包人在承接建设工程之后，可以把一部分工程内容交给合同以外的第三人完成，比如交给一些小型建筑公司。但是，如果这些分包出去的工程没干好，即使这些小建筑公司没有和发包人，比如地产商等，直接签合同，最后也需要和总承包人一起，向发包人承担连带责任。这也是突破了合同相对性。

## 金融机构有权向医药公司追讨债务

本节案例中，材料公司向金融机构借款，并在合同里约定，自己对医药公司的应收账款后续由金融机构直接追讨。这其实就是双方订立了一个保理合同。虽然医药公司并不是保理合同的当事人，但法律规定，保理合同的效力可以突破合同的相对性。保理人，也就是金融机构，有权直接向医药公司追讨债务，医药公司不得以债权人不是金融机构为由，拒绝清偿债务。

当然，签订保理合同后，债权人材料公司或者保理人金融机构，也应当及时通知债务人。如果未提前通知债权转让，就直接追讨债务，那债务人可以拒绝向金融机构还款，进而继续向材料公司清偿。

本节案例中，保理人是在货款快到清偿期时通知的，虽然通知得比较晚，但仍然属于在债权到期前通知，债权转让仍然发生效力。不过，也因为通知得比较晚，保理人需要与医药公司协商出一个合理的期间，让医药公司确认债权转让的真实性。

## 延伸课堂：

**商品有质量问题，直接找到厂家退换，属于突破合同相对性吗？**

如果商品有质量问题，只是违反了买卖合同的义务，构成违约责任，这时就会受合同相对性原则的限制。在买卖合同中，只有买家和商家是双方当事人，买家和生产厂家不存在交易关系。因此，出现商品质量和售后问题，原则上应当由商家负责。

即使商店不愿意，要起诉也是起诉商家。合同法的规则是，因第三人的过错导致一方当事人违反合同，也是违约人先承担责任。比如，产品出厂时就有瑕疵，导致售卖的商店对顾客违约了，也是商家先承担责任。他承担之后，再向第三人也就是厂家追偿。

不过，有两种情况是可以突破相对性原则的。

第一种情况，是商品售出后，厂家发现商品有瑕疵需要召回，或者政府指定厂家将有瑕疵的商品召回。这时候，即使厂家和消费者之间没有合同，也必须依照规定将产品召回。消除存在的瑕疵后，再把商品返还给消费者。当然，这期间给消费者的补偿费，都由厂家负责。

第二种情况，是商品有质量缺陷，不仅违反了买卖合同义务，而且还构成了产品侵权责任。这个时候追责，就不受合同相对性原则的约束，而是可以依照侵权责任的规定，直接找厂家承担赔偿责任。比如，消费者购买了一个电磁炉，结果在使用过程中发生故障，伤害了消费者，或者毁坏了消费者的其他财产，这就不仅是违约，而且还构成人身或者财产侵权。这时候，消费者就可以起诉生产者或者销售者任何一方，也可以对双方一同提起诉讼。

## 107 合同解释

### 签了一万八千年后还债的借条，法律会如何认定效力？

我们知道，合同签订后，各方可能产生各种争议，比如签完合同才发现漏了一些条款，或者对某些条款理解不一致，进而产生纠纷。出现这些情况，应该怎么办呢？这就涉及一个行为规则——合同解释。

先来看一个案例。

2020年，老黄因孩子上大学急需学费，就找到邻村的老蒋借了6000元。双方约定，借款期限为一年，到期需清偿本金及利息。借款到期后，债主老蒋来要债。出示借条的时候，老黄发现还款日期写的是"20021年8月"，按照这个日期，借款要等一万八千年后才到清偿期。于是，老黄就以借款没到期为由，拒绝清偿债务。但老蒋不干了，认为这显然是笔误，还款期限应该是2021年8月。双方就产生了争议。

债主老蒋这种情况有点像重大误解，他因为过失，在一个还款期限为一万八千年的借款合同上签了字，导致现在收不回欠款，给自己造成了损失。然而，重大误解的法律后果是撤销双方的借款合同，这对老蒋是不利的。合同撤销后，自始不发生效力，虽然本金能拿回来，但利息就要不回了，最多要回资金占用费。

所以，遇到这种情况，老蒋应该向法院主张最多要回资金占用费解释合同条款。虽然合同上写的借款期限是一万八千年，但是依据法律规定，法官可以把它解释为借款期限为一年。

要理解这个结论，需要看看《民法典》是如何规定的。

## 什么是合同解释

合同解释，是指根据法律规则，对合同及其相关资料的含义做出说明，以此确定双方当事人的真实意思。

合同解释具有法律拘束力，所以，只有受理合同纠纷的法院或者仲裁机构才是法定的合同解释主体。他们做出的合同解释，也叫有权解释。除了有权解释，还有一类是自由解释。也就是法院、仲裁机构之外的主体，比如当事人以及律师、证人、学者等对合同做出的解释。

自由解释虽然不具备法律效力，但有一定的法律价值。比如在法庭上，当事人或者律师会对合同做出解释；有些时候，甚至会提交能支持己方观点的学者解释，也叫专家意见。这些自由解释都可能会影响法院或仲裁机构的最终认定结果。

## 合同解释规则

根据《民法典》第 466 条和第 142 条的规定，合同解释的规则主要有五类。

**第一类，也是最基本的，是文义解释**，也就是按照合同使用的词句确定合同条款的真实意思。

在通常情况下，文字都能够准确表达当事人的意思。但有两种情况要特别注意。一是当事人有特殊约定。解释合同用语时，通常要按一般人对词语的认识来解释。但如果双方对词语约定了特殊含义，则特殊含义优先于一般含义。比如，双方约定购买白薯，可能很多人认为是地瓜，但也有一些地区认为是土豆。如果双方约定了就是土豆，那白薯的含义就应该解释为土豆。二是字体和大小写。在合同里，对同一条款，如果手写体和打印体相互矛盾，以手写体内容为准。因为手写的内容更能准确地反映当事人的真实意思。如果条款涉及数量和价格，并且大小写不一致，则大写的效力优先于小写。因为大写数字更正规，不易误解或被涂改。

**第二类是整体解释，也叫体系解释**，意思是将合同的所有条款和附属资料看作一个整体，从整体与部分的相互联系出发，阐明争议条款的真实含义。例如，如果某合同中多次提到"货物价格应根据本地市价而定"或"根据市价而定"，从整体来说，显然是前者的含义更明确，确定了"本地"这个范围。如果对这两个条款有争议，需要解释，会以含义更明确的条款为准。

**第三类是目的解释**，也就是在对合同条款的理解有争议时，应当按照订立合同的目的确定条款的真实意思。就像本节案例，老黄借款是为孩子筹集学费，是应急使用。既然是应急，有一万八千年后再还钱的道理吗？这显然不符合签订借款合同的目的。虽然签合同时，双方都没对"20021年"这个还款期限提出异议，但现在有争议了，就应该解释为符合应急使用的合同目的，认为是"2021年"。

此外，如果合同文本采用两种文字订立，而且约定两种文字具有同等效力，但各文本含义不一致的，也需要根据合同目的解释。比如俄罗斯商人向中国商人买面包，俄罗斯人把面包统称为列巴。但对中国商人来说，列巴只是指某种特定的大面包。双方用词不一样，这个时候就要看合同目的，到底是买普通面包，还是特殊的列巴面包。

**第四类是习惯解释规则**。也就是就某条款合同没有约定，或者约定不明时，可以参照交易习惯进行解释。在我国，交易习惯的类型很多。最重要的一类，是当事人之间的特定交易习惯。比如，张三卖东西从来都是先收款后送货，但唯独对李四很信任，和他的过往几十次交易，都是先送货再收款，这就是双方形成了特定交易习惯。

除了特定交易习惯这种类型，交易习惯还包括地区习惯、行业习惯等等。如果双方主张根据交易习惯解释合同，但对交易习惯的理解有争议，那通常是地区交易习惯优先于行业交易习惯；当事人之间的特定交易习惯优先于地区交易习惯。双方从过往系列交易中形成的习惯更接近当事人的真实意思。

当然，适用习惯解释的前提，是交易习惯不违背现行法律法规，以及双方在合同里没有额外约定排除习惯解释。还要注意，主张适用习惯解释还需要负担举证责任。也就是，提出方需要证明某种习惯或惯例客观存在。证明不了的，法院不予支持。

**第五类，也是最后一类，是依据诚信原则解释**。意思是法官要将自己作为一个诚实守信的当事人来判断、理解合同条款的含义。诚信原则解释是一个兜底性解释规则。只有在上文说的文义解释、整体解释等四类规则难以适用时才可以采用。原因是，诚信原则比较抽象，要依据某种道德的、公平的观念来解释合同，会给法官比较大的自由裁量权。

一般来说，当事人对合同条款的含义有争议了，法院或者仲裁机构首先应当按照文义解释确定合同内容。如果争议条款涉及了合同或者附属资料里的其他条款，则应当适用整体解释的方法。如果整体解释后，发现根据合同已有的文字材料仍然无法明确合同条款含义，则应当采用目的解释、习惯解释等方法填补合同漏洞。如果采用了四种具体解释规则仍然不能明确合同条款含义，那法官或仲裁员就可以适

第五章 增加财富的交易规则

用诚信原则解释合同，把自己作为一个诚实守信的当事人来判断、理解有争议的合同条款，并做出最终认定。

## 案例回顾

我们再来回顾一下本节案例。

结论不用过多分析即可得出，因为借款合同约定一万八千年的债务清偿期显然属于笔误。我们要理解的重点是，对于这样基于笔误产生的合同约定，不用向法院主张撤销合同，而是可以请求法院对合同条款做出合理解释。合同解释与合同约定一样，也具有法律约束力。

这个案例的判决，就是法官适用了整体解释和目的解释的合同解释方法，结合合同里写明的借款事由，以及借款合同通常为"应急使用"的合同目的，确认还款日期"20021年8月"属于笔误，真正的清偿期应该是2021年8月。所以，最终判决债务人老黄立即清偿本金，并赔偿因此给老蒋造成的其他损失，包括逾期还债的利息、诉讼费用等。

**延伸课堂：**

**合同里列明的"最终解释权"，有法律效力吗？**

某些公告和单方文件中所说的"最终解释权"，只是一方当事人的声明，不是法律规定的合同解释。

有权解释合同的主体只有法院和仲裁庭。除了有权解释，任何主体对合同的解释都不具有法律拘束力。也就是说，双方发生纠纷了，即使合同中的一方声明自己有最终解释权，所谓的"最终解释"也是没有最终效力的，因为这是无权解释。

所以，在实际生活中，那些"本店对规则享有最终解释权"的声明都是唬人的。此外还要注意，那些会注明"最终解释权"的合同通常都是格式条款。解释格式条款要适用不利解释原则，也就是说，如果当事人双方对格式条款有不同解释，要采纳对条款提供方不利的解释。从这个角度看，我们也会发现，条款提供方不可能享有对合同的"最终解释权"。

## 108 合同成立

因不可抗力未及时确认采购订单,合同会成立吗?

现实生活中,一个合同从磋商到真正成立,涉及的因素是很多的,与之相关的法律规则也非常丰富,我们需要了解一些与合同成立有关的行为规则。

还是先从一个案例说起。

老王给老赵邮寄了一份采购订单,列明了要买的货物数量、价格以及交货方式等条件,同时约定,卖家老赵需要在五天之内回复。老赵收到订单后,就及时签署了确认书并寄出了。然而,快递公司因故停运,老王没有在第五天收到回复,于是,他就向另一家供应商下了订单。新供应商发货后,老赵的同意回复才到达。老王立即联系老赵,告知已经另外订货,让其别再发货。

老赵认为,自己收到订单后,第一时间就寄出了确认书,现在回复迟到是出于客观原因。而且回复发出后,自己也着手备货了,应该认为合同已经成立。如果老王不认,就需要承担违约责任。

前文讲过,如果是通过邮寄、传真等方式做出意思表示,那在规定期限内,意思表示是到达生效。而本节案例中,卖家老赵是按时发出了同意回复,只是因为客观原因,回复没有如期到达。这种情况,是不是应该如老赵所说,仍然认定合同成立呢?

这种情况其实叫承诺迟到。如果买家老王同意或者默认,那没问题，但现在老王是及时拒绝了，根据法律规定，合同无法成立。

要理解这个结论，得知道《民法典》对合同成立是如何规定的。

## 合同的订立与成立

要理解合同成立，得先把它与"合同订立"区别开。在民法语言里，这是两个不同的概念。

合同订立是一个动态的全过程，包括当事人之间接触、洽谈、讨价还价，以及最终对合同的主要条款达成合意。只有达成了合意，得到一个静态的结果，才能称为合同成立。订立合同的形式非常多，除了邮寄订单或者签纸面合同订立，还可以选择口头形式，以及通过传真、电子邮件等数字电文形式订立。但无论选择什么订立形式，要判断一个合同是否成立，关键还是看有没有要约和承诺这两个过程。

要约是希望与对方订立合同的意思表示，也就是向对方提出订立合同的条件，希望对方接受。这里的关键是，要约必须以缔结合同为目的。假设案例中老王不是直接邮寄过去一份采购订单，而是给卖家老赵发了一封邮件，写明："现需采购某某商品 100 件，如贵厂有货，请速来电"，这就不是要约。这个邮件内容不是为了缔结合同，只是为了先商议一下。

另外，要约要想生效，还要注意两点。

**第一，要约内容必须明确具体**。本节案例就是这样，老王发出的采购订单，列明了要买的货物数量、价格以及交货方式等条件。如果老王的订单只是写明要买某类货物，也约定了交货方式、期限，但是没写数量也没提出价格，这就不构成要约。

**第二，发出要约的人愿意受要约内容的约束。** 就像案例中，老王在邮寄的订单里写明卖家要在五天内回复，这既是给卖家规定了回复时间，其实也是一种对买家本人的约束。因为只要回复在五日内到达，合同就会成立。合同成立后，买家就得开始履行支付价款等义务了。

## 要约的撤销与变更

要约做出后，要约人就要受到相应的约束，比如不能随意撤销、更改要约。但为了保障交易的灵活性，法律也规定，要约到达后，如果相对人还没做出回复，要约也可以撤销。

但要注意，有两种情况，即使受要约人还没做出回复，要约也不得撤销。第一，要约中确定了回复期限，或者表明了要约不可撤销。本节案例就是这样，老王在订单里写明了要在五天内回复。那老赵收到订单后，只要还在回复期限内，要约都不得撤销。只有过了期限还没收到回复，要约才会自动失效。第二，受要约人有理由认为要约是不可撤销的，并且已经为履行合同做了准备工作。假设老王和老赵已经合作多年，一直有交易习惯。只要收到老王的要约，老赵就可以先采购原材料、开始备货。这时候要约也不得撤销，因为卖家已经付出了一定的成本。

当然，"不得撤销"也不意味着合同就一定会成立。如果买家实在不想再履行合同，那要约发出后，双方协商或者依据法律规定，向对方赔偿损失，也是解决问题的办法。

## 什么是承诺

理解了要约的规则，再来看对要约的回复，也就是承诺。所谓承诺，就是受要约人同意要约的意思表示。只有承诺到达了，合同才算成立。既然是对要约的同意，那承诺的内容，一般是要接受要约的全部条件。如果承诺人的同意，涉及对要约内容的实质性变更，那不能认为是做出了承诺。

假设在本节案例中，卖家老赵的回复按时到达了，也表明愿意交易，但回复里写明：货物价格需要上涨30%；或者没有现货，需要延后五天发货，这都属于对要约内容做了实质性变更。这时老赵的回复就不属于对要约做出了承诺，而是相当于向老王发出了一个新要约。只有老王表示同意，合同才成立。

除了价格和发货时间，如果回复里还涉及对货物种类、数量等条件的变更，也属于实质性变更了要约内容。但如果回复里对价格、数量、发货时间等都没有改变，只是提出改变支付方式，比如原来是现金交易，这次希望银行转账，那就不属于实质性变更要约内容。承诺按期到达后，合同就能够成立。

理解了承诺的内容，再来看承诺的到达。这也是本节案例的争议焦点。

原则上，承诺应该在要约规定的期限内发回。按期发回的，承诺生效，同时合同成立。如果是逾期发回承诺，承诺不再有效力。逾期承诺和刚才说的实质性变更要约内容一样，都相当于发出了一个新要约。只有对方重新同意了，合同才会成立。

但本节案例不是逾期承诺，而是承诺迟到。也就是说，受要约人老赵在承诺期间里做出了承诺通知，按照通常情况，通知会在规定时间内到达要约人。然而因为运输受阻等原因，它到达要约人的时候，承诺期间已经过了。承诺迟到原则上也是有效力的，因为逾期是客观原因，过错不在承诺人。假设老王收到迟到的承诺后，也没有告知老赵不再订货，而是默认了迟到事实，那合同仍然可以成立。

然而，本节案例不是这样。要约人老王在收到迟到的承诺后，立即通知了卖家老赵，表明因超过期限，自己已经重新订货了，所以不再认可承诺效力。根据《民法典》第487条的规定，老王在及时通知后，迟到的承诺就会失效。所以，老赵再主张合同已经成立，要求老王承担违约责任，这是没有法律根据的。

在这种情况下认定合同未成立，卖家老赵的损失就只能自己承担了，因为法律是有局限的。而且，《民法典》规定承诺迟到规则，已经是在尽可能平衡买卖双方的利益了。

因为我国对承诺生效是采取到达主义，也就是承诺按期到达才生效。现在规定承诺迟到，已经是一个例外了，考虑了客观原因对承诺迟到的影响，让承诺即使未按时到达，也还有生效的可能。

在本节案例中，买家老王在约定期限内没收到承诺，他不知道老赵是不愿交易，还是因客观原因耽误。所以，出于不延误商机或者及时止损等原因，老王向其他供应商下订单，这是正当的。而且老王也在收到迟到承诺的第一时间，就联系了卖家老赵，表示不再收货。所以，法律不会认定双方合同成立，也就更不会让老王因此承担违约责任了。这样才能更好地平衡买卖双方的利益。

## 109 要约邀请

买房时的宣传资料，属于合同的有效部分吗？

我们知道，要约是合同成立的重要环节。要约一旦做出，经过承诺，合同就成立，对双方产生法律约束力。在一些小额、高频的交易中，要约很容易识别。比如到超市买肉买菜，商品标明的价格就是要约，顾客付款拿走就是承诺。但如果在一些金额大、链条长的交易中，区分哪些是要约，哪些只是宣传，就没有那么简单了，并且还容易引起争议。来看一个案例。

老夏到售楼处看房，看到小区的模型效果图中有一处中央水景广场。广场里有音乐喷泉、花圃等，效果非常好。老夏就挑了最贵的、临近水景广场的房屋，与开发商签了房屋买卖合同。结果交房时，老夏发现房屋附近的绿化和公共设施只有几棵树和几个普通花圃，根本就没有中央水景广场，与景观效果图完全不一样。老夏认为开发商违约，要求赔偿。

但开发商认为，模型景观图只是宣传资料，而且当时也备注了"仅供参考"。这说明，效果图不是最终方案，景观应以实际交付的为准。而且现有的交付部分规划部门也已经认可并验收了，所以并不构成违约。双方沟通未果，就产生了争议。

现在很多广告为了预防法律风险，都会备注"图片仅供参考"。本节案例也是这样，而且相关部门还做了验收，那么在这种情况下，开发商属于违约吗？

商品在做广告的时候备注一个"仅供参考，以实物为准"，确实是有效果的，这属于要约邀请。但本节案例中开发商对小区的宣传已经不是要约邀请了，而是构成了要约，会对开发商产生法律约束力。现在开发商不能按照宣传的样式交付，就会构成违约。

要理解这个结论，得先知道什么是要约邀请。

## 什么是要约邀请

要约邀请，也叫要约引诱，是指一方希望他人向自己发出要约的表示。理解要约邀请，要注意它的两个特点。

**第一，要约邀请的内容，是一方邀请对方向自己发出要约，而不是向他人发出订立合同的意思表示。** 比如视频网站、微信朋友圈里的购物广告，都是要约邀请。你点击进入，并不会直接付款交易，只是会看到商品信息。它的目的是让你选好数量、提交订单，给商家发出一个购买要约。

**第二，要约邀请的性质是一种订立合同的准备行为，它不发生法律上的任何效力。** 也就是说，要约邀请做出后，不会给发出人和接受人带来法律上的义务。

要约邀请和要约完全不一样。要约是一种意思表示，做出后就对发出人、接受人产生法律上的约束力，比如，发出后不得任意撤销，否则要承担缔约过失责任。而且要约一经承诺，合同成立，双方就得开始履行合同义务。要注意，虽然要约邀请不产生法律效力，但如果其中有虚假陈述，构成欺诈，让接受人受到损失的，发出人也要承担民事责任。

## 如何区分要约和要约邀请

区分要约和要约邀请在实践中是一个比较复杂的问题，主要看两点。

**第一，看提议内容**。如果是要约，那一方做出的提议会体现明确订约意图。比如，某商品房广告写明："大户型海景房只要1000万元，仅有一套，先来先买。"其中就有明确的标的、数量等合同主要条款，以及"先来先买"这样表明自己受约束的意思表示。这就说明提议内容有明确的订约意图，属于要约。但如果广告只是写明："某某房产，我把海洋搬回家"，这就只是要约邀请，是为了吸引顾客进一步咨询。当然，有些时候即使订约意图很明确，也未必能构成要约，还得看有没有特别声明。如果前面提到的标的、数量明确的广告语，再加一句"最终价格、面积以售楼处公布为准"，那就只是要约邀请了。

**第二，看有无法律特别规定**。在《民法典》第473条中，明确规定了一些行为属于要约邀请，而不是要约。主要有五类。

一是拍卖公告，也就是介绍和宣传拍卖物的公告。它的目的不是提出合同的主要条款，而是向不特定的公众传递拍卖的信息。只有拍卖开始了，现场竞拍人最后的叫价，才形成要约；最终拍卖人拍板、击槌，则为做出承诺，合同成立。

二是招标公告。招标公告与拍卖公告类似，也只是告知相对人招标信息，吸引相对人向自己投标，而不是提出订约的主要条款。当然，如果招标公告中明确表示了，将来会与出价最高的投标者订立合同，那可以视为要约。

三是招股说明书、基金招募说明书以及债券募集办法等。这些文件都属于要约邀请。目的都是向不特定人提供信息，说明被投公司、基金或者发债主体的详细情况，进而让潜在投资者决定是否入股、申购基金或者购买债券。

四是寄送的价目表。虽然价目表上通常会有明确的商品名称、价格，但它仍然不是要约，而是要约邀请，因为还缺乏合同成立的关键条款，也就是商品数量。只有收到价目表的一方，指明要订购哪一类、多少数量的商品，才会形成要约。

五是商品广告和宣传，这是生活中最常见的一类要约邀请，也是本节案例的矛盾焦点。

## 商品广告和宣传

商品广告和宣传原则上是要约邀请，但是《民法典》对它也有特别规定，也就是广告和宣传的内容具备订约意图的，构成要约。比如，对普通商品来说，广告和宣传都只会标明商品的名称、规格、性能等，这都还是要约邀请。它只是在向大众传递商品信息，或者扩大商品知名度，并没有体现订约意图。然而，如果同时还标明了价格，并且表明有充足现货供应，这就构成要约了。只要你向商家汇款，就能成立合同。

如果不是一般的商品，而是商品房，那司法解释还有特殊规定——原则上，商品房的销售广告和宣传资料也属于要约邀请。但是，如果广告和宣传资料对商品房以及周边设施做了具体的说明和允诺，并且对合同的订立以及房屋价格的确定有重大影响的，应当视为要约。

本节案例就是这种情况。老夏在售楼处看到的模型效果图，就是对小区里的商品房、附属设施的具体说明。在这些宣传资料里，清晰呈现了会有中央水景广场，以及喷泉、花圃等设施。老夏也正是因为这些宣传，才买了临近水景广场的房子，支付的也是最高价格。即使开发商在宣传资料里备注了"仅供参考"，但这些宣传已经对双方订立合同以及确定房屋价格构成了重大影响，所以不能认为是只有宣传性质的要约邀请，而是购房时的要约，是合同的组成部分。

既然开发商对合同的宣传属于要约，是合同的组成部分，那现在开发商擅自对宣传资料中的绿化景观、公共设施做了变更，就属于违约。老夏主张支付违约金，法律是应当支持的。

并且，司法解释还规定，无论这些对商品房以及周边设施的说明和允诺，有没有写进买卖合同或者作为补充协议，只要它对购房价格有重大影响，都能视为合同内容。开发商不能如约交付，就应当承担违约责任。

但要注意，如果商品房的广告和宣传，只是在渲染建筑物的氛围、形象等，那就不能作为合同内容的组成部分，只能认为是要约邀请。比如，假设案例中开发商不是展示了具体的效果图，只是在广告语写明"小区建成后，将打造为绿色、智能小区，大大丰富室内及室外空间的景观及趣味性"。这样的宣传，就没有具体承诺对房屋和周边设施的实质规划，只能认为是要约邀请。如果开发商最后没有兑现，业主们因此主张违约，法律是不会支持的。

**延伸课堂：**

**房地产商宣传的"地铁房"因规划调整未能实现，开发商属于违约吗？**

这种宣传是不是可以作为合同承诺的内容，要看开发商自己能不能决定。

建设商品房的时候，政府规划要在附近建设地铁，开发商对此进行宣传，也无可厚非。但房子建好了，政府把地铁建设项目搁置了，这就不是开发商能够控制的事了。

所以，即使业主是相信了开发商的宣传才买的房，也不能主张开发商违约。因为这样的宣传，不能认定为司法解释里说的"对商品房以及周边设施做出的具体允诺"，只能认为是宣传，而不是合同内容。

## 110 合同条款

签订合同时未约定价款，合同能成立吗？

合同条款是合同中的重要部分。合同条款看起来简单，好像就是由双方当事人协商。但其实，不同条款对合同成立的影响是不一样的。比如，协商时要想形成要约，必须是协商内容具体明确。区分要约和要约邀请，主要也是看提议内容里有没有明确的订约意图。所有这些，都是对合同条款的判断。

那么，哪些条款是签订合同时最不可或缺的呢？还是先看一个案例。

老林与老徐是同一家公司的股东。老徐要退出公司，双方签订了股权转让协议，约定老徐把自己的20万股全部转让给老林。在协议签订时，双方约定转让价款另行商量，所以合同里就没有写明。合同签订后，受让人老林因为疏忽没有办理股东变更登记。后来，公司业绩有所好转，转让人老徐就反悔了，向法院起诉，要求确认股份转让协议无效。理由是合同里没有约定价款，合同根本没有成立。

在这种情况下，这个股份转让协议有没有成立呢？

可能有的人认为，虽然签合同是双方意思自治，但毕竟这是个买卖合同，肯定不能没有价格，所以合同没有成立。但事实上，这个合同已经成立了。虽然双方没有约定价格条款，但他们签约的时候，合同成立的必备要素其实已经全了。

要理解这个结论，得知道《民法典》对合同条款是怎么规定的。

## 什么是合同条款

合同条款是当事人协商一致的产物,只要不违反法律、法规和公序良俗,当事人之间可以自由约定。

虽然合同条款主要由当事人意思自治,但《民法典》第470条还是列出了八项示范性条款。如果双方不知道怎么约定,就可以参考这些示范条款。

最基本的,肯定得有当事人的姓名或名称,以及住所。其次,就是合同标的,以及相应的数量和质量。标的是合同权利义务指向的对象。没有合同标的,合同就不会存在。不同的标的,也决定了合同的不同类型。比如,如果合同标的是转移物的所有权或使用权,那合同类型通常是买卖、租赁等;如果标的只是完成一定的行为,那通常就是劳务合同。再次,是合同价款或报酬,以及履行期限、方式和地点。最后,当然还要有违约责任以及争议解决办法。这两类条款都与预防合同风险有关。

虽然这八项条款都是示范性条款,但它们在合同中的重要性其实很不一样。

具体来说,当事人的姓名或名称,以及合同标的和数量,它们属于合同主要条款,是合同成立必须具备的要素。具备了它们,一个合同法律关系才会有明确的主体和客体,最基本的要素就齐了。比如,签一个合同,你总得知道是谁和谁签吧?这就需要确定当事人的姓名或者法人、非法人组织的名称。

确认了合同主体,当然还要有明确的合同客体,也就是合同标的和数量。只有标的确定了,合同的目的才能明确。比如本节案例中,双方约定:老徐把自己的股权有偿转让给老林,那合同标的就是转让股权。这就决定了合同的权利义务是财产交易,而不是提供劳务或者无偿赠与。此外,只有数量确定了,合同的标的才足够具体。如果双方只是约定要转让股权,但没有约定是转让200股还是20万股,那合同也无法成立。在买卖合同中,数量是度量标的的最基本条件。

至于这三者之外的价款、质量、违约责任、争议解决办法等,都属于合同的非主要条款。即使订立合同时它们都没有确定,也不影响合同成立。《民法典》第510条和第511条规定,合同生效后,如果对合同的非主要条款没有约定或者约定不明的,还可以通过协商或者依据法律确定。

此外还要注意,合同的主要条款和非主要条款也不是绝对的。除了三项主要条款,如果当事人另有约定,也可以增设更多的主要条款。假设在本节案例里,转让人老徐和老林提前约定,合同价款没有确定,合同就不成立,那么价款就是这个合同成立的第四项主要条款。

在八项示范条款里,区分主要条款和非主要条款是为了判断合同能否成立。除了这些示范条款,还有一些条款类型,也值得了解。比如默示条款,也就是当事人没有写入合同,但是基于交易习惯或者法律规定,能确认存在的条款。最典型的就是保修车辆,肯定要有一个保修时间。如果没有约定,就是默示条款,意味着按照一般的保修规则进行。再如免责条款,顾名思义,就是当事人约定免除未来责任的条款。免责条款也可以事先约定,不过免责条款不得免除人身伤害责任,也不得免除因为故意或者重大过失损害对方财产的责任。

## 对非主要条款的确定规则

一个合同的主要条款确定,合同就成立了。还有一些非主要条款没有约定或者约定不明确,怎么办呢?比如本节案例,双方就是只约定了转让股权以及转让多少数量,但没有约定价款。

这种情况,就要看《民法典》第510条和第511条。最基本的,肯定还是各方当事人先主动协商,达成补充协议。如果协商不成,根据合同相关条款和交易习惯也无法确定,那就根据《民法典》第511条的规则确定。比如,对质量要求不明确,首先按照相关国家标准认定;没有相关国家标准的,按照行业标准;如果这两类都没有的,按照符合一般人社会观念的通常标准,或者符合合同目的的特定标准认定。再如,对价款或者报酬不明确的,按照订立合同时履行地的市场价格履行。在本节案例中,如果老林和老徐最终对股权转让价款不能协商一致,那么应当按照订立合同时的公司股权价格确定。

到这里,本节案例的结论就很容易理解了。

转让人老徐和老林签订了协议,约定把自己的20万份股权转让给老林。在这份协议里,合同主体、合同标的以及数量这三项主要条款都已经确定了,合同依法成立。至于老徐所说的价款没有确定,并不影响合同成立。因为价款不属于合同成立的主要条款,并且双方也没有提前约定"只有确定了价格,合同才成立"。因此,案例中双方签订的股权转让协议合法有效。老徐主张合同不成立,是没有法律根据的。至于后续的股权转让价格,可以由双方协商或者依法确定。

还要注意,股权转让不是登记生效,不登记只是不能对抗善意第三人。也就是说,即使案例中受让人老林没有及时办理登记,也并不影响他合法取得股权。不过，如果老林后续仍然不主动登记，老徐转手再把股权卖给其他人，并且办理登记，那股权可就由其他人善意取得了。因此，老林应该及时依据合同，要求老徐配合办理登记。如果老徐不愿意，老林可以向法院起诉，要求强制执行。

**延伸课堂：**

### 框架协议里没有明确的合同标的，为什么也能生效？

企业之间的交易是非常复杂的，不会像日常买菜买肉那样，合同成立了，同时也就履行完毕了。对一些企业来说，从签保密协议、框架协议开始，再到正式签订合同，甚至后续再增加补充协议等，这样一个全过程，才构成一个完整的交易安排。即使框架协议里没有明确的标的、数量等主要条款，也不能否认它们的效力，认为它们不是合同内容。此外，在有些交易里，一些合同之外的附录材料和资料，也构成合同的内容，同样是合同的组成部分。

对这类复杂的交易合同，必须作为交易整体来对待。如果只是从一个角度观察，不是全案全审，就会错误地理解合同内容，甚至做出不公平的判决。比如之前有一个案例：一个购买股权的合同，约定价款是9亿元。同时又约定一方先转让股权，另一方以委托贷款的形式交付价款。委托贷款，简单来说，就是买方把钱交给金融机构，再委托金融机构通过贷款的方式交付给对方当事人。此外，合同中还约定了对赌协议，约定如果股权出让方不能完成合同约定，就要回购股权，退回相应的价款。

这样一个复杂的交易，在发生争议后，法官就只把它看成是一个委托贷款合同，只判决退回了四分之三的价款，但没有判决返还应当回购的四分之三股权。这就是没有把所有的协议作为一个整体合同来对待，只看到了委托贷款，没有看到回购股权的对赌协议，等于是让一方用四分之一的价款，买到了所有的股权，这样的判决就是不公平的。

## 111 预约合同

开发商签了商品房认购书后反悔，业主能要求交房吗？

预约合同是《民法典》新增的一个制度，之前在司法实践中，都是通过学理推论认定预约合同效力的。预约合同和正式合同不太一样，还是先看一个案例。

老姚想订购某开发商的一套住宅，但因为房子还没建好，开发商也没有取得预售许可证，双方就先签订了商品房认购合同。合同约定，暂定建筑面积 96 平方米，暂定房款为 92 万元，最终的住宅面积确定后，再调整总房款。双方还约定：开发商在取得预售证起的 30 日内，要与老姚签订房屋买卖合同。认购合同签订后，老姚就转账了 92 万元。后来开发商取得了预售许可证，却不愿意再继续交易，提出要给老姚退款。老姚坚决不同意，就起诉到法院，请求法院确定最终房价，并判令开发商根据合同交付房屋。

在这种情况下，法院会不会支持老姚提出的交房请求呢？有的人会觉得应该支持。虽然认购合同里只是暂定了房屋面积、房款，但也约定了可以根据最终房价调整。而且，老姚也已经付了 92 万元，所以合同已经成立了。

事实上，合同确实是成立了，但是双方成立的还不是正式的买卖合同，而是预约合同。违反预约合同当然也要承担责任，但这个责任并不是直接交付房屋，而是开发商应该继续和老姚签订房屋买卖合同,或者进行赔偿。

要理解这个结论,得先来看看《民法典》对预约合同是如何规定的。

## 预约合同的定义和规则

预约合同是一种当事人约定在将来订立正式合同的契约。交易中的认购书、订购书、预订书等都可以是预约合同。将来要订立的正式合同叫本约合同。比如本节案例中,老姚和开发商签的商品房认购合同只是买房的预约合同,双方约定后续签署的商品房买卖合同才是本约合同。

订立预约合同的目的,是确保将来能订立本约合同。当事人之所以不直接订立本约合同,主要是因为在法律或事实上,订立本约合同的条件还不成熟。例如,甲、乙、丙三人打算合伙经营一家餐厅,但因为还需要邀请他人加入,所以暂时还不适合订立正式的合伙合同。为了确保将来能合伙,三人可以先订立预约合同,约定再找到一位合伙人,剩下三人就有义务签订合伙协议,否则要承担违约责任。

预约合同和本约合同最大的区别就在于法律效力。

预约合同的效力是,当事人负有将来订立本约合同的义务。这里是"订立本约合同"而不是"履行本约合同",因为本约合同还没有成立。本节案例就是这样,老姚和开发商签订的房屋认购合同是预约合同,合同的义务是"取得预售许可证的 30 日内"双方必须签订房屋买卖合同。即使老姚已经付了 92 万元,开发商也没有直接交付房屋的义务,只有签订房屋买卖合同的义务。

预约合同的适用范围非常广,任何类型的合同都可以先订立预约。比如，甲向乙借钱，乙表示要一个月后才有资金。那么为了确保一个月后能借到款，甲就可以与乙订立借款的预约合同，约定一个月后乙有义务向甲借款，同时甲会支付更高的利息。租赁也可以订立预约合同。如果是甲打算向乙租一套房，但是乙的房屋已经出租了，要在半年后才到期，那么双方就可以订立房屋租赁的预约合同，约定半年后双方有义务签订租赁合同。这样，甲能确保半年后有房可租，乙也不必再重新找租客。

## 违反预约合同的法律责任

违反预约合同，当然也要承担法律责任。

最基本的是继续履行。一方违反预约合同，另一方可以主张继续订立本约合同。本节案例中，开发商反悔后，老姚可以要求继续订立房屋买卖合同，如果房屋还未售出，法院应该判决双方继续签约。

然而，如果房屋已经被卖了，无法继续履行，或者开发商坚持违约，又该怎么办呢？

这就得分情况来看了。如果双方在预订合同中约定了违约赔偿金，那直接按照约定的数额赔偿。如果没有约定赔偿金，但当事人在订立预约合同时已经交付了定金的，那么，如果付款方违约，无权请求返还定金；收款方违约的，则要双倍返还定金。如果连定金都没有约定，按照现行法律，没有违约的一方，只能请求赔偿为准备订约而支付的各项合理费用，比如为了订约支付的实际考察费、已经支付房款产生的合理利息等。

《民法典》合同编通则司法解释中对于预约合同有一些新规定。具体来说，即使双方没有约定违反预约合同的赔偿额，但预约合同已就本约合同的主体、标的、数量、质量等实质性内容达成合意了，那么没有违约的一方，可以请求按照本约合同实际履行后能获得的利益计算赔偿额。假设本节案例中，双方在签认购合同时房子已经建好了，只是开发商没有取得预售许可证，并且双方在认购合同中也不是暂定，而是明确约定了房款和面积，甚至还明确了住宅的楼栋号、单元号等信息，那就属于在签预约合同时，已经就本约合同的实质性内容达成了合意。这种情况下，开发商如果违反预约合同，违约责任就不仅仅是赔偿考察费、房款利息等准备订约的合理支出了，而是要按照正式合同的违约责任认定赔偿费用。比如这期间房价上涨了，合同约定房价和房屋现价的差额，也需要赔偿。

## 实践中如何区分预约合同和本约合同

在实践中，如何区分预约合同和本约合同，也是需要注意的。有的合同名叫认购书或订购书，但也不一定就真是预约合同。

首先，看合同条款。如果一个合同的条款已经非常具体明确，按照常识，根本没有必要另行订立本约合同的，那即使合同名字叫认购书、预订书，也应该认定为本约合同。

就像上文说的，如果老姚和开发商订立认购合同时，把价款、面积都最终确定了，并且还确认了住宅的楼栋号、单元号等信息，那其实就是本约合同了。

其次，如果根据合同内容无法判断是预约还是本约，法律规定可以直接推定合同为本约合同。因为在交易中，订立本约合同是常态，而订立预约合同属于例外。

再来回顾一下本节案例。

老姚和开发商签订的商品房认购合同，性质是预约合同，约定的是将来要订立商品房买卖合同，对面积、房款等的约定，合同中写的也是"暂定"。所以，开发商违反了预约责任，老姚只能主张签订本约合同，也就是商品房买卖合同，而不能要求直接履行本约合同的义务。也就是说，老姚不能直接主张开发商交付房屋。如果开发商坚持违约，或者因为房子已经卖给第三方，无法履约，那么老姚可以要求开发商承担损害赔偿责任。

虽然老姚签订认购合同后直接付了92万元，但这92万元是合同约定的暂定房款，属于预付款，双方没有将其约定为定金，所以老姚也不能主张开发商返还双倍定金。如果双方在预约合同中约定了违约赔偿金，那就按约定赔偿。要是连违约金也没约定，那老姚就只能主张赔偿为准备订约而支付的相关合同费用，比如对房子的实际考察费、已经支付房款产生的合理利息等。

再延伸讨论一下这个案例。《民法典》合同编通则司法解释对预约合同还有一个规定，就是预约合同中对合同主要条款达成合意，约定将来订立本约合同，但当事人一方已经实施履行行为且对方接受的，人民法院应当认定本约合同成立。在这个案例中，老姚订立认购书后，已经支付了92万元价款，是不是已经履行且对方已经接受，进而成立本约合同呢？要看到，这个司法解释规定的前提，是当事人对合同的主要条款已经达成合意，但案例中的认购书对主要条款并未达成合意，尽管老姚已经交付了房款，对方也已经接受，但仍然无法改变预约合同的性质。

## 112 格式条款

保险赔付时，条款含义有多种解释，法律会如何认定？

本节讲解一个比较特别的合同问题，就是格式条款。格式条款在生活中很常见，比如保险合同、车票、电影票等。它的好处是交易效率高，条款提前拟定好了，不需要每次都重新协商。不过，也因为是提前拟定的，未经充分协商，有些时候也容易在签约双方之间引起法律纠纷。来看一个案例。

小李在 2005 年买了一份投资保险的保单。后来他与保险代理人发生矛盾，就在 2019 年提出解除合同，要求保险公司按照条款上写明的"19 年度"支付现金 15 万元。但保险公司认为，合同中约定的"19 年度"是指第 19 个保单年度，而非 2019 年度。如果现在解除合同，只能按照第 14 年度支付费用，也就是 7 万元。双方沟通未果，发生了争议。

案例里的保险合同条款就是格式条款，小李与保险公司对其中"19 年度"这个条款有不一样的理解。前文说过，如果对条款含义理解不同，可以使用文义解释、整体解释等方法。如果还是含义不明，要由法官自由裁量，依据诚信原则解释。但对于格式条款，其实不用那么复杂。如果双方最终对"19 年度"的含义无法明确，可以直接采用不利解释原则，做出不利于条款提供方，也就是保险公司的解释。

要理解这个结论，得先了解什么是格式条款。

## 条款提供方的法定义务

格式条款其实就是一种不能讨价还价的合同。合同条款已经由一方预先拟订好了，相对方只能对拟好的合同表示全部接受或者全部不接受。

格式条款必须以明确的书面形式表达，但并不限于写在合同文书里。比如车船票、电影票就是直接把合同条款印制在某些票证上。再如，把合同条款通过公告、顾客须知等方式张贴、悬挂在营业场所里。最典型的，就是一些餐厅会张贴"禁止自带酒水""包间最低消费"等。

因为格式条款是预先拟定的，所以交易的时候非常便利，有利于提升交易效率。但制定格式条款的通常是交易中的强势方，他们有可能会利用自己的优势地位，在格式条款中设定不合理的条款，侵害另一方的利益。因此，《民法典》对格式条款的提供方有特别的法律约束，归纳起来就是三个义务。

**第一，条款提供方应该遵循公平原则确定双方的权利义务**。合同的任何一方依据格式条款取得的权利和负担的义务应该相当，格式条款的风险要由双方当事人合理分担。违背公平原则的格式条款一律无效。

**第二，采取合理方式提示对方注意的义务**。格式条款中，通常有一些与双方有重大利害关系的条款，比如免除或减轻法律责任的条款，或者限制一方权利的条款等。这些条款不一定都是违背公平原则、一律无效的，但也不是所有相对方都愿意接受。所以，为了避免对方当事人疏忽，没有注意到这类条款的存在，条款提供方有义务提醒对方注意。这种提醒必须采用"合理方式"，也就是要用足以引起对方注意的文字、符号、字体等特别标识。如果格式条款是出现在网站或者手机程序里，则需要通过弹窗、勾选等方式提醒。

**第三，条款提供方应该按照对方的要求解释格式条款**。对那些有重大利害关系的格式条款，如果条款提供方没有履行合理提示或者说明义务，导致对方没有注意或者理解的，对方可以主张这些条款未成立，对双方没有法律拘束力。当然，合同其他部分的效力不受影响。

## 格式条款的无效情形

没有履行合理提示或者说明义务，对应的是格式条款未成立；如果条款内容本身就违背了公平原则，其法律后果则是一律无效。即使相对方事前明知并且接受了，事后也可以主张无效。

根据《民法典》的规定，格式条款无效的情形，主要有三类。

**第一，不合理地免除或者减轻条款提供方的责任**。比如，商家在格式条款里约定，如果最终不能交货，买方有权解除合同并要求退费，这就是商家免除了自己支付违约金的责任，是无效的。买方除了要求退费，还有一个法定权利，就是请求支付违约金。

**第二，不合理地加重对方责任**。也就是说，格式条款里含有对方当事人不应当承担的义务。北京法院曾经判决一个案件。消费者到餐厅用餐，餐具应该是免费使用的，结果这家店的套装碗筷还要单独收费。消费者起诉到法院，法院认定了"套装碗筷单独收费"的格式条款属于不合理加重消费者责任，最终判决该条款无效。

这里还有另一种情形，就是"包间最低消费"。这种格式条款是不是也属于"加重消费者责任"呢？这个问题，目前是有争议的。有观点认为，包间和大厅都是餐厅空间，在包间用餐有最低消费，在大厅就没有，这属于不合理加重了消费者责任。但在我看来，这不应该被认为"不合理加重消费者责任"。因为在大堂就餐和在包间里就餐，服务质量还是不一样的。目前在司法实践中，还没有案例认定"包间最低消费"是无效的格式条款。但是，假设包间设置了最低消费，还要再加收 15% 的服务费，这就属于不合理加重消费者责任了，多收服务费的条款就是无效的。

**第三，不合理地限制或者排除对方主要权利**。限制和排除的程度不一样，但是它们都可能违背民法的公平原则，进而导致格式条款无效。比如，选择哪类酒水是消费者的自由，餐厅张贴"禁止自带酒水"标语，属于限制了对方的主要权利，是无效的格式条款。

再如，格式条款约定，售出的电影票、剧票在演出前一律不得转让、不得退票，这就属于完全排除了对方转让以及解除合同的主要权利。

## 格式条款的解释规则

格式条款本质上也是合同条款，因此，前文说的五类一般性解释规则，如文义解释、整体解释等，也仍然是适用的。除此之外，因为格式条款通常会有利于条款的提供者，为了更好地保护消费者的权益，《民法典》还规定了对格式条款的特别解释规则，主要有两种。

**第一，不利解释原则**。双方对格式条款的含义有两种以上的解释时，应当采用不利于条款提供方的解释。比如，某伤残保险的保单上约定"手的小指缺失，进行赔偿"。投保人认为缺失包括全部缺失和部分缺失，但保险公司解释为全部缺失。如果保单没有特别约定，就应该按不利解释原则，解释为包括全部缺失和部分缺失。

**第二，非格式条款优先原则**。签订格式条款后，如果双方又对其中的某些内容进行了补充约定，并且与格式条款不一致，这时候就应当采用非格式条款确认合同内容。非格式条款是意思自治的，更接近双方的真实意思。

在本节案例中，双方对保险合同里"19年度"的条款理解有分歧，这就涉及解释格式条款。

首先，还是要按照合同解释的一般规则，结合格式条款的字面含义、合同整体，以及合同目的等做出解释。只有用一般规则无法解释条款含义，才需要用到格式条款的特别解释规则。如果适用了不利解释原则，那认定"19年度"的含义就应是小李理解的"2019年度"，而不是保险公司主张的"第19年度"。

但本节案例的结果，其实是法院结合保单的上下文进行整体解释，明确了"19年度"不是指"2019年度"，而是投保的"第19年度"。并且，保险公司还举证了，双方在签约时，他们也履行了合理的提醒和说明义务。所以，小李主张"19年度"是2019年，这是没有法律根据的。最终，法院没有支持小李主张支付15万元的请求。

## 113 悬赏广告
失主能以拾金不昧为理由，不给悬赏报酬吗？

说起悬赏广告，大家可能很熟悉。寻物启事、悬赏破案线索，这都是典型的悬赏广告。一般来说，完成悬赏，领取报酬，仿佛是天经地义的，但现实没有那么简单。先来看一个案例。

老张丢了包，包里装有贵重物品。他很着急，便发广告说："谁找到这个包交给我，酬谢 10000 元；谁能提供线索帮助找到包，酬谢 3000 元。"这时，这个包被老李捡到了，他看到广告后就给老张打电话，要求老张给他 13000 元酬金，理由是还有一个人给他提供了线索，才最终找到了包。然而，老张拿到包后脸色就变了，忽然说："咱们也别说什么 10000、13000 的了，你应该拾金不昧，这钱就不给你了。"老李气不过，一纸诉状就把老张告到了法院。

面对老张和老李的纠纷，法院会怎么判呢？

要理解这个问题，得先看看老张发布的悬赏广告到底有没有法律效力。

## 什么是悬赏广告

《民法典》第 499 条给悬赏广告下了定义：悬赏人以公开方式声明对完成特定行为的人支付报酬的，完成该行为的人可以请求其支付。这个定义说明了悬赏广告的四个特点。

**第一，有偿性**。发起悬赏的人会给完成任务的人支付报酬，进而激励他人来帮助自己实现悬赏的目的。比如说，老张发布悬赏广告时说提供线索给 3000 元，返还包的给 10000 元，这就是有偿。假如老张这个包只值 50 元，发布的悬赏金额却高达 10 万元，和实际价值相差悬殊，这时候悬赏广告还有效吗？

这就得分情况看了，假如这个包是老张父亲的遗物，意义非凡，并且老张也愿意支付高价，那依然有效。但如果这个包只是老张在路边摊随手买的，价值不高，他之所以这么发悬赏广告，只是想体验一下什么叫"重赏之下必有勇夫"，图个乐子，那这悬赏广告就不成立了，这是戏谑行为。当然，如果是恶意戏谑，造成了损害，也是要承担法律责任的。

**第二，被悬赏的行为人不特定，任何人都可以**。假设完成悬赏行为的人是老张的亲戚，老张也不能说，"咱们是亲戚，打断骨头连着筋，这钱就算了吧"。如果包是被未成年人捡到了，也可以。哪怕这个未成年人连字都不认识，完全无法理解悬赏广告的内容，他也有权获得报酬。

不过，这个任何人里也有特殊情况。比如，夫妻之间就不行，因为夫妻财产是共同财产，丢的包和支付的报酬都是夫妻共同拥有的。再比如，老张的包是被老李偷了，等发布悬赏广告后，老李又还回去并且说自己是捡到的，他就不能获得报酬了，因为他的行为违反了民法的诚实信用原则。不过，要证明老李偷盗，老张也得提出证据。

**第三，行为人只有完成悬赏行为，才能获得报酬。**

**第四，悬赏广告只有在悬赏人公开发布的时候才开始生效**。案例中，老张散发广告的过程就是一种公开的行为。假如老张是在家里写好了广告,还没有发布,老李偶然发现,并且在老张发布广告前把包还了,这个时候老李就不能向老张要钱,因为悬赏广告还没对外发布,没有生效。

也要注意,公开不仅是指"在新闻媒体、报刊、网络、公示栏上发表",也包括口头公开。比如,老张只是把悬赏广告当面跟王五、赵六说了,但被老李偶然听到,老李就把包还了。这样悬赏广告也是生效的。因为所谓公开,就是向他人说明,老张跟王五、赵六说了,就是公开。

本节案例中,老张的悬赏广告有明确的悬赏金额,并且是以散发广告的形式发布的,这就符合了有偿性和公开这两个特点。而且老李确实把包还了,并且不是恶意地骗取悬赏金额,也符合"行为人不特定"以及"完成悬赏"这两个特点。因此,老张和老李之间的悬赏广告是有效的,也就是说,老李让老张支付报酬的请求有法律依据。

## 拾金不昧和悬赏广告冲突吗

在案例中,老张说老李应该拾金不昧,因此拒绝酬谢老李。关于拾金不昧,《民法典》第314条规定:"拾得遗失物,应当返还权利人。拾得人应当及时通知权利人领取,或者送交公安等有关部门。"老李理应归还自己捡到的包,拒不归还是违法行为。如果这个包的价值足够高,达到一定数额,拒不归还甚至还可能构成刑法的侵占罪。

《民法典》既规定了悬赏广告,也规定了拾金不昧,那么像本节案例的情况,是否冲突了呢?其实是不冲突的。**拾金不昧是行为准则,悬赏广告也是行为准则,它们能同时成立。如果同时成立了,悬赏广告规则优先。**

捡到东西的人应当把东西返还失主或者交给公安机关，做到拾金不昧，这没问题。

但如果失主在丢了东西后发布悬赏广告，并且悬赏行为还被完成了，那么，就会形成另一层法律关系。拾得人在返还物品后，可以请求支付报酬。这时失主不能违反允诺。本节案例中，老张应该支付10000元报酬，但不用支付另外的3000元。即使真有人向老李提供了线索，也是老李领到10000元报酬后与其分配。因为线索提供人没有直接对失主老张说，所以他没有额外支付3000元的义务。

当年这个案件，法院其实是判了拾金不昧，捡到包的老李最后没有拿到钱。不过，这并不意味着我们的分析不成立。当时我国还没有出台《民法典》，法律不像今天这么完备，没有明确规定悬赏广告的相关规则。这个案件如果放到今天，可就不是这么判了。

## 道德准则和法律规则的区别

在大部分人的认知中，拾金不昧是一种道德准则。

我们知道，法律条文只是给普通人规定的最低行为要求，而不应该是提出更高要求的道德准则，可《民法典》为什么把道德准则规定到了第314条呢？是因为拾金不昧自古以来就是一个立法传统吗？其实不是。就算在中国古代的律法里，也没有要求老百姓要完全拾金不昧。当时如果捡到丢失的东西，规则是"一半还主，一半充赏"，如果找不到失主，则交给官府，官府也要"一半充赏"。这些规则其实很有智慧，它通过奖励拾金不昧的人，来激励更多人通过拾金不昧合法地得到赏金，而不至于将捡到的东西偷偷据为己有。

在起草《民法典》草案建议稿的时候，也有学者建议过：拾得人把遗失物交还失主时,可以把遗失物价值的三分之一奖励给拾得人,只不过在综合考量下没有被采纳。

之所以做出这样的决定,其实和《民法典》承担的道德引领功能有关。《民法典》总则的第1条里就阐明了,制定《民法典》的目的,除了保护民事主体合法权益、维护社会和经济秩序等,还包括了弘扬社会主义核心价值观。把拾金不昧这样的道德准则规定到《民法典》,也是一种把优良道德融入法治建设的实践。

## 114 戏谑行为

在访谈中声称把艺术馆送给他人，有法律效力吗？

戏谑行为是一个在民法学里很重要的概念。通俗来说，戏谑行为就是开玩笑，也叫"戏言"。听起来很好理解，但在司法实践中，戏谑行为与上一节讲的悬赏广告很容易弄混。来看一个案例。

邢师傅有"世界陶王"的称号，他曾经在一档访谈节目中，介绍自己制作的五层吊球陶器，也就是一种工艺比较复杂的陶瓷作品。当时，邢师傅聊得兴起，忽然说："当今世界估计没人能做出来这样的艺术品，如果谁能做个一样的，我就把自己三层楼的艺术中心及楼内所有收藏的陶器珍品都送给他。"

说者无意，听者有心。有位孙师傅看完节目后，研究了一年，还真做出了同样的五层吊球陶器。孙师傅找到邢师傅，让他兑现诺言。结果邢师傅不认了，说自己在节目里只是开玩笑的，不能当真。但孙师傅却说，这怎么能是玩笑呢，明明就是悬赏，坚持要求兑现承诺。两人争执不下，就闹到了法院。

邢师傅在节目中的声明许诺了明确的报酬，也是公开发布的，很像是悬赏广告。但事实上，邢师傅在节目中的表态是戏谑行为。

## 什么是戏谑行为

其实,直到今天,我国的民事法律,从《民法通则》到《民法典》,都没有规定戏谑行为,它只是民法学中的一个法理。简单来说,戏谑行为是指:做出意思表示的人,是基于游戏的目的而做出表示。在他心里,并没有预期有人会相信这是真实的意思表示,也缺少兑现的诚意。

典型的戏谑行为其实就是娱乐性言谈,或者吹嘘,也有可能是出于玩笑的不严肃承诺。所以,德国法律也把戏谑行为叫做"非诚意表示"。《民法典》虽然没有直接规定,但是参考其他法条,意思表示不真实的行为就是无效的。

因此,戏谑行为的法律后果也是很明确的。如果没有损害他人的恶意,只是吹牛吹破了,那就不发生法律后果。说得通俗一点就是,吹就吹吧,以后不要吹得太响就是了。

但如果戏谑行为具有恶意,也就是利用戏谑行为达到损害他人、满足自己私利的目的的,就应当承担损害赔偿的责任。

恶意的戏谑行为是什么样的呢?其实就是"挖坑"。我之前在法院工作时就遇到过一个这样的案件。两个人喝酒喝多了,互相吹牛说:"别说喝酒了,就是喝敌敌畏,该喝也得喝!"然后两个人划拳,一个人输了,另一个人就逼他喝敌敌畏,结果把人给喝死了。

虽说这也是戏谑行为,但是逼着对方喝敌敌畏的人显然不是善意的。这种情况下造成了过失杀人的严重后果,不光要承担赔偿责任,而且还要被定罪判刑。

在本节案例中,邢师傅顶着"世界陶王"的称号,在访谈节目上发话,说谁能把陶器做出来,就把自己的"艺术中心及楼内所有藏品"都赠送，显然是在吹牛，吹嘘自己的手艺高超。很明显，他没想到真有人能做出来，也没想着要兑现自己的承诺。由此可见，邢师傅的行为应该认定为戏谑行为。而且，他也没有故意损害他人的恶意，只是吹牛吹破了。

## 戏谑行为和悬赏广告的区别

戏谑行为和悬赏广告主要有三个区别。

**首先，行为的目的有区别**。发布悬赏广告是为了实现悬赏利益，而且具有一定的急迫性。比如寻物启事，悬赏利益就是找回丢失的物品；悬赏破案线索，则是为了抓到嫌疑人或找到证据，尽快破案。这些都是悬赏广告。而戏谑行为就没有要实现的急迫利益，只是为了满足某种心理，比如通过夸大其词以满足自己的虚荣心。

**其次，行为的效果有区别**。悬赏广告是行为人以法律来约束自己，换取悬赏后果的实现，从而满足自己的急迫需求。换句话说，行为人迫切希望跟别人产生权利义务关系。而在戏谑行为中，行为人追求的并不是法律上的后果，而只是心理上的效果。他内心是不想，甚至是期望自己的行为不要和他人产生权利义务关系。所以一般的戏谑行为也不会产生法律后果。

**最后，具体的表现形式上有区别**。因为戏谑行为与悬赏广告在行为人的内心意思上存在本质的差别，因此它们在外在的表示行为上也有很明显的差异性。这种差异主要表现在三个方面：一是严肃性，悬赏广告是严肃的表示，戏谑行为却带有玩笑、吹牛的性质。二是行为方式，悬赏广告的发布很正式，比如在正规报纸上刊登广告、在新闻类节目中播放、通过权威部门的宣传等；而戏谑行为则是以非正式方式做出的，比如在娱乐节目中、酒后，或者在谈笑时做出表示。三是酬金数量，虽然悬赏广告和戏谑行为都可以有酬金，但悬赏广告的酬金通常和丢失物品的价值相匹配，不会过于悬殊；而戏谑行为的酬金往往违背常理，远远超过行为的价值。

## 案例回顾

本节案例中，邢师傅自恃所谓"世界陶王"的地位，在访谈节目里说，"谁要能模仿这个作品，就把艺术中心和收藏品送给他"。

他让人来模仿自己的作品是为了实现什么急迫的悬赏利益吗？并没有。他真的希望有人能做出来，和自己发生权利义务关系吗？也不是，他巴不得别人做不出来呢。而且，他是在娱乐访谈节目里说的，场合也不像新闻节目那样严肃，这就有开玩笑、吹嘘的成分。最后，酬金的数量也不对，五层吊球瓷器就是再值钱，也没有邢师傅的三层艺术中心和其中藏品的价值高。

所有这些细节都体现出，邢师傅的行为并不是要追求悬赏利益，只是为了夸大自己的技术水平，满足心理上的虚荣。很明显，他的这种行为不是严肃的悬赏广告，而是一种戏谑行为。

当时这个案件发生后，一审法院审理认为，邢师傅在访谈节目中，对社会公众做出的悬赏广告成立，应当兑现。因此判决邢师傅履行悬赏义务，将艺术中心以及楼内所有收藏品都交给孙师傅所有。

这个案件一审判决后，引起了很热烈的讨论。我当时在《检察日报》发了一篇评论，认为这个案件判得不对。邢师傅的说法明显是戏言，不能认为是悬赏广告。如果把这个案件认定为悬赏广告，结果就会是不公平的。当时，还有人指责我说："什么戏言？根本就不是法言法语，亏的还是法学教授呢！"但结果证明，我的判断是对的。后来这个案件的二审判决认定，邢师傅在节目中有关五层吊球制作的言行，不能形成悬赏广告关系，不用把艺术中心和其中的藏品送出去。

在日常生活中，我们对于吹牛的人说出的话，不要信，更不要较劲去索要吹牛吹嘘的报酬。而与此同时，爱吹牛的人也要有节制，一旦吹破了，可能会惹来不必要的麻烦。如果是有恶意，造成了他人的损害，甚至还要承担赔偿责任。

**延伸课堂：**

**认定戏谑行为，是否需要对别人的机会成本进行补偿呢？比如孙师傅为了做出五层瓷器，花费了很多的时间以及金钱成本，对孙师傅的这些付出，他可以请求补偿吗？**

戏谑行为在《民法典》里没有具体规定。戏谑行为不发生效力，法律依据是总则编对民事法律行为效力的一般性规定。具体来说，是第143条规定的民事法律行为必须是"意思表示真实"。而戏谑行为，恰恰是意思表示不真实。既然戏谑行为不产生法律效果，那一般来说，为实现戏谑行为做出了努力，也不能要求对方补偿。

不过，这里还要看戏谑行为的可信赖度。如果一般人都不认为戏谑行为会兑现，那即使有人为此投入了成本，也不能要求补偿。不然的话，就没有人敢开玩笑了，这是限制个人行为自由的。但如果戏谑行为的可信赖度高，一般人都会信以为真，这时候因为完成戏谑行为有了投入或者损失，就可以请求补偿。

"陶王"这个案件，戏谑行为的可信赖度就不高，因为悬赏行为与悬赏酬金不匹配，一般人不会相信。而且，还可以换个角度来看这个案例：孙师傅为了完成这个五层吊球刻苦努力，或许也花费了不少财力和精力，但是最后的结果是他的陶器制作水平也提升了，几乎成了新"陶王"，这是他自己的成就。所以，其实很难说孙师傅这段时间的投入就完全是一种机会成本损失。假设孙师傅真的要提出补偿请求，首先在举证自己的具体损失上，难度就会非常很大。

## 115 缔约过失责任

中标后未能签约，可以追偿本该获得的利润吗？

缔约过失责任是在合同订立阶段特有的一种责任类型。先来看一个案例。

某区卫生局就一批医疗设备进行公开招标。最终确定的招标结果是，第一中标人为甲公司，第二中标人为乙公司。甲公司知道自己招标排名第一后，就和供应商签了一系列的设备组件采购合同，累计支付定金50万元。但结果区卫生局向乙公司发出了中标通知书，最终双方也签订了采购合同。甲公司向法院起诉，请求区卫生局重新与自己签订合同，否则就要赔偿自己的全部损失，包括已损失的定金以及合同成立后本该获得的利润。

甲公司的请求能够得到法院支持吗？

有的人可能会觉得，甲公司竞标排名第一，但区卫生局却向排名第二的乙公司发中标通知书以及签约，这是严重失信，应当让卫生局承担全部赔偿责任。但事实上，区卫生局不讲诚信，给第一中标人甲公司造成了损失，当然要赔偿。不过赔偿的内容要重新确定，可以赔偿甲公司已损失的定金以及其他合理支出，但不能包括合同成立后本该获得的利润。因为卫生局要承担的并不是违约责任，而是缔约过失责任。

要想理解这个结论，得先来看看什么是缔约过失责任。

## 缔约过失责任的构成要件

缔约过失责任是指在合同缔结过程中产生的损害赔偿责任。既然是"缔约"责任,那说明它产生于磋商、谈判等合同成立前的阶段。法律会规定缔约过失责任,目的是保障交易安全。在磋商时,即使双方还没有合同义务约束,也不得随意违背诚实信用原则,比如滥用订约自由、泄露商业秘密等。否则造成损害了,有过失的一方要承担赔偿责任。

缔约过失责任有三个要件。这三个要件通俗来说,就是有没有行为,有没有过错,以及有没有损害结果。

**第一个要件,有没有行为。用法律术语说,就是一方当事人有没有违反先契约义务。** 先契约义务,重点在这个"先"字。也就是在合同成立前,双方基于诚实信用原则必须遵守的义务。比如提供真实的订约信息、及时通知,以及要遵守发出的要约、承诺等。

**第二个要件,缔约当事人有没有主观过错。** 主观过错其实就是故意和过失,比如本节案例,区卫生局明知甲公司是第一中标人,也公布了这一信息,却向第二中标人乙公司发布中标通知书并与其签约,这就是违背诚实信用原则,应该认定为具有故意。假设第一中标人不是甲公司,是区卫生局疏忽大意,错误发布中标排名信息,导致甲公司提前预订设备,造成损失。这就应该认定为过失,也符合认定缔约过失责任的主观要件。

**第三个要件,看损害结果,也就是缔约当事人要有信赖利益损失。** 信赖利益损失就是缔约人信赖了对方做出的意思表示,为合同履行做了准备,反倒损失了自己的利益。

就像本节案例,甲公司看到了招标公司发布的招标排名,就有理由相信合同大概率能够成立，基于这种信赖，甲公司提前花费50万元订购设备，结果因卫生局的过错没有签约。这50万元成本就是信赖利益损失。

但要注意，认定这个要件，前提是对方必须出现了损失。假设甲公司实际上不是第一中标人，是卫生局发错了排名。发错之后，卫生局又赶紧联系撤回了，甲公司也还没有支付50万元去订购设备，这就属于还没造成实际损害，不能认定缔约过失责任。

此外，如果这种损失不是基于"信赖"产生的，也不能认定责任。比如中标排名还没有公布，甲公司就觉得十拿九稳，提前采购了设备，结果最后没中。这时候甲公司当然也不能要求区卫生局赔偿。

## 缔约过失责任的类型

理解了构成缔约过失的要件，我们还得了解在实践中常见的一些缔约过失行为类型。

**第一种类型，其实就是一方根本没想好好签合同，是另有所图。**比如，张三知道李四要和王五订立合同，就假装自己也要订立合同，拖延李四的时间，最后又反悔，导致李四丧失了一个真正可能缔约的机会。这就属于典型的恶意磋商。假借磋商，实际上想抢对方客户或者要阻碍谈成生意。再如，在订约的谈判过程中泄密，或者刺探对方的商业秘密，并用于自己的经营活动，出现这种情况，被损害的一方除了可以主张构成缔约过失责任，也可以根据《反不正当竞争法》的规定，主张构成侵权责任。商业秘密被泄露或者被刺探给受害方带来的损失，可能远超过合同不能签订导致的信赖利益损失。因此，主张构成侵权责任更有利。侵权责任的赔偿是根据实际损失计算的。

**第二种类型主观恶性相对较小,也就是确实想要签合同,只不过合同里有欺诈成分,想通过欺骗来牟取私利。用法律术语说,就是缔约欺诈**。具体来说,是指一方在订约时故意告知虚假信息,或者隐瞒真实情况,让对方陷入错误认识,继续协商合同。比如,买卖双方在磋商时,卖家把假画说成是真画,把质量差的商品说成是优质产品,结果在签合同之前被识破,这就属于缔约欺诈。卖家要承担缔约过失责任,向买家赔偿。

**最后,还有一类兜底情形,也就是有其他违背诚信原则的行为**。比如违反初步的协议或者允诺。本节案例就是这种情况,甲公司向区卫生局投标,其实就是双方在协商合同的主要条款。卫生局公布了甲公司是第一中标人,其实就表明做出了初步的允诺,双方已经建立信赖关系。这时一方违反对另一方的允诺,破坏信赖关系,就会构成缔约过失责任。再如,违反有效要约,也会构成缔约过失责任。一方发出的要约还在待承诺的期限内,或者是表明了不可撤销。这时候如果要约人反悔,让承诺人遭受损失,也要承担赔偿责任。此外,如果是无权代理行为未被追认,比如店员私自代表店铺采购,但店老板事后不认可,最终撤销了合同,有过错的店员就要承担缔约过失责任。

## 缔约过失的损害赔偿责任

无论过错方属于哪种缔约过失类型,只要是让对方遭受了损害,受损害的一方就享有请求赔偿的权利。这里要注意,请求缔约过失赔偿的时候,要遵守信赖利益不能超过履行利益的原则。也就是说,赔偿的范围不是合同成立后本应获得的利润,只能是为准备订立合同而支出的合理费用。比如,因信赖对方要缔结合同,一方赴实地考察、谈判所支出的合理劳务费，以及提前订购原材料，或者安排仓储、物流等所支出的准备费用。当然，还包括因为支出上述各种费用而失去的利息等。

本节案例中，区卫生局在签约的过程中，违反了订立合同的先契约义务，没有按照招标排名确定中标企业，给甲公司造成了损失。这就属于构成缔约过失责任了。所以，甲公司可以要求区卫生局承担损害赔偿责任。但是，赔偿的范围要符合"信赖利益不能超过履行利益"的原则。也就是说，甲公司不能要求赔偿合同成立后本该获得的全部利润，只能要求赔偿自己受损失的所有信赖利益。比如，订购设备组件已支出的 50 万元定金，以及在收到招标排名信息后，为准备订立合同支出的运输、仓储等其他合理费用。当然，还包括支出这些费用对应失去的利息。

**延伸课堂：**

**对违约行为可以适用惩罚性赔偿吗？**

我国虽然有惩罚性赔偿，但都是由法律明确规定的，不是所有违约行为都适用。

惩罚性赔偿最早在英国产生，后来陆续被美国、加拿大等其他英美法系国家采用，成为了一种基本的赔偿制度。设立惩罚性赔偿的目的，在于让私法具有某些公法的制裁功能。不过要注意一点，无论是实施违约惩罚性赔偿还是侵权惩罚性赔偿，都有一个条件,就是故意所为——只有行为人是故意违约或者侵权,私法才能发挥一些公法的功能,要求惩罚性赔偿。

大陆法系基本不认可惩罚性赔偿。在大陆法系,损害赔偿实行的是填平原则,就是损失多少赔偿多少,不能让一个人受到损害以后获得超过损失的赔偿。这是考虑到一旦受到损害可以得到超过损失的赔偿,个人就有可能故意去制造惩罚性赔偿,以此获得不当利益,比如之前社会上有一些人故意带着假冒伪劣商品到超市打假。因此,对这一点,大陆法系的态度是非常鲜明的,惩罚性赔偿是公法的功能,但是损害赔偿是私法的立场,这二者不能界限不清。

有一个典型案例。美国法院判决了一个德国公司承担惩罚性赔偿,对方当事人到德国法院申请承认并且执行这个判决。因为德国是典型的大陆法系国家,对美国法院这个判决,德国法院直接回应:这是违背德国法的公共秩序,不予承认。

我国民法也属于大陆法系传统,一开始也没有规定惩罚性赔偿制度。直到20世纪90年代制定《消费者权益保护法》,我国才规定了对消费欺诈行为可以请求惩罚性赔偿。

立法机关当时的态度也非常不一致,但最后还是把它写进了《消费者权益保护法》,这就是当时的双倍赔偿(退一赔一),紧接着就出现了职业打假人。当然,新《消费者权益保护法》规定的已经是假一赔三了。后来修订《食品安全法》,又扩大了惩罚性赔偿的适用范围。除了规定欺诈行为的违约惩罚性赔偿,还规定了提供劣质产品或服务,造成消费者损害的,也可以请求侵权惩罚性赔偿。

　　总的来说,目前我国的惩罚性赔偿有增加的趋势,除了消费者保护,在侵害知识产权、污染环境破坏生态等领域也规定了惩罚性赔偿。其实,适当规定一部分惩罚性赔偿是合适的,但用得过滥,也可能导致一部分人为了惩罚性赔偿,去故意追求损害。

## 116 合同效力

法定代表人已经签字的合同，董事会能主张不生效吗？

本节讲解合同效力。还是先看一个案例。

甲公司与乙公司达成股权转让协议，双方约定，甲公司把自己对丙公司 49% 的股权转让给乙公司。甲、乙公司双方的法定代表人在协议上签字、盖章后，乙公司就派人去管理丙公司了。但没过多久，甲公司的董事会就提出，这次股权转让不发生效力，因为甲公司的章程规定，法定代表人不得擅自转让公司股权。但乙公司拒不同意，认为合同已经实际履行了。双方沟通未果，就发生了争议。

甲、乙两家公司之间的股权转让合同是否有效呢？有人可能会想，甲公司的法定代表人超越授权范围签订合同，这是无权代理。这种合同除非甲公司董事会追认，否则不发生效力。但事实上，还真不一定。甲公司法定代表人的行为，准确来说叫越权代表，这种行为原则上不经过追认，也是会生效的。不过，前提是乙公司对这种越权行为不知情。

我们来看看《民法典》对合同效力是如何规定的。

### 合同的生效时间

合同效力，就是一种对合同各方当事人的约束力。这种约束虽然是双方自主约定的，但是也受法律保护。

认定合同效力，很关键的一点是把握它的生效时间。在绝大部分情况下，合同都是成立即生效的，但《民法典》第502条还规定了另外两种情况：法律另有规定和当事人另有约定。在这两种情况下，合同成立与生效就是两个时间点。

法律另有规定，说的是那些要经过审批、批准才能生效的合同。比如，某企业取得了探矿权和采矿权，现在要把这两类权利转让给其他企业，转让合同就应当报国土管理部门批准才能生效。

至于当事人另有约定的情形，说的其实是附生效条件的合同，以及附始期的合同。"始期"，就是合同开始生效的日期。例如，双方在合同里约定，合同成立后必须办理公证才生效，这就属于附生效条件。如果是双方约定，合同签订后第十天生效，等第十天到了，就是始期到来，合同生效。

## 越权代表订立合同的效力

本节案例涉及的合同是民营企业之间的股权转让，这类合同通常是成立即生效的。不过，如果签订合同的时候出现了越权代表行为，那合同是否生效，还得分情况来看。

原则上，法人组织的法定代表人，比如公司、事业单位的法定代表人，或者非法人组织的负责人，比如合伙企业、个人独资企业的负责人，他们代表单位订立合同，无论是否超越了权限，这种代表行为都应该是有效的，会对法人或者非法人组织发生效力。

这么规定，是为了保护交易安全。因为他们既然是组织的代表人或者负责人，那与之签合同的相对方通常都会产生信赖，很难想到他们会构成越权行为。

然而，如果签合同的相对方对越权行为知情或者应当知情，那就属于非善意。比如本节案例就不是一般的买卖合同，是两家公司转让股权，涉及的金额比较大。这时候两家公司签合同，通常都需要一并审查对方公司的章程。如果甲公司的章程里写明了"转让公司持有的股权须董事会决定"，乙公司仍然与之签约，就属于对越权行为应当知情。这时候，如果甲公司否认合同效力，那越权签订的合同就无效。但如果法人或者非法人组织不发声，那就是默许，越权签订的合同也是有效的。

## 超越经营范围订立合同的效力

如果是单位本身"越权"了，比如法人或非法人组织超越了经营范围订立合同，这种情况下，如果签合同的对方是善意相对人，对合同超越经营范围不知情，这个合同就是有效的。比如建筑公司向其他公司卖钢材，超出了经营范围，对方也不知道。那卖了也就卖了，不能主张合同无效，否则很可能会损害买家的利益。不过，建筑公司超越经营范围订立合同，毕竟是违背了工商管理条例，市场监督管理部门是有权对它罚款的。

要注意，还有一些情况，即使合同相对方是善意，合同也可能不生效，那就是超越经营范围订立的合同，同时还存在《民法典》规定的民事法律行为无效、可撤销等情形。假设建筑公司卖的不是一般钢材，是限制流通的国防特种钢材，这就是交易违背了法律规定。尽管相对方是善意，合同也无效。

## 争议解决条款的效力

了解了合同的生效时间、越权代表订立合同,以及单位超越经营范围订立合同,你会发现,在这几种情形里,都可能出现合同无效或者被撤销的可能。比如,待批准的合同未得到批准,或者越权代表行为未被追认,以及超越经营范围订立的合同被认定为无效等。如果这些合同最终都无效了,对双方不产生约束力,那合同之前约定的争议解决办法条款,是不是也形同虚设了呢?

其实不是的。合同效力有一个特殊规则,即《民法典》第507条规定的:无论合同是不生效、无效、被撤销或者解除,都不影响合同中争议解决条款的效力。如果本节案例的股权转让合同最终被认定为无效,甲公司和乙公司除了要相互返还已交付的价款和股权,双方还得按照合同约定的争议解决条款处理后续纠纷,比如对赔偿金有争议,是选择法院,还是选择仲裁机构裁决等。

回顾一下本节案例。

甲公司把自己对丙公司的49%的股权转让给乙公司,双方法定代表人也签了字、盖了章。合同生效后,一般来说,就应该对甲、乙两家公司产生法律约束力,因为《民法典》规定,法定代表人以法人的名义订立合同,最终的法律后果由法人承受。现在甲公司的董事会提出,自己公司的法定代表人属于越权代表,超越了公司章程的授权范围,因此合同不发生效力。

结合前文的分析我们知道,这个主张是否成立,关键就是看受让股权的乙公司是否为善意相对人。而这个案例的实际情况,是法院认定了乙公司不属于善意相对人,双方股权转让合同无效,因为甲公司举证了章程中确实对法定代表人的权限有限制。同时，这个交易涉及的金额比较大，法院认为，双方对对方的公司章程都有合理审查的义务。也就是说，章程里明明写了，乙公司也有义务审查，但是现在乙公司又主张不知情，这就属于前文说的"应当知道对方为越权代表"。所以，认定乙公司存在过失，不属于善意相对方。

最终，法院支持了甲公司的请求，判决双方股权转让合同不发生效力。

## 117 事先免责条款

合同约定了人身损害免责，有法律效力吗？

这一节讲一个合同效力中的具体问题，就是事先免责条款。

这个规则其实理应是个侵权法规则。早在 1999 年我国制定《合同法》的时候，就规定了这个条文，而侵权法是到 2009 年才颁布通过。编纂《民法典》的时候，最终也还是把它规定在了合同编，而不是侵权责任编。事先免责条款通常是在合同中约定的，所以这样设置也顺理成章。

先来看一个典型案例。

工人老张到某公司应聘。公司负责人要他在招工合同上签一个协议，约定发生工伤事故时，公司概不负责任。因为不签这个合同就不能应聘，老张就签了。后来，老张在拆除厂房的施工过程中，因房梁折断掉下来摔伤了，最后因感染脓毒败血症医治无效死亡。老张的家属找公司赔偿，公司拿出协议，说既然双方签了工伤概不负责的合同，那公司就不需要承担任何赔偿责任。

这是 20 世纪 80 年代发生的一起案件，也是我国最早的事先免责条款纠纷案例之一。这个案例发生后，最高人民法院先是做出了事先免责条款的司法解释，后来《合同法》吸纳了这个解释，把事先免责条款规定为一个正式的法律条文。

案例中，虽然双方签订工伤免责条款是自愿的，但涉及个人的生命、健康等权益时，法律严格约束个人意思自治。所以，即使双方签了工伤免责条款,也是无效的,公司仍然要承担责任。

不过,工伤事故事先免责无效,不意味着所有的事先免责条款都是无效的。我们来看看《民法典》对事先免责条款是如何规定的。

## 事先免责条款的效力

事先免责条款,是指双方在合同中约定,一方在履行合同的过程中,出现了人身伤害或者财产损害,对方当事人可以不负责任。事先免责条款有两种类型,一种是事先免除人身损害赔偿的条款,另一种是事先免除财产损失赔偿的条款。在这两者中,最重要的是人身损害事先免责条款,因为它涉及自然人的生命、健康等人身权益,这是受法律绝对保护的。

因此,《民法典》第506条对这两类事先免责条款的效力,也有不同规定。

如果是事先约定造成人身损害免责,无论是故意造成损害,还是过失造成损害,都是一律无效的。本节案例约定的工伤损害免责条款就是这种情况。它不仅直接违背了我国宪法和劳动法,同时也违背了民法上的善良风俗,所以是绝对无效的。

然而,如果事先免责条款涉及的不是人身损害,而是财产损失,就不是一律无效了,需要根据主观恶性,来分情况判断。

第一种,是故意或有重大过失损害了对方财产。这属于一方有重大过错,即使事先约定了财产损失免责,也是无效的。比如,张三以超低价向李四采购了一批设备。李四在安装时,为省成本就没有做好调试,结果导致设备损害,给张三造成了损失。这时候,李四就属于有重大过失,即使双方签了财产损失的事先免责条款,李四也仍然要承担赔偿责任。

还要注意，这种事先免责条款无效不仅保护合同涉及的财产，也保护合同标的之外的财产。假设李四是在送货过程中严重不负责任，倒车卸货时撞坏了张三公司的大门，这就属于损害了合同标的之外的财产。即使双方约定了造成财产损失免责，也是无效的。因为这样的约定实际上是在给侵权行为免责，是违背法律规定和公序良俗的。

第二种，双方约定一般过失造成财产损害免责，是有法律效力的。比如双方约定，安装设备时造成其他财产损害免责，结果安装设备的工人不小心损害了对方的其他财产，这样的免责条款就是有效的。但如果是安装工人严重不负责任，接错电路，烧毁其他设备，这就是重大过失，不能免除赔偿责任。

## 人身损害事先免责条款无效的例外

《民法典》为了保护人的生命、健康等权益不受侵害，规定了人身损害事先免责条款一律无效，但这种"一律无效"也并不绝对。《民法典》还规定了一个"自甘风险"规则，也就是自愿参加有一定风险的文体活动，因参与者过失造成人身损害的，不承担赔偿责任。比如，在自由搏击、足球、篮球等竞技比赛中，非恶意地发生身体撞击，造成了伤害，这是可以免责的。这种情况就不能要求对方运动员赔偿，也不能要求比赛的组织方承担赔偿责任。当然，如果是比赛中一方运动员故意伤害另一方，或者是比赛场地、设施有质量问题导致运动员受伤，这就应当承担赔偿责任了，因为已经构成侵权行为了。

还有一种情况需要特别说明，就是患者实施手术，患者或者他的近亲属签下知情同意书。同意书上会写明手术中或术后的风险，都由患者自身负责。很多人会认为这也是一种"人身损害事先免责无效"的例外。其实，这种手术知情同意书并不是人身损害事先免责条款，而是在医疗合同中，医院在履行风险告知义务，是为了保障患者的知情权和选择权。医疗合同是行为合同，不是结果合同，手术风险是在医疗中客观存在的。医院告知后，患者选择接受手术，也就要自己承担风险发生的后果，医院当然不用承担赔偿责任。

当然，如果患者出现的人身损害不是通常的手术风险，而是医务人员过失造成的医疗损害，这就不能免除医疗机构的赔偿责任了。这是医疗损害责任，是侵权责任的特殊类型。

## 发生争议的法律适用

合同交易奉行的是意思自治原则，双方除了约定权利义务，当然也可以约定事先免责条款。交易总有风险，除了依靠法律规则兜底，有时候各方当事人也需要通过事先免责条款提前分配双方的利益和风险。这样既有利于降低交易成本，也有利于及时解决纠纷。

事先免责条款规则本身是中性的。我们要防范的其实是那些违背法律法规、公序良俗的不合理事先免责条款。在实践中，需要注意以下几点。

第一，签订任何合同，如果对方提出要签订人身损害事先免责条款，可以坚决不签，并且指出《民法典》的相关规定。

第二，即使签了有这样内容的合同，也不要紧，因为免责条款一律无效。万一发生事故，造成损害了，如果对方拿出免责条款，就可以依据《民法典》的规定向法院起诉，主张人身损害免责条款无效，并且要求对方承担人身损害赔偿责任。

至于财产损害的事先免责条款,如果只是约定了对一般财产损失免责,那双方确实需要遵守合同,因为这是一种对风险的自主安排。但如果财产损失是对方故意或者有重大过失造成的,则仍然可以主张事先免责条款无效,要求对方承担赔偿责任。

**延伸课堂:**

**私人鱼塘边的警示牌写明"禁止游玩戏水,否则后果自负",有免责效力吗?**

对成年人来说,鱼塘边上竖立了警示牌,就足以让他防范危险,这就属于尽了安全保障义务。这时成年人还去玩耍、落水,那就应该后果自负,鱼塘主可以免责。但如果落水的是儿童,那鱼塘主就可能要承担损害赔偿责任了。对儿童来说,只有警示牌很难让他意识到危险。所以,鱼塘边如果没有其他护栏、篱笆等足以防止儿童损害的防护措施,则属于对儿童未尽安全保障义务,造成儿童损害,是要承担赔偿责任的。

有一个美国的著名案例。在一个工厂的院子里,有一个废旧的矿坑,积了很多雨水,形成了一个很漂亮的小湖,但湖底没有清淤。有一个小朋友到厂区来玩,看到这么漂亮的一个湖,就想游泳,脱了衣服一头扎进去,结果再也没有上来。他被隐蔽在湖底的尖锐物刺穿了身体,造成了死亡。

这样的一个湖,尽管是在工厂的院子里,不是一般意义上的公共场所，但美国法院最终还是判决工厂要承担赔偿责任。因为这样的湖对儿童具有诱惑力，没有采取特别的措施阻止儿童进入湖水，法院也认为工厂未尽到对儿童的安全保障义务。

## 118 合同履行

商铺续租 10 年后房东阻拦装修，会构成违约吗？

在实践中，合同履行是一个比较复杂的问题，《民法典》中与之相关的规则也比较多。这一节讲合同履行的一般性规定。还是先从一个案例说起。

老胡要开一家商店，与县农业局下属服务站签订了房屋租赁合同，租期 1 年。租期内商店效益不错，老胡就想出资装修房屋，要长期使用，服务站也同意，双方就续签了租期 10 年的租赁合同。合同续签后不久，房屋价值飙升。在老胡进行装修的时候，服务站出来阻止，理由是老胡的装修会破坏房屋结构，是违约行为，要求立即停工。老胡不同意，认为服务站无故阻碍装修才是违约。双方互相指责，发生了争议。

本节案例就是双方在订立合同时达成了共识，可以装修，但到了合同实际履行阶段，又出现了分歧。这种情况法律会怎么认定呢？这就涉及合同履行规则了。

所谓合同履行，是指合同债务人适当地、全面地完成合同义务，让债权人的合同债权得到完全实现。

合同履行是合同法的核心。没有合同的履行，当事人在订立合同之初对合同利益的期待就无法实现。所以，《民法典》规定了担保制度、违约责任，以及保全制度，也就是用强制措施限制财产流转，这些都是为了保障合同履行。既然合同履行这么重要，那肯定不能"公说公有理，婆说婆有理"，而是要以法律规则为准绳。因此，《民法典》第509条就规定了合同履行应遵循的基本准则，分别是约定必守原则、诚信履行原则以及绿色履行原则。这些原则是贯穿合同履行始终的，非常重要。

## 约定必守原则

约定必守原则是指法律要求当事人全面遵守按照自由意志订立的合同。当事人履行合同的时候不能打折扣，"质"和"量"都要过关。用法律的语言来说，就是要做到适当履行和全面履行。

适当履行侧重于合同履行的"质"。凡是以物作为标的的合同，像买卖、租赁等，最基本的，是交付的标的物要符合约定的质量。如果约定的标的物是特定物，就不得以种类物代替履行。比如，约定的是交易画家某幅特定的画，就不能是他画的其他作品。此外，既然合同标的是物，那无论涉及的是转让、租赁还是借用，一般都不能以支付金钱代替交付实物。

如果不是以物而是以行为为标的合同，比如培训合同、演出合同等，做到适当履行，主要是指约定的主体必须亲自履行，不能找人代替。比如歌迷买了甲歌手的演唱会门票，不能说乙歌手更知名、出场费更高，就让他来代替甲歌手。

做到了适当履行，也就符合了履行合同的"质"。但光有"质"还不够，履行合同时还得满足"量"，也就是要做到全面履行。比如，交付标的物时，尽管质量符合要求，但数量不足，不符合合同的约定，就是没有全面履行合同。价款和酬金通常用货币计算，它们的全面履行就是如数支付。如果交付的是货物或者行为，全面履行就是符合合同约定的数量或者次数和时长。

## 诚信履行原则

诚信履行和约定必守这两个原则其实都源自《民法典》总则规定的"诚实信用"基本原则，只是在合同履行中，把这个基本原则细化了。履行合同的时候，约定必守原则是最主要的，诚信履行原则是对它的补充和完善。

约定必守原则说的是要适当、全面地履行合同的主要义务；诚信履行原则强调的是双方当事人在履行合同的全过程里，都要诚实守信，不容许欺诈、蒙骗和任意毁约。《民法典》第509条不仅规定了双方要全面履行合同约定的义务，还规定了要根据合同的性质、目的和交易习惯履行通知、协助、保密等附随义务。

诚信履行原则也包括两个方面——协作履行和经济合理。

协作履行就是双方在履行合同的时候，相互负有及时通知、协助以及保密的义务。不论这些义务是否在合同里有明确约定。本节案例就涉及这种情况，老胡续租10年后要对房屋进行装修，如果装修并没有危及房屋结构，服务站就有义务配合。如果是因为房价涨了，服务站就借故阻拦，这就属于没有做到相互协助，是违反协作履行义务的。

再如，双方交易货物，约定交货地点是火车站。商家把货物运到站卸车后，当然是完成了交付，但是也有义务及时通知买家收取，否则也是违反协作履行义务。

经济合理是在诚信履行合同的前提下，双方可以灵活变通，比如选择更经济的履行期、履行方式等等。最典型的就是网上购物，只要能按期送达，并且双方没有特殊约定，商家可以选择运费更低的快递公司，以及包装成本更低的包装方式。但要注意，经济合理的前提一定是适当履行合同。不能因为追求经济合理，让合同履行违反约定，损害当事人的利益。

## 绿色履行原则

合同履行的第三个原则是绿色履行原则。

以前《合同法》规定的合同履行原则只有约定必守原则和诚信履行原则，但因为编纂《民法典》时新增了绿色原则作为所有民事法律行为的基本原则，所以在合同编的具体规则中，也新增了与合同履行相关的绿色履行原则。

绿色履行原则的含义很好理解，《民法典》第509条对此的表述是：当事人在履行合同的过程中，应当避免浪费资源、污染环境和破坏生态。要着重理解的是，绿色履行原则不仅是保护合同当事人利益，更是要保护公共利益。

如果违背绿色履行原则损害的不是对方当事人的合同利益，就不是承担一般性的违约责任了，而是要依照《民法典》的规定承担侵权责任，甚至是承担惩罚性赔偿责任。比如，商家对商品过度包装，收取高昂附加费，这就是损害对方当事人的利益，应当承担违约责任。如果是一方订货，另一方在生产时为了省成本随意排污，这损害的就是公共利益。那相关的公益机构或者人民检察院就有权提起公益诉讼，追究排污企业的侵权责任。

## 案例回顾

认定老胡与服务站在履行房屋租赁合同时是否构成违约，关键就是要确定老胡的装修，是否破坏了房屋结构。如果确实破坏了房屋结构，就不是适当履行合同，属于老胡违约，服务站当然有权要求停止侵害，如果造成损害了，还有权要求老胡赔偿。如果没有破坏房屋结构，是正常装修行为，那服务站无权阻拦。否则，就是没有做到相互协助，违背了诚信履行原则。

这个案例的最终结果是老胡找到鉴定机构，证明了自己的装修没有问题。所以，如果服务站还是执意阻拦，老胡可以起诉到法院，要求判决服务站停止阻拦，继续履行合同义务。如果因此影响了装修进度、预计开业时间，老胡还可以要求服务站赔偿相应的损失。

## 119 选择之债

借条里约定了多种还债方式，要还款了，债主享有决定权吗？

选择之债是合同履行的一种特殊情况，它要解决的，是合同里的履行内容待确定时，究竟该如何履行。先来看一个案例。

老李和老赵是某纺织厂的合伙人。散伙时，两人分财产，老李向老赵出具了三万元的欠条，约定向老赵承担清偿责任。欠条写明："于一个月内付清此款，或给布料，或退纺织机"。老赵签字同意了。一个月后，老赵要求用现金清偿，但老李却主张退回纺织机。老赵不愿意了，认为欠款人老李明明有现金却不偿还，就向法院起诉，请求判决老李按照约定清偿本金及利息。

在这种情况下，可能有人会想，毕竟老赵才是债权人，应该有选择权。而且根据生活经验，欠债通常都是要优先还钱的，只有实在还不上了，才能用物品来抵偿。既然老李手头上也有现金，那就应该优先用现金偿还。

但事实上，在这个案例中，法院不会支持老赵的诉讼请求。因为双方签的这个合同，构成了选择之债。在没有额外约定的情况下，选择用什么方法还，选择权在债务人老李身上。

## 什么是选择之债

债是分种类的。如果是以产生依据来分，可以分为合同之债、侵权之债等；根据合同之债是否有不同标的来分，可以把债分为简单之债和选择之债。

简单之债就是标的单一且确定的债。在实际生活中发生的债，大多都是简单之债。比如到超市买肉，标的就是这块肉的所有权。再如，假设案例中老李给老赵打的欠条，只说到期还钱，没说还可以还布料或织布机，也是简单之债。

选择之债，是指债权成立时，约定实现债权的标的有两个以上，但等到具体履行的时候，债务人只需要全面履行其中一个。假设欠款人老李和老赵约定的不是"一个月内还款，或给织布机"，而是"一个月内还款，否则就给织布机"，这就不是选择之债了，而是简单之债。因为标的是确认的，双方都无权选择，只是约定了"用织布机清偿"的触发条件而已。

以前的民事立法没有规定选择之债，在司法实践中都是按照法理来裁断的。但其实，明确选择之债的规则是很有必要的。履行合同时会有各种商业风险，如果是简单之债，标的只有一个，那要么是全面履行，要么就是违约，没有商量的余地。但有选择之债，双方就可以"不把鸡蛋都放在同一个篮子里"，用多个待履行的标的来对冲风险，有更多的债务履行方式可以选择。现在《民法典》第515、516条规定了选择之债，法院认定选择之债是否成立，就有了法律根据。

## 选择之债的成立

实践中如何认定一个合同是否构成了选择之债，归纳起来就是"两个看"，分别是看履行内容的数量，以及看选择权的归属。

**"第一看"，是判断在债权的成立之初，是不是约定了两种以上的履行内容**。要注意，这些可选择的履行内容范围很广。可以是选择不同的履行标的，比如本节案例中，是还现金或者交付纺织机；也可以是约定多种履行时间、方式，以及履行地点等，比如是送货或者自提、是在合同签订地履行或者另外的交付地，等等，这都能构成选择之债。

**"第二看"，就是确定选择权的归属**。享有选择权的当事人有权在数个待确定的标的中做选择，让选择之债确定为标的单一的简单之债。这个选择权原则上属于债务人。这既是为了保护债务人的利益，也是为了方便债务履行。因为债务人是实际履行合同的一方，他享有选择权，就能提前在待确定的履行内容里自主确定能履行的债务，为全面履行做好准备。比如本节案例中，老赵是债权人，老李是债务人，双方也没有提前约定转移选择权，那么，选择权就属于老李。他有权决定在一个月后是还现金本息，还是退回布料或者纺织机。

**此外，如果双方订约时没有约定转移选择权，并且到了合同履行期，债务人也不积极确定债务，那根据法律规定，选择权就会强制转移**。在本节案例中，假设债务到期后，欠款人老李不主动确定债务，老赵多次催讨他也不听。这时候，老赵就可以确定一个合理期限，通知老李在期限内确定并清偿债务。要是到期老李仍不确认，那选择权就会转移给老赵，由老赵决定是还现金或是退回纺织机。

## 选择权的行使规则

首先要明确，选择权在性质上是一种形成权。也就是，权利一经行使，就能产生选择的法律效力，不需要经过对方同意。**因此，行使选择权的方式就是通知。**只要确定选择之债的意思表示到达对方，立刻发生确定效力，债务标的就会被特定化，其他选项的债务就消灭了，选择之债立刻变成简单之债。

虽然行使选择权只需要及时通知，不需要对方同意，但也不是完全没有约束的。行使选择权的意思表示一旦到达对方，就不能轻易变更和撤销了。假设案例中老赵已经收到了要用纺织机清偿的通知，但事后债务人老李又反悔，要改用现金清偿，这就是不行的。如果老赵同意变更，双方需要再协商。

此外还要注意，如果在行使选择权之前，出现了不可抗力，导致一些待确定的内容不能再被履行了，那选择权人就只能在剩下的履行内容里进行确定。假设是债权人老赵享有选择权，他也想让老李用纺织机清偿债务。但是，老李保管纺织机和布料的仓库因为地震倒塌了，设备和布料都损坏了。这时候，老赵就没得选了，只能是要求老李还现金，不能再选择其他清偿方式。当然，如果纺织机和布料不是因不可抗力损坏的，是老李保管不善，让人给偷了。这个时候，债权人老赵仍然有权不选择现金，而是可以让老李继续用纺织机清偿。如果老李还不上，就得承担违约责任，要么是赔偿一台同样型号的机器，要么是折价赔偿。

讲到这，本节案例的结论应该就很容易理解了。

老李和老赵是在欠条里约定"一个月内付清三万元，或给布料，或退纺织机",约定的债务履行内容有三个选项。这就表明双方成立了选择之债。并且,双方在欠条里没有额外约定选择权的归属,所以,选择权属于债务人老李。老李有权决定是还三万元本息,还是用布料或者纺织机清偿,债权人老赵无权提出反对意见。当然,要是老李在债务到期后,故意不确定选择之债、拖延履行,选择权会依法转移给债权人老赵,这时候老赵就可以决定要求老李以什么方式清偿债务了。

## 120 合同履行抗辩权

认为对方有财务风险就拒绝交货，会构成违约吗？

合同履行抗辩权是一个很强大的权利。它能让一方即使不履行合同，也不会被认定为违约。还是先从一个案例说起。

甲、乙两家公司签订了一份买卖合同，约定乙公司向甲公司订购一台价值50万元的挖掘机。乙公司先付30万元，货到验收后，在一星期内再付20万元余款。交货当天，甲公司送货上门，却发现法院执行人员正在查封乙公司的财会科，因此不敢交付。乙公司声称交货后能够付款，但甲公司没有同意，要其解释原因，并且为余款提供担保。双方未能协商一致，甲公司就带货返回了。后来，乙公司起诉甲公司违约，甲公司不服，反诉乙公司违约。

这个案例中到底是哪一家公司违约呢？可能有人会想，既然合同约定的是"交货后一星期内付款"，那就应该是甲公司先交货。而现在甲公司货都送到了，又拉走不交付，这是甲违约了。但实际上，出现案例里这种情况，甲公司即使没能按期交货，也不会构成违约。因为甲公司的不交货行为，其实是在行使合同履行抗辩权，这是符合《民法典》规定的。

## 什么是合同履行抗辩权

合同履行抗辩权,是指在双务合同的履行过程中,一方只要符合法定条件,就可以对抗另一方的履行请求权,有权暂时拒绝履行债务。

要理解这个权利,得把握住定义里的两个关键词。

**第一个关键词是双务合同。**它表明了这个权利的适用范围。双务合同就是双方都应当履行一定义务的合同。最典型的双务合同就是买卖合同。比如本节案例,乙公司向甲公司订购挖掘机,买方乙公司有交钱的义务,卖方甲公司则有交货的义务。只有在双务合同里,才涉及一方违约,另一方也拒绝履行的情况。如果是赠与行为这样的单务合同,只有一方负有义务,另一方只享受权利,就不存在合同履行抗辩权。

**第二个关键词是抗辩权。**它表明了合同履行抗辩权的法律效果。行使抗辩权,抗辩的是债权人请求履行债务的权利。你要求我履行,只要我享有抗辩权并且行使这个抗辩权,我就可以先不履行,并且不违约。合同履行抗辩权也叫做延缓性抗辩权。也就是说,它的法律效力只是让一方能暂时不履行合同债务,但并不会彻底消灭合同履行的效力。

这类抗辩权存在的意义,是要督促对方当事人及时履行债务,不是为了彻底终结交易。

假设案例中乙公司在第二天就证明了自己有足够的存款,或者提供了交付尾款的担保,那仍然可以要求甲公司交付挖掘机。甲公司不能以乙公司有被查封的风险为由要求双方合同就此终止。

在实践中,有三种情况会产生合同履行抗辩权,它们是根据合同中双方履行义务的先后顺序确定的。不同的履行顺序，对应的抗辩权也不一样。

## 同时履行抗辩权和后履行抗辩权

第一种是同时履行抗辩权。它是指在没有先后履行顺序的双务合同里，一方当事人不能履行债务，另一方就有权拒绝履行。举一个常见的例子，你去商场买东西，这种买卖合同就是同时履行的双务合同。你不交钱，商店就不会给你货。因为这不是赊账，而是一手钱一手货的交易。不交钱就不给货，就是行使同时履行抗辩权。

第二种是后履行抗辩权，也就是在双务合同中，约定了债务有先后履行顺序的，本该先履行的一方不能如约履行，后履行的一方就可以行使抗辩权，暂时拒绝履行义务。

假设在本节案例中，是乙公司要先付完全款，甲公司才交货。这时候乙公司欠尾款没有交完，甲公司把挖掘机拉回，就是在行使后履行抗辩权，同样不构成违约。

要注意，行使后履行抗辩权还要注意抗辩的程度。如果先履行的一方实际上履行了义务，只不过是恰当履行了一部分，那后履行的一方就只能进行部分抗辩。如果案例中交易的不是一台挖掘机，而是50台电脑，那乙公司既然已经付了30万元的价款，甲公司就应当交付对应数量的电脑，不能因为尾款没结，就一台电脑都不交付。但本节案例不是部分抗辩，是全部抗辩，因为双方交易的整台挖掘机是不可拆分的。

此外，行使后履行抗辩权，不影响后履行的一方追究违约责任。既然发生了后履行抗辩权，就说明先履行的一方是迟延交付了，这其实就是违约。只要无过错的一方愿意，仍然可以追究违约责任。如果合同约定了迟延履行的违约金，那就按迟延的天数计算违约金；如果没有约定，可以要求对方赔偿自己在人力、仓储、物流等方面的合理损失。

## 不安抗辩权

第三种情况是不安抗辩权，这也是本节案例涉及的情形。不安抗辩权保护的是合同的先履行方。具体来说，负有先履行义务的一方当事人，如果能证明后履行一方已经丧失或者可能丧失履行合同的能力，那先履行方就有权暂时不履行合同。

在本节案例中，双方约定了"验货后一星期内付余款"，那卖家甲公司其实就是先履行义务的一方。其在交付货物之前，发现乙公司的财务部门正在被执行人员查封，有不能交付尾款的危险，就有权行使不安抗辩权，暂时拒绝先交货。因为交了货，很可能收不回尾款。这也是"不安抗辩权"这个名称的来源，就是先履行一方的心里出现不安，就可以对抗另一方请求履行的权利。

当然，这里说的"心里不安"只是一个形象化的表述。实际认定不安抗辩权的时候，不会按照当事人的主观感受来，而是要判断客观要件。

首先是要确认，在合同成立后，后履行一方有无法继续履行合同的风险。例如公司经营状况恶化、丧失商业信誉、有转移财产的逃避债务行为，或者是有其他丧失或者可能丧失债务履行能力的情形。本节案例中，乙公司在付款前财务部门被法院执行人员查封，就属于这里说的"其他丧失或者可能丧失履行债务能力的情形"。

不过，商业毕竟是有风险的。有些时候，即使后履行一方经营状况恶化，或者出现了不利好的消息，也不代表就一定无法继续履行合同。因此，确认了合同履行风险之后，还得看后履行一方能不能提供适当的担保。就像本节案例，甲公司其实也要求了乙公司为尾款提供担保，但乙公司没有做到。如果乙公司能在合理期限内提供担保，或者证明自己能够恢复合同履行能力，例如表明银行有足额的存款清偿债务，那甲公司的不安抗辩权就会消灭。合同应当恢复履行，甲公司要先履行交货的义务。

要是后履行方在合理期限内没有恢复履行能力，也没有提供适当担保，那先履行的一方，除了行使不安抗辩权，还享有法定解除权，可以单方解除合同。行使不安抗辩权后，如果乙公司最终还是不能提供担保，或者表明自己恢复了履行能力，那甲公司就有权通知对方解除合同。解除时，甲公司可以在已经支付的30万元中扣除送货往返的费用以及其他合理损失，扣完后，再把剩余款项退回。

## 121 借新还旧

跟银行借新贷还旧债，保证人还要承担保证责任吗？

在合同履行中有一个特别问题，就是借新还旧。什么叫借新还旧呢？还是先从一个案例说起。

老刘要向银行借贷 10 万元，就找到自己的小舅子老褚提供担保，老褚也同意。在老刘借款后，老褚和银行信贷员签了保证合同，约定老刘还不上钱时，银行有权找老褚要债。借款到期后，老刘没还上，银行要求老褚承担保证责任。但老褚从银行处得知，老刘这笔借款不是用于生意应急，是用来向银行还旧债的，于是拒绝承担保证责任。银行不同意，认为借款到底怎么用，这是老刘和老褚之间的事儿，现在老刘借款还不上，老褚就得承担连带还款责任。

案例的情况大致就是这样。老褚是不是要对老刘"还旧债"的贷款承担清偿责任呢？

可能有人会觉得，毕竟这也是借款，只是用途比较特殊而已。而且老褚还完之后，也还能向借款人老刘追偿，所以银行有权要求老褚承担责任。但事实上，如果案例里老刘的行为构成了本节要说的"借新还旧"，那保证人老褚的确不用承担责任；但如果没构成，这只是一般性的借款保证，那老褚就得一起还款了。

## 什么是借新还旧

所谓借新还旧，就是旧贷还不上了，要再借一笔新贷用来偿还旧贷。用法律的术语说，就是以新贷履行旧贷的债务。

借新还旧是合同履行里的一类特殊问题。首先要明确，这种还债方式法律是认可的。但是，在实践中认定的时候，要注意两个要件。

**首先，要看双方的主观意愿**，是不是借款人和还款人都有借新还旧的合意。假设借款人老刘是在甲银行欠了款，还不上了，然后又到乙银行借款，借出钱后就还给了甲银行。这就不是借新还旧，而是我们日常说的"拆东墙，补西墙"，因为两次的出借方是不同的主体，老刘和甲、乙银行都没有借新还旧的意思表示。这种情况下，如果小舅子老褚是在老刘借第二笔贷款时提供了保证，并且老刘也还不上了，那即使老褚对借款用途不知情，乙银行也有权要求他承担责任。

**确认了主观意愿，还得看客观行为。**也就是第二个要件，**是否产生了新合同，以及是否存在应当消灭的旧合同。**新、旧合同都要符合合同的成立和生效规则。比如，双方约定借新还旧，在账面上，必须是新贷进入老刘的账面，新合同才算成立。因为借款合同是实践性合同，必须是钱款交付了，合同才能成立。如果没有走账，双方只是在合同中约定了新贷顶替旧贷，那其实是旧贷未还，新贷未借，借新还旧压根没有成立，也不会发生对新贷的担保。

在本节案例中，借款人老刘是向同一家银行借新贷和还旧债的，这就表明借款人和出借人对借新还旧达成了合意。并且，老刘和银行在客观上也发生了借款行为，老褚就是在新贷发生后才签的保证合同。所以，老刘和银行之间成立了借新还旧的法律关系。

既然双方借新还旧有效，那表明新借款合同也生效了。根据合同法"从随主"的原则，主合同能生效，从属于主合同的保证合同也应该生效才对，可为什么老褚不用承担连带还款责任呢？这是因为老褚对老刘借新还旧不知情。老刘谎称自己借款是要做生意应急，但实际上是拿去还旧债。

为借新还旧合同提供担保，法律是认可的，但前提是担保人必须对借新还旧知情。

旧贷还不上，借了新贷去还，这说明新贷到期还不上的可能性也非常大。所以，隐瞒实情让担保人担保，就是挖好了坑等他跳。为了保护老褚的利益，法律当然不会让他承担保证责任。

## 借新还旧里的优先受偿

在借新还旧里，如果担保方式变了，不再是保证，而是用特定物来担保，比如抵押，那还会涉及优先受偿的顺位问题。这种情况会复杂一些，涉及的主体比较多。

假设老褚用抵押汽车的方式为老刘提供担保，并且是在老刘借旧贷的时候就开始担保。等老刘借新还旧了，老褚也仍然愿意继续担保。然而在这中间，在老刘借新还旧之前，老褚又用汽车为张三做了一次担保。结果，老刘的新贷和张三的欠款都还不上了，他们的债权人都来要债。如果拍卖了抵押的汽车，那应该先给谁还款呢？这就涉及优先受偿的问题了。司法解释对此有特殊规定：其他债权人主张其担保物权顺位优先于新贷债权人的，法院不予支持。也就是说，新贷还不上了，为新贷设定的担保，无论是早于还是晚于为其他人设定的担保，拍卖担保财产后，都是先还新贷。这是因为，以抵押的方式设定担保涉及登记。在抵押登记注销之前，老褚又同意给老刘的新贷设定担保，原来对旧贷的担保效力不会因为旧贷被还就消灭掉，而是会延续到新贷上。也就是说，在抵押权的效力延续之后，在新贷上的抵押权，它的生效时间就是为旧贷办理抵押登记的时间。

所以法律会认定：新贷上的抵押权，要早于老褚在半道为张三设定的抵押权。那么，还债的时候，就不会先还张三的欠款，而是会先还老刘的新贷。

这和用保证合同提供担保是很不一样的。如果是保证合同，因为没有登记，旧贷还了，根据"从随主"原则，保证效力也就消灭了，不存在延续的问题。

## 银行无权要求老褚还款

借新还旧在实践中其实是一个比较复杂的问题，尤其在涉及担保的时候。

本节案例只涉及为老刘一个人提供担保，还是比较清晰的。老刘向同一家银行借新贷还旧贷，显然构成了借新还旧。案例中最大的争议，不在于是否构成借新还旧，而是老褚对新贷的保证是否要承担责任。

因为借新还旧的债务风险极大，所以司法解释明确规定，只有担保人明知债务人借新还旧，并且还愿意为新贷提供担保的，才需要承担担保责任。而本节案例中，老刘谎称自己借钱是为了做生意，实际上是借新还旧，这就是隐瞒实情让老褚提供担保，老褚当然不用承担还款责任。所以，银行实际上无权要求老褚还款，只能是继续向老刘追偿。

最后还想提醒大家，借款还不上的时候，是可以借新还旧的。但是，有人要你给借新还旧提供担保，或者你原来给旧贷做过担保的，就要千万小心，因为很可能是要承担担保责任的。这种风险，一定要注意防范。

**延伸课堂：**

在本节案例的情况下，如果证据不足，如何认定"借新还旧"的举证责任？

这种情况，原则上由提出主张的一方，也就是保证人承担举证责任。也就是说，保证人要证明自己不知道款项用于借新还旧。但是，证明自己不知道某个事实，这属于证明消极事实，难度是比较大的。所以，法院会对保证人适用举证责任缓和的规定。

举证责任缓和和举证责任倒置不同。举证责任倒置，通常是法律直接规定由对方承担举证责任；而举证责任缓和，是负有举证责任的一方举证到一定程度，无法继续举证了，从此实行举证责任转换。也就是说，保证人在证明了自己对借新还旧不知情具有较大可能性之后，在客观上无法继续提供证据了，这时就可以要求对方，也就是债务人，证明保证人对借新还旧知情。如果能够证明保证人知道借新还旧的事实，当然就可以否定保证人原有的主张，让他承担保证责任。如果不能证明，保证人就免责了。

此外，这种情况还涉及另一个举证责任规则，就是优势证据理论。如果双方当事人都举证证明自己的主张，但都达不到法律规定的证明要求，这时就要看谁的证明具有优势，也就是谁提出的证据的证明力更高，待证事实成立的可能性更大。法官会采纳具有优势的证明，以此认定案件事实，适用法律。

## 122 履行变动

贷款购房后要提前还贷，银行有权不接受吗？

本节我们来学习合同履行的变动规则。虽然前文讲过，履行合同时要做到约定必守，但现实很复杂，有些时候法律也会容许双方提前履行或者变更履行主体。来看一个案例。

小冉夫妇向银行贷款买房，约定 20 年还清全部借款。还款 5 年后，小冉夫妇的收入增加了，想要提前清偿贷款，就提出了申请，但银行没有同意。夫妇俩很不满意，认为贷款利息太高，不让提前还款就是损害他们的权益，坚持要提前还款。双方沟通未果，发生了争议。

这种情况其实就涉及了合同履行变动。根据《民法典》的规定，小冉夫妇是否能提前还款，首先得看双方的合同有没有约定。如果没有约定，银行确实有权拒绝。

要理解这个结论，需要了解《民法典》是如何规定的。

合同履行变动是指在合同履行的过程中，合同内容发生了一般性的变化。要注意，这些变动都不是对合同内容的根本性改变。就像本节案例，说的是提前履行，不是夫妇俩不再履行合同，只是在履行时间上有提前，这就是一种对合同的一般性变动。

除了提前履行，常见的合同履行变动还包括变动履行主体、履行中止，以及部分履行等。

## 提前履行

提前履行是指在订立合同之后，合同的履行期限还没有到来，债务人就要履行合同。

前文说过，合同履行的基本原则是约定必守，不管是标的、数量、价款，还是履行的方式、期限等，都要严格按照合同约定。而提前履行是履行期限不符合合同约定，其实是一种对约定必守原则的突破。因此，《民法典》原则上是限制提前履行的。《民法典》规定：债权人可以拒绝债务人提前履行债务，但是提前履行不损害债权人利益的除外。这个规则其实说了两种情况，分别考量了债务人和债权人的利益。

第一种情况是合同履行期限只和债务人的利益有关，那债务人可以自主决定。因为这时候的提前履行，是债务人主动放弃自己的期限利益，法律并不干预。比如，在无息贷款、无偿借用等合同里，还款期限和返还期限都是为债务人的利益设定的。这些期限越长，对债务人越有利。这时候，债务人要提前还款或者返还物品，对债权人无害而有益，法律是允许的。

但我们知道，这类合同毕竟是少数。现实中更多的提前履行其实是另一种情况，也就是合同履行期限同时关系到双方的利益。这个时候，债务人未经对方同意，不得提前履行。比如，双方定制家具，约定好了交付时间。如果家具厂要提前交付家具，就必须先和买家达成协议，未经同意就提前交付的，买家有权拒收。因为很可能买家的房屋装修还没有完工，家具提前到了，买家也没地方存放。再如本节案例，贷款买房也是关涉双方利益的。业主贷款买了房，解决了住房的燃眉之急。银行把钱借给业主，可以收取利息。如果是无息贷款，那业主通常不会要求提前履行。但既然是有利息的,业主要提前履行,就可能会影响银行的收入。所以,业主要提前清偿房贷,首先要看贷款合同的约定,比如是否约定了在还够多少年或者多少钱之后,就能提前清偿。如果没有达到条件,银行也不同意,那是不能提前还贷的。

此外还要注意,无论是哪种提前履行,只要提前履行让对方额外支出了费用,比如提前交付商品让接收方额外支付了仓储、保管费,这笔费用就应当由履行人负担。

## 合同履行的主体变动

合同履行变动的第二种情况是变动履行主体。这里说的是变动合同的履行主体,不是变动合同当事人。

**履行主体变动的第一种情况是"向第三人履行"**。债务本该是向债权人履行的,但双方可以约定,让债务人直接向第三人履行。比如,甲的债务人向甲还债 10 万元,甲跟债务人说"你把这个钱还给张三吧",债务人就把钱打给了张三。虽然钱是打给张三了,但债权债务关系还是在甲和债务人身上,并不代表债主从此就变成张三了。假设债务人答应得好好的,但没把钱打给张三,也仍然是甲去追究他的责任。

**履行主体变动的另一种情况是"由第三人履行"**。假设债主找债务人乙要债,乙对债主说"这笔债让张三还给你",这就是由第三人履行。如果张三还了钱,那乙和债主的债务关系消灭。但如果张三还不了,债主事后也还是找乙,不会从此就向张三追债。

**最后一种变动履行主体的情况是第三人代为履行**。要注意,这和

"由第三人履行"完全不一样。"由第三人履行"是合同债务人和债权人双方约好了，让第三人来代替履行，这时候，债务人还是愿意履行合同的。但"第三人代为履行"适用的情况恰恰相反。具体来说，是债务人不履行合同，第三人为了保护自己的利益，有权代替债务人履行。比如张三欠债还不上，债权人天天去张三家里催债。张三的哥哥为了家庭安宁，替他还了债，这也能消灭债权债务关系。并且，张三的哥哥偿还之后，就会成为张三的新债权人。如果他愿意，是可以要求张三还债的。

不过，也有些合同是双方约定了必须由债务人履行，或者法律规定了不能代替履行。这时候，第三人就不能代为履行了。比如演出合同或授课合同，双方会明确约定演出者或者讲师，不能由他人代替。再如建设工程合同，法律就规定，主体结构必须由承包人亲自完成，不能分包或者转包给其他人。

## 履行中止和部分履行

**履行中止和提前履行相对**。一个是要延后履行时间，另一个则是要提前。提前履行如果只涉及债务人的利益，还是有可能让债务人自主决定的。但履行中止就不行了，它只能由债权人引起，不能由债务人引起，这是因为允许债务人引起履行中止，有可能会被利用为拖延履行。

因此，《民法典》第529条只规定了一种中止履行的情况：因债权人的原因导致债务人履行困难的，债务人可以中止履行。比如，甲公司向乙公司借了一笔钱。在借款期间，乙公司被合并了，或者被分成了两个子公司，但是甲公司不知情。这时候，甲公司就算能按期还款，也没法给乙公司账户打款，因为原公司注销了。这种情况下，甲公司就可以中止履行，不会构成违约。当然，如果中止履行不是债权人引起的，是双方协商后选择暂时不履行，也没问题，这就是双方意思自治了。

**部分履行和全面履行合同相对**。一般来说，双方约定的都是要全面履行合同，部分履行是不符合对方当事人预期的。所以，和前面说提前履行的时候一样，《民法典》原则上是限制部分履行的。也就是说，债务人要部分履行的，债权人有权拒绝。比如，债权人订购了一对镇宅用的石狮子，结果工厂到期只能交付其中一个，这就完全影响使用了，债权人可以拒绝接受，要求对方整体履行，并且追究违约责任。

不过，如果部分履行不会损害债权人的利益，那债权人不能拒绝接受。假设某业主订购了10套家具。交货当天，因为路途遥远和货车空间有限，厂家没办法一次性送10套，只能是白天和晚上分别送5套。这种情况虽然不是一次性交付，但也是按期交付，买家通常就需要容忍，不能拒绝。但是，因此增加的运费、劳务等费用，也还是由厂家来承担。

## 案例回顾

案例中小冉夫妇和银行的纠纷，涉及的是提前履行。买房人是不是能提前还房贷，首先看双方的自主约定，如果约定了提前还贷的条件，小冉夫妇也符合，那没问题。但如果双方没有约定相关的条件，或者小冉夫妇没达到提前还贷的条件，依照《民法典》第530条的规定，是否能提前还贷，关键就在于债权人，也就是银行是不是同意。

如果银行不同意，小冉夫妇不能提前清偿房贷。

虽然实践中银行拒绝提前还款的情况不多见，但我们要知道，提前还款并不是天经地义的权利。依据法律规定，银行原则上是有权拒绝的，因为提前履行毕竟是突破了约定必守原则，法律是限制的。因此，签贷款合同的时候，除了考虑利息高低，一定还要留意相关的提前还款条款，避免因为前期没注意，在后期损失更多利益。

**延伸课堂：**

**如果债务人明确拒绝，第三人还能代为履行吗？**

实践中，这样的情形是可能出现的，也就是第三人是擅自代为履行，不符合债务人的真实意思。例如，别人在酒店喝酒，第三人跑去买单，但不知道人家和酒店有消费协议。出现这类情况，第三人代为履行就不会产生追偿权。也就是第三人代为履行后，要向债务人追偿的，债务人可以拒绝。第三人要挽回自己的利益，就只能是向债权人请求返还原物，否则就是白白替人履行义务了。

不过，有些情况即使债务人不愿意，第三人也有权代为履行，这就是《民法典》第524条规定的"第三人对履行该债务具有合法利益"。最典型的，就是转租关系中的次承租人代替交租。

比如，张三和房东李四签订了房屋租赁合同。租房后，张三又把房屋转租给了王五。即使转租了,因为租赁合同是张三签的,所以向房东负担交租义务的也还是张三。如果张三不及时交租,房东就可能解除租赁合同,进而损害转承租人王五的利益。这时候,王五作为第三人就对代为履行交租义务具有了合法利益,他为了自己的转租合同仍然有效,可以代替张三向房东交租,张三不得拒绝。交租后,他可以直接折抵本该付给张三的房租。

## 123 情势变更

商铺因疫情人流锐减,能请法院判决减租吗?

我们知道,合同成立之后,因为种种原因,双方并不总是能适当、全面地履行合同,有时候也会出现提前履行、中止履行等履行变动的情况。不过,这些变动都是一些非实质性的变动。有一个规则,会对合同履行产生根本性影响,这就是情势变更。情势变更也是一种履行变动,但是它比较复杂。先看一个案例。

小吕在大学城租赁了一家门面房经营洗衣店。开业后,由于师生人流密集,生意红火,每月利润能达到几万元。然而,疫情暴发后,师生只能滞留在家,线上上课,小吕的洗衣店几乎没有营业收入。小吕无力承担高房租,要求降低租金,但房东不同意,双方就发生了争议。

案例中描述的情况可能很多经营者都遇到过。在这种情况下,小吕要求降低租金的请求,其实是有法律依据的。小吕在经营过程中,因疫情突发收入锐减,不能再负担高房租了,其实就构成了本节要说的情势变更。情势变更规则的目的,就在于恢复合同双方的利益平衡,让双方共担风险。所以,尽管房东不愿意减租,并且疫情突发也不是房东的过错,小吕仍然有权要求降低租金。

## 情势变更的定义和构成要件

所谓情势变更，是指合同成立后，客观情势发生了不可预见的重大变化。在这种变化下，继续维持合同的原有效力会产生显失公平的后果。所以，法律允许合同当事人变更或者解除合同。

曾经有一个案例，甲公司因为当时的政策，只交了1亿元，也就是10%的土地出让金，就拿下了一块地。甲公司拿地后和乙公司合作开发，约定乙也出1亿元，开发后收益双方各分50%。但后来政府发现政策问题，让甲公司补缴了9亿元。这就构成情势变更了，因为补交9亿元之后，就相当于是甲用10亿元和乙的1亿元合作，但收益分配还是各50%。如果继续维持合同效力，对甲来说显然是不公平的。这时候，如果双方协商不成，甲就可以向法院起诉，要求变更或者解除合同。

情势变更的含义不难理解。但是，在实践中认定的时候，一定要注意把它和商业风险区别开，不然就可能变成法律对经营风险的过度干预了，会给合同另一方造成损害。

《民法典》对情势变更的要件规定得很详细，归纳起来可以总结为"三个看"，分别是"看事实、看阶段、看结果"。

**首先，也是最基本的，是要看有没有情势变更的事实**。情势是一个学理上的表述，是指合同赖以成立的客观条件。这些客观条件不一定是市场需求、生产成本等经济因素，也可以是非经济事实，比如政策调整、技术升级等。但要注意，不是说只要客观条件变化，就构成情势变更，必须是发生了重大变化，而且这种变化必须是不可预见、无法归责于双方的。比如前文案例中，甲公司因为政策调整，拿地的成本从1亿元变成了10亿元，成本是原来的10倍。这谁也预见不到,甲公司也没有过错。所以,这就不是通常的商业风险,而是合同赖以成立的客观条件发生了重大变化。再如本节案例,小吕经营洗衣店,因为突发疫情,从每个月几万元利润到几乎没有收入,这显然也不是商业风险,而是预料不到的重大变化。

**不过,光是判断客观上有情势变更事实还不够,还得看这些变化,是出现在合同行为的哪个阶段。这也是要认定的第二个要件:情势变更的事实必须发生在合同成立之后到合同履行完毕之前**。如果在合同订立之前就出现了情势变更事实,双方也继续订立了合同,这时法律就会认定,合同的成立是以已经变更的客观事实为基础的,不再允许事后调整,只能是由当事人自担风险。要是合同履行完毕才发生情势变更事实,那就更不能再变更合同了,因为合同已经履行完毕了。假设前文说的甲、乙公司,是在分完了土地开发收益之后,政府才要求甲公司补地价。这时候,甲就不能再要求变更合同里的收益分配比例,让乙公司退回一部分收益,因为合同已经履行完毕,不存在变更合同的问题。

**最后一个要件就是看结果,也就是情势变更会让履行原合同出现显失公平的后果。**

显失公平前文中也讲过,不过那一节说的显失公平强调的是一方有主观过错。比如,趁对方没有经验,在交易中"趁火打劫",所以它对应的法律效果是合同可撤销,受损害的一方有权撤销合同,不需要对方同意。本节说的显失公平后果,是由双方无法预料的原因造成的,双方都不是过错方,所以对应的法律效果也不是撤销合同,而是受损害方有权请求变更或者解除合同。这是需要双方充分协商的。至于后果是否属于显失公平,只要用一般人的社会观念判断就可以。比如前文案例说的,政策调整后,甲公司的成本变成了原来的 10 倍,但分配的权益却还是 50%，这样的分配比例就显然是不公平的。

## 情势变更规则的适用程序

如果确认了客观条件发生的变化，确实属于情势变更，那接下来该怎么维护权利呢？

**首先，受到不利影响的一方，有权提出再协商的请求。**适用情势变更，采取的是当事人主义。一方要是不提出情势变更的请求，那他就是自愿接受不利后果，法律并不干预。提出请求后，如果另一方拒绝协商，坚持要按原合同履行，受到不利影响的一方就可以请求法院或者仲裁机构，强制变更或者解除合同。

**其次，法院或仲裁机构会结合案件实际情况确定是变更还是解除合同。**情势变更规则的立法目的，是要预防显失公平的合同后果，不是要彻底消灭合同。所以，如果变更合同就足以恢复公平局面，法院通常都会支持。司法解释规定，当事人请求变更的，不得判决解除合同；如果一方提出要解除合同，另一方主张变更，这时候法院就会根据案件实际情况以及公平原则，确定到底是变更还是解除。比如，通过增减价款金额、货物数量，或者变更履行期限、方式，就能让合同履行恢复到公平局面的，那法院应该判决变更。如果双方已经失去合作基础，比如合同事实上不能再履行了，或者变更后再履行对双方都不划算，这时候就可以判决解除合同。

## 案例回顾

疫情暴发，让洗衣店附近从人来人往，到几乎没有人流，这是小吕和房东都预料不到的。这种无法预料的重大变化，就表明出现了情势变更事实。并且，这种变化发生在合同成立之后、履行完毕之前。这就符合了情势变更的事实要件和时间要件。

人流锐减，已经严重影响了洗衣店经营。这时候，如果还要求小吕继续履行原合同，按原来约定的金额支付房租，洗衣店就会面临严重亏损甚至倒闭的风险。这就符合了情势变更的结果要件，继续履行合同会导致显失公平的后果。所以，小吕有权要求房东降低租金，以共同分摊疫情带来的损失。

在具体行使权利的时候，双方可以先协商。如果协商不成，小吕可以向法院起诉，请求法院变更合同，降低租金数额。对此，法院应该判决支持。但是假设房东提出，降低租金后自己就要亏损了，提出要解除合同，这时候法院应该判决解除。解除之后，小吕和房东双方都不用承担违约责任，因为这是在情势变更下的合同解除，双方都没有过错。

其实，在实践中认定情势变更不是那么容易的，我国立法对情势变更的认识也一直在变化。

1999年制定《合同法》的时候，没有把情势变更规则写进来，很重要的一个原因就是担心法官滥用情势变更规则，把一般的商业风险当作情势变更判决。后来在《合同法》的实际适用中，发现确实存在一些特别巨大和普遍的价格变化情况，不是普通的商业风险所能概括的。因此，司法解释才开始规定可以适用情势变更原则，但是又限定了不可抗力，比如自然灾害、战争等，不能导致情势变更。

等后来编纂《民法典》，对情势变更有了更统一的认识，认定不可抗力也可能导致情势变更，因此才制定了正式的条文，也就是现在的第533条。

## 124 债权人撤销权

待还债的财产被办理了抵押登记,债主能主张撤销吗?

从本节开始,我们要讲合同的保全制度。顾名思义,这是一种保护债权完整实现的制度。合同保全里涉及的具体规则主要就是债权人撤销权和代位权,本节先讲债权人撤销权。

来看一个案例。

老王因资金周转困难,向老秦借了20万元。借款到期,老王还不上,就要求延期还款,并承诺,如果延期后再还不上,就变卖自己的房产还债。延长的还款期结束后,老王还是没还钱。债主老秦就要求他变卖房子还债。但老王表示,房子已经为另一个朋友的债务设置了抵押,现在没办法变卖房产来还款了。老秦很生气,一纸诉状就把老王告到了法院。这个案例就涉及本节要说的债权人撤销权。

前文提到过,假设欠款人老王是无偿赠送了自己的房产,那就是恶意逃债,赠送行为可以被撤销。但现在案例的情况是,老王只是拿房产去给朋友办理了抵押,在欠款未清偿的情况下,债主老秦也可以请求法院撤销抵押行为,并且申请变卖房屋清偿债务。

想要理解这个结论,得先看看《民法典》对债权人撤销权的规定。

债权人撤销权是一种否定债务人不当减少自身财产、损害债权实现的规则。具体来说,在债务人恶意实施减少自身财产或者放弃到期债权的行为，债权人可以请求法院撤销这样的处分行为，让已经脱离债务人的财产，仍然恢复为债务人所有，以保护债权顺利实现。

## 债权人撤销权的行使要件

债权人撤销权的产生要件主要有三个。

**第一，也是最基本的，是双方存在债权债务关系。这是认定产生债权人撤销权的前提。**要注意，虽然债权人撤销权主要用于保全债务人的财产，以保障合同履行，比如本节案例就是要保障老秦能追回欠款。但实际上，它的适用范围不止于合同之债。因侵权行为发生的债权，以及因不当得利和无因管理发生的债权，都能受到债权人撤销权的保护。

明确了双方存在债权债务关系，接下来要认定的，就是债务人有没有恶意减损自身财产。**这得先看客观行为，也是第二个要件，就是债务人有放弃债权或者主动处分财产的行为。**放弃债权容易理解，这是一种消极处分。比如债务人为了不还债，故意免除别人欠自己的债务、货款等。这里要注意的是主动处分财产。如果是无偿处分，比如把要用来承担民事责任的财产无偿赠送，这肯定不行，这是故意逃债。但如果是有偿处分，比如拿自己剩余的存款去订立买卖合同，或者用于抵债，这行不行呢？

**这时候就得认定主观要件了，也是第三个要件，债务人的有偿处分行为是不是具有恶意，并且会损害债权实现。**比如本节案例中，老王先向债主老秦承诺卖房还钱，但一转头又把自己的房子给朋友的债务设置抵押。设置抵押后，短期内房子就很难再转卖了，因为有抵押的房子很少有人敢买。所以，这也是一种恶意处分财产，是为了逃避债务。但假设老王只是拿自己的银行存款去签订买卖合同、正常做生意，那债权人不能撤销，这是老王的正常经营行为。

## 债权人撤销权的行使

确认了债务人有逃债行为，债权人就可以向法院起诉，申请撤销逃债行为。具体程序归纳起来是三步。

**第一步，谁能起诉，也就是确认原告资格**。如果只有一个债权人，那原告就只有一位。但如果逃债行为涉及了好几个债权人，那所有债权人都能起诉。要注意，不管是一个还是多个债权人，请求撤销的范围都仅限于债权本身的数额。假设欠款人老王除了抵押自己价值 50 万元的房产，还把自己价值 20 万元的汽车低价卖了，这时候老秦要行使撤销权，就只能请求撤销卖汽车的行为。因为老秦借出去的也就是 20 万元。

**第二步，要明确"该起诉谁"**。假设老王只是和其他人达成用房抵押的协议，但抵押权实际上还没登记，这个时候债权人老秦只需要起诉老王，请法院撤销协议即可。但如果是本节案例这样，房子已经办理抵押登记了，这时候，债主老秦就可以把老王以及取得房屋抵押权的第三人都诉到法院，请求法院撤销抵押协议以及抵押登记。

**第三步，何时起诉，也就是确认债权人撤销权的行使期限**。撤销权是形成权，受除斥期间约束。一般的除斥期间是一年，最长除斥期间是五年。除斥期间结束后，撤销权会彻底消灭。本节案例中，债主老秦知道了老王的恶意抵押行为，这就应该计算一般除斥期间，也就是老秦要在知道之后的一年内行使撤销权，逾期不行使，撤销权会消灭。

但假设借款到期后，老秦一直在追债，但老王一直拖延，并且还瞒着老秦低价转卖了自己的房产，这就属于老秦对出现撤销事由不知情，这时候的除斥期间是五年。在五年内，如果老秦发现了，向法院起诉行使撤销权，这没问题。但如果房子被卖后，老秦一直被瞒了五年，第六年他才起诉行使撤销权，这就不行了，因为撤销权已经彻底消灭。

### 行使债权人撤销权的效力

如果符合了债权人撤销权的构成要件，并且也是在除斥期间内向法院起诉的，那法院认定后，就会依法撤销债务人处分财产的行为。

这里要注意的是，处分行为被撤销后，实行的是"入库原则"。也就是，财产不是直接交给行使撤销权的债权人，而是要恢复为债务人所有，放回到债务人的"财产库"里。对"财产库"里的财产，各个债权人再依据法律规定平等受偿。

在本节案例中，债务人老王不守诺言，拖欠老秦的借款一再延期，不予归还，还将本应变卖还债的房屋抵押给了其他人。抵押后，又表示无法再清偿对老秦的债务。这种情况，就属于具备了行使债权人撤销权的要件。尽管老王处分房子的方式只是为他人设定担保，并不是无偿处分，但前面也分析到了，这其实是一种恶意的有偿处分。因为房子被抵押后，就很难再变卖了。这样的财产处分行为会损害债主老秦的债权按期实现，

所以，老秦当然可以向法院起诉，要求撤销房屋抵押行为。依照最新司法解释的规定，老秦可以在请求行使撤销权的同时，请求老王履行债务，可以申请拍卖房屋，实现自己的 20 万元债权。

## 125 债权人代位权

债主代债务人追回了款项，有权优先受偿吗？

合同保全的另一种方法是债权人代位权。债权人为了保障债权实现，可以以自己的名义，代债务人之位，向债务人的债务人主张权利。举一个案例。

建筑公司拖欠水泥公司 100 万元货款，到期未还。而实际上，建筑公司对房产公司有一笔 200 万元的到期工程款债权，一直没去追讨。现在水泥公司知道了，就可以向法院起诉，代建筑公司之位，要求房产公司直接向自己清偿债务。

然而，水泥公司起诉还钱后，建筑公司的另一个债权人钢筋公司也来要债了，还主张自己的债权成立时间更早，房产公司还的钱应该归自己。水泥公司不同意，认为是自己先起诉的，钱应该先还给自己。双方沟通未果，就发生了争议。在这种情况下，这笔钱应该先还给水泥公司，因为债权人代位权的清偿规则就是"谁先起诉，就向谁还款"。要理解这个结论，先要了解《民法典》对债权人代位权是如何规定的。

### 什么是债权人代位权

债权人代位权是一种从属性权利。它不能独立产生，也没有独立存在的可能，只能依附于合同债权以及其他债权而存在。就像本节案例中，建筑公司赊账买水泥，双方签了买卖合同后，水泥公司就取得了请求支付货款的债权。这个债权其实就包括了债权人代位权，它从属于货款债权。再如，张三不小心把李四撞伤，张三和李四之间就会产生一个侵权之债。李四有权请求张三赔偿医药费。这个债权中也包含了债权人代位权。如果张三说自己没钱赔偿，但实际上是有货款故意不收回，那李四就可以诉到法院，要求用这笔货款清偿自己的医药费。

## 债权人代位权的成立要件

**判断债权人代位权是否符合行使要件，要完成两轮认定：一是被代位的债权是不是符合条件；二是债务人自己是不是怠于行使。**

第一，判断债权是否符合条件，有两个要点。首先，债权必须合法，并且不具备人身性。假设房产公司欠建筑公司的不是工程款，是赌债或者是买卖毒品的毒资，这样的债权就不符合条件，因为是非法债权，不能用来给水泥公司还债，只能由国家没收。

再如，假设欠水泥公司货款的不是建筑公司，而是自然人张三。现在张三还不上了，但是他每个月能领一笔残障补助费或者养老金，对这些费用，水泥公司也不能行使代位权，不能要求行政机关从此把这些钱付给自己。因为这样的债权是具有人身性的，只能由个人享有。

其次，能被代位的债权必须是现有的，不能是可能将有的。就像前文说过的预约合同，它就是只约定了双方未来会签订本约，是一个还没发生，但是可能发生的债权，也不能代位行使。如果水泥公司行使代位权的诉求是代替建筑公司签订本约，比如去签一个未来的施工合同，这是不行的。擅自更换合同当事人，这对另一方是违约行为。

认定了债权符合条件，还得看第二轮认定，也就是债务人是不是怠于行使债权。

只要对方是应该行使，也能够行使，但不行使权利，就是怠于行使债权。比如本节案例，建筑公司表面上说没钱还债，但实际上有一笔到期债权一直不去追讨，就属于应该行使，也能够行使，但不行使。当然，如果建筑公司不行使债权，并不是不愿意，而是客观上有行使权利的障碍，比如对方行使了合同抗辩权，让建筑公司暂时不能收回工程款，这时候就不能认定是怠于行使了。

## 债权人代位权的法律效果

行使债权人代位权之后，会产生三种法律效果。

**首先会发生的法律效果就是中断诉讼时效**。比如，水泥公司同时起诉了建筑公司和房产公司，要行使债权人代位权。这时候，水泥公司对建筑公司的债权，诉讼时效会中断，重新计算三年；同时，建筑公司对房产公司的债权，诉讼时效也会中断。

**第二个会产生的法律效果是限制债务人的处分权**。也就是说，只要水泥公司起诉了，并且通知了建筑公司，这时候建筑公司就不能再实现或者处分对房产公司的债权了。比如，不能再要求还债，也不能把债权转让给其他人等，只能等待法院判决。

**限制了债务人的处分权，最后一步的法律效果就是清偿债务**。这也是本节案例的矛盾焦点。法律的规则是，谁先行使债权人代位权，就先向谁清偿。这一点和上一节说的债权人撤销权就很不一样。债权人撤销权遵循的是"入库原则"，也就是行使撤销权后，财产先恢复

第五章　增加财富的交易规则

给债务人，然后债权人再就这些被恢复的财产平等受偿。如果其他债权人在这些财产上有抵押权，那还能优先受偿。但行使代位权并不是这样，案例中先起诉的债权人水泥公司可以要求建筑公司的债务人，也就是房产公司，直接把钱还给自己。法院也会支持。

其实，在传统民法里，债权人代位权和债权人撤销权都实行"入库原则"。但我国在制定《合同法》的时候，就把代位权改为直接清偿。也就是谁先行使代位权，就向谁优先受偿。这样规定，除了使交易更快捷，其实也有鼓励债权人积极行使代位权的立法用意。

讲到这，我们再回顾一下本节案例。

建筑公司为了不偿还对水泥公司的 100 万元货款，一直不向房产公司追讨欠自己的 200 万元工程款，这就属于建筑公司怠于行使债权，影响了水泥公司到期债权的实现。

这时候，水泥公司有权行使债权人代位权，请求法院判决房产公司直接向自己还款 100 万元。并且，对行使权利期间支出的诉讼费、律师代理费、差旅费等合理支出，水泥公司还可以在请求还款时一并要求支付。

至于另一个债权人钢筋公司，其提出代位权的时间比水泥公司晚，根据我国法律规定，债权人代位权不采用"入库原则"，而是"谁先主张，就向谁清偿"。所以，尽管钢筋公司的债权成立时间更早，法院也不会判决先向其还款。不过，因为房产公司欠的是 200 万元，在清偿了水泥公司的 100 万元货款，以及扣除起诉期间的合理支出后，就剩余的部分，钢筋公司还是可以主张清偿的。

## 126 合同转让

确定了结果的裁判文书，可以买卖吗？

学习了债权人撤销权和代位权这两种保全债权的规则后，按照《民法典》的顺序，接下来要讲解的是合同的变更和转让。

合同变更只规定了两个条文，意思也都比较好理解。一个是说，变更合同要由当事人协商；另一个则是，双方对变更内容约定不明确时，推定为未变更。而合同转让的规则就比较复杂了，先来看一个案例。

某资产管理公司从银行接收了一笔 2000 万元的不良资产。接收后，资产管理公司就起诉了债务人建设公司，要求还债。法院也判决了，但建设公司资不抵债，一直无法执行。因为一直无法回款，资产管理公司就把这笔不良资产以 300 万元的价格卖给了自然人老戴，同时通知了建设公司。

老戴拿到法院判决书后，经过多方调查，找到了建设公司登记在他人名下的一栋楼房，于是向法院请求拍卖该楼，执行判决书确定的 2000 万元债务。债务人建设公司不同意，认为老戴买卖法院判决书是违法行为，拒绝执行，双方发生了争议。

在这种情况下，老戴的做法是不违法的。看起来老戴是付了 300 万元拿到了一纸判决书，但实际上，老戴买的不是法院判决书，而是判决书确定的债权。

怎么理解这个结论呢？这就得说到合同转让了。所谓合同转让，就是合同当事人与第三人协议，在不改变合同的客体和内容的情况下，对合同的主体进行变更。

变更合同主体，具体包括三种情况。一是变更了合同债权人，二是变更了债务人，三是债权人和债务人都发生了变更。这三种情况用法律术语来说，就是债权转让、债务转移和债权债务概括转移。

## 债权转让

债权转让就是债权人通过协议，将其享有的合同债权转让给第三人。

判断债权转让是否发生，首先是要看转让人和受让人之间有没有达成转让协议。不过，有时候双方达成了合意，债权转让也未必会生效。因为法律明确规定，在有些情况下债权是不能转让的。比如，业主买房后，不想交物业费，就要把自己请求物业服务的权利转让出去，这是不行的。因为法律规定，物业服务合同里的债权不得转让。再如，养老金、工伤补助金或人身损害赔偿金等债权也不得转让，因为具有人身性。不能因为张三欠钱还不上，就和李四约定，从此自己的养老金由李四去领取。此外，如果合同双方为了交易简单快捷，提前在合同里约定债权不得转让，这时候，债权也只能由债权人专享。

如果明确了双方有转让的合意，并且法律也没有限制转让，那接下来就要看是否有通知债务人。没有通知债务人，债权转让对债务人不发生效力。毕竟转让债权，涉及的是三方法律关系，债务人对此有知情权。但是要注意，知情权不等于同意权。只要转让双方履行了通知义务，通知后，不管债务人同不同意，债权转让都发生效力。债权转让完成后，发生的效力就是变更合同的债权人。案例中，老戴把不良资产买过来之后,通知了建设公司,从此就是建设公司的新债权人,建设公司以后也就只能向老戴履行债务。

## 债务转移

债务转移是指债务人将其负有的合同债务转移给第三人,由第三人作为合同的新当事人,向债权人履行债务。

债务转移成立的要件和债权转让几乎是一样的。比如,同样要求债务人和受让人达成协议,以及债务本身具有可转让性、不违背法律法规等。

但是,毕竟债务转移要变更的是债务人,对债权人来说,这个新债务人的履行能力如何、是否值得信任,都是不确定的。因此,债务转移要生效,就不是及时通知了,而是必须征得债权人的同意。未征得同意的,债务转移行为不发生效力。债权人在表示同意的时候,可以是明示表态,也可以是默示同意。假设案例中,建设公司要把自己的2000万债务转移给其他人,也通知了债权人老戴。老戴接到了通知后,不说同意也不表示反对,那在建设公司给出合理的同意期限后,如果老戴还不表态,法律就会认定他是默示同意。

债务转移生效后,发生的法律效果就是原债务人退出合同关系,由受让人成为新债务人,并承担原债务人负担的债务。此外,合同债务转移时,附随在债务上的从债务以及债务人的抗辩权也会随之转移。比如,借贷合同的主债务是偿还本金,利息是从债务。偿还本金的债务转移了,利息之债也会随之转移。再比如,签借贷合同的时候,债主对原债务人表明过不收利息,结果债务转移后,债主却要向新债务人收利息。这时候,新债务人就可以提出抗辩,不履行利息之债。

**债权债务概括移转**

债权债务概括移转就是合同当事人将自己的债权与债务一并转移给第三人,由第三人同时享有债权和负有债务。

债权债务概括转移是债权转让和债务转移的集合体,它的成立要件和法律效果也与债权转让和债务转移一致。唯一要注意的是,因为其中包含了债务转移,所以债权债务概括转移要生效,也需要取得对方当事人的同意。

了解了这三类合同转让规则,再回顾一下本节案例。

老戴和建设公司的争议在于,老戴究竟是受让了债权还是买卖判决书。从表面上看,老戴好像是从资产管理公司买来了一份判决书,因为他也是拿着判决书请求法院执行的。但事实上,老戴买的不是判决书,而是判决书上确认的债权。

买卖一纸法律文书是没有意义的,关键还是得看判决书里对应的权利是否可以转让。本节案例涉及的是一笔不良资产债权,这是合同之债,具有可转让性。

但假设老戴受让的不是一笔合同债权,而是某个人用于治疗人身损害的伤残补助金,这就是侵权之债了。根据法律规定,这样具有人身性的债权就不能转让。即使老戴拿到了这样的判决书,也无法要求债务人把人身损害赔偿金支付给自己。

可能有的人会认为,老戴花了 300 万元就买到了 2000 万元债权,如果他查封了建设公司的楼房,执行后会获得 2000 万元,岂不是不公平?然而,这就是商业交易,老戴买来的是资产管理公司的呆账,如果他也要不回钱,那自己要负担风险。但现在他能找到建设公司的财产，盘活了呆账，这是他的本事。作为新的债权人，他当然可以请求全面清偿债务。这里不存在公平与否的问题，完全是符合法律规定的。

**延伸课堂：**

《民法典》第545条第2款规定："当事人约定非金钱债权不得转让的，不得对抗善意第三人。当事人约定金钱债权不得转让的，不得对抗第三人。"这个规则要如何理解？

这个规则涉及的是当事人双方约定债权不得转让。

在合同里，当事人的约定是有法律拘束力的。约定了不得转让，这个债权原则上就不能转让。在这种情况下，债权人如果转让了，就要分情况来看。

第一种情况是约定禁止转让非金钱债权，比如张三和李四订立了货物采购合同。双方约定，买家张三不得转让要求供货的债权，但张三还是把债权转让给了第三人王五。

这时候，考虑到要兼顾保护债务人李四的利益和保障债权流通性，法律就规定不得对抗善意第三人。如果受让人王五是善意的，对双方约定了债权禁止转让不知情，那债务人李四不能主张债权转让无效；但要是王五明知双方有约定，还受让债权，这就属于有恶意。这时候债务人李四可以请求法院认定债权转让无效。

第二种情况是约定禁止转让金钱债权，比如李四欠张三货款未付，双方约定张三禁止转让追讨货款的债权。这时，只要张三转让债权，无论受让人王五是善意还是恶意，都能取得债权，债务人李四不能提出债权转让无效。

这么规定的原因是，转让金钱债权对债务人造成的影响比较小，而金钱债权的流通性价值在实践中又非常重要，实践中大部分债权转让也是金钱债权的转让。所以，对转让金钱债权，法律侧重保障的是债权流通性，没有设置过多的限制。

## 127 债务加入

没有使用借款但答应了共同还债，要承担法律责任吗？

《民法典》有一个新增的制度，叫做债务加入。债务加入要解决什么问题呢？还是先从一个案例说起。

老吴向老藤借款 10 万元，约定借期 12 个月，月利率为 1%。债务到期后，老吴只偿还了部分利息，债主老藤不同意，坚持要求他偿还全部本息。老吴的侄子小吴提出再延长一个月还款时间，还表明一个月后自己会和老吴共同还债。债主老藤同意了，小吴也出具了共同还债的承诺书。

一个月期满，老吴和小吴都未还款。老藤向法院起诉，要求判决两人共同承担还款责任。结果小吴不认了，提出自己没有参与借款和使用，出具承诺书也只是要帮老吴多争取一些还款时间，要求自己还款是不公平的，应该由老吴单独还款。

在这种情况下，侄子小吴是否需要向老藤承担还款责任呢？可能有的人会想，小吴承诺书都签了，应该已经构成了对债务的担保，需要一起还债。

但事实上，款确实是要还的，但小吴签的这个承诺书并不是担保合同，而是债务加入。债务加入虽然也有担保债务清偿的功能，但和真正的担保法律关系还是不一样的。因为个人通过信誉提供的担保都是保证，承担责任时要按照保证人的责任来认定。而债务加入，第三人是以债务人的身份加入的，本质上是两个债务人在共同还债。保证人和债务人的法律地位是不一样的。

## 什么是债务加入

债务加入是第三人加入债务的简称，也叫做并存的债务承担。它的意思是，债务人不脱离债务关系，同时第三人又加入到现存的债务关系里来，与原来的债务人共同承担责任。

这一点和债务转移不一样。债务转移是原债务人把债务的全部或者部分转移出去。接受转移的人，要么是完全承担清偿责任，要么是按照约定只承担特定的一部分。

但债务加入是原债务人和新加入的第三人共同承担连带清偿责任。比如本节案例，小吴构成了债务加入，债主老藤就既可以要求原债务人老吴清偿全部欠款，也可以要求新加入的小吴承担全部欠款。

就连带清偿这个法律效果来说，债务加入和前文讲过的连带保证责任有些相似，但这两者在本质上还是不同的制度。假设侄子小吴承担的是连带保证责任，那小吴承担还款责任后，可以依法向债务人老吴追偿。而在债务加入里，即使小吴承担了全部清偿责任，也不一定能享有法定追偿权。是否能追偿，还得看老吴和小吴之间是怎么约定的。

## 债务加入的构成要件

债务加入的构成要件归纳起来有三个方面。

**第一，看债务本身**。用法律术语说，就是判断债务是否合法，以及是否具有可加入性。有一些专属债务是不可加入的，比如，特定的演员与演出公司签订合同，要履行表演义务；再如，邀约著名画家绘制肖像，这些债务都不具有可加入性，因为它们高度依赖债务人的个性、技能以及熟练程度。

**第二，看债务人和第三人之间是否有明确的债务加入意思表示**。比如本节案例，小吴当着债主老藤的面出具了共同还款承诺书，原债务人老吴没有表示反对，这就能说明老吴和小吴之间形成了明确的债务加入意思表示。

之所以要明确债务加入的意思表示，是为了把它和"由第三人履行"分开。"由第三人履行"，只是债务人找了第三人来代替履行。如果第三人不履行，要承担责任的还是债务人，而不是第三人。但债务加入不是这样，第三人与债务人直接对债权人承担责任，不承担的话，法律会对两人强制执行。

**第三，看债权人是否反对**。债务加入，毕竟是多了一个人共同还债，这对债权人通常是有利无害的。因此，《民法典》没有规定债务加入必须取得债权人明确同意，只是规定了：约定债务加入后，要及时通知债权人，债权人没有做出明确反对，就视为同意债务加入。

## 债务加入的法律效果

债务加入的法律效果，用一句话来说，就是债务人和第三人都是债务人，都要共同向债权人承担连带清偿责任。

既然第三人的法律负担和债务人的负担一样重，那对应的，他也能取得债务人的法律地位和能享有的权利。比如，第三人加入债务后，发现有一部分债务是旧债，已经过了诉讼时效，这时候第三人也有权提起诉讼时效抗辩，主张不归还这部分债务。

而且，新债务人承担还款责任后，不必然对原债务人享有法定追偿权。如果双方约定了可以追偿，那没问题。可要是没有约定，新债务人承担责任后又想要追偿了，是不是可以呢？《民法典》对此没有明确规定，最新司法解释规定，第三人向债权人履行了债务后，双方有约定的，第三人可以按照约定向债务人追偿；双方没有约定的，第三人可以用追还不当得利的理由进行追偿。

在本节案例中，债主老藤借钱给老吴，双方形成了一个普通的借贷合同。这显然是一个合法的债权债务关系，并且这种债务也不具有专属性，符合债务加入的前提要件，也就是"债务合法并且具备可加入性"。

债务到期老吴无法按时还款，他的侄子小吴当场表示会共同参与还款，并且出具了承诺书。这就表明，在老藤和老吴的债权债务关系里，小吴自愿提出要实施债务加入，并且债务人老吴以及债权人老藤都没有表示拒绝。这就符合了构成债务加入的第二个和第三个要件，也就是债务人和第三人达成了债务加入的意思表示，并且债权人未做出反对。

因此，小吴的行为会构成债务加入。债主老藤要求他和老吴一起承担还款责任，是符合法律规定的。

至于小吴承担还款责任后，是否向老吴追偿，那就看他们自己的意愿了。不追偿是亲情；追偿的话，如果双方有约定，那就从约定，如果没有约定，那小吴也可以依据不当得利的规定，提出追偿请求。

**延伸课堂：**

**不可转让的债务，是不是都不可加入？**

首先明确结论，不是这样的。

要构成债务加入，必须是第三人加入债务后，对债权人没有不利影响。否则，就不具有可加入性。至于这个债务是否也不具有可转让性，可能是重合的，也可能是不重合的。例如，演出合同不具有可转让性，同时也不具有可加入性，这时两种性质就是重合的。

而有的债务虽然具有不可转让性，但并非不可加入。比如，张三和服装设计师签订合同，要订制一套礼服。这样的定作合同就具有不可转让性，却具有可加入性。只要债权人张三不反对，具有相同资质的第三人，比如也是服装设计师，就可以加入债务，和原债务人共同设计和制作礼服。假设张三对礼服不满意，把服装设计师打伤了，这时候张三作为侵权人，就要承担人身损害赔偿责任。通常，这种侵权债务就是不可转让的。但是，假设第三人，比如张三的亲属，愿意加入债务，与侵权人共同承担侵权责任。这对被伤害的设计师没有损害，而且还有利于及时清偿损害赔偿金，当然是可以的。

理解这个问题的关键，是看到债务加入和债务转让的本质区别。

第三人加入债务,是并存的债务承担,也就是债务人和第三人应当同时对债权人负责。而债务转让,是非并存的债务承担,是原债务人退出债权债务关系,只由新债务人履行合同债务。正因为债务加入不涉及退出债权债务关系,所以不可加入的债务要比不可转让的债务少。

## 128 清偿

存款被冒领，存款人还能要求银行继续支付本息吗？

从本节开始，我们来解读与合同债权债务消灭有关的问题。合同消灭，除了被法律认定为无效这种情况，还有很多情形，本节先讲清偿。

还是先看一个案例。

何老太的儿子在储蓄所有一笔三万元的存款。后来，她的儿子因车祸死亡，储蓄卡也下落不明。何老太委托亲戚小陈去储蓄所办理挂失止付手续。因为户主的身份证也在车祸中丢失了，所以小陈在申请挂失时用的是自己的身份证，并在身份证号码后面注明"代"字。经查询，存款确实在账，储蓄所就给小陈出具了挂失申请单据。

后来，储蓄所内部监督核算科审查，认为这笔挂失没有存款人本人的身份证，违反银行挂失规则，于是撤销了挂失，但没有及时告知何老太和小陈。结果没多久，有人凭储蓄卡支取了全部存款本息。挂失期满，何老太发现存款已被人取走，就向法院起诉，要求储蓄所赔偿存款本息。

案例的情况大致就是这样。一方面，何老太等人办理挂失的时候，手续有瑕疵，用的是亲属小陈的身份证，违背了银行挂失规则，有一定的过失；但另一方面，银行撤销挂失后，也没有及时告知何老太以及小陈，同样有过失。对这种情况，法律会怎么认定双方的责任呢？

事实上，储蓄所仍然有义务向何老太支付全部存款本息。储蓄所的行为构成了民法里的"对债权准占有人给付"，就本节案例来看，这种给付是无效的，也就是储蓄所向冒领人支付存款本息，不能抵销掉它对何老太的清偿义务。

要想理解这个结论，得先看看什么是清偿。

清偿，是指合同的债务人按照合同内容向债权人履行债务，实现合同目的的行为。《民法典》里使用的"债务已经履行"，说的就是清偿。

在清偿这一节里，重点讲两个问题。一个和清偿的主体有关，也是本节案例发生的情况：储蓄所对冒领人清偿债务，是否发生效力？另一个和要清偿的客体有关：欠了银行多笔债务，不能一次性还完，那还的时候应该先清偿哪一笔呢？这两种情况，用法律术语来说，分别是对债权准占有人给付，以及清偿抵充。

## 对债权准占有人给付

对债权准占有人给付这个表述虽然有些拗口，但意思很好理解。债权准占有人可以对照前文在物权里讲过的无权占有来理解，也就是明明没有权利，但是因为占有的事实，别人以为你有权利。

具体来说，就是一般人依据这个人的外观表象会认为他是债权人，并且这个人还真就以债权人的身份在行使债权。这时候他就属于债权准占有人。比如本节案例中，那个捡到储蓄卡并且去冒领存款的人就属于债权准占有人。对冒领存款的人，法律当然是要追究责任的。而对债权准占有人给付的清偿规则，要解决的不是这个冒领人的责任问题，而是支付了存款的储蓄所到底算不算完成了清偿义务。

虽然《民法典》对此没有明文规定，但是结合法理分析以及司法实践的做法，还是能归纳出它的基本规则。对债权准占有人进行给付的时候，如果债务人是善意、无过失的，即发生清偿的效力。具体认定关键是看两个要件。

**第一，存在债权准占有人。**也就是准占有人持有合法的债权文书，或者有足以让他人认为其是债权人的其他外观表象。比如，张三捡到一张电影票，也使用了。这时候他就是债权准占有人，电影票就是一张合法的债权文书。根据交易习惯，电影院通常是见票放行，不会核验购票人的真实身份。

**第二，债务人履行债务时必须是善意无过失。**这是认定对债权准占有人清偿效力的最关键要件。一般来说，确认了对方是债权准占有人，并且向对方履行，这种履行通常都是善意无过失的。比如，电影院的义务就是审核对方有没有票，只要做了这一步审核，就能认为是善意无过失。

然而，本节案例不是这样。存款冒领人通过捡到的储蓄卡，以债权人的身份取走了何老太儿子在储蓄所的存款。这时候的冒领人对银行来说就是债权准占有人。这符合第一个要件。但是，法律还规定了，储蓄所对存款负有高度注意义务，也就是要非常慎重地处理有关存款人的一切事务。而本节案例中，储蓄所在出具了挂失单据后，未经告知就解除了挂失，导致存款被冒领。虽然何老太等人在办理挂失时也有手续瑕疵，但这种未告知导致他们连补正手续的机会都没有。这就表明储蓄所没有尽到高度注意义务，有重大过失，不符合"善意无过失"的要件。因此，储蓄所对冒领人的支付行为不发生清偿效力，应当继续对何老太履行债务清偿义务。

## 清偿抵充

关于清偿的第二个重要问题是清偿抵充。对债权准占有人的清偿与清偿的主体有关,而清偿抵充则与清偿的客体有关。

清偿抵充,顾名思义,是一种决定债务人的清偿应当抵充哪一宗债务的行为规则。

例如,债务人张三欠银行多笔贷款,期限不同,设置的担保、利息高低也各不相同。如果张三在还钱的时候,不能一次性清偿全部债务,那么确定这一次清偿是偿还哪笔欠款,就是清偿抵充。

清偿抵充的适用条件是要同时出现两种情形。

第一,债务人对同一债权人负担多笔债务,并且这些债务种类相同。比如张三向同一个银行多次贷款,债务种类也都是贷款,这就符合要件。然而,假设他只是向银行借了一笔钱,同时还欠银行一部分商品未交付,这两个债务种类就不一样。不能说交不了足够的货,就多还一些钱来抵充。不能如约交货,是要另外承担违约责任的。

第二,债务人提出的给付不足以清偿全部债权。这点很好理解,如果能全部清偿,也就不存在选择清偿哪笔债务的问题了。

理解了清偿抵充的成立条件,再来看具体的抵充方法。清偿多笔债务的时候,到底先还哪一笔,原则上由债务人指定,或者看双方在合同里的事前约定。但是,如果债务人在偿还的时候没有明确指定,双方也没有提前约定,并且事后起了争议,这时候就要看《民法典》第 560 条和第 561 条规定的抵充规则了,也叫法定抵充。

首先,当然是优先抵充已到期的债务。因为到期不履行,对债务人来说可能会有罚息或者是其他违约责任;如果是几项债务都到期了,则优先抵充缺乏担保或者担保数额最少的债务,这是为了保护债权人的利益；要是都没有担保，或者是担保数额都相同，则优先抵充债务人负担较重的债务。比如，有利息的债务，或者利息更高的债务；如果这几笔债务负担也相同，那就按照债务到期的先后顺序，优先抵充先到期的。这就是侧重保障债权人的利益了，防止先到期的债务超过诉讼时效。最后，要是连到期时间都相同的，那就按各项债务所占比例抵充。比如，张三对同一个债主总计欠 10 万元，其中一笔欠 3 万元，一笔欠 7 万元，这两笔债务占比就是 3:7。如果还债时张三只能还 1 万元，那法律会认定对第一笔还 3000 元，对第二笔还 7000 元。

这几种情形，针对的都是清偿主债务。但我们知道，还债的时候，除了清偿主债务，还可能要清偿相关的利息以及其他费用。对此，《民法典》规定的是，如果某笔清偿不足以清偿全部债务，并且双方没有额外的约定，那清偿顺序就是：先清偿实现债权的有关费用，比如诉讼费、执行费等，其次是利息，最后才是主债务。这个规则，侧重的是要维护债权人的合法权益。

**延伸课堂：**

**为什么平等债权要按比例抵充？**

按比例抵充这种做法，体现的是平等的债权要接受平等的清偿。

在《民法典》里，债权和物权是完全不同的财产权。物权具有优先性，先取得物权的人可以排斥后取得物权的人，因而物权在同一时间点上没有共存性。即使在同一个物上设置不同物权，总要按照时间顺序确定物权的优先地位。

债权则不同，其最根本的属性就是平等性。同类型的债权可以同时存在，即使债权的成立时间先后不同，也都具有平等性，比如多个债权都到期了，各债权人一般是按比例平等受偿。只有设置了担保的债权，才能优先于其他没有担保的债权受偿。

清偿抵充的最后一种抵充方法，同样体现债权平等原则。当债务人对同一个债权人负担了多笔债务，这些债务也都到了清偿期，《民法典》就规定要根据各项债务对总债务的数额，按照比例履行。虽然也可以先清偿掉一个债务，以后有钱了再去清偿另外的，但这就不符合债权平等原则了。如果要这样做，只能是双方协商决定。

## 129 合同解除

按时交付设备但迟延安装，会导致合同解除吗？

我们知道，清偿是一种消灭合同债权的基本方法。此外还有另一种消灭合同债权的规则，就是合同解除。合同解除的情形非常多，先看一个案例。

乙公司要建造一个新车间，向甲公司采购了一批生产设备。双方约定，供货时间为当年5月，6月1日开始安装调试。甲公司按约定交了货，却迟迟没有派技术人员安装调试。乙公司多次催促，甲公司仍然没有派人。无奈，乙公司就向甲公司发出了解除合同通知。但甲公司不同意，认为自己只是安装延迟，表示愿意支付违约金并继续安装，但不接受解除合同。

在这种情况下，乙公司能够解除合同吗？可能有的人会想，既然甲公司交了货，那就已经是履行了合同的主要义务，现在未及时安装只是一般性违约，没到解除合同的地步。然而，事实上，乙公司如果坚持解除，是可以解除合同的。虽然甲公司迟延安装不算违背合同主要义务，但这个违约已经影响到了双方合同目的的实现，会构成合同解除情形。

### 什么是合同解除

所谓合同解除是指，在合同成立后，当事人基于协商、合同约定或者法律规定，使合同关系归于消灭。合同解除有三种类型，其中有两种与当事人的意思自治有关，第三种则是由法律直接规定。

**由当事人意思自治的合同解除，分别是协议解除和约定解除。**虽然这两个名称有点像，但其实是不一样的。协议解除说的是事后协议，约定解除则强调事前约定。比如，两个人订立了买卖合同，过后双方都觉得不合适，要协商解除合同，这当然可以。即使在履行合同的过程中没有任何一方违约，也没出现双方提前约定的解除条件，也没关系，双方达成合意就可以随时解除合同。如果是约定解除就不是这样了。它是指双方在合同里提前约定了解除权条款，这些条款一经触发，任何一方都有权单独行使解除权。

**还有一种合同解除方式，叫法定解除。**法定解除就是只要出现法律规定的情形，就可以行使合同解除权，哪怕事前没约定、事后没协商。这些特定情形归纳起来有两类。一类是适用于所有合同的通用解除条件，另一类是法律的特殊规定。

## 法定解除的条件

《民法典》第563条规定了四种通用解除条件，这四种解除条件虽然情形各不一样，但共同点都是会导致合同目的不能实现。

**第一种是因不可抗力导致不能实现合同目的。**不可抗力，是指出现了不能预见、不能避免、不能克服的客观情况，比如自然灾害、战争、罢工等。要注意，不可抗力和情势变更不能画等号。不可抗力本身是一种法定免责情形，适用于合同和侵权领域，但情势变更只适用于合同领域。也就是说，只有不可抗力影响到合同履行了，才可能触发情势变更。比如，地震导致张三家的房屋倒塌，砸伤了李四。张三是不用赔偿侵权损害的，因为地震是不可抗力。但如果是地震导致张三不能按照合同的约定按期交货，这就可能涉及情势变更，张三有权提出变更合同内容。当然，如果地震把应该交的货都给砸坏了，这时候也没有适用情势变更的必要了，因为合同目的已经完全无法实现，张三可以直接提出解除合同。

不可抗力，是客观原因导致合同目的不能实现，合同双方都没有过错。因此，双方都有权提出解除合同。除了不可抗力，剩下几种解除情形都是合同的一方有过错，导致合同目的不能实现。

**第二种是合同一方迟延履行主要债务，并且经催告后在合理期限内仍不履行。**出现这种情形，通常是合同一方先提出抗辩，督促对方及时履行。如果抗辩后，对方仍不履行，那就可以向对方发出解除合同通知。

**第三种是公然违约。**也就是一方明确表示，或者以自己的行为表明，不再履行主要债务。明确表示通常就是通知；以自己的行为表明，主要指的是无故转移资产、企业进入破产程序，或者遭受法院查封等。

**第四种是"小过错，造成大问题"。**也就是迟延履行非主要债务，或者有其他违约行为，同样导致了合同目的不能实现。比如本节案例中，双方签订的合同是设备供货合同。按约定交了货，其实就是履行了合同主要义务，迟延安装不算是违背主要义务。但是，设备没有技术人员安装调试，就无法进行生产，同样会导致合同目的不能实现。所以，这也会让乙公司获得法定解除权。在合同解除后，乙公司还可以继续追究甲公司的违约责任。

除了这四类通用情形，还有一类是法律的特别规定，也就是对一些特定的合同，法律规定了特殊解除条件。比如《消费者权益保护法》规定的 7 天无理由退货，这是针对网购合同的特别解除条件。再如，《旅游法》规定，旅客携带危害公共安全的物品，并且不同意交有关部门处理的，旅行社有权解除合同。

### 合同解除的程序

知道了合同解除的类型以及它们的触发条件，接下来就得说到在实践中该如何解除合同了。

如果是协议解除，那很简单，就是双方重新订立一个解除协议。解除协议成立并生效，原合同解除。要是涉及约定解除和法定解除，享有解除权的一方只要将解除合同的意思表示通知对方，即可产生解除的效力，无须对方当事人做出答复，更无须对方同意。

当然，解除权这么强势，法律对它还是要有约束的。

**第一是解除权有期限限制**。如果事前约定了行使权利的期限，则以约定为准。超出约定期限不行使的，解除权消灭。要是事前没有约定，则看法律有没有特殊规定，比如"7 天无理由退货"，其中 7 天就是行使期限。如果法律没有特殊规定，那解除权的期限通常就是一年。一年后未行使的，解除权消灭。此外，法律对不定期合同还有一个特殊规定，也就是合同双方可以随时行使解除权，不受一年期间的限制，但是需要在解除合同之前给对方留出合理期限。比如，续租时没有约定续租期限，租赁合同就会变成不定期合同。双方有权随时解除，但是在发出解除通知时，要指定一个合理的期限，让对方做好准备。

**法律对解除权的第二个约束，是规定了对解除权的异议权**。收到合同解除通知的当事人可以对解除权的行使提出异议，也就是可以请求人民法院或者仲裁机构确认解除行为是否有效力。提出异议也是有期限限制的。首先是先看双方有无约定，如果没有提前约定，法定的异议期限是三个月。异议期一过，就不能再反对另一方行使解除权了。

解除权正常行使后，最直接的法律效力就是双方可以不再履行合同。对那些已经履行的部分，能恢复原状的应该恢复；不能恢复原状的，可以采取补救措施。比如，对已交付的部分商品、价款，双方应该相互返还；如果商品已被消耗，无法返还，发货方有权要求对方支付补偿。

此外，要是合同解除是因一方违约导致的，那违约方还应该承担违约责任，比如支付违约金或者赔偿实际损失等。要注意，违约责任，是一方只要违约，另一方就可以追究的，无论合同是否解除都不受影响。

## 130 抵销

双方互负债务，就可以要求抵销吗？

抵销也是一个消灭合同关系的规则。可能有的人会想，抵销好理解，不就是两个人相互欠债，又约定债务相抵嘛。抵销的法律效果确实是这样，但是在实践中要认定一对法律关系是否能构成抵销，就没那么简单了。来看一个案例。

老王向沙石公司采购了400万元的沙石，先付了款。由于沙石质量不好，老王要退货。因为还有300万元的沙石未交付，沙石公司就表示，愿意以更低的价格继续向老王供货，直到从剩余的沙石款里扣完贷款为止。沙石公司还找来钢铁公司为自己提供连带责任保证。老王同意了。后来，老王又从钢铁公司那里采购了300万元钢铁，但只支付了100万元货款。钢铁公司多次向老王催要剩余的200万元货款，但老王提出，要用这200万元欠款抵销钢铁公司为沙石公司担保的债务。钢铁公司认为，这两件事一码归一码，坚决不同意。

事实上，虽然这确实是两个合同，但是老王和钢铁公司之间已经符合了法定抵销的条件，老王是有权利要求抵销的。

### 什么是抵销

抵销在民间也叫"抹账"。用法律的术语说，就是当事人互负给付债务，同时用各自享有的债权清偿，让自己和对方的债务在对等数额内相互消灭。

抵销在实践中有两重法律意义。第一，抵销可以便利当事人。对互负的债务进行抵销，就是双方都不用再实际履行了，可以节省履行费用。第二，抵销还具有担保功能。比如甲、乙之间互负50万元债务，其中甲的财产状况严重恶化，不能清偿债务了，或者他实际能清偿但故意不履行，这时候乙就可以行使抵销权，消灭自己债务的同时，也能让自己的债权得到满足。

然而，也并不是只要双方互负债务，就能相互抵销，因为不同的抵销类型有不同的规定。抵销类型主要有两种——法定抵销和合意抵消。

## 法定抵销

法定抵销是指，法律已经规定好了债权能够相互抵销的条件，只要条件具备，并且一方当事人做出表示，就能发生抵销的效力。法定抵销有三个成立条件。

**最基本的，当然是双方当事人要相互负有债权、债务**。这是产生抵销权的前提。可能有的人会想，本节案例中，老王买钢铁未付清货款，钢铁公司是债权人，老王是债务人。这只是老王一方欠了债务，也不符合"双方互负债权、债务"这个前提，那为什么老王可以要求抵销呢？这是因为钢铁公司为沙石公司提供了连带保证，而且担保的正好就是沙石公司未能退给老王的货款。法律规定，在连带保证里，老王既可以要求债务人沙石公司还款，也可以直接要求担保人钢铁公司承担保证责任。这就相当于通过保证合同，让钢铁公司对老王直接负有债务了。所以，老王和钢铁公司之间实际上已经互负了债权债务，满足了法定抵销的前提。

**法定抵销的第二个成立条件是双方互负的债务必须是同一种类**。比如本节案例，老王欠钢铁公司的是 200 万元货款，这是金钱之债。钢铁公司要承担连带保证责任的，是沙石公司未退回的 300 万元货款，这也是金钱之债。两种债务都是同一种类。假设老王没提出退货还款，是沙石公司还差价值 300 万元的沙石未送货，钢铁公司也为此提供了连带责任保证，这时候如果老王提出用未交付的沙石来抵销购买钢铁的货款，这就是不行的。

法定抵销之所以要求用同种债务抵销，是因为同种债务的经济功能相同，相互抵销后，双方才仍然可以获得合同的预期利益，实现合同目的。

**最后一个条件，主张抵销的债务必须是可抵销的债务，以及都是到期未清偿的**。债务以清偿为原则，如果抵销后达不到合同清偿目的，那不能发生法定抵销。最典型的不可抵销债务就是双方负有履行特定劳务的义务。比如张三和李四相互约定到对方的学校讲课一个月，讲课的内容、报酬都相同。这虽然是同种债务，但由于张、李二人讲课方法可能不同，抵销了也无法实现合同目的，所以双方互负的义务不能抵销。

如果法定抵销的三个条件都满足，那双方当事人都能取得抵销权。只要有一方当事人提出，就算是行使权利。当然，收到抵销通知的另一方也有权提出异议，可以请求法院确认抵销是否能成立。关于异议期间，原则上是有约定的从约定；没有约定的，期限和解除权异议期一样，都是三个月。

## 合意抵销

要认定法定抵销，通常都意味着是一方想要抵销，但另一方不愿意，所以才要严格判断法定抵销是否成立，避免损害反对方的利益。除了这种一方不情愿的情况，还有一种情况是双方对抵销的提议一拍即合，这也是我们要说的第二种抵销类型——合意抵销。

合意抵销最大的特点就是意思自治，双方依法订立协议，即可发生抵销效力。也正因为这种抵销方式是双方协商的，所以在很多方面它不受法定抵销规则的限制。比如，法定抵销要求当事人互负债务的种类相同，但合意抵销就没有这种限制，具体用什么类型的标的相互抵销，双方可以意思自治。再如，法定抵销要求双方的债务都必须是到期未清偿，而合意抵销也不受此限制。是用未到期的抵销已到期的，还是用两笔未到期的债务相互抵销，也都由双方当事人自主决定。

## 老王有权要求抵销

本节案例中，老王与钢铁公司对是否能抵销货款产生了争议，显然不是合意抵销，而是应该认定是否成立法定抵销。沙石公司欠老王300万元沙石款未还，老王则欠钢铁公司200万元钢铁款未支付。看起来这是两个法律关系，当事人也都不一样，但由于钢铁公司为沙石公司的欠款提供了连带责任保证，因此沙石公司和钢铁公司就成了这300万元债权的连带债务人，老王有权要求他们中的任意一位承担全部清偿责任。双方满足了法定抵销的第一个要件"互负债权债务"。

其次，老王欠钢铁公司的是货款，而钢铁公司应该向老王承担担保责任的也是货款。两笔债务都是金钱之债。所以,双方互负的债务在种类上也相同,这就满足了法定抵销的第二个要件。

最后,就是双方欠的债务都具有可抵销性,并且到了清偿期,这就满足了第三个要件。

因此,双方能够成立法定抵销,老王主张用自己欠的200万元钢铁货款,抵销钢铁公司应该偿还的300万元沙石款,是有法律根据的。当然,这次抵销只能消灭双方在200万元范围内的债务,对剩下的100万元,老王仍然有权向两家公司继续追偿。

至于钢铁公司损失的200万元,这是它承担保证责任的必然后果。它承担了保证责任后,会对沙石公司产生追偿权,就等于是从此沙石公司欠钢铁公司200万元。

**延伸课堂:**

> 合同之债和侵权之债可以抵销吗?比如甲过失造成乙受伤,然后对乙说之前你欠我的钱都不用还了,乙也接受。这符合法律规定吗?

从原则上说,不仅合同之债可以抵销,其他如侵权之债、无因管理之债、不当得利之债等,只要符合法定条件,都是可以抵销的。不过,最新司法解释规定,侵害自然人人身权益,或者故意、重大过失侵害他人财产权益产生的损害赔偿债务,侵权人不能主张抵销。

例如，甲过失造成乙受伤，乙对甲就会产生一个侵权之债，可以请求人身损害赔偿金，这是金钱之债。而伤人的甲，正巧对乙有一个合同之债，也就是甲对乙还有一笔借款未追讨，这也是金钱之债。这时候，如果两笔金钱之债都到了清偿期，符合法定抵销的条件，侵权人不能主张抵销，被侵权人主张抵销则没有限制性规定，可以主张抵销。

法定抵销的条件比较严格，比如要求债务必须是同种债务，以及债务具有可抵销性。

但如果是合意抵销，就不是这样了。只要双方当事人愿意，即使不是金钱之债，也可以互相抵销，甚至没到清偿期的债务也可以抵销。这样设计的目的，是想让双方尽可能通过合意，尽早消灭债权债务关系，解脱债权债务关系的束缚，这对双方都有利，对社会发展也有利。

## 131 提存

### 房东拒收房租意图毁约，租客该如何保护自己？

在民法中，有一个债务人单方面消灭债权的方法，就是提存。提存这个词大家可能比较陌生，它是一个平衡债权人和债务人利益的制度。还是先从一个案例说起。

梅女士把自己的一套住房租给了老徐使用，租期为三年。合同签订后，老徐每月按期交房租。半年后，有人也想租这套房子，而且租金比老徐交的要高很多。房东梅女士想租给新房客，就一直躲着老徐，不按期收取房租。

老徐发现了房东的意图，就把房租交到了公证处，让公证处通知房东梅女士领取。梅女士接到通知后，仍然没有领取，反而以迟延交租为由，向老徐提出解除租赁合同。

这个案例中，老徐把房租交到公证处的行为，就是提存。它的法律效果是帮助债务人及时消灭债务。也就是说，就算房东梅女士故意躲着不收租，只要老徐按时把房租交到公证处提存，就不会构成违约，梅女士自然也不能要求解除合同了。

要想理解这个结论，我们要看看《民法典》是如何规定的。

### 什么是提存

所谓提存，是指债务人在债务已经到期的时候，将无法交付的标的物提交给提存机构，用以消灭合同债务。

在提存法律关系里，通常有三方主体，分别是提存人、提存受领人，以及提存机构。

提存人和受领人，通常就是合同里的债务人和债权人。比如本节案例里要交租金的老徐就是提存人，而公证处通知领取房租的房东则是提存受领人。至于提存机构，其实就是接收、保管，以及向债权人返还提存物的主管机构。在我国，提存由债务履行地的公证机构负责。

提存制度的目的是要平衡债权人和债务人的利益。因为合同是双方行为，有时候光有债务人的履行行为，并不能让合同完全履行。比如本节案例中，就是房东梅女士无正当理由不接受或者迟延接受履行。出现这种情况，债权人的债权仍然能有效存在，但债务人却要面临被追究违约责任的风险。因此，法律规定了提存这种清偿方式。债务人只要把履行债务的标的物交付给提存机构，就能及时消灭合同债务，免除可能发生的违约风险。

## 提存的原因

那么，在实践中，什么时候可以申请提存呢？归纳起来，就是围绕债权人出现的三种情况，分别是债权人死活不要、债权人下落不明，以及债权人无法接收。

**债权人死活不要当然是一个形象化的表述。用法律的语言来说，是债权人无正当理由拒绝受领**。本节案例就是这种情形，房东梅女士为了把房子另租出去，想要提前毁约，就故意躲着老徐不收租，这就是无正当理由拒绝受领。

**第二种情形，债权人下落不明。**这里说的下落不明不要求达到认定宣告失踪的程度。只要是债权人住所不清、地址不详，或者是到了债务清偿期，债权人始终联络不上，又没有其他人可以代替接收，这时候就足以认定债权人下落不明，债务人可以用提存的方法履行债务。

**第三种情况，债权人无法接收。**这通常就是再也不能向债权人履行债务了，因为这种情况是指债权人死亡或者丧失了民事行为能力。这时候，如果还没确定债权人的继承人、遗产管理人，或者是债权人丧失民事行为能力后未确定监护人，法律也允许债务人进行提存。

**最后，还有一类兜底情况，就是法律规定的其他情形。**比如债权人是公司等法人组织的，如果公司进行了分立、合并或者变更了住所，没有及时通知债务人，导致债务人无法履行，这时候也可以选择提存。

### 对提存标的物的规定

司法部发布的《提存公证规则》对申请提存还有一些具体要求。比如，双方要存在合法并且已到清偿期的债权债务关系。再如，提存人必须具有民事行为能力，以及有提存的意思表示。这两个条件都是申请提存最基础的要件。

此外，《提存公证规则》对提存标的物也有规定。最基本的，当然是要符合约定。也就是提存的标的要和合同约定交付的标的相符，否则不发生清偿效力。

不过，有些时候就算是符合合同约定，也未必能提存。比如，合同约定的标的不是具体的物，是授课、演出等行为，或者是其他单纯的劳务行为，这就是无法提存的。再如，即使合同标的是有体物，但如果是易燃、易爆的危险物，易腐烂变质的蔬菜、水果等物品，或者是体积太大，公证处无处存放的物品，一般也不能提存，而是由债务人先把这些物品拍卖或变卖，把所得的价金进行提存。

## 提存的效力

对债务人来说，他把提存物交给公证机构，就视为已经履行了债务。提存物的所有权会即时转移，不是转移给公证机构，而是从此由债权人所有。在债权人领取提存物之前，提存物由公证机构保管。这时候，相当于是债权人和提存机构订立了一个保管合同，发生保管合同关系。对提存物的保管费用，债务人不用负担，在债权人领取提存物的时候一并支付。提存后，由公证机构通知债权人领取。一般来说，通知后，债权人有权随时领取提存物。

但有一种情况要注意，如果是双务合同，并且债权人对债务人还有义务没有履行完毕，提存机构有权暂时拒绝交付。比如，债权人要领取被提存的一批设备货款，但领取之前得先交付相关的设备单据。这时候，提存机构有权要求债权人先交付单据，否则可以拒绝其提取。取得的单据后续再由提存机构转交给债务人。

到这里，我们再来回顾一下本节案例。

案例里，房屋租赁的租金交付义务是定期债务。例如一月一交或者一个季度一交，交了房租，就消灭了一个分期债务。房东梅女士躲避不收租，就属于无正当理由拒绝受领债务。这时候，老徐把对应租期的房租交给公证处提存，就是履行了这一个定期债务，不会构成迟延交租的违约情形。所以，即使房东梅女士故意躲避不收租，并且在公证处通知之后仍不领取，也不会影响老徐继续履行租赁合同。房东以自己没按时收到租金为由，主张老徐违约、要解除合同，这是没有法律根据的。

**延伸课堂：**

**公证处除了提存，还能提供什么服务？**

除了提存，公证处还能提供很多其他法律服务。这些服务归结起来就是两个字："证明"。例如证明遗嘱、继承权的真实性，以及证明财产的赠与和分割。再如，证明身份、学历、婚姻状况等个人信息，以及证明收养关系和亲属关系等人身关系。

公证还能给追偿债款、追讨物品的债权文书赋予强制执行效力，也叫债权文书公证。

比如，张三向李四订货，签完合同、发货后，张三还欠有货款未付。这时候，两人把债权文书，也就是那份订货合同，交到公证处公证，要求进行债权文书公证，这份债权文书从此就会具有强制执行的效力。如果张三最后真的付不出款，李四可以拿公证过的债权文书直接到法院执行局申请强制执行，不用诉讼，也不用仲裁。这种公证被称为"赋强公证"。

除了公证机构的服务，我们还要了解一下公证机构的性质。目前，我国绝大多数公证机构都是公办，只有少数地区，比如包头、海南等,还存在其他形式的公证机构。这种"其他形式"其实和律师事务所很像,主要就是合伙制,几个公证人合伙成立公证机构,要对合伙债务承担无限连带责任,主要受《合伙企业法》的约束。

公证机构改革的方向与律师事务所的体制改革是一样的。早年司法部改革律师机构,完成了律师事务所由国办改为合伙制,少数实行公司制。原本计划律师事务所体制改革完成后,就改革公证机构,但是没有实现。前几年又开始提出公证机构改革,但司法部也没有完成。我认为,公证机构的改革是必须完成的,因为它就是专业服务机构,与律师事务所的性质一样,将来可以以合伙制为主,适当保留国办,有些也可以采用公司制,这样才能让公证机构更深入地参与市场,提供更好的法律专业服务。

## 132 违约责任

商家对商品有质量瑕疵不知情,要承担惩罚性赔偿吗?

本节讲解违约责任。对违约责任,我们最常说到的就是支付违约金或者赔偿损失。但实际上,实现违约责任的方法非常多,违约责任的具体类型也不少。

还是先看一个案例。

老王为装修新房,购买了 120 平方米的实木地板。装修后不久,老王发现地板上有虫蛀痕迹,还有飞虫在家里乱飞。经鉴定,这些飞虫是地板木材里长出来的家茸天牛。

老王认为商家隐瞒了地板的质量问题,构成欺诈,要求商家承担"退一赔三"的惩罚性赔偿责任。但商家认为自己只是销售商,对商品有质量瑕疵不知情,不属于欺诈。只同意退款,不同意三倍赔偿。

在这个案例中,商家存在违约行为是确定的。但是,商家的行为是不是构成消费欺诈呢?如果不构成,商家只需要承担一般性的违约责任;但如果构成,就要额外承担三倍的惩罚性赔偿了。

一般来说,认定欺诈,必须是过错方有故意行为,也就是故意告知虚假情况或者隐瞒真实情况。但在消费领域,法律侧重保护消费者,认定欺诈没有那么严格。只要商家出售的产品有质量缺陷,并且没有告知消费者,就会构成消费欺诈,要承担惩罚性赔偿。

要理解这个结论,得先知道《民法典》对违约责任是如何规定的。

## 违约责任的定义和类型

违约责任,是指合同债务人违反约定,不履行或者不适当履行合同债务,应当向债权人承担的民事责任。

通常说的违约,大多是指实际违约责任,也就是合同已经到了履行期,但是有一方不能全面履行合同,要承担法律责任。但在民法里,除了实际违约责任这种情况,根据合同履行阶段的先后,还能把违约责任分为预期违约责任和后契约责任。

**其中,在合同履行阶段里最靠前的是预期违约责任**。它是一种针对提前毁约的违约责任。例如,读者订阅了 7 月 1 日到 12 月 31 日的报纸,结果报社在 6 月 20 日通知不能履行订阅合同,这就是预期违约。既然预期违约本质是一种提前毁约,那对应的,守约方请求法律救济的时间也可以提前。比如报社预期违约,对订阅的客户来说,他可以在收到报社通知后,就立刻要求对方承担违约责任。

**实际违约责任发生在合同的履行阶段**。它是实践中最常出现的违约情形,比如我们经常举例的迟延履行、瑕疵履行等。

理解实际违约责任时,要注意一类特殊情形,就是加害给付。简单来说,就是一个违约行为不光损害了合同利益,还造成了合同利益之外的其他人身、财产损害。比如,张三买了变质食品,食用后损害了健康,商家就会构成加害给付。这时,商家的行为构成违约责任与侵权责任的竞合。受害人张三对这两类赔偿享有选择权,可以起诉侵权,也可以起诉违约。如果起诉侵权,张三可以依据《食品安全法》,要求商家支付人身损害赔偿金,比如医疗费、护理费等。此外,还可以追究侵权惩罚性赔偿,也就是再要求赔偿价金三倍的人身损害赔偿金。但假设张三提前发现了食物变质,还没食用,这个时候不会构成加害给付，但同样可以追究惩罚性赔偿。张三有权要求退回价金，同时追究价金十倍的违约惩罚性赔偿。

**最后，还有一类违约责任类型，即后契约责任**。后契约责任的特点在这个"后"字。具体来说，就是在合同关系消灭之后，一方没有履行或者没有适当履行后契约义务，给对方当事人造成了损害，也应当承担合同责任。例如，张三在4S店买了汽车，合同约定保修一年，结果在一年内4S店不给保修，这时张三就可以请求4S店承担后契约责任，要求继续履行或者承担损害赔偿。

## 违约责任的承担方式

**救济违约责任的方式很多，其中最基本的是继续履行**。继续履行适用于一切合同生效，但没有实际履行或者没有完全履行的场合。当然，前提是这个合同还能够履行，或者还有继续履行的必要。如果未履行的是金钱债务，那法院可以判决强制继续履行。如果不是金钱债务，有些时候会出现客观上无法履行或者不适合强制履行的情况。比如，画家某一幅特定的画被烧毁了，这就是客观上无法履行了，用法律术语说叫履行不能。再如，演员拒绝出演某台话剧，或者是设计师拒绝完成某个作品，这些情况都不适合强制继续履行，因为这些义务的履行质量和个人意愿紧密相关。对这些履行不能的非金钱债务，为了避免合同履行陷入僵局，双方都可以提出解除合同，终止合同关系。当然，有过错的一方还要以其他的方式承担违约责任。比如采取补救措施、支付违约金或者赔偿损失，等等。

**采取补救措施是一个概括性的表述，它包含的内容很多，比如修理、更换、重作、退货、减少价款或者报酬等**。在实践中，可以根据实际违约的情况选择适用。

无论是继续履行，还是采取补救措施，都已经是亡羊补牢了。对没有过错的一方来说，哪怕等到了对方继续履行，或者采取补救措施，有些损失也还是发生了，比如已经额外付出了时间、精力、金钱等。**对这些额外的损失，如果无过错方要追究，就可以请求支付违约金或者要求赔偿损失**。违约金和赔偿损失可以和其他违约责任方式共同适用，也可以单独适用。比如前文举例的，某幅特定的画被烧毁了，无法继续履行，这时就只能单独适用违约金或者要求赔偿损失。然而，如果画作没被烧，只是交货晚了，可以让对方继续履行，同时要求支付迟延违约金或者赔偿损失，违约金的具体数额双方可以自主约定。如果实际支付时，当事人认为违约金低于实际造成的损失，可以请求法院或者仲裁机构根据实际损失，予以增加。如果违约金高于实际造成的损失，一般不必再调整，毕竟违约金也具有惩罚作用。只有违约金过分高于实际损失，比如超过了实际损失的30%，当事人才可以请求法院或者仲裁机构适当减少。

至于赔偿损失，它不能和违约金共同适用。只有双方没有约定违约金，但是违约行为又造成了额外损失，才能要求赔偿损害。赔偿数额通常以实际受到的损失为限，这体现的是损害补偿原则。

我国法律也规定了惩罚性赔偿责任。《食品安全法》规定食品欺诈可以请求退一赔十。再如本节案例，老王买到了有质量缺陷的实木地板，这就涉及《消费者权益保护法》规定的一般产品欺诈和服务欺诈，构成这两类欺诈，消费者可以请求退一赔三。

## 案例回顾

商家出售的实木地板有质量缺陷,构成了前面说过的实际违约责任,属于合同瑕疵履行。合同瑕疵履行如果发生在非消费领域,比如两家公司进行商事交易,只适用一般性违约责任,不适用惩罚性赔偿。

但本节案例的瑕疵履行发生在消费领域,属于经营者提供假冒伪劣产品,这就会构成消费欺诈。老王除了追究一般性违约责任,还可以要求对方承担惩罚性赔偿责任,也就是三倍赔偿。

本节说的是实木地板,这是一般产品,不是食品。如果是食品,则适用"退一赔十"惩罚性赔偿。并且,在消费领域,法律侧重保护消费者,认定欺诈不用证明对方有故意。只要是商家卖出的商品或者提供的服务不符合质量要求,并且未向消费者告知,就可以认定为欺诈。

因此,无论商家对实木地板的质量缺陷是否知情,老王都可以要求其承担"退一赔三"的惩罚性赔偿。当然,商家赔偿后,可以向生产厂家追偿。

## 133 定金

接受定金后违约，要承担什么法律后果？

违约责任里有一个特殊问题，就是定金。定金是一个担保制度，担保的就是对方的违约风险。还是先从一个案例说起。

老张与儿童城签订合同，约定租赁儿童城里的经营场地三年，每月租金是 7000 元，合同成立后先付定金 2 万元，用于担保逾期支付租金、水电暖等费用以及违约责任。合同签订当天，老张就支付了 2 万元定金。后来，儿童城未能按约定交付经营场地，老张就起诉解除租赁合同，要求双倍退还定金，但儿童城拒绝，只愿意返还 2 万元。

在这种情况下，法院会支持谁的主张呢？可能有的人会想，虽然儿童城违约了，但合同里只约定了用 2 万元定金担保老张违约，没有约定儿童城的责任。现在合同解除，儿童城应该只要退还 2 万元，以及赔偿相应损失就可以了。然而事实上，无论合同里有没有约定双方的定金责任，只要收受定金的一方违约，法院都会支持双倍返还定金的请求。

### 什么是定金

定金是指订立合同时，一方按照合同价款的一定比例，预先付给对方一定数额的金钱，用于担保债权实现。

在我国，定金究竟是什么性质，法律没有明确规定，但是在实际生活中通常有以下几种：首先，定金的基本属性是违约定金。《民法典》把定金规定在违约责任的章节里，着眼点就是一方不履行债务，定金即可发挥作用，填补非违约方的损失。其次，定金还有一些附属性质，比如交付了定金就能证明双方存在合同关系，这叫证约定金；再如解约定金，也就是合同成立后，一方无故解除合同，也要承担定金责任。

无论什么性质的定金，它要生效都必须成立定金合同。

定金合同本质上是一种从属性的法律关系，它的表现形式很多，但目的都是担保主合同的实现。在本节案例中，老张和儿童城签了场地租赁合同，这是主合同。同时他们约定了定金，虽然这个约定在租赁合同中只是一个条款，但实际上它就是定金合同的一种表现形式，是在为主合同的实现提供担保。

既然定金本质上也是合同，那它要成立并生效，当然也要满足合同成立和生效的一般性要件，比如要具备有效的要约和承诺，不能违背法律法规、公序良俗等。除此以外，定金成立还有特殊要件，也就是《民法典》第586条中的规定。

**首先，定金合同是实践性合同，它要成立，必须是定金已经交付**。假设老张和儿童城只是约定了定金条款，没有实际支付定金，那定金不能发生担保效力。即使儿童城违约，老张也无权主张对方承担定金责任。

**其次，定金合同的标的必须是货币**。如果交付的不是货币，而是抵押或质押了其他财产，那不是定金，而是用其他手段为租金以及违约金提供担保。

**最后，定金数额不能超过合同价款的20%**。以本节案例来说，老张和儿童城约定的租期是三年，每个月租金为7000元，三年总共的租赁费是 252000 元，而老张付的定金是 2 万元，比例约为 7.9%，符合定金不超过合同价款 20% 的规定。如果老张付的定金是 10 万元，就显然超过了 20%，超出的部分不发生定金效力。

## 定金的效力

定金的效力与定金属性有关。

**第一种效力，是定金一经交付，即发生证明主合同成立的效力。**这一点，我国法律虽然没有明确规定，但在司法实践和最新司法解释中都是认可的。

**第二种效力，如果主合同生效，顺利履行了，那定金就抵作价款或者收回。**假设老张是一次性付清三年的租金，那其中的 2 万元定金就可以抵销一部分应该支付的债务。当然，是抵销还是收回定金，这要看双方的合意。这里要注意的是，既然定金的作用是证约和担保主合同实现，而不是一般的借贷，那定金抵作价款或者收回的时候，都不应该计算利息。

**定金的第三种效力，是违约定金罚则。**违约方要接受扣除定金或者双倍返还定金的惩罚。如果是支付定金的一方违约，那支付人无权请求返还定金。但要是像本节案例这样，是接受定金的一方，也就是儿童城违约，那儿童城应该向老张双倍返还定金。并且，这种惩罚是法定的，无论双方有没有提前约定，只要一方支付了定金，并且有人违约，定金罚则都会生效。儿童城没有按约定向老张交付场地，作为收受定金的一方，应该向老张承担返还双倍定金的责任。

## 定金与违约金、损害赔偿的关系

如果订立合同时，既支付了定金，又约定了违约金，发生违约后，就是违约金责任和定金责任发生了竞合。根据《民法典》第588条的规定，这时候，非违约方享有选择权，可以请求对方支付违约金，或者是承担定金责任，但不能两种惩罚方式都适用。

如果选择了定金，但约定的定金不足以弥补因违约造成的损失，那对超出定金部分的损失，非违约方还可以请求额外赔偿。假设老张为了让开店声势更浩大，还额外花了5万元准备开业宣传，现在儿童城违约，就算返还双倍定金，也只是4万元，其中2万元还是自己的钱。这时候，老张还有3万元的额外损失，对这一部分，儿童城也有义务赔偿。

**延伸课堂：**

**定金、订金以及预付款，有什么不同的法律效果？**

定金和订金最主要的区别是，前者有定金罚则，而后者没有这种罚则。在合同里只要写明"定金"，就按照定金罚则处理；如果合同里写的是订金，并且发生争议以后一方说是定金，另一方认为是订金，那只能认为是后者，按照双方事前的约定处理，或者当作预付款处理。

预付款既不是定金也不是订金,而是提前支付的价款。一般来说,价款是在履行合同的时候交付的,但如果双方约定在合同订立时就要交付,这就是预付款。要注意,预付款既没有证明合同成立的效力,也没有在违约时发生定金罚则的效力。

## 134 买卖合同

待交易的货物因地震灭失,该由谁承担损失?

前文讲过,《民法典》规定的典型合同有 19 类,有一些离个人生活比较近,比如买卖合同、租赁合同,也有一些离我们比较远,比如技术合同、建设工程合同等。

这一节讲解一个应用最广泛的典型合同——买卖合同。先来看一个案例。

老李和老张要交易一台电视机。双方约定 5 月 11 日交付,买家老张先付款 5000 元。到 5 月 10 日的时候,买家老张联系老李,告知自己在外地出差,要 14 日才能回来接收电视机。结果在 5 月 13 日,两人的住地发生地震,电视机在老李家被砸坏了,无法交付。买家老张就要求返还货款,但老李拒绝。

案例中,电视机被砸坏是因为出现了地震这种不可抗力情形,不是买卖双方的过错。但是,毕竟电视机是没了,这份损失总得有人负担。可能有的人会觉得,既然电视机还没有实际交付,那么风险应该由卖家老李负担。然而事实上,在这个案例中,卖家老李有权拒绝返还货款。

为什么这么说呢?这就要看《民法典》对买卖合同的具体规定了。

买卖合同,是指出卖人转移标的物的所有权,买受人支付价款的合同。

通常情况下的买卖合同纠纷都可以用合同编一般性规则来处理，比如合同履行抗辩权、合同解除、违约责任等。然而，实践中也有一些比较复杂的情况，是一般性规则无法解决的。比如多重买卖，以及本节案例涉及的，买卖合同的标的物因为意外毁损，风险该由谁负担。

## 标的物意外灭失的风险负担

按照意思自治原则，买卖标的物意外灭失的风险负担首先由当事人自主约定。如果当事人没有特别约定，那应该按照法定的风险负担原则处理。

**其中，第一种也是最基本的情形是交付转移风险**。标的物毁损、灭失的风险在交付之前由出卖人承担，交付之后由买受人承担。

**第二种情形是，因买受人原因导致标的物不能按期交付，意外灭失的风险由买受人负担**。本节案例就是这样，卖家老李本来要在5月11日交货，但买家老张却表示自己正在出差，要延期到5月14日才能收货，结果在5月13日，电视机因为意外毁损了。

老李和老张没有特别约定标的物因意外灭失该由谁承担风险，所以，要根据法定规则确定双方的风险负担。根据《民法典》第605条的规定，从买家老张不能按期收货开始，电视机因意外毁损、灭失的风险就由老张负担。

**第三种情形是，出卖人提供的标的物不符合质量，买受人拒绝接受的，标的物毁损、灭失的风险由出卖人承担**。

**最后还有一些情形，都和标的物的运输有关**。变形一下前面的案例，假设双方约定，电视机由卖家老李送到货运公司，让货运公司运输。这时候，只要老李把电视机交给货运公司，那标的物的灭失风险，从此就转移给买家老张。如果老李是自己向厂家订购了一台电视机，电视机还在路上运输，老李转手又把它卖给了老张，这种情况叫出卖在途货物。这时候，要是在运输途中发生意外，电视机灭失了，根据法律规定，标的物灭失、毁损的风险，在双方合同成立后，由买受人老张负担。

## 多重买卖

**多重买卖的本质是多个平等的买卖合同出现了合同主体和内容的重叠，导致合同效力互相排斥。**买卖合同冲突后，到底应该履行哪一个，要分情况来看。

如果是**普通动产**的多重买卖，它的基本规则就是三个优先，按效力的优先级排序，分别是：交付优先、支付价款优先，以及订约优先。比如，张三要卖自己的祖传名表，同时和李四、王五签了合同，这就构成了多重买卖。如果买家王五已经取得了手表，那即使李四先签了合同或者先付了款，也还是应该履行王五的买卖合同。如果李四起诉，要求法院确认手表归自己，法院是不会支持的，因为手表已经交付给了王五。这就是交付优先。如果李四和王五都还没取得手表，这时候就是支付价款优先。不管两人谁先签买卖合同，谁先付了款，就优先履行谁的合同。最后一种场景就是订约优先了。如果手表未交付，两人也都还没付款，这时候手表应该交给谁，就要看是谁先签合同了。

如果多重买卖涉及的是**特殊动产**，比如船舶、航空器、机动车等，这时候的合同履行规则就有一些不一样了。虽然买卖这些特殊动产也是交付转移所有权,但法律还规定,交易特殊动产,要进行所有权备案登记,登记了才能对抗善意第三人。因此,除了交付优先、支付价款优先和订约优先,买卖特殊动产还多了一种情况,就是登记优先。如果张三卖的不是手表,而是汽车,并且和李四、王五签合同后,还没有实际交付,这时候就是登记优先,而不是价款优先。只要王五和张三办了汽车过户手续,哪怕是李四先签了买车合同、先付了款,法院都应该判决向王五交车。只有两人都没有办理汽车过户登记的情况下,才会按次序认定交付优先、价款优先和订约优先。

最后,还有一种情形,是**不动产**的多重买卖。因为不动产是登记转移所有权,所以它的基本规则就是登记优先,谁先登记了,就向谁履行买卖合同。如果都没有登记,才是按次序判断交付优先、价款优先和订约优先。

这里还要注意,在多重买卖里,无论最终向谁履行了,没有得到履行的一方都可以追究卖家的违约责任。

## 135 保证合同

提供担保时没有约定担责方式，法律会如何认定责任？

保证合同前文举例时经常提到，看起来都是债务人还不上钱，就要由保证人承担责任。但实际上，保证合同有多种类型，不同类型的具体规则也都不一样。还是先从一个案例说起。

老李和老汤、老任等人合伙承包某拆迁项目，老李的侄子小李被合伙人聘请为出纳。其间，老李给其他合伙人出具了一张欠条，内容是："经合伙人算账，老李欠老任和老汤各6万元，还债的日期是2021年5月31日。"在欠条上，侄子小李签署的文字是："上述欠款属实，如老李欠账，我全部承担保证责任，于2021年12月31日前还清。"

到期后，老李欠账不还，其他两位合伙人就要求侄子小李还钱。但小李认为，两位合伙人得先向法院起诉老李，并且强制执行，执行后还不能清偿全部债务的，自己才承担责任。

这个案例涉及保证合同的两种类型。如果小李签署的条款构成一般保证，那负担的责任比较轻，两位合伙人得先起诉老李，老李不能清偿的部分才能找小李清偿；但要是构成了连带责任保证，小李就得直接还款了。就本节案例来看，小李构成的是连带责任保证。

为什么这么说呢？我们看看《民法典》是怎样规定的。

## 保证合同和保证人资格

保证合同是一种保障债权实现的合同。具体来说，是保证人和债权人约定，当债务人不履行到期债务，由保证人承担责任。

理解保证合同，要注意它的三个法律特征。

**第一，保证合同具有从属性。**保证合同要成立，前提是存在需要担保的主债务合同。并且，只有主合同的债务到期未履行，保证合同才可能从成立变为生效，由保证人承担责任。

**第二，保证合同是要式合同，必须以书面形式做出。**不过，书面形式并不非得是单独的合同文书，也可以是主债务合同里的相关保证条款，甚至还可以是第三人单方出具的保证书或者保函，只要债权人接受了，同样可以成立。

**第三，保证合同还具有人身性。**人身性是保证合同与其他担保形式最大的不同。前面说过的抵押、质押等物权担保都是以特定的物或者财产性权利提供担保，而保证合同是以保证人的信誉和全部财产提供担保，这是负担比较重的担保责任。

既然保证合同与保证人的信誉和财产能力有关，那么，明确什么样的主体能成为保证人，就是一个很重要的问题了。

一般来说，自然人、法人、非法人组织等民事主体都可以成为保证人。但是，法律对其中一些承担特殊职能的主体有限制。比如，政府、人大、政协等机关法人不得作为保证人，因为这些机关法人存在的目的是履行党政职能，不是参与市场交易。司法解释规定，机关法人私自担任保证人的，保证合同无效。其中唯一的例外是经国务院批准的特殊转贷。外国政府给中国贷款，转贷给有关机构使用的，政府可以作为保证人。

还要注意，以公益为目的的非营利性学校、医疗机构、养老机构等，也不得作为保证人，因为它们存在的目的是提供公益职能。

## 保证方式

保证人承担责任的方式主要有两种。

第一种是一般保证，本质上是一种附条件的保证。也就是，只有债务人实在不能清偿债务了，才由保证人承担责任。比如，债务到期后，债主没向债务人追偿，就直接要求保证人承担责任，这是不行的，保证人有权拒绝。只有债务人被强制执行财产了，仍然无法清偿债务，债权人才能要求保证人承担责任。

第二种是连带责任保证。这种保证，保证人的负担就比较大了。只要债务人到期没有履行债务，不问具体原因是什么，也不问债务人实际上是不是有履行能力，债权人都可以要求保证人直接承担保证责任。

当然，既然连带责任保证的负担更重，那在双方对保证方式没有约定，或者约定不明确的时候，法律会推定按照一般保证的规则认定责任。

这里还要说明一下，原《担保法》对此的规定是相反的，是推定为连带责任保证。但这样的做法对保证人来说负担太重，是不公平的，因此，《民法典》改变为推定是一般保证责任。

## 保证期间

除了保证方式，还有一个因素会影响保证人的责任负担，就是保证期间，也就是保证人承担保证责任的期限。这个期限越长，对保证人来说负担越重。

保证期间的具体期限原则上由债务人和保证人自主约定。但是，双方约定的保证期间不能和主债务的到期时间相同，或者比主债务的履行期还短。比如，张三为李四的借款提供保证。借款是一年后到期，而张三和债主约定的保证期间短于一年，这就相当于没有约定，因为债务还没到期呢，保证责任已经结束了。对这种保证期限过短，或者对期限约定不明确的情况，法律会认定为保证期间是6个月，在合同主债务到期后起算。

此外，法律还规定，保证期间一旦确定，就是不变期间，不会发生中止、中断、延长的情况。之所以会这么规定，其实也是为了减轻保证人的负担，毕竟承担保证责任，对保证人来说，通常是法律负担大于相应获得的权利。

## 案例回顾

保证有三种形式，保证合同、保证条款和保证函。本节案例中，小李在主债权合同里约定保证条款，符合了保证合同的书面形式要件。

我们再看小李在条款里是否有保证的意思。这里的关键是小李在条款里写明了"承担保证责任"，这是明确表示要承担保证责任，属于保证条款。

最后，也是本节案例的争议的焦点，保证人小李应当承担什么样的保证责任。对此，应该从小李签署的内容分析。条款里写的是，"我全部承担保证责任"，说的是小李对老李的所有欠款提供保证。这与一般保证不同，一般保证只是对债务人不足以清偿的部分予以保证。而"于 2021 年 12 月 31 日前还清",说的是保证期限,这个保证期限比债务履行期"2021 年 5 月 31 日"要长,这也符合法律规定,而且不能解释为是老李欠款不能清偿后才提供保证。从这些法律特征看,小李为老李提供的保证,就是连带责任保证。所以,小李应当对两个债权人承担连带保证责任。当然,小李承担责任后,可以向老李追偿。

当然也有人认为,小李毕竟没说承担连带保证责任,只说全部承担保证责任,不能认定为连带责任保证。这种看法也有道理。

**延伸课堂:**

#### 债务人下落不明,可以直接起诉一般保证人吗?

这种情况可以直接起诉一般保证人。

我们知道,一般保证相比连带责任保证,法律负担比较轻。只有先起诉、执行了债务人,才能找一般保证人承担保证责任。这种权利,用法律术语来说,叫先诉抗辩权。先诉,意思就是要"先追究债务人",否则,一般保证人可以拒绝承担责任。

不过,先诉抗辩权只适用于通常情况。如果债务人下落不明,并且也没有财产可以执行,这时候,债权人就可以直接起诉保证人,要他承担责任。一般保证人不能用先诉抗辩权对抗。

除了这种情况,《民法典》还规定了一些情形,同样可以直接起诉一般保证人。

一是债务人破产。无论是债务人主动申请,还是被其他债权人申请，只要人民法院受理了破产案件，债权人就可以起诉一般保证人承担保证责任。法院会受理债务人的破产案件，就足以表明债务人是无法承担全部债务了。

二是债务人虽然还没破产，但债权人有证据证明，债务人有极大的可能无法履行债务。比如债权人举证证明，债务人公司经营状况恶化、丧失了商业信誉，或者有转移财产的逃债行为等。

最后还有一种情况，就是另有约定。如果签完保证合同后，一般保证人书面表示放弃先诉抗辩权，这时候，债权人就可以直接找一般保证人承担责任。这就相当于是通过事后约定，把一般保证变成连带责任保证了。

## 136 租赁合同

房东要卖房，房客能优先购买吗？

本节要介绍租赁合同。对租赁合同，我们都不陌生，本节解读租赁合同的一般性规则，以及城镇房屋租赁特有的一些其他问题。

还是先来看一个案例。

老张将房屋租给老李，租期为三年。一年以后，老张把房屋以低于市场价100万元的价格卖给了自己的妹妹小张。小张取得房产证后，要求租客老李腾房。结果，老李拒绝腾房，还提出要以同样的价格购买这套房屋，因为合同里约定过，老李对房屋享有优先购买权，老张出卖房屋，应该提前30天通知。老张和小张都不同意。

这是一个与租赁合同相关的典型案例。在这种情况下，老李是否有权优先购买房屋，进而不腾房呢？

《民法典》确实规定了租客对承租的房屋有优先购买权。但是，这一规则对本节案例并不适用。不过，即使租客老李不能主张优先购买权，他也是有权拒绝腾房的。

要理解这个结论，我们得看看《民法典》是如何规定的。

### 租赁合同

租赁合同是转移财产使用权和收益权的合同。出租人将租赁物交给承租人使用和收益，承租人支付租金。租赁合同的基本性质是双务合同、有偿合同。同时，租赁合同还具有临时性，合同终结后承租人必须返还原物。

租赁合同的标的物叫租赁物。租赁物可以是动产，也可以是不动产。但因为承租人最终是要返还原物的，这就决定了租赁物必须是不可代替的非消耗物。如果租赁的是水电油气等会消耗的能源，这是无法履行的，租赁合同无效。

租赁合同的效力也就是租赁合同生效后，出租人和承租人相互要履行什么义务。对出租人来说，最基本的义务就是交付租赁物，以及在租期内保持租赁物的用途。在本节案例中，老张和妹妹小张在租期内就要求老李腾房，这其实就违背了维持租赁物用途的义务。其次，出租人还要对租赁物的瑕疵提供担保。比如租赁房屋自然破损了，出租人有义务维护，这是对租赁物使用性能的担保；如果是出租的房屋没有所有权，导致租客被解除了租赁合同，房东要向租客赔偿，这是对租赁物的权利进行担保。

至于承租人的义务，就是三点：按时付钱、妥善使用，以及租期结束后及时返还。

租赁合同生效后，还要注意一个特殊问题。在租赁期间出现意外，比如租赁物因不可抗力毁损了，租赁双方都没有过错，这时候都由出租人承担风险。比如，出租的房子因自然灾害毁损了，毁损部分由出租人维修。如果毁损比较严重，影响了房屋部分空间的正常使用，或者房子已经完全没法住了，这时候租客有权要求减少租金，或者暂停支付租金，直至恢复居住。

## 城镇房屋租赁合同

在各种类型的租赁合同里，城镇房屋租赁合同是最常见的。本节案例就是一个城镇房屋租赁纠纷。

城镇房屋租赁合同有一些比较常见的规则。

**第一，房屋多重租赁**。出租人把房屋同时租给了不同的租客，这时候要确定该履行哪一份租赁合同。在多重租赁里，应该履行哪份租赁合同，按照优先级排序，分别是：交付优先、登记优先、价款优先，以及订约优先。比如，张三和李四、王五两人都签了房屋租赁合同。这时候，如果王五先入住了，那即使李四的租赁合同先办理了备案登记，也是优先履行王五的。但要是两人都还没有实际入住，这时候李四先登记了，那李四的租赁合同优先。如果都没有入住，也都没有登记，先交纳租金的应当优先。都没有交纳租金的，才是看谁的合同先成立。

当然，在多重租赁里，无论最终履行谁的租赁合同，都意味着有一方不能取得租赁权。这时候，没有取得租赁权的一方，可以请求解除合同，并且要求房东赔偿损失。这也提示一些房东，签订房屋租赁合同后，有其他人出高价想租，看似有便宜可占。但是赔偿另一方的损失，通常就是把那部分"便宜"赔出去了，没有必要。

**第二个常见问题，是承租人的优先购买权**。房屋还在租期内，出租人要出卖房屋了，承租人享有在同等条件下优先购得房屋的权利。这里说的同等条件，不只是支付价格要相同，还包括支付方式、支付期限等，甚至还要综合考虑出租人与受让人之间的关系。比如本节案例中，老张把自己的房子卖给妹妹小张，这是近亲属之间的交易。这时候，租客老李就不能主张优先购买权，因为租客老李和老张之间不是近亲属。近亲属的优先权优先于承租人的优先权。

除了和近亲属交易，还有一种情况，普通租客也不能主张优先购买权，就是房屋的按份共有人要购买。假设买房的小张不是老张的妹妹，而是和他一起出钱买房的按份共有人，这时候租客老李即使提出同等条件，要求优先购买，老张也只能卖给按份共有人。

按份共有人的优先购买权产生于物权，承租人的优先购买权产生于债权。物权优先于债权，因此在优先权上，按份共有人更优先。并且，亲属的优先权也不能对抗基于物权产生的优先权。

理解了"同等条件"，对承租人优先购买权，还要注意两个期限。一个是，出租人卖房时要在合理期限内通知承租人。这个期限可以由双方约定。如果没有约定，司法解释规定，要提前三个月通知。另一个是，出租人通知后，承租人必须在 15 天内决定是否购买。如果不购买或者未表态，视为承租人放弃优先购买权。此外还要注意，如果出租人没有及时通知，就把房屋卖给了近亲属、按份共有人之外的其他买家，这时候，承租人可以要求出租人赔偿，但不能主张房屋买卖合同无效。

**最后，是买卖不破租赁原则**。房屋所有权变动，不会影响租赁合同的效力。就像本节案例中，老张卖房前就和老李订立了租赁合同，这种情况下，无论老张把房子卖给谁，新的房主都不能无故要求租客老李腾房，而是要继续履行租赁合同，直至租期结束。

当然，这个原则也并不绝对。如果双方订立合同时就约定了"买卖可以破租赁"，这也没问题，由双方意思自治。又或者，房屋在出租前，在所有权上就已经有其他法律负担了，这时候买卖也可以破租赁。比如，假设在老张出租前，房屋就被抵押了，或者被法院依法查封了。这时候，虽然房屋也还能使用和出租，但只要房屋被拍卖、变卖，原有的使用者或者租客就得及时腾房了。

### 案例回顾

老李租赁了老张的房屋，租赁合同是有效的。在一般情况下，如果老张要把房屋卖给其他人，老李确实享有优先购买权。但是，案例里老张是把房屋转让给了自己的妹妹小张，并且出于亲属关系，老张是以低于市场价 100 万元转让的。这时候，如果法律还承认老李因租赁关系产生的优先购买权，对老张和小张来说就不公平了。所以，老李是买不到这个房屋的。

不过，老李还享有一个权利，就是"买卖不破租赁"。老张是在租期内卖的房，这时候，租赁合同不会因为买卖而自动解除。所以，小张因房屋所有权变化，就要求老李腾房，这是没有法律依据的，老李有权拒绝。但是，假如小张对房屋有特别需要，比如要用房结婚，这时候也可以单方面解除租赁合同。不过，解除合同后，小张不仅要返还剩余房租，还得额外赔偿老李因此受到的损失。因为这种单方解除不是法定解除或约定解除，而是单方面的违约了。

## 137 快递合同

未保价的快递物品丢了,应当怎么赔偿?

本节来讲一种很常见的合同类型——快递合同。虽然快递合同还不是《民法典》里专门规定的一类典型合同,但它在日常生活中已经非常普遍了。我们每次寄送快递,其实都会跟快递公司签一份快递合同,只不过为了保证快递服务的便捷性,快递合同都采用格式条款,也就是那张快递运单,于是很多人在寄送时就忽视了它。实际上,快递合同涉及的规则非常丰富。这一节,我们就结合《民法典》的规则和《快递暂行条例》的具体规定来解读快递合同。

还是先看一个案例。

银行交给快递公司一份快递,托寄的物品是一张面额 100 万元的银行承兑汇票。银行支付了快递费 12 元,未进行保价。到达快递营业点时,该邮件丢失,拾得人老高通过伪造印章、裁剪粘贴的方式,把票据转让给了其他人,然后这张汇票就被承兑提现了。后来,老高被抓获归案,还有 80 万元赃款没有追回。银行认为,这是快递公司违约,要求快递公司赔偿全部损失 80 万元。

在这种情况下,银行可以获得多少赔偿呢?

这里我先告诉大家答案。快递公司管理不善导致银行承兑汇票被盗窃,构成违约,肯定要赔偿。至于赔偿数额,如果银行选择了保价,快递公司就要赔偿所有 80 万元的损失;但本节案例中,银行没有选择保价,快递公司可能只需要赔一两百块钱。

## 快递合同的权利和义务

快递合同就是快递服务的提供者，一般是快递公司，按照约定时限，将快件运给收件人，由收件人或者寄件人支付快递服务费的服务合同。快递合同有三方当事人——快递公司、寄件人和收件人。他们分别享有不同的权利，履行不同的义务。

首先是寄件人。寄件人交付快件，有权要求快递公司按照快递合同约定的时间，把快件安全、迅捷地寄递到约定地点。在送达之前，还可以请求快递公司中止寄递，或者变更寄递信息，比如改地址、改收件人。当然，如果这种做法让快递公司产生了损失，也应当支付相应赔偿。比如，快递已经寄出去了，快递公司付出了成本，寄件人在这个时候要求终止邮寄，当然要给快递公司支付一些额外的费用。寄件人在享有这些权利的同时，也得如实申报寄件的基本情况，比如寄的是什么东西、是不是需要特别包装等。

对于收件人来说，快递公司把快件寄递到指定地点后，收件人可以凭证领取。如果发现寄件短少或丢失，收件人有权要求快递公司赔偿。当然，收件人也要及时收件，不能快件到了却一直不去取；寄件人少交或者没交的运费收件人也要交上。

最后是快递公司。快递公司提供服务，所以要收取一定的费用。如果快件寄到了，但收件人迟迟不取，快递公司还可以收取一定的保管费。快递公司还享有留置快件的权利，如果最终收不到运费，快递公司可以变卖快件，清偿债务。当然，有权利就有义务，快递公司也得按照合同约定，按时将快件寄到指定的地点，并及时通知收件人领取。从接收快件到把快件交付给收件人，还得安全运输和妥善保管快件。如果这期间发生了意外，比如快件丢失了、损毁了，快递公司要承担责任。

此外，寄件人寄的快件应该符合国家禁止寄递、限制寄递的有关规定，比如危险物品、易燃易爆物品就不能寄递。如果寄件人不遵守这些规定，快递公司可以直接拒收；在寄送过程中发现的，也有权要求解除合同。由此造成损失了，寄件人还要承担赔偿责任。

## 快递合同的赔偿规则

如果快递出了问题，赔偿主要有两类情况。

第一类是快件损失，也就是快件丢失、损毁或者被调包。这时候，寄件时选择了保价的，就按照运单里约定的保价规则赔偿。如果按照保价规则是赔100万元，那就赔100万元。还要注意，如果做了保价，快递公司就不能对不可抗力造成的快件损失主张免责。也就是说，经过保价的寄件，即使遭受地震、洪水这样的不可抗力而损坏了，快递公司也要按照保价全额赔偿。

如果没有选择保价，则要按照其他赔偿条款的约定进行赔偿。比如，顺丰快递就规定"未保价最高赔付7倍运费"。如果对赔偿责任没有约定，或者约定不明确，那就依照法律规定的方法赔偿。《快递暂行条例》规定：对未保价的快件，依照民事法律的有关规定确定赔偿责任。《邮政法》是《快递暂行条例》的上位法，根据《邮政法》的规定，这种情况可以按照实际损失赔偿，但最高赔偿额不能超过收取邮费的3倍。

第二类是快件延误。比较造成快件损失而言，这是我国更常见的快递合同违约。我们知道，按时送达是快递服务的核心价值，通常也是用户使用快递服务的首要目的。因此，一旦发生延误，快递公司即构成违约，就要赔偿。构成期限延误的，依照快件丢失、毁损、短少的规定赔偿。

在本节案例中，因快递公司管理不善，导致银行的承兑汇票被盗窃，使银行遭受 80 万元的损失。这显然是快递公司违约，要进行赔偿。承兑汇票被盗窃，这属于快件损失，要按照快件损失的规定理赔。有保价的看保价；没保价的看快递合同条款的约定；没有约定或者约定不明的，按照法律规定。

本节案例中，银行没有选择保价，因此无法得到 80 万元的全部赔偿。如果双方在快递合同里有约定，那根据交易惯例，通常可以按照资费的 7-9 倍赔偿。运费是 12 元，即使赔偿了 9 倍，也只有 108 元。要是双方约定也不明确，按照法律规定，那最高赔偿额就只能是资费的 3 倍了，也就是 36 元。

这也给我们提了个醒：快递物品，特别是比较贵重的，一定要保价，经过保价就能获得全额赔偿；没有保价，只是根据约定或者按照限额赔偿，那损失就大了。

## 138 客运合同

客运巴士上乘客因太拥挤受伤，由谁承担赔偿责任？

本节，我们结合《民法典》的规定，来了解一下客运合同。客运合同在生活中很常见，比如车票、机票等。但是，作为旅客，到底能享有哪些权利，要遵守哪些义务，可能很多人并不那么清晰。先来看一个案例。

客运汽车到站时，售票员发现车上的客人已经超员，就不让后边的客人上车。小王因为有急事要办，央求上车，还说出了问题都由自己负责。售票员无奈，只好让他上了车，还强调出了问题，由小王负全责。小王上车后，因为太拥挤，携带的物品挤压到了孕妇小赵，导致小赵受伤。

可能有的人会想，汽车超载，客运公司有一定的过错。但是，直接导致小赵受伤的是乘客小王，而且小王上车时还承诺了对超载的意外负全责，那么应该只由小王来承担责任吧。然而事实上，这个案例的结论恰恰相反。小王不用承担责任，因为他没有伤害孕妇小赵的故意。真正要承担责任的是汽车客运公司。

该如何理解这个结论呢？我们看看《民法典》对客运合同是如何规定的。

## 什么是客运合同

客运合同也叫旅客运输合同，是指承运人将旅客及其行李安全运输到目的地，旅客为此支付运费的合同。理解客运合同，要注意两个特点。

**第一，客运合同的标的是运输旅客的行为**。只有将旅客按时、安全地送到目的地，才算是实现了合同目的。

**第二，客运合同是格式条款**，比如车票、船票、机票，还有现在的电子客票。但无论是哪种客运合同，合同的价款、运输时间和路线等，都是承运人事先拟定的，旅客只能选择购票或者不购票，不能协商变更条款。

客运合同一般在交付客票时成立。但特殊情况下，成立时间也可能变化。例如先上车后补票，在承运人准许旅客上车时，合同就已经成立了。后续的补票行为其实相当于补签合同，但补签之前，合同已经开始履行了。

还要注意，在公共交通领域，客运合同的承运人负有强制缔约义务。比如公交、地铁、火车、飞机等，这类特殊的承运人对于旅客和托运人通常、合理的订约要求，必须做出承诺，不得拒载。否则，就要承担缔约过失责任。当然，私人的雇车、租车则不受这种限制。

客运合同成立后，发生的主要法律效力就是旅客和承运人要互负义务。

## 旅客的义务

首先，旅客必须持有有效的客票，并且根据客票记载的时间、班次以及座位号乘坐。如果旅客有逃票行为，比如无票乘坐、越级乘坐，或者是不符合减价条件，但借用他人证件购买优惠客票等，都应该补缴票款。如果旅客不愿意补交，承运人可以拒绝运输。

旅客有逃票行为，要按规定补交票款。但是，如果是旅客霸座，故意侵害他人权益，这就可能构成寻衅滋事了。对此，承运人可以解除合同、拒绝运输。如果情节严重，霸座旅客还可能会受到《治安管理处罚法》甚至是《刑法》的处罚，比如罚款、拘留，甚至是拘役、有期徒刑等。

这些义务主要是约束旅客本人的。然而我们知道，履行客运合同的时候，实际运输的并不只有旅客本身，还包括他随身携带的行李。客运合同对旅客携带行李也有约束。首先，是对行李的数量和品类有限制。毕竟客运合同的目的是运送旅客，不是运输货物，运输容量有限，对应的运输价格也不一样。对超过限量或者违反品类限制的行李，旅客应当办理托运。旅客坚持携带的，承运人有权拒绝运输。此外，客运合同还必须保证把旅客安全送达，所以法律还严令禁止旅客携带危险品或者违禁品。

## 承运人的义务

说完了旅客要遵守的义务，再来看承运人的义务。

最基本的，承运人在运输时要保障旅客安全。这里说的安全，既涉及人身安全，也包括财产安全。

对旅客的人身安全，承运人负有无过错责任。假设本节案例中，孕妇小赵不是因为客车超载被挤压受伤，是自己在车上不小心摔伤，承运人也要承担责任。因为无过错责任就意味着，只要旅客在运输的过程中有伤亡，无论承运人有没有过错，都应当承担损害赔偿责任。当然，这种情形也有例外。如果旅客出现伤亡，是因为自身突发疾病，或者有重大过错，比如故意不扣安全带或者在车上寻衅滋事，那承运人可以免责。

如果不是人身安全，而是财产安全，那法律对承运人的注意义务要求会低一些，承运人只需要承担过错责任。也就是说，旅客随身携带的行李毁损、灭失了，只有承运人有过错，才要承担赔偿责任。如果是旅客自己没看管好，导致遗失或者被盗了，承运人不负责任。

除了安全运输，承运人的另一个重要义务，就是按照客票载明的时间、班次和座位号运送旅客。如果承运人迟延运输，应当根据旅客的要求安排改乘其他班次。旅客也可以要求解除合同，让承运人原价退还已支付的票款。当然，如果不能按时乘坐是旅客自己导致的，那旅客可以在合同约定的时间内办理改签或退票手续，承运人可以按规定收取一定的手续费。

还有一种情况，是承运人擅自变更运输工具、座位等。这是违约行为，应当区分情况确定责任。要是改变运输工具，降低了服务标准，旅客有权要求退票或者减收票款。但如果变更运输工具，是提高了服务标准，承运人无权向旅客加收票款，比如因经济舱超载而升舱。

## 客运公司要向小赵承担损害赔偿责任

本节案例中，因为客车太拥挤，小王携带的行李持续挤压孕妇小赵，导致小赵受伤。在这里，真正的责任人是客运公司。首先，在客车超载的情况下，售票员还让小王上车，这是违规的，而且加重了车辆的拥挤程度。这就表明承运人对小赵的人身损害具有过错。

其次，法律规定，在客运合同里，承运人应当保障乘客的人身安全，没有保障乘客安全，造成损害的，不论承运人是否有过错，都应当承担赔偿责任。所以，客运公司应该向孕妇小赵承担损害赔偿责任。

至于小王，尽管小赵受伤和他有直接因果关系，但小王毕竟没有侵权的过错，也预料不到超载和拥挤会给小赵造成损害。所以，虽然小王上车时声明了一切后果自负，但根据客运合同的规则，在法律上他是不用承担赔偿责任的。当然，如果小王明明发现了孕妇小赵，能够尽到保护义务而未尽义务，客运公司承担赔偿责任之后，可以向他追偿。

**延伸课堂：**

**乘客在大巴上被抢劫，司机对歹徒非常顺从，没有任何反抗，乘客利益受损，司机或客运公司要承担赔偿责任吗？**

这里涉及一个民法规则——身体强制。也就是，一个人在身体受到强制时，他对自己的行为后果不负责任。劫匪在大巴车上抢劫，这就是受到了身体强制，而司机能采取的最好避险方法，就是顺从要求。所以，不能说司机是在帮助犯罪。如果司机挺身而出跟劫匪搏斗，可能会给全体乘客都带来人身伤害。这不符合人身权益是最高民事权益的要求。

不过，司机不承担责任，不意味着客运公司也完全不担责。毕竟在客运合同里，承运人对保障乘客的人身安全，负有无过错责任。如果有乘客因此受到人身损害，客运公司作为承运人，还是要承担赔偿责任，不能以不可抗力主张免责。当然，客运公司在承担了赔偿责任后，有权找劫匪追偿。

## 139 中介合同

接受中介服务后"跳单",有什么法律后果?

本节讲解中介合同。还是从一个案例说起。

某房主要出售自己的一套房屋,与几家中介公司都签订了房产委托买卖协议。老高要买房,先是找到甲中介公司,看房后,甲公司报价 160 万元,成交的中介费 3 万元。老高又找到乙中介公司,还是这套房,报价是 145 万元,经过协商,最后确定为 138 万元,中介费 1.5 万元。老高就在乙公司的撮合下,和房主签了买卖合同,并且过户。

甲中介公司知道后,认为老高这是"跳单"行为,利用了自己提供的交易机会,但绕过自己签合同,于是起诉老高,要求他继续支付中介费。

事实上,老高的行为并不是"跳单"。"跳单"是买家绕过中介公司直接和房主交易。但本节案例中,老高不是直接和房主交易,而是找了另外一家中介公司提供服务。并且,房主是委托了多家中介公司卖房,第一次带老高看房的甲公司并不是独家掌握房源信息,也不是独家代理销售。

我们来看看《民法典》对中介合同的规定。

中介,民间称为"对缝",我国古代法律称为"牙行",有说服、撮合双方交易的意思。原来《合同法》把中介行为称为居间合同,为了便于理解,编纂《民法典》时改称为中介合同。在《民法典》里,中介合同的定义是：中介人向委托人报告订立合同的机会，或者提供订立合同的媒介服务，委托人支付报酬。这个定义，其实包含了两种不同的中介内容，一种是报告订约机会，另一种是提供订约的媒介服务。这两者的区别其实是中介程度不同。报告订约机会，通常就是"找到人"；但提供媒介服务，通常是要"做成事"，也就是中介人要尽力撮合双方达成交易。

## 中介合同与委托合同、行纪合同的区别

理解中介合同，还要注意把它和一般的委托合同以及行纪合同区分开。比如，张三在工作之余对汽车很有研究，好友李四就花钱委托他帮忙买车；又或者，李四经常委托在国外的好友海外代购。这些行为也是一方出钱委托另一方提供服务，但都不是中介，而是一般性的委托合同或者行纪合同。

区分这三类有委托性质的合同，一是看"关系深不深"，二是看"钱怎么付"。

**"关系深不深"，说的是行为人直接参与交易关系的程度。**在中介合同里，中介人只负责报告交易机会，或者提供订约媒介，不参与委托人与第三人之间的交易关系。但如果是委托合同，代理人的交易经验会很大程度地影响委托人与第三人之间的交易内容。如果是行纪合同，这种参与程度就更深了。行纪人是以自己的名义代替委托人与第三人交易，与第三人发生直接的权利义务关系。比如海外代购，就是代购人以自己的名义直接购买。再如，把车放到二手车行，二手车行再以自己的名义出售，也是行纪。

**第二，是看"钱怎么付"，也就是合同是否有偿，以及如何支付**

报酬。在这三类合同里，只有委托合同既可以是有偿合同也可以是无偿合同。中介合同和行纪合同只能是有偿合同。代为买车或海外代购这样的行为，如果都是无偿行为，那就只能是委托合同。

中介合同和行纪合同虽然都是有偿的，但是它们获取报酬的模式不一样。如果是中介合同，中介人通常可以要求买卖双方都支付报酬，比如房屋销售中介，通常就是促成交易后，中介费由买卖双方共同支付。行纪合同的报酬通常只由委托人一方支付。

## 中介行为人和委托人的义务

中介人的义务中，**最基本的是如实报告义务**。这一点除了要求中介人不得提供虚假信息或隐瞒真实情况，还要求中介人对提供的信息进行必要的审查。假设房主委托卖房后，中介公司只确认了产权信息就对外销售，没有核实房屋年限、是否为违章建筑等，最终导致买房人利益受损，那中介公司就无权要求支付报酬，而且要承担赔偿责任。

**如果中介行为是媒介中介，那中介人还得履行尽力义务**。除了报告订约机会，中介人还得尽力促进双方达成交易，并依照约定准备合同。现在多数房屋中介都是媒介中介，不是让买卖、租赁双方直接见面，而是由他们在中间协商价格，并且提供买卖合同等。

本节案例就是这样，乙中介公司最开始的报价是 145 万元，但经过中介公司推动，老高和房主最终达成的房屋价格是 138 万元。这就不仅是报告订约信息，而且是尽力促成双方交易。

**委托人的义务主要就是按照约定支付报酬**。如果是报告中介，中介报酬由委托人负担。如果是媒介中介，中介报酬由达成交易的双方

第五章 增加财富的交易规则 191

当事人平均负担。当然，如果双方另有约定，那就依照约定办。

无论是报告中介还是媒介中介，中介人请求支付报酬的前提，都是促成了合同成立。如果没有促成，不得要求支付报酬。比如，假设中介合同里约定，完成中介行为后，如果买卖双方最终未能签约或者签约后又解除合同，仍然应该支付中介费，这样约定就是无效的，因为这是无故加重委托人责任的格式条款。当然，如果中介失败后，中介人只是要求支付从事中介活动的必要费用，比如进行中介支付的交通费、谈判场所租赁费等，这是可以的。

## "跳单"的责任

除了按约定支付报酬，委托人还有一个重要义务，就是不得"跳单"。

"跳单"是指订立中介合同后，中介公司已经报告了订约信息，并履行了推动买卖双方见面洽谈等促进交易的义务，而买家或卖家为了不支付中介费，跳过中介私自签订合同。"跳单"是严重的中介合同违约行为。《民法典》规定，委托人有在中介过程里"跳单"的，仍然应当承担支付中介报酬的义务。

本节案例的关键争议就是买家老高的行为是不是"跳单"。案例中，委托人老高在接受了甲中介公司的服务后，又找到乙中介公司签订合同，实现了房屋买卖。看起来，这似乎是利用了甲公司提供的交易机会，但又绕过了甲公司签约，好像符合"跳单"的定义。

然而，卖房的房源并非甲中介公司独有，而是多家中介公司都在挂牌交易。虽然甲中介公司履行了一些媒介义务，但真正促成交易的是乙中介公司。比如，乙公司最开始的报价是 145 万元，低于甲公司的160万元报价，并且，经乙公司的推动，双方最终交易价格是138万元，也低于最开始的145万元报价。对老高来说，他当然会选择报价更低的交易机会。所以，老高和房主的行为不是"跳单"，甲公司要求老高继续支付中介费，是没有道理的。

这个案例的最终结果也比较曲折。一审法院认定了老高和房主是"跳单"，判决两人支付中介费。老高和房主上诉后，二审法院改判，驳回了甲中介公司的诉讼请求。

在实践中，认定一个行为是否属于"跳单"其实并不容易，因为不同的交易，情形都不一样。不过，即使情形很多、情节各不相同，我们也可以把握一个基本的判断标准——看中介公司是不是提供了必要的中介服务，委托人是不是利用了中介公司提供的中介服务。一般情况下，如果中介人已经介入了价格谈判，准备了买卖合同，那就应该认为履行了促进交易的义务，这时候如果不再使用中介的服务，一般可以认定为"跳单"。

## 140 合伙合同

合伙时没有约定收益分成比例,该怎么分配利润?

本节我们来看最后一种典型合同,也是生活中非常常见的一类——合伙合同。先来看一个案例。

老薛和老刘口头约定,共同购买钻机进行经营,但没有约定收益分配方法。老薛出资 10 万元买了一台钻机,交给老刘在某矿山使用。经营两年,老刘给老薛支付了收益 4 万元。但老薛了解到,老刘在矿山实际上已经取得了合伙收入 30 多万元,于是,要求老刘按 6:4 的比例分成,自己要拿 6 成;但老刘认为自己经营更辛苦,老薛只是出资买了钻机,要求按照 8:2 分成,自己拿 8 成。双方争执不下,就发生了争议。

案例的情况就是这样。如果两人有约定,或者有出资比例,那好办,根据约定或者按出资比例分配利润就行了。但本节案例麻烦的地方在于,双方没有提前约定,同时一方还是劳务出资。这时候,应该依据谁的主张来分配利润呢?

我先说答案,法院不会支持老薛和老刘任何一方的主张。遇到案例这种情况,先由双方协商,如果协商不成,那就只能是每人各分一半了。

要想理解这个结论,得先来看看《民法典》对合伙合同的规定。

## 什么是合伙合同

合伙合同,是两个以上的合伙人为了实现共同事业,订立的共同经营、共享利益、共担风险的合同。

要注意,合伙合同设立的是普通合伙,不是合伙企业。普通合伙,只是自然人之间组成了一个经营体,不具有民事主体资格。比如本节案例,老薛和老刘就是普通合伙。他们对外实施合伙行为都只能以个人的名义,只不过最后风险是两人共担。而合伙企业属于非法人组织,是独立的民事主体,对外交易时用的都是合伙企业的名义。并且,合伙企业还有专门的《合伙企业法》规范。律师事务所就是典型的合伙企业,是独立的民事主体。

普通合伙,也可以简称为合伙。它的优势是募集资金迅速、设立方便、经营灵活。因此,它不仅是社会上很常见的一种经营方式,更是一种重要的投资方式。合伙和公司等组织不同,它设立时通常会在合同中约定存续期限,这叫定期合伙。在合伙期间,合伙关系始终存在,散伙要经过全体合伙人同意,退伙要经过其他合伙人同意。但如果像本节案例这样,没有明确约定期限,那就是不定期合伙。这种情况,合伙人可以随时提出解除合伙关系,包括散伙和退伙。

## 合伙财产

合伙的一大优势是设立方便,这在合伙财产上就体现得很明显。

合伙财产主要有两部分。**一部分是合伙人的出资**,这是合伙财产的最初来源。这些出资,可以是资金,也可以是设备,甚至可以是其他用益物权,比如拿建设用地使用权、土地经营权等投资入股,或者知识产权，以及劳务、技术等。**第二部分合伙财产是合伙在经营活动中取得的收益**。比如本节案例中，除了老薛出资的 10 万元、老刘的劳务是合伙财产，老刘在矿山经营中取得的 30 万元也是合伙财产。合伙财产的性质是共同共有。共有的财产要区别开个人财产，也不得轻易分割。

了解了合伙财产的概念，我们再看看合伙人的利益分配、风险分担和债务处理。

合伙人的利益分配，就是合伙人对合伙财产享有的分取红利权。在合伙经营中，对于经营盈余，合伙除了留下足够的积累以供发展外，其余的盈余要按红利分配给合伙人。

分担风险，是指合伙发生的经营亏损也应当由合伙人共同分担。

无论是利益分配，还是亏损分担，法律规则都是一致的。首先是看约定，没有约定或者约定不明确的，由合伙人协商决定。如果协商也无法解决，则由合伙人按照实缴的出资比例分配利润、分担亏损。要是像本节案例这样，连出资比例都无法确定，那就由合伙人平均分配、分担。这也体现了合伙收益共享、风险共担的宗旨。

还要注意，分担亏损后，如果合伙还有债务没还完，那所有合伙人还要以自己的全部个人财产，对合伙债务承担无限连带责任。债权人可以要求合伙人里的任何一个承担全部清偿责任。当然，清偿了全部债务的合伙人，有权向其他合伙人追偿。

## 退伙和散伙

退伙和散伙，用法律的术语来说就是合伙关系终结。其中，退伙是合伙关系的部分消灭，而散伙是合伙关系的完全消灭。

退伙通常有两种情况。**一是声明退伙**，也就是其中一方合伙人单方声明要退出合伙关系。当然，声明退伙也不是想退就退的，就和新合伙人加入一样，都要经过其他合伙人同意。**二是法定退伙**，就是不需要任何声明，出现某些法定事由，就当然地发生退伙效力。比如合伙人死亡、丧失民事行为能力，或者合伙人严重损害合伙利益，被开除，等等。

退伙后，要在合伙财产里及时结算退伙人的份额。如果合伙有盈利，还应当根据约定或法律规定分配利益。如果有亏损，也要分担亏损。

散伙是彻底结束合伙关系，所有合伙人都退出了。所以，散伙也叫合伙解散。**散伙的原因和退伙类似，有约定情形，也有法定情形。** 比如，合伙经营期限到了，合伙人不愿意继续经营；又或者是还在合伙期内，但全体合伙人决定解散；等等，这是约定情形。而法定情形，通常就是"人不够了"，或者是合伙目的已经实现或者不能实现了。就像本节案例，只有两个人合伙，如果退了一个，只剩下一个合伙人，那合伙关系当然消灭；又或者，双方约定是合伙经营钻机，结果政策变化，矿山不让个人经营钻机，这就是合伙目的已经无法实现，也是法定散伙情形。

散伙前，要对合伙财产进行清算，也就是把合伙期间发生的债权、债务以及其他资产进行清理。法律规定合伙未经清算，不得散伙。

散伙时分配财产的过程，就像是层层筛漏斗。第一层漏斗是还债。只有还完债还有剩下的财产，才可能涉及分配。如果合伙财产不足以清偿合伙债务，那合伙人还得用自己的个人财产"填坑"。要是通过了还债这层漏斗还有剩余，那接下来是返还出资。最理想的情况是之前每个合伙人出了多少，现在就返还多少。但现实通常是，清偿债务后，合伙财产已经不足以偿还全部出资人了。这时候，通常就是按出资比例返还；如果比例也不清楚，那就像本节案例这样，要平均返还。如果还了债、返还了出资，还有剩余财产，那最后就是分配利益了。先看约定，其次看协商，再次是按比例，比例不清的平均分配。

## 案例回顾

老薛和老刘以口头形式约定合伙，是有法律效力的。约定生效后，要按照合伙的规则进行利润分配、亏损分担。现在老刘在矿山经营两年多，只给老薛4万元，而实际收入30多万元，这是不公平的。毕竟老薛当时是出资10万元购买钻机，有了钻机才能开展合伙事业。

不过，无论是老薛要求的6:4分成，还是老刘主张的8:2分成，其实都没有合同的依据。两人事前没有约定收益分配比例，并且一方是金钱出资，另一方是劳务出资，也无法确定出资比例，那就只能根据法律规定，以5:5的比例分配收益了。

这个案例也提醒我们，虽然合伙的优势是设立便捷、募集资金迅速，但也一定要注意，涉及合伙经营的利益分配、亏损分担，还是要以书面形式提前写清楚，避免出现纠纷。

**延伸课堂：**

---

### 有限合伙制度是钻法律的空子吗？

法律规定有限合伙，恰恰是要促进合伙制度发展。怎么理解呢？这就得说到合伙合同和合伙企业之间的区别了。

合伙合同，是几个自然人共同投资、经营，共担风险，共同获利，它是一个合同关系，没有一个组织形式。因此，我把它叫做自然人的组合，是一个松散的自然人经营体。发生纠纷的时候，别人要告这个合伙，也不能起诉合伙，因为它没有组织人格，只能告合伙里的合伙人，让全体合伙人承担责任。而合伙企业是非法人组织，由专门的《合伙企业法》规制，有固定的组织形式，也要有章程，有组织结构，并且以这个合伙企业的企业人格来进行活动。

有限合伙，通常不会出现在合伙合同里。假如几个人合伙，一个人说："你们是无限合伙，承担无限连带责任，我是有限合伙，只以出资额为限承担责任。"这会出现不公平的结果。而合伙企业准许有限合伙人存在。有限合伙人只出资，不参加经营，也不承担超过出资部分的亏损，只按照约定分红。

合伙企业设置有限合伙人，一方面可以扩展合伙企业资金来源，增强经营能力；另一方面，是合伙企业的管理架构通常要比一般自然人的合伙更科学。即使吸纳一些愿意出资，但不参与经营、不愿意承担太多亏损的人来合伙，也不容易产生纠纷。这样，就能够让更多的人愿意合伙经营，拉动经济发展。因为有无限合伙人的存在，对合伙企业的债务承担也有保障，因此没有问题。

## 141 无因管理

捡到宠物猫后悉心照料,可以要求主人补偿照顾费吗?

《民法典》规定了两类准合同,分别是无因管理和不当得利。它们是与合同债权独立的两种债权类型,但由于《民法典》没有规定债编总则,于是无因管理之债和不当得利之债就被规定为准合同,放在了合同编。本节先来看无因管理。

无因管理其实是一种法律事实,是指没有法定或者约定的义务,为避免他人利益受损失而进行管理或者服务。比如,公园散步时捡到一只走丢的宠物猫,找不到猫主人,看小猫好可怜,就带回家照顾几天;再比如,看到邻居家的水果熟透了,没人收,眼看着就要烂在枝头了,就帮忙收获保管。

在无因管理中,为他人进行管理或者服务的人,叫做管理人;事务受到管理或者被服务的人,叫做受益人或者本人。管理人和受益人之间发生的法律关系就是无因管理的债权债务关系。

无因管理的含义不难理解,但在实践中,判断一个行为是不是能构成无因管理,就没那么简单了。先来看一个案例。

小雷在一家宠物店门口捡到一只加菲猫,询问宠物店以及周围的店家,都不知道猫的主人是谁。小雷看小猫很可怜,只好带回家自己喂养,也把自己的联系方式给了宠物店老板。

回去后发现,这只猫生病了,小雷就把它带到宠物医院检查、治疗，花了 4000 元，买猫粮、猫窝等又花费 1000 多元。结果两个月后，猫主人小王联系到了小雷。小雷去送猫，让小王支付自己治疗、饲养小猫的 6000 元费用。小王本想把猫领回，一听要付钱，就以小雷自愿领养为由，拒绝领猫和付费。

小雷确实是自愿领养的病猫，他能要小王支付治疗和饲养小猫的费用吗？有的人可能会想，小雷有爱心，助人为乐，钱是自己选择付的，猫主人也没有同意，所以不能索要费用。但事实上，小雷有权要求支付照顾小猫的费用，因为他的行为已经构成了无因管理。

怎么理解这个结论呢？接下来，我们看看《民法典》规定的无因管理构成要件。

## 无因管理的要件

无因管理的成立有三个要件。

**第一，管理人得有对他人的事务进行管理或服务的行为事实。**比如对他人的财产进行保存、利用、改良、处分等。本节案例中，小雷捡到走丢的小猫，并对它进行治疗和饲养，就是对他人事务进行管理。

**第二，管理人没有法定或者约定的义务。**无因管理中的"无因"，说的就是这个意思，也就是管理人对他人事务的管理没有法律上的原因。比如，门卫看管工地的设备，这本就是他的义务，不可能构成无因管理；而本节案例里，小猫并不是小雷的，小雷没有治疗和饲养它的法定义务和约定义务，于是就符合这一要件的要求。

**第三，管理人必须为避免他人利益受损而管理。**换句话说，管理人除了客观上管理了他人的事务之外，主观上的动机还得是避免他人的利益受损失。如果管理是为了把他人的财产据为己有或者自己受益，那就不构成无因管理。在本节案例中，小雷捡到小猫后，把自己的联系方式告知了宠物店老板，方便宠物主人联系到自己，显然只是为了更好地照看小猫，并没有把小猫据为己有的意思，符合这一要件的要求。

本节案例中，小雷的行为符合这三个要件，构成无因管理。因此，他有权向小王追偿自己照顾猫的花费。

### 无因管理人的义务和权利

无因管理人所负的义务主要有三个。

第一，适当管理。这里说的适当，是指无因管理人的管理行为不能违背本人的意思，并且还得有利于保护本人的利益。比如，老王明明想把地里的芝麻卖掉，连买主都谈好了，邻居看他忙不过来，把芝麻收了，还榨成了芝麻油。这跟本人的原本意思不一样，就违背了适当管理的义务。

第二，无因管理人要及时向本人报告管理情况，并进行结算。具体来说，就是无因管理行为产生收益了，这些收益最终也要归属于被管理人。管理人如果为了自己的需要，使用了应交付给本人的金钱，还应支付自使用之日起的利息。

第三，对不当管理造成损失的赔偿义务。这里说的是"不当管理"，就是管理人有过错行为，造成损害了，应该承担赔偿责任。如果没有过错，管理过程尽了全力，那即便有损失，管理人也不用赔偿。比如本节案例，小雷捡到小猫后，悉心照顾，但假如几天之后，小猫还是因病死掉了，小雷就不用赔偿。

法律规定管理人负有义务，这是应有之义。虽然管理人本来没有法定或约定的义务，但既然着手管理了，那就应当管好。要是没有任何约束，随意管理，越管越糟，那还不如不管。但我们也知道，无因管理人实施行为是出于利人之心，不仅毫无报酬，因管理所生的利益还得归本人所有。并且，在管理过程中出现纰漏还得赔偿。这对管理人来说，法律负担是比较重的。

为了弥补这一点，《民法典》也赋予了管理人各种权利。这些权利都和费用有关。

最基本的，当然是费用偿还请求权。也就是说，管理人为管理而支出的必要的、有益的费用，以及这些费用产生的利息，可以请求本人偿还。请求返还必要的管理费用，这是一般情形。如果在管理的过程中，无因管理人还负担了额外债务，或者因为实施无因管理受到了人身损害，还可以要求本人代为清偿债务，或者承担损害赔偿。当然，这些债务应该是对维护本人利益有必要的，才能要求清偿。管理人受到的损害，如果是因为自身有过错，就不能要求赔偿。

本节案例里，在照顾小猫的过程中，小雷并没有违背小王的意思或者做出不利于小王利益的行为，因此小雷享有请求支付管理费用的债权。换句话说，按照《民法典》的规定，小王需要偿还小雷为治疗、照看小猫而付出的6000元钱。

## 142 不当得利

微信转账转错人,对方拒不归还怎么办?

除了无因管理,另一种准合同就是不当得利。还是先看一个案例。

小张欠小李两万块钱,已经到了还款期,两人约定通过微信还钱。但小张在微信上转账时,不小心点击了小王的微信,又没有仔细确认,结果就把钱转给了小王。小王点击收款按钮,收下了这笔钱。小张发现自己转错对象了,就向小王说明情况,请求他把钱还给自己。但小王认为,小张这笔钱就是给自己的,因为小张也欠他三万元,只是没到期而已,因此相当于提前还钱了,不予返还。

那么,小王收到的这两万元钱,要不要还给小张呢?有的人可能会想,应该不用还,毕竟小张也欠小王的钱,但实际上,小王应当把钱还给小张,因为这涉及了不当得利。

**不当得利的构成要件**

不当得利,是指没有合法根据,通过他人利益受损而使自己获得利益的事实。《民法典》第122条规定:"因他人没有法律根据,取得不当利益,受损失的人有权请求其返还不当利益。"举个简单的例子:老张的一只羊混入了老王的羊群,老王不知情,一直占有着羊。这时候,老张发现了,就可以以不当得利为由,要求老王把羊还给自己。

判断一个行为是否构成不当得利，要注意四个要件。

**第一，一方获得利益**。只要当事人在财产上确实获得了利益，不管是财产总额增加，还是本该减少的没有减少，都算获得利益。至于当事人获得利益的方法和原因，都不重要。

**第二，他方受有损失**。不当得利是通过他人利益受损而使自己获得利益，所以一方受有损失是必要的。如果一方获得利益，但他方毫无损失，那就不构成不当得利。

**第三，获得利益与受有损失之间具有因果关系**。换句话说，一方的损失就是由另一方获得利益造成的。

**第四，无合法根据**。也就是说，当事人之间的财产给付行为，不是由于他们自己的意思或者法律上的原因。

举个例子：老牧开办奶牛场，有一头奶牛患病，医治无效，又有传染其他奶牛的可能，于是老牧就把这头牛拉到野外丢弃了。第二天，老唐发现了这头气息奄奄的奶牛，牵回家中精心治疗调养，三个月后，奶牛的病全好了。一年后，老牧得知信息，找到老唐要求返还奶牛，老唐不同意，于是老牧起诉到法院，请求老唐返还不当得利。

结合不当得利的四个构成要件，我们分析一下。在这个案件里，确实有一方获得了利益，也就是老唐，捡到了一头奶牛；也确实有一方的利益受到了损失，就是老牧，少了一头奶牛。但是第三个要件——取得利益与受有损失之间具有因果关系，这条并不具备。老牧少了一头奶牛，利益确实受到损失，但奶牛是老牧自己丢弃的，而不是老唐的行为导致的。换句话说，虽然老牧的损失是客观的，但与老唐得利的行为没有任何关系。

再看第四个构成要件——无合法根据。老唐获得利益是有法律根据的，这是一头病牛，老牧丢弃病牛，就抛弃了病牛的所有权，病牛就成了无主财产。对于无主财产，按照先占规则，谁先占有谁就取得所有权。虽然《民法典》没有规定先占规则，但是现实司法实践是适用这一规则的。因此，老唐占有这头病牛，是有法律根据的。也就是说，第四个要件也不具备。四个要件中有两个都不具备，所以不构成不当得利，老唐不用把牛还给老牧。

那么，老唐的行为是否构成无因管理呢？答案是也不构成。无因管理最重要的构成要件是管理人为受益人管理财产。既然老牧已经放弃了对病牛的所有权，病牛成为无主财产，那它与老牧就不再具有法律上的支配关系了。老唐不是为老牧管理财产，而是先占了抛弃物，牛就是自己的。上一节案例中，小猫虽然也是一种动物，但它是走失的，而不是遗弃的，小猫还是小王的，小雷是在替小王照顾小猫，于是构成无因管理。无因管理和不当得利在民法上完全是两个不同的规则，不能混为一谈。

## "许霆案"的不当得利规则分析

再举个真实的案例。2006年4月21日，许霆来到广州市某银行的自动取款机取款。取出1000元后，他惊讶地发现，自己的银行卡账户里竟然只被扣了1元。发现提款机的漏洞后，许霆又连续取款5.4万元。回到住处后，他又把这件事告诉了同伴郭某，两人随即再次前往提款，反复操作多次。许霆先后取款171笔，合计17.5万元；同伴郭某则取款1.8万元。事后，郭某投案，许霆逃跑后被抓获，最终两人以盗窃罪被判刑。

两人的行为属于私自窃取公私财物，当然构成盗窃罪，这没有问题。但在认定这个案件的犯罪性质时，第一笔提款和第二笔提款却没有被认为是犯罪行为，而是属于不当得利。第一次提款时，许霆并不知道提款机有错误，这肯定不是盗窃；第二次他想确认一下提款机是不是真有错误，也没有故意盗窃的意图。换句话说，这两次提款行为，许霆并没有非法侵占财产的意图，不属于盗窃。

而这两笔提款符合不当得利的四个构成要件。一方利益受损、一方获得利益，这没问题——许霆获得利益，银行利益受损。取得利益和利益受损之间具有因果关系，这也没问题。正是许霆的取款行为导致银行利益损失，因果关系成立。最后一点——无合法根据，许霆当然没有占有这些多取出来的钱的法律根据。四个要件都成立，构成不当得利。许霆应该把这两笔钱返还给银行。

## 小王构成不当得利

本节案例中，小张给小李打款还债，却打到了小王的微信上。小王不但把这些钱收下了，而且在小张主张返还时，还坚持不还，理由是小张也欠自己的钱，只是没有到期而已。

判断小王是否应该返还的关键，是弄清是否构成不当得利。一方受益、一方受损、两者具有因果关系，这些都没问题，正是小张的错误转账导致了自己利益受损、小王获益。而小王的获益是否有合法根据呢？客观上，虽然小张也欠小王的钱，但是债权还没有到期，而且在主观上，小张本来是要还小李的到期债权的，不是想还给小王。小王的债权没有到期，占有本应打给小李到期的债权的这笔还款，是没有法律根据的。四个要件都具备，于是构成不当得利，小王应该把钱还给小张。至于小张欠自己的钱，小王如果想要的话，可以把这笔钱返还后再去索要。

## 延伸课堂：

### 在路边捡到钱包，属于不当得利吗？

在路边捡到钱包，这不涉及不当得利。《民法典》对这个问题有专门的规则，就是第314条的拾得遗失物规则。该条规定，对拾得遗失物要交还失主，不能交还失主的，要交给有关部门。既然已经有了单独的规定，那就是特别法优先，不必考虑是否构成不当得利了。

当然，这也不意味着拾得人无法请求补偿，因为《民法典》也规定，失主在领取遗失物的时候，应该向拾得人或者有关部门支付必要的保管费。

如果捡到钱包的人，在拾得遗失物后想据为己有，那就是有侵占遗失物的故意了。《民法典》规定，拾得人故意侵占遗失物的，有义务返还遗失物，并且无权要求支付相应的保管费。要是拒不返还，并且数额达到5000元以上，还有可能会转化为《刑法》里的侵占罪。

Chapter 6

第六章

一

# 个人财富的传承方法

## 143 遗产

母亲生前经营的网店，子女能继承吗？

每个人最后都要面临死亡，自然人生前创造的财富要怎样传承，和我们每个人都息息相关。在了解继承的具体规则之前，我们得先搞清楚一个基础的概念——遗产。究竟哪些财产算遗产呢？遗产的继承又有哪些规则呢？还是先看一个案例。

王大姐在丈夫去世后，独自抚养女儿。为补贴家用，她注册了一个网络店铺，专卖潮流女装。经过精心打理，店铺生意很好，每个月都有上万元收入，还成了四星级皇冠网店。某天，王大姐突发脑溢血身亡。女儿小刘在处理母亲的后事时，发现了母亲的网络店铺和购进的女装，打算在网店里继续出售，但是登录账号时，发现网店已经无法交易了。小刘联系平台，要求继承母亲名下的网络店铺继续经营，但被交易平台拒绝。

这是一件比较常见的事情。网络虚拟财产是否可以继承，虽然《民法典》没有明确规定，但根据遗产的法律定义以及法律规则，足以推导出网络虚拟财产可以继承的结论。

## 什么是遗产

我们知道，遗产和继承是紧密相连、不可分割的。遗产是继承法律关系的客体，是继承权的标的。没有遗产，就不存在继承法律关系。对于遗产,《民法典》第 1122 条的定义是:"遗产是自然人死亡时遗留的个人合法财产。"换句话说,自然人在死亡时遗留下来的财产并不都是遗产,只有属于他个人的部分,而且是合法的部分,才在他死亡后成为遗产。

通过这一点可以看到,遗产具有"五性"。**一是时间上的限定性**。只有自然人死亡时遗留下来的财产才是遗产,人还没死,财产就不是遗产。**二是内容上的财产性**。遗产只能是自然人死亡时遗留的个人财产,注意是个人财产,不包括人身权利。**三是范围上的限定性**。只有在被继承人生前归他个人所有的财产,才是遗产。如果是替别人保管文物,文物不属于被继承人,也就不属于遗产。**四是性质上的合法性**。遗产只能是自然人的合法财产,不合法的财产不是,比如偷窃所得就不是遗产。**五是处理上的流转性**。遗产最终要转由他人继承,必须具有流转性。比如农户享有的土地承包经营权,因为不具有流转性,所以也不可能成为遗产。

## 不能继承的遗产

有一些遗产是不可以继承的。《民法典》第 1122 条第 2 款规定:"依照法律规定或者根据其性质不得继承的遗产,不得继承。"

**首先是依照法律规定不能继承的遗产**。举个例子,对于国有资源,自然人可以依法取得和享有它们的使用权,比如采矿权、海域使用权等,这些权利就是不得作为遗产继承的。自然人死亡后,如果继承人想要从事被继承人原来从事的事业,还想去采矿,只能重新申请,由主管部门审批核准。再如,对于宅基地使用权,法律也明确规定不能继承。

**其次是根据其性质不得继承的遗产。**比如抚恤金、补助金、救济金、最低生活保障金、残疾补助金等财产权利，都与自然人的人身不可分离，专属于自然人本人，自然人死亡了，这个权利就没了，不能作为遗产继承。

我们可以做一个简单的总结：《民法典》第1122条规定遗产的范围，用的是"概括+排除"的方法。遗产是自然人死亡时遗留的个人合法财产，这是"概括"；法律明确规定不能继承，以及根据其性质不得继承的遗产，不能继承，这是"排除"。

## 遗产的确定

虽然遗产的概念很清楚，但是回归到具体的现实，人们还是经常在遗产的确定上产生纠纷。因为在现实生活中，基于家庭生活需要或者其他经济目的，有些财产往往不是明确分割，而是和配偶、家庭成员或者和商业伙伴发生财产共有关系，大家的财产交织在一起。一旦被继承人死亡，遗产就与他人的财产混在一起，很难分辨，比如遗产和夫妻共有财产的区分，和家庭共有财产的区分，以及遗产和其他共有财产的区分等。

就拿遗产和夫妻共有财产的区分来说，夫妻俩一辈子辛苦打拼，丈夫去世了，留下的财产哪些属于妻子所有，哪些属于遗产呢？对此，《民法典》第1153条第1款规定："夫妻共同所有的财产，除有约定的外，分割遗产时，应当先将共同所有的财产的一半分出为配偶所有，其余的为被继承人的遗产。"遗产同家庭共有财产的区分，以及与其他共有财产的区分，原则上是一样的，都是先把属于他人的财产从中分出来，剩下的就是遗产。

## 网络虚拟财产能否作为遗产

随着互联网技术的不断发展，网络成为我们生活的一部分，新的问题也出现了。那些网络上虚拟的东西，到底能不能成为遗产被继承呢？无论是比特币、游戏账号，还是网络店铺、微信账号，都属于网络虚拟财产。《民法典》也规定，"网络虚拟财产受法律保护"。这一点没有问题，正在逐渐被大家熟知。但我们这里问的是：网络虚拟财产能不能作为遗产被继承呢？

对于这个问题，其实《民法典》并没有给出直接的明确规定。不过，我们知道遗产的定义——遗产是自然人死亡时遗留的个人合法财产，只要是自然人死亡时留下的合法的、个人的财产，就都是遗产。那么，既然网络虚拟财产也是财产，那它就可以成为遗产。它既不属于法律规定不得继承的，也不是从性质上看就不能继承的，所以就可以继承。换句话说，网络虚拟财产是遗产，也可以被继承。

在本节案例中，王大姐通过网络将店铺内的服装进行展览，出售给买家，从而获得收益，虽然店铺存在于虚拟的网络环境中，但是从根本上说，都由王大姐占有、使用、收益，属于财产的范畴。而且，这个店铺登记在王大姐个人名下，由她自己经营，属于王大姐的个人财产。此外，这个网络店铺是王大姐生前与平台经营者签订注册协议后取得的，具有合法性。既是个人财产，又具有合法性，因此可以成为遗产。

与此同时，法律没有规定网络店铺不得继承，网店也不具有人身专属性，不属于依照法律规定或者财产性质不得继承的范畴。因此，小刘作为女儿，是王大姐的法定继承人，有权通过继承的方式，将网络店铺过户到自己的名下，继续经营。

**延伸课堂：**

**合伙人死亡后，继承人可以成为合伙企业的新合伙人吗？**

先说结论，这是可以的。

合伙人就是合伙企业的出资人，他的权利和义务都与自己在合伙企业里的份额相对应。比如在决策上，合伙人享有与份额相应的表决权，合伙的利润分红、承担责任一般也都按照份额进行。因此，合伙人死亡后，他在合伙企业里的财产性权利，继承人是可以继承的。

但是有一个问题，就是合伙企业还具有人合性。在合伙企业里，合伙人之间的关系要远比一般公司里的股东紧密，继承人能不能继承合伙人的地位，参与经营，还要看其他合伙人的意志。要是其他合伙人都同意继承人入伙，这当然没有问题。但如果其他合伙人不同意，只能是对合伙企业财产进行结算，也就是把这位合伙人的合伙投资和合伙经营所得，从合伙企业里分出来，让他的继承人继承。

## 144 继承权

放弃了遗嘱继承,还可以主张法定继承吗?

本节来讲解继承权的基本问题。先看一个案例。

老梁与叶女士是夫妻,未生育子女。双方离婚时约定,房屋归叶女士所有,由叶女士付折价款给老梁。但实际上,两人离婚后房屋没有过户,叶女士也没有把折价款付给老梁。之后,叶女士又与老林结婚,并在生前立下遗嘱,自己所有的房屋由老林继承。叶女士去世后,老林到法院起诉,要求叶女士的前夫老梁把房屋交出来,过户登记。但是老梁认为,当初房屋的折价款还没付,要求老林先付折价款,再过户登记房屋。

老林见当初两人约定的折价款太高了,就要求放弃遗嘱继承,不通过遗嘱继承房子了。但与此同时,老林也认为,自己作为叶女士的丈夫,就算没有遗嘱,也有权继承叶女士的遗产,现在叶女士去世了,她的财产当然要归自己。房屋在老梁手里,自己不要了,老梁把折价款付给自己就好。这下轮到老梁不同意了,认为老林都放弃继承了,还想要遗产?当然不行。

老林放弃遗嘱继承,又主张法定继承,其实这样的做法是可以的。具体是为什么,得看看《民法典》对继承权的具体规定。

## 什么是继承权

继承权,就是自然人按照被继承人所立的合法有效的遗嘱,或者法律的直接规定,享有的继承被继承人遗产的权利。

这里有两种情况。一种是有合法有效的遗嘱,按遗嘱继承。比如老李生前订下遗嘱,死后把所有的遗产留给经常照顾自己的侄子李四。因为有合法有效的遗嘱,于是侄子李四就有了继承老李遗产的权利。另一种情况则是法律的直接规定,比如《民法典》规定,子女是第一顺位的继承人,于是父亲死后,子女自然能继承父亲的遗产。不管是根据合法有效的遗嘱,还是法律的直接规定,都能让自然人享有对遗产的继承权。

理解继承权,要区分两种含义:一是继承期待权,是指在继承开始之前,继承人具有的继承被继承人遗产的资格。二是继承既得权,是指在实际的继承法律关系中,继承人享有的按照规定继承遗产的现实权利。换句话说,继承期待权是一种资格,即继承遗产的资格;继承既得权则是一种现实权利,能按照规定继承遗产。只有当被继承人死亡,而且留有遗产,继承人也没有丧失继承权的情况下,继承期待权才可以转化为继承既得权。

还是刚才的例子:老李在生前立下遗嘱,死后所有的遗产都留给经常照顾自己的侄子李四。那么,在老李还活着的时候,李四拥有继承老李遗产的继承期待权,有资格继承老李的遗产。只有等到老李死后,遗产开始继承了,李四的继承期待权才能转化为继承既得权,依照遗嘱的规定继承老李的遗产。

## 继承权的承认

既然继承权是一种民事权利,那继承人就有选择承认,也就是接受,或者放弃这个权利的自由。以下分别说说《民法典》的具体规定。

继承权的承认,是指继承人在继承开始后、遗产分割前,以一定的方式做出的愿意接受被继承人遗产的意思表示。对于这个"以一定的方式",不同国家的民法规定得不太一样。有些国家要求继承人需要明确表示接受,比如发布一份声明;有些国家则规定,继承人可以采用默示的方式,没有明确表示的就视为接受;有些国家规定了单纯承认,也就是只要接受继承,就得无所保留地、确定地继承被继承人的所有财产;有些国家则规定了限定承认,也就是继承人可以有条件地接受被继承人的遗产,一般的限定条件是,继承后,如果还要替被继承人还债,那还债的数额不得超过继承所得的遗产。

举个例子。老李生前立下遗嘱,死后遗产由侄子李四继承。现在老李去世了,留下的遗产价值50万元,但是老李生前欠债100万元。如果是单纯继承,李四接受老李的遗产50万元,就得把老李欠的100万元债务也一并还了,继承的遗产不够清偿债务,剩下的就要自己掏腰包;而如果是限定继承,李四总共继承50万元,于是只用还50万元,不用自己再掏腰包。责任承担上的有限性,是限定继承与单纯继承的最大区别。

在我国,《民法典》规定,首先,对于继承权的承认,无论是明示还是默示,都可以。在继承开始后、遗产分割前,即便继承人没有做出明确表示,也视为接受继承。其次,《民法典》采用的是限定继承。也就是说,即便被继承人的债务超过遗产,继承人也不用拿自己的财产去偿还被继承人的债务。

## 继承权的放弃

继承权的放弃，又叫继承权的拒绝、继承权的抛弃，是指继承开始后、遗产分割前，继承人做出的放弃继承被继承人遗产的意思表示。继承权的放弃，是继承人自由表达意志、行使继承权的一种表现，是一种单方民事法律行为，无须征得任何人的同意。就像本节案例说的，老林见房屋的折价款太高，就选择放弃遗嘱继承，这在法律上是完全可以的。

不过这里需要注意的是：和继承权的承认不同，对于继承权的放弃，我国采取的是明示方式。比如，在诉讼中，继承人可以向法院明确表示放弃继承，由法院制作笔录，再由继承人签字，这样的放弃才是有效的。继承人用口头方式表示放弃继承的，因为无法保留证据，因此不认可其效力。

## 继承权回复请求权

如果继承权被侵害，继承人享有继承权回复请求权，也就是继承人享有将自己的权利回复到继承开始时状态的权利。这时候，他可以直接向侵害人提出回复继承权的请求，也可以向有管辖权的法院提出诉讼，请求法院通过民事诉讼裁决。

一般来说，继承回复请求权应当由继承权被侵害的继承人本人行使。但如果继承人是无民事行为能力人或限制民事行为能力人，可以由他的法定代理人代理行使。至于更极端的情况，胎儿的继承权如果在遗产分割时没有保留，那他的母亲有权替胎儿主张继承回复请求权。

讲到这，可以回答本节案例提出的问题了。

在这个案例里，遗嘱人是叶女士，她与前夫老梁离婚后，与老林结婚。叶女士在生前写下有效遗嘱，由老林继承自己的房子。正常情况下，老林享有叶女士遗产的继承权。如果不选择放弃继承，这套房屋就可以归自己所有。

但是案例里的情况比较复杂：老林依据遗嘱取得继承权的房屋，是叶女士与老梁共有的。虽然双方之前约定叶女士分得房屋，折价给老梁补偿，但是双方没有实际履行，因此，房屋还是双方共有。老林主张根据遗嘱继承房屋，老梁并没有反对，但是要求老林先交折价款。老林认为折价款过高，于是宣布放弃遗嘱继承权。这样是可以的。只要继承人做出明确的意思表示，就可以宣布放弃继承权。

因为老林还是叶女士的丈夫，他对叶女士的遗产还享有法定继承权。也就是说，即使老林放弃遗嘱继承，根据法律规定，他还有权主张法定继承。具体来说，就是老林有权继承叶女士对房屋享有的份额，老林和叶女士的前夫老梁，实际上是共有了房屋的所有权。所以，老林是有权要求老梁向自己补偿折价款的。如果老梁不愿意，老林可以向法院申请强制变价房屋，然后根据两人对房屋的份额，按照法定继承规则分割变价款。

## 145 继承权丧失

儿子伤害父亲后被谅解,还有权继承遗产吗?

除了主动放弃,在我国法律中,还有一种情况也会导致继承权失效,就是丧失继承权。丧失继承权并不考虑继承人的自由意志,它实际上是一种法律惩罚。介绍一个案例。

老王结婚后育有一儿一女。妻子过世后,老王生活不能自理,从此就跟随着儿子王甲共同生活。这期间,两人经常发生口角,王甲还多次对老父亲拳脚相加。女儿王乙发现父亲受到虐待,就把父亲接到自己家照顾。事后,王甲很后悔,多次去看望父亲,还把父亲接回来照顾,父亲也表示原谅。不久,老王因突发心脏病死亡,留下一套房屋。女儿王乙认为,王甲虐待过父亲,丧失了继承权,无权继承房子。但王甲认为,自己已经得到了父亲的原谅,有权继承房子的一半产权。双方沟通未果,就发生了争议。

在这种情况下,儿子王甲其实还是有继承权的。他虐待父亲如果情节严重,确实会丧失继承权,但这不是永久丧失。在父亲表示宽恕的时候,他的继承权其实就恢复了。并且,父亲事后也没有通过遗嘱明确排除王甲的继承权利,所以,应该认为王甲还有权继承房屋。

我们来看看《民法典》对于继承权丧失是如何规定的。

继承权丧失,是指出现法律规定的事由时,继承人会失去继承遗产的资格。继承权丧失是有不同情形的,可以分为绝对丧失和相对丧失。

## 继承权的绝对丧失和相对丧失

继承权绝对丧失后，继承人就永远都不能再继承了。绝对丧失的情形同时也是严重的犯罪行为。

**一是故意杀害被继承人**。这就是谋财害命了，性质非常恶劣。所以，法律规定，无论杀害行为是既遂还是未遂，也就是不管有没有得手，也无论行凶者是法定继承人还是遗嘱继承人，只要有这样的行为，继承人的继承权都会绝对丧失，不得恢复。

**二是为争夺遗产而杀害其他继承人**。无论杀害行为是否得手，也无论杀害的是同一继承顺序的其他继承人，还是顺位更优先的继承人，或者遗嘱继承人，行凶者都绝对丧失继承权。如果继承人没有实施杀害行为，是继承人的配偶或者其他近亲属为了协助争夺财产，自作主张杀害了其他继承人，这时候，继承权不丧失。当然，如果杀害行为是继承人教唆的，则继承人仍然会丧失继承权。

此外还要注意，如果继承人杀害其他继承人不是为了争夺遗产，而是出于其他目的，那么行凶者只会受到刑罚制裁，不必然丧失继承权。当然，如果被继承人不想让杀人者继承遗产，可以用遗嘱排除他的继承资格。

无论是故意杀害被继承人，还是杀害其他继承人，这都是直接损害他人的生命权。所以除了刑事制裁，法律还规定，继承人会永久丧失继承权。

如果继承人的行为还没到伤害生命权的程度，而是损害了被继承人或其他继承人的人身、财产等其他合法权益，这就会导致继承权的相对丧失。

比如，继承人遗弃、虐待被继承人，这是严重损害被继承人的健康权。再如，继承人为了多得财产或者独占财产，有伪造、篡改、隐匿或者销毁遗嘱的行为，这是损害了被继承人和其他继承人的财产权益。最后，《民法典》还新增了一种情形，也会导致继承权相对丧失，那就是继承人用欺诈或者胁迫手段，影响被继承人设立、变更或者撤回遗嘱。

## 继承权的恢复

继承权恢复，是指相对丧失继承权的时候，经过被继承人的谅解，可以恢复继承权。恢复继承权是要满足特定条件的，归纳起来主要有三点。

**第一，继承人已经丧失了继承权**。这里说的丧失，只限于刚才说到的相对丧失情形，比如遗弃、虐待被继承人，或者伪造、篡改遗嘱等等。如果是绝对丧失，则无法恢复。

**第二，继承人确有悔改表现**。继承人承认错误，并且纠正了原来的行为。

**第三，被继承人表示宽恕**。这是指被继承人在情感上表示谅解，重新认可了继承人的继承资格。宽恕是一种单方法律行为，只要有表明谅解、宽宥被继承人的意思表示即可。具体的宽恕形式可以很多，法律没有作特别要求。被继承人可以选择用口头或书面形式表示宽恕，或者是用行为表明已经宽恕、谅解了继承人，比如继续接受继承人的供养、与继承人共同生活，或者向继承人赠与财产等。当然，如果是留下遗嘱，指定他还是继承人，可以继承遗产，这就更能表明被继承人已宽恕了有过错的继承人，同意让他恢复继承权。

在本节案例中，儿子王甲，在父亲生活不能自理的情况下，对

第六章　个人财富的传承方法 223

父亲大打出手，行为恶劣。不论是否构成犯罪，在民事上都足以认定王甲有虐待被继承人的行为，因此王甲已经丧失了继承权。当然，这只是相对丧失，继承权还有恢复的可能。事后，王甲也意识到了自己的错误，多次向父亲道歉，还把父亲接回家居住，应该认为，王甲的行为属于"确有悔改表现"。对儿子王甲的悔改行为，老王也原谅了。这就表明，被继承人有明确的宽恕行为。所以，王甲虽然相对丧失了继承权，但是应当认为他已经得到了被继承人老王的宽宥，继承权恢复了。

也就是说，王甲和王乙都可以依照法定继承，继承父亲的遗产。至于分配遗产的份额，一般来说应该是均等分割。但考虑到儿子王甲曾经对父亲有虐待行为，女儿王乙要是向法院申请对王甲适当少分遗产，法院也是会支持的。

## 146 继承开始

夫妻俩同时遇害，相互还发生继承关系吗？

继承制度中有一个重要的概念，就是继承开始。继承开始的时间就是被继承人死亡的时候，这也是我国法律规定的、继承开始的唯一时间点。不过，现实很复杂，有时候落到具体的案件里，继承开始的时间就不是那么好认定了。来看一个案例。

小郑和小陈结婚后没有生育子女。妻子小郑的家境富裕，父母还健在。丈夫小陈的父母早年去世，他从小和三个姐妹一起长大。某天，夫妇两人在家里同时遇害，但在死亡时间上有争议。小郑的父母认为，小郑和小陈是同时死亡，相互之间不发生继承，小郑留下的全部遗产应该由自己继承。而小陈的三个姐妹认为，无论两人的死亡时间能不能确定，都应该发生继承关系。也就是说，小郑死亡后，遗产应先由丈夫小陈继承。在这之后，小陈的遗产（包括从小郑那里继承的部分）再由三姐妹继承。

在这种情况下，小郑和小陈之间是否还会发生继承关系，与他们的死亡时间密切相关。如果真的无法确认小陈、小郑夫妇俩的死亡时间，那双方就不用发生继承关系，各自留下的遗产由各自的继承人继承。然而，如果夫妇俩一方有其他继承人，另一方没有；或者两人不是夫妻，而是相互有继承关系的近亲属，那继承的规则就又不一样了。

接下来，我们结合《民法典》的规则展开分析。

## 继承开始的规则

继承开始的唯一原因就是被继承人死亡。继承是否开始和行为人的意思表示、实际行为都无关，而是要看有没有被继承人死亡这个法律事件。认定被继承人死亡，在民法上主要就是看两个时间点。一是被继承人自然死亡的时间，二是宣告死亡的时间。

认定自然死亡的时间，要么是看医院出具的死亡证明，要么是看户籍登记里记载的死亡时间。如果两份文件里记载的时间不一致，法律规定，一般以死亡证明记载的时间为准。至于宣告死亡的时间，一般是法院做出宣告死亡判决书的当天。如果宣告死亡的原因是被继承人发生意外下落不明，那么认定的死亡时间是意外事件发生的日期。如果多个继承人对死亡时间各执一词，起诉到了法院，则统一以法院查证的时间为准。

无论是自然死亡，还是宣告死亡，都是能确定死亡时间的。能确定时间，那就按照死亡时间的早晚来认定继承关系即可。然而，如果像本节案例这样，相互有继承关系的多个人在同一个事件里死亡，而且还没法确定死亡时间的先后，这时候就得靠法律推定了。

**第一种情况，是其中一个死者没有其他继承人的，法律会推定此人先死亡。**假设在本节案例中，丈夫小陈没有兄弟姐妹，只和妻子小郑相互有继承关系。这时候，如果夫妇俩的死亡时间无法确定，就会推定丈夫小陈先死亡。这样推定的好处是能保证个人的遗产有相关亲属可以接收，不会造成无人继承的状况。假设在这种情况下推定妻子小郑先死亡，丈夫小陈后死亡，那丈夫就会先继承妻子的一部分财产，继承后因为丈夫又没有继承人了，这部分财产就只能归国家，这就不利于保护个人利益了。

第二种情况，是相互有继承关系的死者都有其他继承人，但死者之间的辈分不同，这时会推定长辈先死亡。比如父亲与儿子同时因意外遇害，法律就会推定父亲先死亡，尽量让晚辈直系血亲能继承遗产。

第三种情况，死者都有其他继承人，辈分相同，比如夫妻，就推定同时死亡，相互不发生继承，他们的遗产由各自的继承人分别继承。本节案例涉及的就是这种情况，如果小郑、小陈夫妇俩的死亡时间无法查明，那法律会推定为同时死亡。

## 继承开始的法律意义

认定继承开始，最主要的意义无非就是两点——确定继承关系里的"人"和"财"。确定"人"，是指在继承开始时，要确定继承人的范围。被继承人死亡后，只有还没被剥夺继承权的法定继承人或者遗嘱继承人才有继承资格。确定"财"说的是，在继承开始时，要确定待分割的遗产总额以及每个继承人应该继承的遗产份额。如果是遗嘱继承，份额就要以遗嘱写明的数额为准。如果是法定继承，同一顺序的法定继承人一般就是均等继承。

只有出现法定的特殊情况，才可能在法定继承里出现适当多分或者少分。比如上一节说的，儿子王甲曾经虐待父亲，那在继承的时候，女儿王乙可以请求对王甲适当少分遗产。再如，如果某个继承人是先天残疾或者患有精神疾病，缺乏劳动能力，生活有特殊困难，也有权申请适当多分。但要注意，无论是适当多分还是少分，确定这些特殊情况的时间都必须是在继承开始后，遗产分割前。如果是遗产分割后才出现这些特殊情况，法律不再支持。

## 案例回顾

在继承关系里,继承开始的时间就是被继承人死亡的时间。因此,处理继承纠纷,最关键的就是确定被继承人的死亡时间。妻子小郑和丈夫小陈在同一事件里遇害身亡,究竟是同时死亡,还是有先后顺序,在继承关系里事关重大。如果是推定为同时死亡,他们之间就没有继承关系,小郑的父母就能够继承小郑的全部遗产。如果证明有先后顺序,后死亡者就是先死亡者的第一顺序法定继承人。

这个案例的最终结果是小陈的三姐妹拿出了鉴定意见,举证说明妻子小郑的死亡时间要比小陈早 20 分钟。这样,就不能认为双方相互不发生继承关系了,而是在妻子小郑死亡后,丈夫小陈与小郑的父母共同为第一顺序法定继承人,各自继承小郑三分之一的遗产。而小陈死亡后,由于没有配偶、子女、父母作为第一顺序法定继承人,他的遗产就都由第二顺序法定继承人,也就是陈氏三姐妹按份额继承。其中,小陈从小郑那里继承的部分也会成为小陈的遗产,由三姐妹继承。

## 147 继承方式

设立遗嘱后，又签了遗赠扶养协议，哪个效力更优先？

在我国，继承方式有四种，分别是法定继承、遗嘱继承、遗赠，以及遗赠扶养协议。

法律规定四种继承方式，是为了应对现实里的不同情形。但是方式多了，也会带来一个问题：不同的继承方式相互冲突了，哪个的效力更优先呢？来看一个案例。

方老伯结婚后没有生育子女，老伴去世后，成了一名独居老人，无人照顾。邻居小田看到方老伯无依无靠，就经常照顾他。有一次，方老伯在家摔倒昏迷，小田发现后，及时把方老伯送到医院。方老伯很感谢小田的长期照顾，出院后就和他签订了遗赠扶养协议，约定由小田照料自己的日后生活，等自己去世后，房子归小田所有。双方都同意签字，协议也生效了。后来，方老伯因病去世，小田在处理后事时，方老伯的哥哥忽然出现，还拿着一份遗嘱，内容是，方老伯死后由哥哥继承全部财产。

一个是遗嘱，一个是遗赠扶养协议，都是法律规定有效的继承方式，哪个效力更优先呢？可能有的人会想，这两种继承方式都是方老伯的真实意思表示，应该看哪份文件是最新成立的。最新成立，说明是方老伯的最新意思表示，效力最优先。但事实上，即使遗嘱是最新订立的，也是遗赠扶养协议效力优先。因为法律规定了，多种继承方式发生冲突时,遗赠扶养协议的效力最优先。

要想理解这个结论,需要看看《民法典》的具体规定。

## 《民法典》规定的四种继承方式

《民法典》规定的具体继承方式,分别是法定继承、遗嘱继承、遗赠,以及遗赠扶养协议这四种。

其中,最能表达被继承人意愿的继承方式是遗嘱继承。被继承人还健在的时候,有权按照自己的意志处理财产,当然也就包括按照意愿处理自己去世后的遗产。遗嘱继承的立法宗旨,就是保证被继承人支配自己财产的自由。

只有被继承人没有立遗嘱,或者立的遗嘱无效,才说明被继承人对死亡后如何处置自己的遗产没有明确的意愿。这时,才涉及另一种继承方式——法定继承,也就是按照被继承人与继承人的亲属关系远近,确定遗产该如何继承。法定继承按照亲属关系远近确定继承顺位。第一顺位是配偶、子女、父母。只有在没有第一顺位继承人的情况下,才轮到第二顺位继承人继承,也就是兄弟姐妹、祖父母、外祖父母。

遗赠,和遗嘱继承一样,都是遗嘱人或者遗赠人通过遗嘱文件表达自己死后分配遗产的真实意志。只不过,遗嘱继承是在继承人的范围内分配自己的遗产,遗赠则是向继承人之外的人分配遗产。在本节案例中,方老伯的哥哥是方老伯的亲属,属于第二顺位继承人,所以方老伯是用遗嘱指定了自己的哥哥有权继承。假如方老伯是要把遗产给亲属以外的人,就像本节说的邻居小田,那就只能通过遗赠或者遗赠扶养协议。

遗赠扶养协议既是遗赠，也是扶养协议，是包含遗赠和扶养两种关系的、具有身份性质的合同。本节案例中，邻居小田和方老伯签了协议，那小田就是扶养人，他在被扶养人——也就是方老伯——还健在的时候，就要对方老伯的生老病死履行照顾义务。方老伯去世后，小田则有权取得遗赠扶养协议里约定的遗产。遗赠扶养协议本质上就是一种附有生养死葬义务的遗赠。

## 不同继承方式的效力顺序

前面说到，遗嘱继承、遗赠和遗赠扶养协议，都能直接体现遗嘱人或者遗赠人分配遗产的意思表示，只有法定继承才是在推定被继承人分配财产的意志。这就表明，如果这四种继承方式发生冲突了，法定继承的效力要让位于遗嘱继承、遗赠和遗赠扶养协议。

假设方老伯还有一个儿子，按说方老伯去世后，房子应该都由儿子法定继承，但是，因为方老伯还立有遗嘱，指定哥哥继承自己的全部遗产，同时又和小田签了遗赠扶养协议，约定了自己去世后房产归小田。这时候，法定继承就要让位于遗嘱继承和遗赠扶养协议，方老伯的儿子无权继承房产。

对于遗嘱继承、遗赠和遗赠扶养协议的效力先后，《民法典》规定，首先，遗赠与遗嘱继承具有同等效力。因为它们的区别只是取得遗产的对象不同——被继承人是把遗产分配给自己的继承人，还是分配给继承人以外的其他人，都是真实意思表示。其次，被继承人既留有遗嘱、遗赠，又留有遗赠扶养协议的，遗赠扶养协议优先，先按照遗赠扶养协议的约定处置遗产。这是因为遗赠扶养协议里的扶养人要取得遗产，是要负担义务的，要照顾遗赠人的生老病死，从某种意义上还承担了社会责任,当然效力最优先。

在一个继承法律关系中,出现法定继承、遗嘱继承、遗赠和遗赠扶养协议并存时,其效力顺序是:遗赠扶养协议优先于遗嘱继承和遗赠,遗嘱继承和遗赠优先于法定继承。

此外还要注意,《民法典》规定继承方式的立法顺序和效力顺序有一个比较明显的反差。

在《民法典》继承编里,首先规定的是法定继承,然后规定遗嘱继承和遗赠,最后在"遗产处理"这一章,才规定了遗赠扶养协议。立法的这种文字安排,很容易让不熟悉《民法典》的人误解,以为法定继承是排在首位的继承制度,应当优先适用。

这种理解恰恰是错误的。所以,学习《民法典》继承编,最重要的是先掌握第1123条,也就是前文提到的:在同一个继承法律关系里,遗赠扶养协议具有最优先的地位,排斥遗嘱继承、遗赠和法定继承。在没有遗赠扶养协议时,遗嘱继承和遗赠优先适用,二者法律地位相同。最后,在既没有遗赠扶养协议,也没有遗嘱继承和遗赠时,才按法定继承的规则进行继承。

## 小田有权取得方老伯遗留房产的所有权

本节案例中,方老伯与邻居小田签订了遗赠扶养协议。在遗赠扶养协议里,小田是扶养人,方老伯是被扶养人。按遗赠扶养协议的约定,小田有照顾方老伯、处理方老伯生养死葬的义务。在方老伯去世后,小田有权取得方老伯遗留房产的所有权。现在方老伯去世,他的哥哥拿着有效遗嘱出现,遗嘱的内容,是哥哥有权继承方老伯的所有财产,当然也就包括方老伯处分给小田的房屋。

同时出现的遗嘱继承和遗赠扶养协议的效力就发生了冲突。根据《民法典》第1123条的规定，遗赠扶养协议具有最优先的适用效力。

所以，尽管方老伯的哥哥手持方老伯生前所立遗嘱，但是房产还是应当由小田来继承，方老伯的哥哥无权请求继承房屋。不过，房屋之外的其他财产，比如银行存款、车辆等，方老伯的哥哥仍然有权按照遗嘱继承。

**延伸课堂：**

未充分履行遗赠扶养协议，协议效力该如何认定？若是诱导被继承人签署遗赠扶养协议，同时未充分履行义务，遗赠扶养协议是否能够作废呢？

这样的遗赠扶养协议肯定是无效的，我讲一个之前抗诉到最高人民法院的典型案例帮助大家理解。

原告是两位年迈的老太太，拥有一套临街房。两位老太太是信奉佛教的居士，平时靠捡废品为生。捡废品换来的钱除维持生活外，全部用于供奉，生活相当艰难。某天，其中一位老太太的一个外甥女出现了，天天为两位老人洗衣做饭，精心照顾。两位老人很感动，就与外甥女签订了遗赠扶养协议，约定外甥女负担她们的生养死葬的义务，两位老人百年后，临街房归外甥女。

外甥女继续表现自己，做得比之前更好。两位老太太更加感动，进而认为房子现在就可以过户给外甥女，于是她们就去办了房产过户手续，外甥女取得了房屋所有权。取得房屋后，外甥女提出要翻建房子，以后住新房，让两位老人暂时搬到其他地方。两位老人高高兴兴搬出去，就等着住新房呢。结果外甥女重建房屋后，是楼下开饭店、楼上开旅店，经营收入全归自己，对两位老人就再也不管了。

两位老人非常生气，就在街道和其他邻里的支持下起诉到了法院。起诉后，法院一审、二审、再审，因为对这个案件究竟是遗赠扶养协议还是附条件赠与认识不同，先后做出几个不同的判决。

省高级法院再审判决认定，这是一个附条件赠与法律关系，并且房子过户了，赠与行为已经完成，因此判决外甥女给两位老人补偿一万元，房子归外甥女所有。省检察院认为再审判决不妥，就向最高人民检察院提请抗诉。我当时在最高检工作，就办理了这个案件。我们讨论认为，这显然是外甥女利用遗赠扶养协议欺诈老人的房产，省高院把它认定为附条件赠与，判决房子属于外甥女，这是弄错了案件性质，损害了老年人的合法权益。

最终，我们向最高人民法院提起抗诉，最高人民法院指令省法院再审，纠正了这个错误判决，认定这是因欺诈签订的遗赠扶养协议，改判房屋归两位老人所有，向外甥女支付建房补偿一万元。

## 148 遗嘱继承

遗嘱写明儿媳永不改嫁才能继承房产，有法律效力吗？

遗嘱继承是指在继承开始后，继承人按照合法有效的遗嘱继承被继承人的遗产。在遗嘱继承里，具体的继承人、继承顺序、应继份额等都由被继承人在遗嘱中指定，所以这也叫"指定继承"，与"法定继承"正好相对。

看起来非常简单，按照遗嘱执行就行了。但在具体案件中，有时候遗嘱即使已经执行完了，仍然会发生争议。来看一个案例。

小王与小张婚后育有一子一女。小王病故后，小张没有改嫁，仍然带着孩子与公婆一起生活。公公老王在病重期间写下遗嘱："我去世后，东面三间楼房归我妻子，西面三间平房为儿媳小张的安身之处。但如果小张今后改嫁，三间平房归我妻子所有。"老王去世后，小张就一直在西面的三间平房里居住。三年后，小张与新男友小陈登记结婚。看到儿媳改嫁，婆婆十分愤怒，认为小张没有按照遗嘱的内容履行义务，要求小张归还房屋。被拒绝后，婆婆起诉了小张，请求法院判决三间平房归自己所有。

我先说结论，三间平房就是小张的个人财产，不需要返还。这里涉及遗嘱的有效性问题。

## 遗嘱继承的适用条件

和法定继承一样，遗嘱继承也是被继承人意志的体现，但是两者体现的方式与程度有不同。法定继承是通过推定被继承人的意愿，把遗产留给与被继承人关系紧密的亲属，这里的关键是推定意愿。而遗嘱继承，则是完全按被继承人的遗嘱来分配财产，直接体现了被继承人的意志。

当然，并不是说一个人立下遗嘱，这个遗嘱就一定要执行。遗嘱继承必须满足一定的条件。《民法典》规定，只有满足下面五个条件，才能按遗嘱继承办理。

**第一，立遗嘱人死亡。** 继承是从被继承人死亡开始的，于是遗嘱继承的首要条件就是立遗嘱人死亡。如果立遗嘱人还没有死亡，即便有合法有效的遗嘱，遗嘱继承也不会发生。

**第二，遗嘱人立有合法有效的遗嘱。** 既然是遗嘱继承，遗嘱就必须得是合法的、有效的。比如，张三生前立下遗嘱，但他其实是个精神病患者，根本就没有立遗嘱的能力，这份遗嘱当然就是无效的；再如本节案例，老王立下遗嘱，遗嘱为儿媳小张附加了"不得改嫁"的义务，这也是无效的，因为它违背了法律的强制性规定，限制了个人的婚姻自由。另外，遗嘱形式不同，也可能会影响遗嘱效力。比如是手写还是口头转述，又或者是录音录像等等，选用不同形式，要符合不同的法律规则。

**第三，指定继承人没有丧失或者放弃继承权。** 如果继承人因为特定事由丧失了继承权，比如为争夺遗产而杀害其他继承人，或者主动放弃了继承权，当然也就不能继承了。

**第四，继承人在法定继承开始之后依然生存着。** 遗嘱继承一般都是提前立下遗嘱，在继承开始前，被指定的继承人可能会先于被继承人而死亡，这样的话，遗嘱继承自然就没法执行。这时候，指定给这个继承人的遗产就适用法定继承了。

**第五，没有遗赠扶养协议。**遗赠扶养协议具有最优先适用的效力，遗嘱继承与法定继承都不能对抗遗赠扶养协议。有遗赠扶养协议的，要优先执行。

在继承领域，遗嘱继承具有重要的意义。**它除了能保护自然人的私有财产权和继承权，体现被继承人自由意志外，更重要的，是有利于减少继承争议、稳定家庭关系。**

由于遗产的价值属性，继承人都希望自己得到的利益最大化，这可能会导致遗产分割时纷争不断。遗嘱继承和法定继承相比，被继承人对遗嘱继承人、遗产份额等都在遗嘱中做出了明确规定，直接执行就可以。按照遗嘱继承，能够避免继承纠纷，有利于稳定家庭关系，促进家庭成员间的和睦团结。也正是因为具有上面这些重要的意义，遗嘱继承的效力才优先于法定继承。

## 小张享有三间平房的所有权

现在回顾一下本节案例。

公公立下遗嘱，小张享有三间平房的遗嘱继承权，所附的义务是不得改嫁，属于附义务的遗嘱继承。这种义务是不合法的，因为婚姻自由是自然人的权利，不受任何人的强迫与干涉。丈夫小王已经病故，那小张就有权自主决定自己是否再婚，不受任何人的干涉。因此，遗嘱里"不得改嫁"的内容是无效的，这属于遗嘱内容部分无效。小张仍然能按照遗嘱维持对三间房屋的所有权，再婚时，也不需要返还房屋。

其实，即使公公没立遗嘱，儿媳小张也有权继承公公的遗产，不过法律依据就不是遗嘱继承，而是法定继承。《民法典》第1129条规定，"丧偶儿媳对公婆，丧偶女婿对岳父母，尽了主要赡养义务的，作为第一顺序继承人"。

在这个案例里，小张作为丧偶儿媳，在丈夫小王去世后，与公婆一起居住，照顾他们的生活；在公公去世后，又照顾了婆婆三年，应该认为已经尽到了主要的赡养义务，属于第一顺序法定继承人。要是按法定继承分割，那就是要先在公婆所有的家产中，先分出一半，这是婆婆的财产，另一半是公公的遗产。对公公的遗产，由小张和婆婆两人平分。也就是说，那六间房产，要先分出三间归婆婆，对属于公公的三间房产，再由小张和婆婆平分，那小张就只能分得其中的一间半了，但是还可以继承公公其他遗产的一半。

**延伸课堂：**

---

遗嘱没有给法定继承人留财产，可以申请重新分割吗？比如，大女儿尽了主要赡养义务，老人却在遗嘱中把财产都留给了二女儿，大女儿有权分割部分遗产吗？

在这种情况下，大女儿无权分得遗产。

这个问题涉及《民法典》没有规定的特留份问题。特留份，我们可以理解为，在遗嘱继承里，法律特别规定：遗嘱必须给法定继承人保留一定比例的遗产,这个法定继承人就叫特留份权人。

特留份和必留份很像,它们都是对遗嘱自由的一种限制,但是具体内容不同。必留份来源于原来的苏联民法,它的适用范围比较小,法律只要求在遗嘱继承或遗赠里,为缺乏劳动能力又没有生活来源的继承人,保留必要的遗产份额。换句话说,必留份的作用,是限制被继承人把所有遗产都给了某些继承人或继承人以外的人,进而让个别继承人陷入生活困难。

特留份是大陆法系民法的基本规则,其内容是,遗嘱如果没有对法定继承人保留适当的份额,遗嘱处分这一部分遗产,就是无效的。它不限定"继承人必须是缺乏劳动能力又没有生活来源",适用范围要比必留份更宽。

问题里提到的这个案例,大女儿一直在赡养母亲,但是母亲却通过遗嘱让二女儿继承全部遗产。在这种情况下,如果法律规定有特留份,就会要求给大女儿留下应当继承的份额。可以参考的是,德国法律规定的特留份是应继份的二分之一,也就是本来大女儿可以继承一半遗产,这是应继份,现在一半还得分出二分之一,这是特留份。换句话说,大女儿可以继承全部遗产的四分之一。在日本,规则又有些不同,大女儿能获得的特留份是全部遗产的三分之一。无论怎么计算,都是扣除了特留份的部分后,剩下的遗产才由遗嘱继承人继承。

我国《民法典》中,只规定了必留份,没有规定特留份,这一点需要注意。

## 149 遗赠

舅舅去世时留给外甥一幅名画,一年后,外甥还能接受吗?

遗赠是指自然人在生前订立遗嘱,约定在其死亡后,将自己的财产赠与国家、集体,或者赠给法定继承人以外的自然人。在遗赠关系中,立遗嘱文件的是遗赠人,被指定接受赠与的是受遗赠人,遗嘱中指定赠与的财产为遗赠财产,或者叫遗赠物。

我们看个案例。小范10岁时离开父母,到省城的舅舅老李家寄宿上学。老李很早就离婚了,与唯一的儿子小李一起生活。老李是个画家,小范就跟着舅舅老李学画画,后来还考上了美术学院。有一天,老李外出写生,发生车祸。外甥小范和儿子小李赶到医院时,老李已经奄奄一息。于是老李就在一名医生和两名护士的见证下,留下口头遗嘱,将自己多年珍藏的一幅名画赠与小范。

儿子小李是法定继承人,在正常情况下,应该由儿子继承这幅画,但是老李立下遗嘱,将这幅画赠与法定继承人之外的外甥小范,这就是遗赠。在这个案例里,老李是遗赠人,小范是受遗赠人,这幅画是遗赠财产。

看上去不难理解,但是在具体的司法实践中,遗赠还有很多重要的细节规定。假如老李立遗嘱时,小范在场,但是并没有做出明确表示,一年后,小范再找到小李,要求按照老李的遗嘱获得这幅名画,这时候,小范的要求就是无效的了,这幅画归老李的儿子小李所有。

要知道这是为什么，需要了解《民法典》对遗赠的规定。

## 遗赠的分类

我们已经知道，遗赠就是自然人在生前订立遗嘱，将个人财产赠与国家、集体或者法定继承人以外的自然人，在其死后发生法律效力的法律行为。对于遗赠的定义，《民法典》的规定比较原则，没有划分遗赠的种类。但其实，遗赠的标的范围广泛，权利义务关系也各有不同。

**首先，从标的范围来说，可以分为概括遗赠和特定遗赠**。概括遗赠是指遗赠人把自己全部财产的权利和义务一并遗赠给受遗赠人；特定遗赠则是指把自己的某一个特定财产遗赠给受遗赠人。比如，某人生前立遗嘱把自己所有的财产，包括一处住宅、20万元存款，以及5万元的欠款一并转移，这就是概括遗赠。而像老李，只遗赠自己收藏的一幅名画，其他的不遗赠，这就是特定遗赠。我国《民法典》规定的遗赠只是特定遗赠，不包括概括遗赠。

**其次，从权利义务关系来说，可以分为单纯遗赠和附负担遗赠**。单纯遗赠是不附任何条件或义务的遗赠；与之相对的，附加某种义务或条件的遗赠就是附负担遗赠。本节案例里的老李，遗赠没有任何条件，就是单纯遗赠；而如果加上条件，比如"把自己的名画遗赠给外甥，但要求外甥帮助建立老李的纪念馆"，这就是附有负担的遗赠。我国规定的遗赠既可以是单纯遗赠，也可以是附负担遗赠，两者都是合法、有效的。

## 遗赠与遗嘱继承的区别

遗赠和遗嘱继承的区别主要有三点。

**第一，受遗赠人和遗嘱继承人的范围不同。**受遗赠人可以是国家、集体，也可以是组织、个人，但绝对不能是法定继承人。遗嘱继承人恰恰相反，只能是法定继承人范围之内的人，不能是法定继承人以外的人或单位。比如本节案例中，老李立下遗嘱，名画由外甥小范继承。外甥不属于法定继承人，这就是遗赠。而如果老李立下遗嘱，名画由儿子小李继承，小李本来就是老李的法定继承人，这就是遗嘱继承。

**第二，受遗赠权与遗嘱继承权的客体范围不同。**在我国，受遗赠权的客体只是遗产中的财产权利，不包括财产义务。而遗嘱继承权的客体是遗产，遗嘱继承人在承受遗产的同时，还担负着清偿被继承人债务的义务。如果老李立下遗嘱，名画由儿子继承，那就属于遗嘱继承，儿子在获得名画的同时，还得偿还老李欠别人的钱。但是把遗产遗赠给外甥，外甥就不用掏腰包替老李还钱了。

**第三，受遗赠权与遗嘱继承权的行使方式不同。**对于遗赠，受遗赠人应当在知道受遗赠后的60日内，做出接受或者放弃接受的表示。法律规定，到期没有表示的，就视为放弃受遗赠。而遗嘱继承中，继承人没有明确表示放弃的，就视为接受继承；如果放弃遗嘱继承，要在这期间做出明确的放弃表示。换句话说，对于遗赠，在规定的时间里没有明确表示的，就视为放弃；而对于遗嘱继承，规定时间内没有明确表示的，就视为接受。本节案例中，在老李留下遗嘱时，小范知道舅舅遗赠给自己名画，但没有做出接受遗赠的表示，直到一年后才向小李主张接受，这显然超过了受遗赠的法定期限，视为放弃受遗赠权。放弃受遗赠的，按法定继承办理，这幅画会由老李的儿子小李继承。即使小范向法院起诉，法院也会驳回他的诉讼请求。

## 遗赠的效力与执行

和其他民事行为一样，遗赠想要发生效力，也是有一定的条件的。比如，遗赠人必须有遗嘱能力，遗嘱也得符合法律规定的形式。再比如，受遗赠人必须在法定继承人范围以外，并且遗赠人在遗嘱生效时还生存着，如果遗嘱生效时受遗赠人已经死了，自然也不能接受遗赠。此外，需要注意的是，**遗赠人必须为缺乏劳动能力，又没有生活来源的继承人保留必要的遗产份额**。这种遗产份额叫"必留份"。只有这样，遗赠才能生效。如果没有为继承人保留份额，这一份额的遗赠无效。

本节案例中，假设老李的儿子小李只有 10 岁，没有劳动能力，在老李死后也没有其他生活来源，那老李就得给儿子保留一定的遗产，比如房子由儿子小李继承，名画归外甥小范。如果所有的财产就是这一幅名画，没有其他的，那即便他在遗嘱中把这幅画全部赠与外甥，也是无效的，名画仍然归儿子小李。

我们知道，受遗赠人应当在知道受遗赠后的 60 日内，做出接受或者放弃受遗赠的表示。到期没有表示的，就视为放弃受遗赠。表示接受的，才将遗赠物移交给受遗赠人。

如果遗赠人生前没有债务，遗赠物可以直接移交给受遗赠人；但如果遗赠人生前有债务，**债权人的债权优于受遗赠人的受遗赠权**。换句话说，先安排还钱，再执行遗赠。清偿完遗赠人生前所欠的税款及债务后，如果遗赠物还有剩余，就将剩余的部分安排遗赠；如果没有

第六章　个人财富的传承方法

剩余，遗赠不能执行，则受遗赠人的权利自动消灭。

### 延伸课堂：

**被继承人死亡后，遗赠财物在被接收前，属于无主物吗？**

对此我国《民法典》没有明确规定，但即使依据法理，也不能认定这种状态下的遗产是无主财产。如果是无主财产，就存在先占取得的可能，任何人都可以通过先占取得所有权，那遗产就会被侵夺，损害继承人和其他遗产利害关系人的合法权益。

为这类财产定性，可以借鉴《日本民法典》的做法。日本民法认为，这种状态下的遗产属于财团法人，即这笔财产是一个法人，有独立的法律地位。既然有独立的法律地位，那即使这笔财产没有主人，也会受法律保护。只有遗赠人接受了遗赠，这个财团法人才终结，变成受遗赠人的财产。

财团法人与社团法人相对，前者是一个财产的集合体，没有常设成员和专门的议事机构、监督机构，只设有执行机构或执行人，负责管理财产，如基金会、宗教财产，以及"待接受的遗产"，都是财团法人。而社团法人就是有社员，有组织机构，要制定章程的人和组织，比如公司。

当然，把法人分为财团法人和社团法人，这是国外民法对法人的分类。我国《民法典》没有这样分类，而是分为营利法人和非营利法人、特别法人。其中在非营利法人里，有一种捐助法人，它的性质和财团法人近似。但是捐助法人不包括"待接受的遗产"，因为这类财产通常是临时存在的，所以也未给它们赋予独立的法律地位。只是规定这些遗产，遗嘱执行人或遗产管理人有权管理。

在我国的司法实践中，要是有人侵吞遗赠遗产，就由遗嘱执行人去主张权利。要是没有指定遗嘱执行人、遗产管理人，或者没有人能担任执行人，则由民政部门或者相关村委会担任。

## 150 遗嘱方式

以打印方式设立的遗嘱，有效吗？

遗嘱是指自然人在生前按照法律的规定，对自己的财产以及与此相关的事务做出处理，并于死后发生法律效力的法律行为。比如，一个人生前明确做出意思表示，指定自己死后房屋归谁所有、存款由谁继承，这样的意思表示就属于订立遗嘱。很多人搞不清楚的是，遗嘱都有哪些形式？换句话说，究竟什么样的遗嘱才具备法律效力？这个问题非常重要，我们从一个案例说起。

老张独自抚养儿子张甲和女儿张乙，儿女都已经长大成人。在很长的一段时间里，老张都是随女儿张乙生活。于是有一天，老张亲笔写下遗嘱："张乙一直照料我，在我百年后，我的房屋由张乙继承。"但是后来，张乙的丈夫生病，张乙要照顾丈夫，于是老张改随儿子张甲生活。这时候，老张又立下遗嘱："张甲为照顾我放弃了生意，我死后房子由他继承。"遗嘱是张甲用轮椅推着老张到打印店打印的，打印后，老张在每一页上签字确认，在场的两位律师也都签字确认了。

老张去世后，张甲与张乙各持一份遗嘱，要求自己继承房屋。张甲说，既然老人重新立了遗嘱，原来的遗嘱就失效了，房子该归自己；张乙却说自己持有的遗嘱是老张亲笔所写，张甲手里打印的遗嘱无效，房子该归自己。两人发生了争议。

要想解决本节案例中的问题，得看看《民法典》关于遗嘱方式和效力的具体规定。

## 遗嘱能力和遗嘱的形式

　　**一份遗嘱要生效，首先得保证被继承人具备遗嘱能力。**所谓遗嘱能力，就是指被继承人依法享有的、在生前通过订立遗嘱来处分自己遗产的资格。换句话说，想要让订立的遗嘱生效，一个人得先有订立遗嘱的资格。《民法典》规定，自然人有完全民事行为能力的，就具有遗嘱能力；无民事行为能力人或者限制民事行为能力人无遗嘱能力，不能用遗嘱处分财产，即使设立了遗嘱也无效。

　　当然，一份遗嘱要生效，除了被继承人具备遗嘱能力之外，遗嘱的订立还得遵循特定的形式。《民法典》一共规定了六种遗嘱方式，并对每一种的要件和适用情况都做了具体的规定。

　　**第一种是自书遗嘱，也就是遗嘱人亲笔书写的遗嘱。**自书遗嘱不需要有见证人参与，只要遗嘱人亲笔写出自己的意思表示就行。不过，虽然不需要见证人，但也不是说随便写一份就是有效的。一份有效的自书遗嘱，必须由遗嘱人亲笔书写遗嘱的全部内容；还应当明确说明遗嘱人死后财产如何处理；再有，就是必须由遗嘱人亲笔签名；而且还得注明年月日。必须满足这四个条件，自书遗嘱才生效，缺一个都不行。

　　**第二种是代书遗嘱，也就是由他人代为书写的遗嘱。**我们知道，在有些情况下，遗嘱人没有文字书写能力，比如不识字，或者由于其他原因不能亲笔书写，比如病情太重，也允许他人代为书写遗嘱。为了防止造假，代书遗嘱也要符合特定的要求。首先是必须由遗嘱人口授遗嘱内容，由一名见证人代为书写；其次是至少有两个见证人在场见证，代书人如果签名见证，也算见证人。也就是说，除遗嘱人之外，最少还得有其他两个人在场。最后是遗嘱人、代书人、其他见证人必须在遗嘱上签名，并注明年月日。只有满足这些条件，代书遗嘱才能生效。

**第三种是打印遗嘱，也就是通过电脑制作、用打印机打印出来的遗嘱。** 这是《民法典》新规定的遗嘱形式，现在已经成了我国遗嘱的主要形式。本节案例中，张甲手里拿的就是打印遗嘱。打印遗嘱要求两个以上的见证人在场见证，并在文本的每一页上都签名；遗嘱人也要在每一页上签名。注意，是在每一页上签名，证明打印遗嘱的每一页都是经过遗嘱人认可的，而且遗嘱最后还要注明立遗嘱的年月日。

**第四种是录音录像遗嘱，也就是以录音或者录像方式录制下来的口述遗嘱。** 录音录像遗嘱要求遗嘱人亲自讲述遗嘱内容，也要求有至少两个见证人在场见证，而且还要明确记录遗嘱人、见证人的肖像或者姓名，并且说明日期。只有这样，录音录像遗嘱才是有效的。

**第五种是口头遗嘱，也就是遗嘱人口头表述，由两个以上的见证人予以见证的遗嘱，也称为口授遗嘱。** 这是操作起来最简单，但也最容易造假的遗嘱形式，所以《民法典》也做了严格的要求：只有遗嘱人情况危急，不能以其他方式设立遗嘱了，才能适用；而且不存在危急情况解除，遗嘱人能够设立其他形式的遗嘱的可能。比如，身体健健康康的，能立其他形式的遗嘱，就不能立口头遗嘱，立了也无效。或者病危了，立了口头遗嘱，但又抢救过来，能立其他形式的遗嘱了，那口头遗嘱也无效。

**第六种是公证遗嘱，也就是通过法律规定的公证形式订立的，订立程序、形式都由法律规定的遗嘱。** 要订立公证遗嘱，需要遗嘱人亲自申办，然后在公证人员的面前亲自书写或者口授遗嘱内容，并由公证人员依法做出公证。

## 打印遗嘱的效力

在遗嘱的六种形式中，打印遗嘱和录像遗嘱是《民法典》新规定的，在我国之前的法律中没有。这是适应时代发展和科技进步需要做出的新规定，突破了过去遗嘱以手写形态为主的局限。特别是打印遗嘱，其他国家的民法一般不承认打印遗嘱的效力。理由也很简单，打印出来的遗嘱很难判断它到底是不是遗嘱人的真实意思表示。也有个别国家的民法规定了打印遗嘱，但基本上不是指本节说的通过电脑制作、用打印机打印的遗嘱，而是那种用老式打字机打出来的遗嘱。

在《民法典》的编纂过程中，这个问题也成了争论的焦点之一，我作为《民法典》继承编编纂小组的召集人，主持进行了反复论证。

打印遗嘱是电脑打印出来的书面文本，不像手写文字能辨认书写笔迹，于是很容易被改动、伪造，很难证明它到底是不是遗嘱人制作的，是不是反映了遗嘱人的真实遗愿。

但我们论证后认为，这些问题是可以靠具体的要求来解决的。比如，要求两个以上的见证人在场见证，并让见证人、遗嘱人都在打印遗嘱的文本上逐页签名，同时在打印遗嘱的最后一页，还要以签名的形式注明遗嘱设立的年月日，以此来证明这份遗嘱为遗嘱人的真实意思，而不是他人随意伪造、改动的。具备这些要件，打印遗嘱才发生法律效力。

本节案例里的两份遗嘱，一份是自书遗嘱，一份是打印遗嘱；一个时间在前，一个时间在后。后一个遗嘱是否能产生撤回前一个遗嘱的效力，关键看后一个遗嘱，也就是打印遗嘱是否有效。

这一份打印遗嘱，是张甲推着老张到打印店打印的，除了张甲在场外，还有老张聘请的律师在场。这两位律师既不是继承人、受遗赠人，也不是与继承人、受遗赠人有利害关系的人，属于法律认可的遗嘱见证人。两位见证人见证了遗嘱的制作过程，能够证明这份遗嘱是老张的真实意思表示。而且，老张和两位律师都在遗嘱的每一页上签字，也明确注明了年月日。

这完全符合打印遗嘱的要求，属于有效的遗嘱。既然后做出的打印遗嘱有效，这份遗嘱就等于撤回了前一份亲笔遗嘱，因此老张留下的房产应当由儿子张甲继承。

### 延伸课堂：

**写遗嘱把部分财产赠给第三者，遗嘱有效力吗？**

先说结论，这样的遗嘱是无效的，而且也有真实案例。不过，我们总说现实很复杂，有时候在一些案件里直接把这样的遗嘱定性为无效，也有值得商榷的空间。

十几年前在四川，发生过这么一个案件：婚姻里，男女双方过不到一块，男方就离开家庭分居了，但两人一直也没离婚。分居期间，男方和另一位女子张女士共同生活，同居了6年。在男方患癌症后，张女士也坚持照料，直到男方病逝。男方很感激张女士，就在临终之前写下遗嘱，要把自己的部分遗产遗赠给张女士，并到公证处做了公证。

张女士料理完男方的后事，就拿着遗嘱找到女方，要求接收男方遗赠的部分遗产。女方说："你这个第三者胆量还挺大，不仅插足我的家庭，还要来分遗产。"张女士被这么一激，就直接向法院起诉，要求执行男方的遗嘱，取得遗赠遗产。

法院认定，男方的遗嘱违背社会公共道德，判决遗嘱无效，驳回了张女士的诉讼请求。据说，当时这个判决还得到了旁听群众的充分肯定。

案件确实是这么判了，但是在学术界，学者们基本上都对这个判决持否定态度。

主流观点认为：男女双方感情不和分居，男方在分居过程中与张女士同居，这仍然属于道德范畴。虽然婚外同居是法定离婚理由，也是请求离婚过错损害赔偿的事由，但说到底，男方和张女士是否同居，法律并未绝对禁止。同居过程中，张女士也照顾了男方6年，在他病重期间没有离去，也妥善处理了男方的后事。这种情况下，如果也认定男方的遗嘱是违背公序良俗进而无效，就有些"一刀切"了，会损害遗赠制度意思自治的法律特性。

不过，这是学者们的看法，按现行法以及司法实践，给婚外同居者遗赠财产，一般还是会被认定为遗嘱违背公序良俗而无效，但是不同意见也仍然存在。

## 151 遗嘱效力

经公证机构公证过的遗嘱，效力最优先吗？

除了遗嘱形式会影响遗嘱效力，还有很多其他因素也会影响遗嘱的效力，比如遗嘱的实质内容、遗嘱成立的时间先后等。本节系统讲解遗嘱效力的有关规定。

还是先看一个案例。

老万丧偶后，儿子小万聘请保姆刘女士照顾父亲的日常生活。后来，老万和刘女士有了感情，决定再婚。儿子小万坚决不同意，父子俩也因此感情破裂。老万为了感谢刘女士，去做了公证遗嘱。遗嘱写明：去世后，自己的房子归刘女士所有。有了这份遗嘱，刘女士态度就变了，日常相处敷衍，还对老万吆五喝六，对待老万远不如从前。于是小万就把父亲接来自己照顾，老万又亲笔写下遗嘱：自己的财产全部留给小万。后来，老万去世，小万持自书遗嘱办理房产过户，刘女士持公证遗嘱要求继承这套房子。

一个是自书遗嘱，一个是公证遗嘱，两份遗嘱都合法有效，但内容冲突了，究竟哪一份遗嘱效力优先呢？可能有的人会觉得，公证遗嘱毕竟是国家公证机构确认的，应该效力最优先。事实上，在《继承法》有效的期间，确实是这样，但进入《民法典》时代，规则就修改了，不再是公证遗嘱效力最优先，而是最新设立的遗嘱效力最优先。

遗嘱的效力，是指设立遗嘱后，遗嘱实际产生的法律后果。遗嘱是一种单方民事法律行为，只要有遗嘱人单独的意思表示就可以成立。不过，成立并不代表必然就会生效。遗嘱是不是能生效，还得看它是不是具备法律规定的生效要件，以及是否有遗嘱无效、遗嘱不生效等情形。

## 遗嘱有效

遗嘱有效是指遗嘱符合法律规定的条件，能够发生遗嘱人预期的法律后果，遗嘱继承人或者受遗赠人可以请求执行遗嘱。

遗嘱有效的条件主要有四个。一是要有遗嘱能力，遗嘱人必须是完全民事行为能力人；二是不同形式的遗嘱，比如手写遗嘱、打印遗嘱等，要符合不同形式要件的要求，否则不会生效。除了看遗嘱能力和遗嘱形式，一份遗嘱要生效，还得看它的实质内容。法律对遗嘱内容的要求是两个关键词：合法、真实，也就是第三个和第四个条件。

"合法"，是指遗嘱内容不得违反法律规定和公序良俗，只要违反，遗嘱一律无效。

比如前文讲的公公立遗嘱把房子留给儿媳，但遗嘱里写明了儿媳不得改嫁，否则房子收回。这份遗嘱里附加的"不得改嫁"义务就是违法的。遗嘱里的这个内容无效，但其他部分有效。换句话说，儿媳继承房子后，不用受这种非法义务的约束。

"真实"，就是遗嘱内容必须是遗嘱人的真实意思表示。第一，意思表示没有瑕疵，比如立遗嘱时没有受到胁迫、欺诈，是遗嘱人基于自己的自由意志做出了遗嘱。第二，做出的意思表示必须是遗嘱人最新的意思表示。就像本节案例，老万是设立了两份遗嘱处分自己的房产，这些遗嘱也都合法有效，这时候，房子到底该怎么处置，要以最后做出的意思表示为准，而不是以公证遗嘱为准。这个规则，叫遗嘱时间在后效力优先原则。

简单总结一下，一份遗嘱要生效，必须满足四个要件，分别是：遗嘱人具备遗嘱能力、遗嘱出于真实意思表示、遗嘱内容合法，以及遗嘱符合形式要件。

## 遗嘱无效

了解了遗嘱有效的要件，再看遗嘱无效的情形，就比较好理解了。有一些情形其实就是有效要件的反面。比如，遗嘱人不具有民事行为能力，这是不符合遗嘱能力要件。再如，遗嘱人是受胁迫、欺诈才立了遗嘱，这是意思表示不真实。这些情况下立的遗嘱都无效。

此外，伪造和篡改的遗嘱也无效。伪造的遗嘱整份都是假的，全部无效。篡改是在真实遗嘱的基础上擅自修改，比如继承人私自把遗嘱里"分一套房"，改为"分一套房外加一辆车"；把继承遗产要负担债务，删改为只继承遗产，不负担债务；等等，这些都属于篡改。这时，遗嘱里被篡改的部分无效，未被篡改的内容仍然是遗嘱人的真实意思表示，仍然有效。此外，篡改遗嘱是会导致继承权丧失的，如果篡改人本身就是继承人，那法律还会剥夺他的继承资格。

这几点都是《民法典》第1143条直接规定的无效情形。除此之外，还有另外三种情况，也是在实践中会导致遗嘱无效的。

第一，代理订立的遗嘱无效。遗嘱行为不适用代理的规定，被继承人委托他人为自己设立遗嘱，这是不行的。代书遗嘱是被继承人口述，见证人代替书写，不是代理。第二，在遗嘱里处分不属于自己的财产。这在实践中也比较常见，很多被继承人没有盘点清楚财产，就开始写遗嘱，在遗嘱中处分他人财产的部分都是无效的。第三，遗嘱里没有保留必留份。遗嘱人没有给缺乏劳动能力，又没有生活来源的继承人保留必要的遗产份额，就通过遗嘱把财产分配给其他继承人，这样的情况也无效，但扣除了必留份以外的遗嘱部分还是有效的。

## 遗嘱不生效

遗嘱无效是遗嘱虽然成立了，但因为不符合生效要件，所以始终不生效。在实践中，还有一种情况，遗嘱满足了生效要件，本该正常生效的，但由于某些客观原因，在继承开始时，遗嘱又不能生效了。这在民法里叫遗嘱不生效，也叫遗嘱失效。遗嘱失效的实际后果和遗嘱无效相同，也是不能按遗嘱继承，但触发情形完全不一样。

遗嘱失效主要是因为出现了某些客观原因，这些原因可以归纳为三个词：人、权、财。

"人"，是指遗嘱指定的遗嘱继承人或受遗赠人先于被继承人死亡。在这种情况下，遗嘱即使完全符合生效要件，也不能发生效力，遗嘱处分的财产要按照法定继承处理。"权"，是指遗嘱继承人或受遗赠人已经丧失继承权或受遗赠权，丧失了根据遗嘱继承遗产的资格，遗嘱不生效。"财"，是指遗嘱人死亡时，遗嘱处分的财产标的已不存在，遗嘱出现了事实不能，在事实上已经无法执行了。比如，发生了地震、海啸等不可抗力，导致财产毁损，无法再继承。

讲到这里，我们来回顾一下本节案例。

老万立下两份遗嘱，一份是公证遗嘱，写明房屋由保姆刘女士继承，一份是自书遗嘱，写明房屋由儿子小万继承。因为两份遗嘱处分的是同一个财产，效力就发生冲突了。

如果放在《民法典》出台前，那房子就归刘女士继承了，因为当时规定多份遗嘱效力冲突的，要以公证遗嘱为准。然而现在不是了，《民法典》出台后，纠正了原《继承法》里"公证遗嘱效力最优先"的规定，确立了"遗嘱在后效力优先"原则。立有数份遗嘱，内容相抵触的，要以最后的遗嘱为准。这样规定，才最符合遗嘱人的真实意思表示，是正确的立法选择。本节案例里，老万给儿子留的自书遗嘱要晚于为保姆刘女士设立的公证遗嘱，自书遗嘱才是老万最新的意思表示。所以，房屋最终要由儿子小万继承，刘女士无权取得房屋。

## 152 遗嘱执行人

遗嘱内容含义不清，遗嘱执行人做出的解释有优先效力吗？

本节来解读遗嘱执行人的相关规则。还是先来看一个案例。

张老太在老伴去世后，一直单独生活。某天，张老太预感到自己时日不多，就把儿子和自己的哥哥、妹妹叫到身边，写下遗嘱。遗嘱里表示，自己的全部财产，包括车子、存款、位于城西的房屋，由三个继承人平均继承。遗嘱指定儿子老吴做执行人，张老太本人和三个继承人都在遗嘱上签了名。

然而，张老太写遗嘱时有一点疏忽，其实她名下还有一套房屋。张老太去世后，老吴清点遗产，就把这套房屋过户到了自己名下，其他遗产则平均分配。另外两位继承人提出，这套房屋也应当平均分割。但老吴认为，自己是遗嘱执行人，这套房屋没被写进遗嘱，不应该平均分割，他有权直接继承。

遗嘱内容不明确的时候，遗嘱执行人确实有义务弄清遗嘱含义、做出解释。但是就本节案例来看，儿子老吴做出的解释对另外两位继承人是不公平的，显然不是母亲的真实意思。虽然老吴是遗嘱执行人，但他的解释不会产生法律效力。张老太的这套房子也应该由三位继承人平均继承。

要理解这个结论，我们需要看看《民法典》的具体规定。

## 遗嘱执行人资格和确认方式

遗嘱的执行，是指在遗嘱生效后，为实现遗嘱内容所实施的必要行为及程序。遗嘱执行人，就是根据遗嘱内容，对遗产进行管理和分配的人。

执行遗嘱关涉到财产分配，是一种重大且复杂的民事法律行为。因此，遗嘱执行前，最首要的是确认什么人能担任遗嘱执行人。对这一点，《民法典》没有明文规定，但在实践中，通常要考虑几个方面。

**首先，最基本的是看民事行为能力**。遗嘱执行本质上也是一种民事法律行为，而且还涉及分配财产利益，当然要求遗嘱执行人有健全的认识能力，是完全民事行为能力人。无民事行为能力人和限制民事行为能力人都不能担任遗嘱执行人。

**其次，遗嘱执行人既可以是法定继承人，也可以是法定继承人之外的人**，关键看遗嘱人的指定，这样才能最大化保障遗嘱人的意思自治。

**最后，除了自然人，法人或者非法人组织也能担任遗嘱执行人**。一方面是要尊重遗嘱人的意志，如果遗嘱指定了让法人或者非法人组织，比如律师事务所、会计师事务所或信托公司等担任遗嘱执行人，那应当按遗嘱执行。另一方面，有些遗嘱人的财产比较复杂，仅靠个别自然人没法管理周全。而且，有时候继承人之间，也希望有一个第三方机构来担任遗嘱执行人。这样既能提高执行效率，也能减少继承人之间的纠纷。

在实践中，确定遗嘱执行人主要有三种方式。

第一种，**遗嘱人在遗嘱里直接指定**。这是最能体现遗嘱人意愿的确定方式。

然而，现实中更常见的是遗嘱里没有指定执行人，或者提前指定了，但继承开始后原定的遗嘱执行人死亡或者丧失了民事行为能力，无法再执行遗嘱。这时，就**由遗嘱人的法定继承人来担任遗嘱执行人，这是确定遗嘱执行人的第二种情况**。如果法定继承人只有一个，那就是由唯一的继承人来担任；如果法定继承人是多个人，那就由全体继承人共同担任遗嘱执行人。

**第三，由民政部门或者村民委员会来担任**。如果遗嘱里没有指定遗嘱执行人，同时也没有法定继承人能执行遗嘱，这时候，遗嘱人如果是城市居民，就由他生前住所地的民政部门担任遗嘱执行人；如果是农村居民，就由村民委员会来担任遗嘱执行人。

## 遗嘱执行人的职责

遗嘱执行人的具体职责要由遗嘱内容确定。遗嘱不同，执行事项也不同。但是，无论是什么事务，归根结底都是三项：查清、管理和分配。

**首先是"查清"，通常包括两件事**。一是要查明遗嘱是否真实有效。例如，查明遗嘱有无涂改，是否遗嘱人的真实意思表示，以及遗嘱的内容有无违法等。又或者像本节案例，遗嘱内容不够明确，那遗嘱执行人还要弄清遗嘱人的真实意思，做出符合遗嘱人原意的解释。

确认了遗嘱内容，接下来要清点遗产并编制遗产清单。清点遗产，就是查清遗产的名称、数量、地点、价值等状况。尽管这些内容在遗嘱里一般也会说明，但毕竟遗嘱是提前设立的，遗嘱立完后，遗嘱人的财产状况还可能会发生一定的变化。因此在执行遗嘱前，有必要做一次遗产清点。

**其次是"管理"**。"查清"这一步是对遗嘱财产进行摸底，为最后分配遗产服务，但是我们知道，从查清到分配，通常需要一定的时间，这中间还涉及对遗产的管理。比如，继承人之间对遗产分配有争议，正在诉讼，这时候保管和维护遗产都由遗嘱执行人负责。

再如，如果清点遗产时发现，遗嘱人有一套房子被人无权占有着，或者还有好几百万元欠款没收回，遗嘱执行人还得和无权占有人或者债务人打官司，确保遗产收回。

**遗嘱执行人的最后一个职责是"分配"**，也就是交付遗嘱里的特定物与分割遗产。

了解了这三项职责，我们会发现，本节案例里老吴违背了遗嘱执行人的职责。老吴作为遗嘱执行人是有资格的，但他清点遗产时发现遗漏了的全部遗产中的这个房屋，未通知另外两位继承人，就私自把房屋据为己有。这属于遗嘱执行人故意损害了继承人、受遗赠人的合法权益。对这种情况，张老太的另外两位继承人，也就是她的哥哥和妹妹，有权向法院起诉，主张撤销儿子老吴遗嘱执行人的身份，并请法院平均分割张老太留下的房屋。

还有一种情况，是遗嘱执行人没有损害他人的故意，但是因过失未恰当履行职责。比如，遗嘱执行人未及时追讨遗嘱人的债务，导致债务超过诉讼时效，要不回来了。

无论是故意损害，还是因过失导致损害，相关继承人都可以请人民法院撤销遗嘱执行人的资格，并且要求其承担赔偿责任。

## 153 遗嘱见证人

立遗嘱时,继承人可以作为见证人吗?

我们知道,有一类与遗嘱紧密相关的主体,就是遗嘱见证人。遗嘱人订立代书遗嘱、打印遗嘱、录音录像遗嘱、口头遗嘱时,都至少要有两名见证人在场见证。那么,什么样的人能够担任见证人,他们见证的又是什么呢?先来看一个案例。

田甲在父母离婚后,随母亲共同生活。母亲去世前,留下一份代书遗嘱,表示自己所有的两处住房和一处营业用房都指定由田甲继承。母亲去世后,田甲办理遗产继承手续,这时跟随父亲生活的姐姐田乙出现了,要求继承母亲的部分遗产。田甲不同意,理由是母亲在遗嘱里已经指定由自己继承全部遗产。但姐姐田乙指出,母亲设立代书遗嘱时,两位见证人里有一位是田甲,这违反了代书遗嘱的法律要求,所以遗嘱无效,自己仍然有权参与继承。

这个案例就涉及遗嘱见证人的资格问题了。田甲母亲的这份代书遗嘱的确是无效的,因为见证人的人数没达到法定要求,本来就是继承人的田甲不能担任遗嘱见证人。

### 遗嘱见证人资格

遗嘱见证人是指订立遗嘱时,亲临遗嘱制作现场,并对遗嘱真实性予以证明的第三人。遗嘱见证人证明的真伪直接关系着遗嘱的效力,所以首先要明确遗嘱见证人的法律资格。我国《民法典》是从限制性规定的角度,规定了遗嘱见证人的资格。只要不是法律明确排除的人员,任何其他主体都可以担任遗嘱见证人。

**第一类法律排除的人员,是无民事行为能力人和限制民事行为能力人**。未成年人、精神病患者等,都不得担任遗嘱见证人。要注意,既然见证人存在的意义是证明遗嘱真实性,那见证人是否具有民事行为能力,应当以遗嘱见证时为准。比如设立代书遗嘱由律师见证,见证时,律师还是完全民事行为能力人,但在见证后、遗嘱生效前,律师因意外丧失了民事行为能力,这时要是遗嘱人死亡、开始继承了,不会影响遗嘱见证的效力。

讲到这类人群的时候,《民法典》还补充规定了一种情况,就是在无民事行为能力人、限制民事行为能力人之外,其他不具有见证能力的人,也不能进行遗嘱见证。比如,张三立代书遗嘱时找邻居老李来见证,老李成年了,智力也健全,但是不识字,他就不能当见证人,因为他无法理解遗嘱的意思;同样的道理,找来不懂中文的外国人见证也是不行的。

**第二类不能担任遗嘱见证人的是继承人、受遗赠人**。他们与遗嘱有着直接的利害关系,由他们来见证,难以保证证明的客观性、真实性,容易引起纠纷。一个要参与分遗产的人,说见证了遗嘱人确实要把遗产多分给自己,其他继承人肯定是要怀疑的。在本节案例中,田甲既是遗嘱继承人,也是遗嘱见证人,并在代书遗嘱上签了字,这就出现了遗嘱见证人不适格的问题,会导致遗嘱无效。姐姐田乙虽然在父母离婚后没有跟母亲共同生活,但这不会导致丧失继承权,她确实有权主张法定继承。

**最后一类是与继承人、受遗赠人有利害关系的人**。这类人通常与遗嘱有间接的利害关系，继承人、受遗赠人能否取得遗产、取得多少遗产很可能影响他们的利益。这些人包括继承人、受遗赠人的近亲属，比如配偶、子女、父母、兄弟姐妹、祖父母、外祖父母、孙子女、外孙子女等，还包括继承人、受遗赠人的债权人和债务人、共同经营的合伙人等。

## 见证事项

　　法律严格规定遗嘱见证人的资格，是要确保见证真实、客观。遗嘱见证人需要见证的内容主要有三项。

　　**首先，也是最基本的，是证明遗嘱人有遗嘱能力**。换句话说，就是要见证，立遗嘱时，遗嘱人是否属于完全民事行为能力人，能否意识到自己在做什么，行为的后果又是什么。

　　**其次，是证明立遗嘱时的客观情况**。比如，遗嘱人立遗嘱时是否出于自愿；要是立口头遗嘱，见证人还要证明当时遗嘱人所处情况危急，无法选择其他遗嘱方式，只能立口头遗嘱。

　　还有一些情况，见证人要同时承担见证和记录职责。像本节案例中的代书遗嘱，法律就规定，至少要有两名见证人见证，同时必须由其中一名见证人代书；如果是口头遗嘱，因为情况危急，也要由见证人记录遗嘱内容。

　　**最后，是见证结束，见证人要在遗嘱上签名并注明年月日**。比如代书遗嘱、录音录像遗嘱，相关见证人就应当在代书的遗嘱最后或者封存的磁带上签名，并注明年月日。如果是打印遗嘱，还要求见证人在每一页都签名，并注明年月日。

## 违反见证职责的法律后果

如果见证人不具有法律资格，则见证不生效，遗嘱不会发生法律效力；如果遗嘱见证人有见证资格，但是没有恰当履行见证职责，法律后果也是一样的，遗嘱不会生效。如果见证人有过错，还要承担损害赔偿责任。

实践中有一个案例就是这样。有一个律师事务所接到委托，要为遗嘱人设立代书遗嘱。执行任务的时候，律所派了两名律师去见证，其中一名是正式律师，另一名是见习律师。形成代书遗嘱后，见习律师没有在遗嘱上签字确认。遗嘱人去世后，遗嘱继承人拿代书遗嘱要求继承全部遗产，其他法定继承人质疑遗嘱效力，认为即使代书遗嘱上盖了律师事务所的公章，但只有一个律师在代书遗嘱上作为见证人签字，不符合必须有两个见证人在场见证并且都签字的要求，因而主张遗嘱无效。法院最终的判决是认定了这份代书遗嘱无效，遗嘱继承人无法根据代书遗嘱继承全部遗产，只能按照法定继承，分得应当继承的份额。后来，遗嘱继承人向法院起诉，认为律所提供遗嘱服务时有重大过失，要求其承担损害赔偿责任。法院支持了其诉讼请求。

## 154 法定继承

再婚后，继子有权继承继父的遗产吗？

法定继承是和遗嘱继承相对的另一种继承形式。法定继承，就是继承人的范围、顺序、继承的份额以及程序，法律都规定好了。虽然这些规则很明确，但实际继承的时候，往往是各种法律关系混在一起，到底怎么适用规则，还真没那么简单。来看一个案例。

李先生和赵女士再婚后，生有一个女儿李乙。再婚前，双方都有自己的孩子——李先生和前妻有一个儿子李甲，赵女士和前夫张先生有一个儿子张甲。离婚的时候约定，继子张甲由生父张先生抚养；而李甲虽然由李先生抚养，但事实上一直和自己的爷爷一起住。后来，李先生在煤矿工作中不幸遇难身亡，煤矿发放了抚恤金20万元。这时候，妻子赵女士、儿子李甲、女儿李乙在分割财产时发生争议，甚至连张甲，也就是李先生的继子，都来主张继承权。

这里的继承关系比较复杂。在这个案例中，妻子赵女士，女儿李乙，以及没有共同生活的儿子李甲，都享有继承权，只有继子张甲对李先生不享有继承权。

要想理解这个结论，需要了解一下法定继承的含义。

## 什么是法定继承

法定继承，是一种继承人的范围、顺序，继承份额以及程序，都由法律直接规定的继承方式。法定继承有两个特性——强烈的身份性和明确的法定性。

先来看强烈的身份性。究竟谁有权依照法定继承来继承遗产，是由法律明确规定的，所以他们也叫法定继承人。法定继承人总的来说就是亲属，比如第一顺序继承人，就是配偶、子女、父母，他们都是亲属。

法定继承的另一个特性，是明确的法定性。继承人必须严格按照法律规定的份额来分配遗产，同时也不得随意改变法律规定的继承人的范围、继承顺序等。

为了更深入地了解法定继承，需要了解一下法定继承和遗嘱继承都有哪些区别。

**继承权的产生基础不同，这是二者的第一个不同。**在遗嘱继承里，被继承人是用遗嘱的方式，按照自己的意志来指定遗产由哪些继承人继承、继承多少。而法定继承中，法律是根据血缘关系、配偶关系以及扶养关系来直接确定继承人的范围、继承的顺序，以及继承份额。

比如本节案例，法律会赋予妻子赵女士继承权，是因为她与李先生有婚姻关系。而女儿李乙，李先生与前妻所生的儿子李甲，他们与李先生有直系血缘关系，所以也有继承权。即使儿子李甲实际上没有和李先生一起生活，也不影响继承权存续，原因也就在于血缘。

至于继子张甲，他有没有继承权，关键要看他和继父李先生有没有形成扶养关系，形成了扶养关系，就可以继承；没有形成扶养关系，则无法继承。本节案例中，张甲一直跟着亲生父亲生活，他虽然和李先生是继父子，但实际上没有形成扶养关系，因而不享有继承权，不能参与法定继承。因此，张甲无权继承付给李先生一家的20

万元死亡抚恤金以及他的其他遗产。这些遗产都由妻子赵女士、儿子李甲、女儿李乙三人按照法定继承分别继承三分之一。

还要注意的是，本案的第一顺序法定继承人里有配偶，那在继承之前还应当析产。夫妻共同财产中，有一半是妻子赵女士的份额，要先分割出来；分出来之后，其余的一半才是李先生的遗产。

**法定继承与遗嘱继承的第二个不同，是体现被继承人意愿的程度不同。** 在遗嘱继承里，遗嘱是被继承人意愿的直接表示。法定继承虽然也体现被继承人的意愿，但这种意愿是法律推定的。不论实际上关系怎么样，法律都推定配偶、子女和父母是与被继承人关系最近的亲属。因为彼此血缘最近，或者有配偶关系，所以他们才是第一顺位法定继承人，而不是兄弟姐妹、祖父母外祖父母等人。法律还推定这些第一顺位继承人对被继承人来说同等重要，所以他们的继承份额也都均等。然而我们知道，现实并不总是这样。推定和真实意思表示是会有出入的。相比遗嘱继承，法定继承并不能直接、充分地体现被继承人的意愿。

## 法定继承的适用范围

法定继承的适用主要有四个情形。

**第一，被继承人生前没有设立合法有效遗嘱的，适用法定继承。** 如果被继承人生前没有立遗嘱，或者立了遗嘱但遗嘱全部无效的，全部遗产都按照法定继承处理；遗嘱部分无效的，有效的部分仍适用遗嘱继承，无效的部分，遗产适用法定继承。国人普遍没有设立遗嘱的习惯，即使在当代，立遗嘱的人也不是很多，所以法定继承还是最普遍适用的继承方式。

第二，如果立了遗嘱，但仍有一部分财产未在遗嘱里写明如何处分，这些财产也适用法定继承。要注意，这和 152 节案例情况不同。那节案例里，张老太在遗嘱里写明了"全部财产由继承人平均继承"，即使没列全具体财产数量、状况，也是表明了对财产的处分意愿。这里说的是被继承人生前立有遗嘱，但遗嘱只是对他的部分财产进行了处分，还有一部分财产在遗嘱里没有写，遗嘱也没有处分"全部财产"的意思表示。这时，对遗漏的遗产，就不能推定按照遗嘱处分，应当按照法定继承处理，由法定继承人取得这部分遗产。

第三，遗嘱继承人放弃继承，或者受遗赠人放弃受遗赠权的那部分遗产，适用法定继承。

第四，遗嘱继承人、受遗赠人被剥夺了继承资格，又或者是遗嘱继承人、受遗赠人先于遗嘱人死亡的，也适用法定继承。

**延伸阅读：**

在我国很多地方有一种习俗，夫妻一方去世，财产还是会全部给另一方配偶，只有父母双方全部去世才分配财产。如果在有这样风俗的地方，父母一方去世后，子女要求即刻分配财产，法律会考虑地方风俗吗？

这种情形在我国现实生活里很常见。很多人会以为，这是只发生了一次继承：一方父母去世后，财产都归另一方，不发生继承；只有另一方父母也去世了，才开始继承。这种看法是不正确的。按照《民法典》的规定，这个过程中其实发生了两次继承。

第一次继承，比方说父亲去世，他的法定继承人就包括母亲和子女等。看起来，子女并没有取得遗产，父亲的遗产都在母亲的手里。这是一种假象。实际上，此刻的法律关系是所有的继承人共同接受了继承。

因为《民法典》规定，继承开始后，继承人只要没有表示放弃继承，就是接受了继承。换句话说，如果母亲和子女都没有明确放弃继承，那就是共同继承了，只是财产没有分到每一个继承人的名下而已。这时，母亲、子女对父亲的遗产是共同共有。

而等到继承人的母亲也过世了，就会发生第二次继承。第二次继承时，要先对第一次共同继承的遗产析产。首先，要确定母亲的遗产。具体的方法是，在她和父亲的夫妻共同财产中把属于母亲的一半先分出来，这是她自己的财产。对另外的一半，也就是在母亲、子女共同继承的父亲的遗产中，再分割出母亲应得的份额。把这两部分财产加到一起，才构成母亲的遗产。子女们能继承的，就是母亲的遗产，以及第一次共同继承时自己本应分得的份额。

我国的这种遗产继承方式有自己的特点，能够体现亲情。但是，最终分割遗产时会比较复杂。如果父母一方去世后，子女和还在世的另一方父母没有纠纷，都愿意不分割遗产，这没问题；但要是子女主张分割，还在世的父母不同意，这就要按照法定继承分割遗产了，不能以民间习俗为准。

## 155 法定继承人

死者的配偶健在,兄弟姐妹还能主张继承遗产吗?

我们知道,法定继承是与遗嘱继承相对的继承方式。在法定继承里,继承人是谁、能继承多少份额,都由法律直接规定。在法定继承中还有许多具体规则,先来看一个案例。

从台湾回来的老兵老杨到北京探亲。老杨的哥哥给他介绍了女朋友王女士,两人很快结婚了。结婚后,老杨用自己一辈子的积蓄,购买了婚房、家具等,还剩余 20 余万元现金。一年后,老杨不幸病故,遗产被妻子王女士全部继承。然而,老杨的哥哥认为,自己和老杨是至亲,分离了几十年才相聚,而王女士刚和老杨结婚一年多,遗产不能都由她继承,自己也应该分得部分遗产。

很多人会想,从规则上说,法定继承人是区分继承顺序的,老杨的哥哥又不是第一顺序继承人,他肯定不能继承。然而,这个案例比较特殊,法院支持了老杨哥哥的诉讼请求,判决他继承了部分遗产。为什么会这么判呢?这就涉及本节要说的法定继承人的范围和顺序了。

### 法定继承人范围

法定继承人的范围是指发生法定继承时,法律明确规定了哪些人能够作为继承人。

各国民法确定法定继承人范围的主要依据就是血缘关系、婚姻关系，以及扶养关系。我国《民法典》也不例外，规定法定继承人就是近亲属，比如配偶、子女、父母等。但有一点不同的是，我国民法还会依据民族文化和伦理，确定法定继承人——丧偶儿媳或女婿符合法定要件时，也能对公婆或岳父母有继承权。

先来了解近亲属里的法定继承人。

**首先，是根据婚姻关系产生的法定继承人——配偶**。在继承法里，配偶特指在被继承人死亡时，没有离婚且生存着的配偶。对配偶的继承权，采取男女平等主义，存活的无论是男性配偶还是女性配偶，法定继承开始后，他们参与继承的顺序、能享有的继承份额都相同。

**其次是依据血缘关系产生的法定继承人**。这些人包括子女，父母，兄弟姐妹，以及祖父母、外祖父母。

对于法定继承人里的子女，只要是有血缘关系的，无论是婚生子女，还是非婚生子女，都能享有继承权。非婚生子女的父母虽然没有合法的婚姻关系，但是，这是父母的过错，非婚生子女是无辜的。因此，非婚生子女与婚生子女都受到同等的法律保护，平等享有继承权。

我们还要注意养子女和继子女的继承资格。养子女是指建立了收养关系的子女。他们与被继承人之间虽然没有实际的血缘关系，但我国法律规定，建立了收养关系，就相当于养父母与养子女之间建立了一种拟制的血亲关系。所以，养子女和婚生子女具有同等的法律地位，有权继承养父母的遗产。至于继子女能否继承，要看其与继父母是否形成了扶养关系。比如，未成年继子女与继父母共同生活，或者成年继子女赡养继父母，那么相互之间能享有法定继承权。要是没有扶养关系，彼此之间没有法定继承权。

有扶养关系的继子女是可能享有双重继承权的。比如张三成年后，父母都再婚了，张三平日除了照顾生父老张，也很关照继父老李，与他形成了扶养关系。这时候，张三既对生父老张有继承权，也对继父老李有继承权。这一点和养子女就不太一样，因为建立了收养关系，养子女与生父母间的权利义务关系已经消灭，养子女无权再继承生父母的遗产。

知道了什么情况下子女有法定继承人资格，反过来，父母的情况也就容易理解了。生父母、养父母，以及有扶养关系的继父母都对子女享有继承权。

兄弟姐妹是与被继承人关系最近的旁系血亲。兄弟姐妹，包括同父母的兄弟姐妹、同父异母或者同母异父的兄弟姐妹，还包括养兄弟姐妹、有扶养关系的继兄弟姐妹。至于堂兄弟姐妹和表兄弟姐妹，都不属于《民法典》规定的兄弟姐妹的范畴，相互间不享有继承权。

对于祖父母、外祖父母来说，继承法意义上的祖父母和外祖父母也不限于必须有自然血缘关系。比如，老张是爷爷辈的，他的儿子小张没有亲生子女，只收养了一个女儿小小张，虽然祖父老张和小小张没有自然血缘关系，但小小张也对他享有继承权。如果儿子小张是老张的养子女，或者是有扶养关系的继子女，这时候，小小张依然对祖父老张享有继承权。不论小小张是小张的亲生子女还是养子女，都享有继承权。

总的来说，我国《民法典》规定的法定继承人都是近亲属，分别是配偶、子女、父母，以及兄弟姐妹和祖父母、外祖父母。

## 法定继承顺序及效力

《民法典》第1122条规定了两个继承顺序：第一顺序是配偶、子女、父母；第二顺序才是兄弟姐妹、祖父母与外祖父母。此外，法定继承开始后，先由前一顺序的继承人继承，没有前一顺序的，才由后一顺序继承人继承。这其实就是按亲属关系的亲疏远近来排的。

这里补充一些关于配偶的继承顺位问题，这也和本节案例的结论有关。

各国对配偶继承权，有两种立法例。第一种是配偶为第一顺序继承人。我国《民法典》就是这么规定的。第二种是配偶为无固定顺序继承人，继承时与顺序在先的继承人，按一定比例分配遗产。像德国、日本等国家的民法就是这样。举个例子，日本人山本李四在自己的国家去世了，如果只留下妻子在世，这时候就只由妻子继承；如果山本李四是留有兄弟姐妹和妻子在世，虽然兄弟姐妹在日本民法里是第三顺位继承人，但因为配偶为无固定顺序继承人，所以妻子要和山本李四的兄弟姐妹一起继承遗产，而不是说妻子优先继承，兄弟姐妹无权继承。当然，在和不同顺位的继承人共同继承时，妻子可以获得的遗产比例不同。比如，《日本民法典》规定，子女是第一顺位继承人；直系尊亲属比如父母，是第二顺位继承人；兄弟姐妹是第三顺位继承人。妻子与子女继承时，能分得全部遗产的二分之一；与被继承人的父母继承时，能分得全部遗产的三分之二；要是与被继承人的兄弟姐妹共同继承，则是分得四分之三。

在本节案例中，老杨死亡时，第一顺序法定继承人只有妻子王女士，老杨的哥哥虽然还在世，但他是第二顺序法定继承人。这么看来，应该是妻子王女士继承全部遗产，老杨的哥哥无权分得遗产。但是，法院当时没有这样判，而是判决杨兄分得了其中四分之一左右的遗产。这就有点像把配偶当作了无固定顺序继承人，而不是第一顺序继承人了。严格来说，这样判是突破法律规定的。一审判决后，妻子王女士也上诉了，但终审还是维持了原判。法院认为，这样判虽然突破了法律规定，但更符合情理。兄弟分别几十年，好不容易才团聚。而老杨和王女士刚结婚一年，这种情况下，如果让妻子全部继承老杨的遗产，老杨的哥哥作为骨肉同胞却不能继承任何遗产，这是违反民情和常理的。因此，法院除了认定妻子能继承遗产，最终还结合公平原则，判决杨兄也分得了其中四分之一左右的遗产。

这个案例比较特殊，是法律规则有局限，所以用法律原则修正了。但在绝大部分继承案件里，法院还是要严格按照法律规则认定的，这样才能维持法律秩序稳定。这个案例发生后，立法机关编纂《民法典》时，也考虑过把配偶规定为无固定顺序法定继承人。这样，如果再发生和本案类似的情形，就有直接的规则可以适用了。但考虑到这样的情形还是比较少，为了立法稳定，最终没有采纳。但如果将来修改立法，这个案例就会是支持"配偶作为无固定顺序法定继承人"的典型案例。

## 156 代位继承

侄子女、甥子女可以继承叔伯姑舅姨的遗产吗？

代位继承是一种特殊的法定继承制度。它要解决的，是让法定继承人之外的、关系密切的近亲属，例如孙子女、外孙子女等，在满足特定条件时，也能享有继承权。我们看一个案例。

小明的爷爷奶奶养育了三个儿子，其中小明的爸爸排行老二。某次家庭旅游，小明的爷爷、奶奶和爸爸都不幸身亡，大伯则落下了残疾。大伯无儿无女，小明从此就照顾大伯的生活。六年后，大伯因病去世，没有立遗嘱，遗留两套房产和60万元存款。小明与三叔就因遗产继承发生了争执。三叔认为，小明只是侄子，不是法定继承人，无权继承。但小明认为自己也是亲属，还对大伯尽了赡养义务，有权继承遗产。

在这种情况下，小明能继承大伯的遗产吗？

在《继承法》时代，侄子小明确实不能继承，因为他不是法定继承人，也不是被继承人的孙子女、外孙子女，无法适用代位继承。但《民法典》出台后，扩大了代位继承的适用范围。被继承人的侄子女、甥子女满足法定条件，也能主张代位继承。

代位继承，是指被继承人的子女先于被继承人死亡，其子女的直系晚辈血亲有权参与继承；或者，是被继承人的兄弟姐妹先于被继承人死亡，则由他们的子女代位继承。

这段定义说明了我国民法代位继承的两种情形：一种是子女的直

系晚辈血亲的代位继承，另一种是兄弟姐妹的子女，也就是侄子女、甥子女的代位继承。

## 子女直系晚辈血亲的代位继承

子女的直系晚辈血亲，比如孙子女、外孙子女等，他们能代位继承，是原《继承法》就有规定的。

其实，在许多国家的继承法里，子女的直系晚辈血亲通常不用代位继承的方法继承遗产，而是列为第一顺序法定继承人。因为遗产的正常流转方向是向下流转，如果被继承人的子女过世，那就应当由孙子女作为第一顺序继承人来继承遗产；如果孙子女也已经去世，那就应当由曾孙子女来继承。外孙子女、曾外孙子女也是如此。编纂《民法典》的时候，很多学者也都建议，应该直接把子女及其晚辈直系血亲规定为第一顺序法定继承人，而不用再单独设立代位继承制度。不过，当时为了保持继承制度的稳定，这样的立法建议最终没有被采纳。

实践中，被继承人子女的直系晚辈血亲主张代位继承，需要满足三个要件。

**第一，要有被继承人子女死亡的法律事实**。这里说的死亡包括自然死亡和宣告死亡。同时，死亡时间必须是在继承开始前。如果是在继承开始后、遗产分割前，被继承人的子女就死亡了，就不发生代位继承，而是直接按法定继承处理。比如张三的爷爷过世了，张三的父亲太难过，在遗产分割的过程中突发心脏病，也过世了。这时候，张三作为孙子女就不是代位继承爷爷的遗产，而是爷爷的遗产先由父亲法定继承，父亲的遗产再由张三法定继承。这就相当于连续发生了两次法定继承，相比于直接代位继承爷爷的遗产，分到张三手里的遗产可能会更少，因为张三对父亲法定继承时，可能还会有其他继承人，比如张三父亲的妻子、遗嘱继承人等也要来分财产。

第二个要件，是提前死亡的被代位人是被继承人的子女。这里说的子女，不必须有自然血缘关系。除了婚生、非婚生子女，有拟制血亲关系的养子女，以及形成扶养关系的继子女都算。

第三，代位继承人，必须是被代位人的直系晚辈血亲。这里说的不是"子女"，而是"直系晚辈血亲"。换句话说，被继承人的孙子女、外孙子女可以；如果他们也死亡了，那么曾孙子女、曾外孙子女也是代位继承人。即使这个直系晚辈血亲还没出生，还是胎儿，也是可以代位继承的。法律规定，代位继承人是胎儿的，应当为其保留代位继承的份额，等到他出生后继承。当然，要是娩出时是死胎，这笔遗产就只能按法定继承重新分配了。

## 兄弟姐妹子女的代位继承

侄子女、甥子女有权代位继承叔伯姑舅姨的遗产，是《民法典》的新增规定。相应的代位继承要件，也和上文讲的规则相似。比如，被继承人的兄弟姐妹，要先于被继承人死亡；再如，被代位人，必须是被继承人的兄弟姐妹。同样，这里的兄弟姐妹也不必须有自然血缘关系，养兄弟姐妹、与被继承人形成了扶养关系的继兄弟姐妹，都可以。

最后一个要件有些不同，代位继承人不是被继承人的兄弟姐妹的"直系晚辈血亲"，只能是"子女"。这类代位继承的适用范围更窄，只能是侄子女、甥子女，而不会包括他们的后辈，比如侄孙、外甥孙等等。当然，这些侄子女、甥子女，也不一定要和被继承人有自然血缘关系，他们也可以是被继承人兄弟姐妹的养子女、形成了扶养关系的继子女。

还要注意，侄子女、甥子女要主张代位继承权，前提是没有第一顺序继承人了。也就是说，被继承人的兄弟姐妹等第二顺序继承人有权参与继承。只有这个前提成立，才可以讨论他们的子女是否能代位继承。

## 代位继承的法律效力

代位继承的本质就是代替原有法定继承人接受继承。被继承人的子女无法继承了，就把孙子女等直系晚辈血亲提到第一顺位来担任继承人。如果是在第二顺序里继承，兄弟姐妹无法继承了，就把他们的子女提到第二顺位来担任继承人。

如果代位继承的时候，有多个代位继承人，还都同时要求继承，遗产该怎么分配呢？

例如，被继承人原有甲、乙两个儿子，儿子甲在继承开始前死亡了，但留有子女小丙、小丁。现在被继承人死亡，他的儿子乙，以及孙子女小丙和小丁，三个人共同继承。其中乙是法定继承，小丙、小丁则都要求代位继承。这时候，并不是把被继承人的遗产分成三份，每个继承人各三分之一，法律的规则是代位继承人只能继承被代位人本应继承的遗产份额。无论有多少代位继承人，如果他们是同一支的，那由他们按人数均分被代位人的应继份额。因此，小丙、小丁同时代位甲的继承地位，由他们两人平分甲本应继承的遗产份额。乙应得遗产的二分之一，小丙与小丁各得遗产的四分之一。

到这里，我们可以来回顾本节案例了。

小明大伯的法定继承人包括他的父母和他的兄弟姐妹。在大伯去世之前，他的父母、小明的父亲都不在世了，只有小明的三叔还在。所以，本案只能在第二顺位法定继承人，也就是兄弟姐妹里发生继承。同时，小明的父亲，也就是大伯的二弟也不在世，这就符合"被继承人的兄弟姐妹先于被继承人死亡"的代位继承条件。小明是父亲的唯一子女，是合法的代位继承人，有权继承大伯的遗产。由于小明是代位父亲继承，继承的遗产份额和三叔能继承的一样，小明与三叔可以平分大伯留下的遗产。

**延伸课堂：**

在本节案例中，如果父亲通过遗嘱把自己的遗产全留给了女儿，没有给小明留下份额，那对于大伯的遗产，小明还能主张与自己的姐妹平分代位继承的部分吗？

代位继承本质是一种特殊的法定继承，如果被继承人（大伯），或者被代位人（小明的父亲）留有遗嘱，遗嘱继承就排斥法定继承，当然也就排斥了代位继承。

假设大伯给小明的父亲和三叔留了遗嘱，写明自己死后遗产由他们平分。结果小明的父亲在大伯过世前就死亡了。在这种情况下，小明无法代位父亲取得遗嘱遗产。因为法律规定，遗嘱继承人要是在遗嘱人之前死亡，遗嘱继承不发生效力。既然给小明

第六章　个人财富的传承方法　　　279

父亲的那份遗嘱不生效，那这部分遗产也就不归他了，小明不能代位父亲再继承大伯的遗产，只能就这部分遗产发生法定继承。在这种情况下，三叔和小明均分这部分遗产。三叔是法定继承，小明则是代位继承。这样继承，相比直接在全部遗产的基础上代位继承，小明能分得的遗产份额要少一些；对应的，三叔则分得多了，不仅继承了遗嘱遗产，还法定继承了一部分遗产。

假设小明父亲和大伯没有法定继承关系，只是亲密好友，大伯是通过遗赠的方式把遗产处分给了小明的父亲。那小明父亲、大伯先后去世后，小明连代位继承的资格都没有，遗赠的遗嘱无效，遗产全部由三叔法定继承。

如果小明的父亲留有遗嘱，那么这份遗嘱不涉及对大伯遗产的继承问题，只是在规定自己的财产，也包括未来可能获得的财产，怎样由自己的继承人继承。所以，即使小明的父亲先于大伯死亡，他对小明和小明的妹妹设立的遗嘱也还是有效的。小明父亲在遗嘱里指定，自己所有的财产都由女儿继承，那代位继承发生时，依据遗嘱，小明就无权代位继承大伯的遗产。其实，如果遗嘱真是把遗产都留给了女儿，那不仅是代位继承的这部分遗产小明无法继承，小明父亲的其他遗产，小明都无权继承了。

## 157 丧偶者继承权

丧偶儿媳尽了赡养义务，能继承公婆的遗产吗？

《民法典》中有一种特殊的法定继承制度，就是丧偶儿媳、丧偶女婿的继承权。《民法典》规定，对公婆、对岳父母尽了主要赡养义务的丧偶者，可以成为第一顺序法定继承人。

举个例子，老王有两个儿子王东和王西。老伴去世后，老王与儿子王西和儿媳小刘共同生活。王西后来死亡，小刘未再婚，一直赡养公公、抚养自己的子女。这种情况就属于丧偶的儿媳对公公尽了赡养义务，在老王去世后，小刘就可以作为第一顺序继承人。

这个规定不难理解，但现实可就没那么简单了。如果把这个案例延展一下：公公老王过世后，儿媳小刘作为丧偶儿媳，主张自己是第一顺序继承人，要继承遗产。小刘的子女主张代位继承，要代过世父亲王西之位继承遗产。老王还在世的儿子王东认为儿媳小刘一家只能分得一份遗产，小刘和她的儿子不能分别获得一份。

有的人可能会觉得，老王的遗产应该分成两份，王东一份，小刘和儿子一份。老王只有两个儿子，现在小刘的子女已经代了王西之位继承，那儿媳小刘应该就不能继承了，不然的话，小刘一家分了两份遗产，对王东不公平。然而实际上，按法律规定，老王的遗产应该分成三份。即使小刘的子女已经代位继承了，儿媳小刘也仍然可以主张继承权，再分得一份遗产。

要想理解这个结论，我们需要看看《民法典》的规定。

## 丧偶者继承权的构成要件

《民法典》第 1129 条规定，对公婆或岳父岳母尽了主要赡养义务的丧偶儿媳或丧偶女婿，作为第一顺序继承人。这个规则在《继承法》时代就有了，编纂《民法典》的时候没有改变。

**丧偶者继承权是我国民法独有的继承制度，是唯一把姻亲，比如儿媳或女婿，规定为法定继承人的做法**。这在世界范围内的继承立法上，是没有先例的。

在实践中，主张丧偶者继承权要满足两个关键要件。

**第一，存在丧偶的事实**。儿媳与公婆，女婿与岳父母之间是姻亲关系，在法律意义上，他们相互之间没有扶养、赡养的权利和义务。实际生活中，虽然他们也依照我们的民族传统和伦理参与赡养公婆或岳父母，但只要是丈夫或妻子还在世，在法律上，这只被认为是在代丈夫或妻子履行义务。相应地，要是公婆或岳父母死亡，儿媳或女婿一般也不能以自己的名义继承财产，只能是基于"一方继承的遗产为夫妻共同财产"的规定，通过在世的丈夫或妻子参加继承，实际上获得遗产。因此，只有出现丧偶情形时，儿媳或女婿才可能以自己的名义作为法定继承人，继承公婆或岳父母的遗产。

**第二，丧偶儿媳或女婿对公婆或岳父母尽了主要赡养义务**。对于如何判断是否尽了主要赡养义务，最高人民法院的意见是，丧偶儿媳或者女婿为被继承人的生活提供了主要经济来源，或在劳务等方面给予了主要扶助，都应当认定为尽了主要赡养义务。比如，公公老王没有经济能力，也无人赡养，儿媳小刘向公公支付赡养费，维持他的正常生活，这就属于尽了主要的赡养义务；又或者公公有经济来源，但小刘在劳务方面，比如照顾起居、医疗治病等精心照顾，也能认定为尽了主要赡养义务。

只要儿媳或女婿存在丧偶情形，并且对公婆或岳父母尽了主要的赡养义务，就可以作为第一顺序法定继承人参与继承。他们的法律地位、应当取得的继承份额，和其他第一顺序法定继承人是一样的。至于他们的子女是不是代位继承了过世丈夫或妻子的遗产，以及丧偶儿媳或女婿是否再婚，这都不在考虑范围内。

在本节案例中，小刘作为儿媳，丧偶后没有改嫁，一直赡养被继承人。依照《民法典》的规定，她应当作为第一顺序法定继承人，参与继承老王的遗产。也就是说，被继承人老王的遗产应该分为三份，一份由王东继承，一份由王西和小刘的子女代位继承，还有一份应当由尽了主要赡养义务的丧偶儿媳小刘继承。尽管这样，小刘一家多分了一部分财产，但这也是因为她尽了赡养义务，是符合《民法典》现行规定的。

## 规定丧偶者继承权的不当之处

丧偶者继承权是我国民法的一个立法创新。几十年来的司法实践证明了这个制度有效，所以编纂《民法典》的时候，也把它完整吸纳进来了。但我还想为大家补充一个视角，就是在理论研究上，很多学者还是对这个规则有不同看法的，认为它与继承法的传统相悖。

我们知道，法定继承权是基于特定亲属身份而享有的继承权。虽然各国对亲属范围的规定不尽相同，但都公认有权法定继承的亲属必须是与被继承人关系紧密的血亲，姻亲从来不在其中，这也是古今中外继承法信守的法则。儿媳与公婆、女婿与岳父母只是姻亲，把他们规定为第一顺序法定继承人，就与法定继承人以血缘关系为基础的规

第六章　个人财富的传承方法

律相违背，会损害继承法的逻辑体系。

那么，当时的《继承法》仍然规定这个制度，是出于什么考量呢？中国法学会名誉会长王汉斌在《关于＜中华人民共和国继承法＞（草案）的说明》里提到："丧偶儿媳赡养公、婆直至其死亡，丧偶女婿赡养岳父、岳母直至其死亡，为第一顺序继承人。这些规定都是为了能更好地赡养老人。"这一立法理由的说服力是不够的。因为要达到鼓励赡养老人、淳化社会风俗的目的，完全可以借助另一路径实现，比如《民法典》第1131条规定的"继承人以外的对被继承人扶养较多的人，可以分给适当的遗产"。

这里的"分给适当的遗产"，灵活度就比较高。可以是分给相当于应继份的遗产，也可以多于或者少于，而不是一刀切地把丧偶儿媳、女婿作为第一顺位法定继承人来均分遗产。这样，不仅能坚持法定继承人资格的确定性和严肃性，还有利于减少分割遗产时的纠纷。

就像本节案例，小刘的子女本就可以代位父亲继承遗产了，现在小刘作为丧偶儿媳，也主张作为第一顺位法定继承人继承公婆的遗产。那在继承份额上，就形成了一家人享有两份继承份额的情况。要是还在世的王东平日没对老王尽太多赡养义务，那可能也不会有什么怨言。但如果王东平日也尽了义务，这样的分割对他来说就是本应分得的遗产变少了。这也是王东对这种继承方式不满意的原因。

## 158 应继份

同一顺序的继承人有多个,遗产是平均分配还是可多可少?

应继份是继承中的一个重要概念。所谓应继份,就是各个继承人应该取得的遗产的份额。如果继承人只有一个人,他的应继份就是全部遗产;如果继承人是好几个人,遗产要按照一定比例来分配,每个人应该分到的部分就是他的应继份。

还是先看一个案例。

王一、王二和王三都是老王与前妻的婚生子女。老王离婚后又与方女士结婚,婚后两人单独生活,一直没有再要孩子。老王身体不好,方女士辛勤照料。后来老王突然在香港病故,没有留下遗嘱。于是王一、王二和王三因为遗产分割和方女士产生了纠纷,都声称自己应该多分一些。

在这个案例中,三个子女和配偶都是第一顺序继承人。有的人可能认为,他们的继承份额应该是均等的。然而事实上,虽然是法定继承,但王老的遗产并不是平均分配,妻子方女士可以分得更多的遗产。

### 什么是应继份

应继份是各个继承人应该取得的遗产份额。在《民法典》里,应继份被分为法定应继份、约定应继份和指定应继份三种。这三种规则正好对应着现实里的三类情形。

**第一类情形，被继承人生前没有遗嘱，各个继承人分遗产时也不肯让步。**这时候，就按法定应继份处理，也就是由法律直接规定各个继承人应得的遗产份额。在多数国家的规定里，法定应继份就是同一顺序的继承人平均分配遗产，我国的《民法典》也是这样。当然，也有少数国家规定为不均等分配。比如，配偶为无固定顺序继承人的制度，分配遗产的数额就不均等：配偶的应继份可能多于同一顺序继承人，也可能少于。

**第二类情形是约定应继份，被继承人没留下遗嘱，但是继承人能和和气气地协商着分割遗产。**在法定继承中，如果各位继承人协商好，不平均分配也是可以的。《民法典》第1130条第5款规定，"继承人协商同意的，也可以不均等"。这就是约定应继份。

**第三类是指定应继份，就是遗嘱人说谁能分多少，谁就分多少。**用法律语言说，指定应继份就是遗嘱继承里，遗嘱人指定的继承人应当取得的遗产份额。

指定应继份最不容易产生争议，只要遗嘱合法有效，按照遗嘱指定的份额继承就可以了。真正容易产生纠纷的是法定应继份和约定应继份。

## 法定应继份

我国《民法典》明确规定，同一顺序法定继承人的遗产份额，一般应当均等。比如第一顺位的继承人有五个，那在法定继承中，五个继承人的法定应继份是均等的，各得遗产的五分之一。

然而，这里说的是"一般应当均等"，也就是说，特殊情况下可以不均等。《民法典》规定，在确定法定应继份的基础上，有三种情况可以适当多分或者少分遗产。

第一，生活有特殊困难又缺乏劳动能力的继承人，在分配遗产时应当予以照顾，适当多分。这很容易理解，多继承一些遗产能够改善这类继承人的生活境遇。不过，继承人到底是不是生活有特殊困难又缺乏劳动能力，不是自己说了算的，应当由司法部门根据实际情况来判断。

第二，对被继承人尽了主要扶养义务，或者与被继承人共同生活的继承人，分配遗产时可以适当多分。这是根据权利义务相一致的原则，对这类继承人做出的补偿。尽了主要扶养义务，就是对被继承人的生活提供了主要的经济来源，或者在劳务等方面给予了主要的扶助。平时老人的生活费、看病钱都是继承人出的，这当然算尽了主要的扶养义务；但要是平时不照顾老人，只是逢年过节孝敬几百元的，一般就不算。

第三，继承人有扶养能力和扶养条件，却不尽扶养义务的，分配遗产时应当不分或者少分。这同样是根据权利义务相一致的原则做出的规定。具体是不分还是少分，应当根据继承人不尽扶养义务的程度来确定。

当然，如果继承人既有扶养能力又有扶养条件，也愿意尽扶养义务，但是被继承人自己有固定的收入和劳动能力，明确表示不需要扶养的，不属于不尽扶养义务的范畴。在分配遗产时，不能因此影响继承遗产的份额。与此相反的，有扶养能力和扶养条件的继承人虽然看起来与被继承人共同生活，但其实并没有尽到自己应尽的义务，比如对待老人态度非常差，缺医少药，分配遗产时就可以少分或者不分。先考虑少分，情节恶劣的可以不分。当然，具体是不分还是少分，少分多少，要由司法机关根据具体的情况来确定。

### 约定应继份

约定应继份的处理原则是，继承人协商同意的，可以按照约定的不均等份额来确定应继份。约定应继份的基础在于所有继承人协商一致，而且必须是全体继承人协商一致。

如果五个继承人里四个都同意了，只有一个不同意，也不可以按照约定的份额来分配遗产。当然，也要注意，不是同一顺序的法定继承人，不存在约定应继份的问题。

约定应继份的效力高于法定应继份。当全体继承人约定了应继份后，约定应继份排斥法定应继份的适用。如果第一顺位的继承人一共有五个，那在法定继承中，不考虑特殊情况，五个继承人的法定应继份是均等的，各分得遗产的五分之一。但是五个人一商量，老大生活比较困难，应当多分一些照顾一下。这时候，就要按五个人约定的份额来分配。

讲到这里，我们来回顾一下本节案例。

王一、王二和王三都是被继承人老王的亲生子女，方女士是老王的妻子。依照《民法典》对同一顺序法定继承人的规定，他们都是老王的第一顺序继承人。于是在分割遗产时，就涉及应继份的问题。

首先，老王没有留下遗嘱，所以不适用指定应继份；其次，三个子女和方女士也没有达成共识，所以也不适用约定应继份。那要适用的就是法定应继份了。同一顺序法定继承人继承遗产的份额一般应当均等，但是，对被继承人尽了主要的扶养义务，或者与被继承人共同生活的继承人，分配遗产时可以适当多分。

婚后老王与方女士没有跟子女们一起生活。老王身体不好，配偶方女士辛勤照料，直到老王去世。所以可以认为，方女士显然比三个子女尽了更多的扶养义务，继承老王的遗产时可以适当多分。换句话说，老王的遗产应当分为四个应继份，方女士可以适当多分。

**延伸课堂：**

### 继承人协议约定好了如何分配遗产，还可以反悔吗？

约定应继份也可以称为继承协议。在民法里，继承协议主要有两种。

第一种是被继承人和继承人确定继承事宜，达成协议，在继承开始时发生效力。要注意，这和遗嘱不同，继承协议是双方法律行为，而遗嘱是被继承人的单方意思表示。这也不是遗赠扶养协议，因为其中有继承人参与，而遗赠扶养人不能是继承人。

第二种继承协议就是约定应继份。它和被继承人无关，是法定继承人之间达成共识，约定好每一个继承人能继承多少。

国外的民法基本都承认第一种继承协议，也就是认可被继承人和继承人之间协商继承份额。但我国不承认，我国只承认遗嘱继承，目的是要尊重被继承人的独立意志。

对约定应继份，也就是第二种继承协议，我国立法并不禁止。按照民事法律"法无禁止即可为"的原则，法定继承人协商各自的继承份额，按照协议分别继承遗产，这是在没有遗嘱的情况下，解决继承问题的最好方法，不容易产生纠纷，还有利于维护家族团结。至于订立这样的协议是不是要见证人，法律没有规定。实际操作中可有可无，是否有见证人不影响协议效力。习惯上会找中间人来协调各方意见，达成协议，甚至还会监督遗产分割。

我老家有一位老领导，老伴去世后再婚了。但再婚不久，这位老领导又因病去世了。新夫人和子女就对继承问题发生纠纷。老领导原来的几位部下也都是政法机关的领导，就一起出面协调，最终在各方之间达成继承协议，并且监督协议执行完毕，就解决了问题。

要注意，这种继承协议没有强制执行力。达成继承协议后，如果有继承人反悔，协议不会生效。反悔的继承人可以直接向法院起诉，要求判决法定继承。不过，要是遗产按协议分割完了，参加协议的继承人再要反悔，法院就不会支持了。

## 159 非继承人酌分遗产

放弃了遗赠，非继承人还可以分得遗产吗？

非继承人酌分遗产是一个特殊的继承制度。这是一个给非继承人分配遗产的规则。那么，除了遗赠，什么情况下非继承人还有权分得遗产呢？我们从一个案例说起。

王老伯和陈老太早年对女儿王方不好，把她逐出了家门。王老伯去世后，陈老太由干女儿小罗赡养，两人共同生活多年。后来，女儿王方为改善和母亲陈老太的关系，就把母亲接到自己家赡养。临终前，陈老太立下公证遗嘱，将遗产全部留给小罗。陈老太去世后，小罗收到了公证处的通知，但没在60天内表示接受遗赠。于是女儿王方向法院起诉，请求判令陈老太的遗嘱失效，全部遗产都由自己继承。

这个案例里，小罗是陈老太的干女儿，没有血缘关系，当然也没有法定继承权。前面也讲过，遗赠必须在60天内接受，否则视为放弃遗赠，小罗也没在60天内接受遗赠。然而，就这个案例来讲，即使小罗没取得受遗赠权，也有权分得遗产，因为它符合"非继承人酌分遗产"规则。

### 什么是酌分遗产权

《民法典》第1131条规定：对继承人以外的，依靠被继承人扶养或者对被继承人扶养较多的人，可以分给适当的遗产。

这个表述里说到了两类权利人。

**第一种，是继承人以外的依靠被继承人扶养的人**。比如独居的张老太，看到小女孩流浪拾荒很可怜，就收留了她。两人没有血缘关系，也没到民政部门登记成立收养关系。这时的小女孩就既不是继承人，同时还依靠被继承人扶养。当然，这里的"依靠被继承人扶养"不限于年幼这种情形。如果是非亲非故的年迈者，或者是身体残障者，依靠被继承人的收入维持生活，或者由被继承人照顾生活起居，那他们也都属于"依靠被继承人扶养的人"。

原来的《继承法》对这种情形不是这么规定的，还多了一些法律要件。不仅要求他们是非继承人、依靠被继承人扶养，还要求他们同时"不具备劳动能力"并且"没有生活来源"。这样要求就过于严苛了，无法实现这个规则的立法初衷。

曾经有一个案例，庞老伯早年对自己的表弟老郑很关照，两人形同亲兄弟。庞老伯晚年时家庭遭遇了变故，没有在世的血亲了，只靠一些退休金维持生活。因为没有生活自理能力，他就一直由表弟老郑扶养照顾。按当时《继承法》的规定，庞老伯虽然依靠老郑扶养，但不具备"没有生活来源"这个要件。老郑去世后，庞老伯就无法主张适当分得遗产，生活就会比较困难。因此《民法典》出台后，就对这个规则做了改变，删掉了"不具备劳动能力又没有生活来源"这个要件，规定只要是非继承人，没有足够的生活能力，要依靠被继承人扶养，就可以请求适当分得遗产。

**第二种情形与第一种情形反过来，是被继承人得到过非继承人比较多的扶养。这时候，扶养人可以适当分得遗产**。本节案例就是这样。陈老太的干女儿小罗不是法定继承人。通常来说，不是继承人，就对被继承人没有扶养义务。而小罗在没有扶养义务的情况下，还照顾陈老太多年，按照权利义务相一致原则，小罗尽管不是继承人，也应当给她酌情分配一部分遗产。

## 怎样酌分遗产

"酌分"遗产，到底该怎么分，法律条文的表述是"可以分给适当的遗产"。酌分遗产的份额可以与继承人的法定应继份相同，也可以高于或低于继承人的法定应继份。具体是高还是低，由法官自由裁量。法官需要根据"非继承人依靠扶养的程度"，或者"非继承人对被继承人的扶养程度"确定。

有一个实际案例。老吕长年患病，身体不好，他的子女因工作等原因也没在身边照顾，老吕的堂姐宋女士就一直无微不至地照顾他，直到他去世。老吕的遗产也由堂姐代管。后来，老吕的子女向法院起诉，要求继承遗产。宋女士则主张酌分遗产，补贴自己为老吕治疗疾病、购买药物以及办理后事的花费。这个案例里，老吕的堂姐宋女士不是继承人，但对老吕的照顾程度远远高于他的子女，所以酌分遗产的数额就可以高于其他继承人的应继份。假设宋女士只是偶尔给老吕送衣送饭，这就是程度较低的扶养，分得遗产要低于应继份；假如扶助的程度与子女相同，那所分得的遗产就应当与继承人的应继份一致。

在本节案例中，女儿王方是陈老太的第一顺序法定继承人。虽然她和母亲早年关系不好，在客观上也没对陈老太尽到主要赡养义务，但毕竟她有照顾母亲的意愿，也确实照顾了母亲一段时间。因此，她不属于"继承人有扶养能力和有扶养条件，但不尽扶养义务"的情况，分配遗产时不能依据这个规则对她不分遗产。

第六章　个人财富的传承方法

小罗虽然是陈老太的干女儿，没有亲属关系，不是法定继承人，但小罗多年来一直照顾陈老太，对陈老太尽了主要的扶养义务。那么，即使小罗没有在法定期限 60 天内接受陈老太的遗赠，她也有权主张分得遗产。法律依据就是《民法典》第 1131 条：继承人以外的、对被继承人扶养较多的人，可以分得适当的遗产。

并且，王方作为女儿，只是在后期尽了一定的赡养义务，非继承人小罗对陈老太尽到的扶养义务更多。所以，小罗不仅可以主张酌分遗产，而且获得的遗产数额还应当高于女儿王方的法定继承份额。陈老太的遗产应该分为两份，王方的份额低于 50%，小罗的份额可以高于 50%。

## 160 遗产管理人

遗产无人继承，遗产债权人该找谁还款？

本节讲解遗产管理人。还是从一个案例说起。

居民老颜生前曾向刘甲、刘乙借款，一直未还。老颜去世后，刘甲、刘乙向法院起诉，要求老颜的第一顺序继承人小颜偿还债务。法官通过银行、不动产登记中心等多个机构，查清老颜确有遗产，但不足以清偿全部债务。结果开庭时，小颜就表示要放弃继承，不过问遗产的任何问题。

我国的继承是限定继承，继承了遗产，就要负担相应的债务。放弃继承，当然也就不用还债了。现在老颜的遗产都不够还债的，小颜放弃继承也是可以理解的。但问题是，小颜放弃继承，也不愿意管理遗产，就意味着案件没有被告了，那刘甲和刘乙两人的债权该如何实现呢？法院是否能够判决用遗产清偿债务呢？

这还真不行。在我国民法里，遗产本身没有独立的法律地位，不能直接作为被告被判决。像本节案例这样，要用遗产清偿债务，法院必须先指定遗产管理人，让管理人来清偿债务。

### 什么是遗产管理人

遗产管理人是指负责保存和管理死者遗产的人。

原来的《继承法》没有规定遗产管理人，因为当时的大部分自然人没有太多的遗产需要管理。现在不同了，个人的遗产数额增多，结构也复杂了，并且被继承人生前还可能留有复杂的法律关系，比如有债务未还，有赔偿款没结，等等，这些都必须有专人来管理。《民法典》顺应社会发展需要，规定了遗产管理人。

为了理解遗产管理人的概念，我们需要把它与遗嘱执行人做一个辨析。都是管理遗产，遗产管理人和遗嘱执行人的区别主要有两点。

**第一，适用范围不同。**遗嘱执行人只适用于遗嘱继承。现实中还有大量没有遗嘱，只有法定继承的情形，这时候就需要选出遗产管理人。如果遗嘱指定了遗嘱执行人，遗嘱没有处分的那部分遗产也仍然需要遗产管理人管理。因为遗嘱执行人通常没有权利执行非遗嘱部分的遗产，除非委托他兼任遗产管理人。甚至像本节案例这样，不仅没有遗嘱，可能连法定继承人也没有了。这时候处理遗产，也需要确定遗产管理人。换句话说，遗产管理人的适用范围要比遗嘱执行人更宽。在一个遗产继承关系里，没有遗嘱执行人是可以的，但没有遗产管理人是不行的。

**第二，担任条件不同。**遗嘱执行人必须是完全民事行为能力人，但遗产管理人就不一定了。个别情况下，他也可能是无民事行为能力人或限制民事行为能力人。例如，张三去世后留下了大量财产，但他唯一的继承人小张还不到8岁，是无民事行为能力人。这时候，小张也属于遗产管理人，只不过他对遗产的管理行为要由他的监护人代理。

## 遗产管理人的指定

遗产管理人常规的确定方式和遗嘱执行人的确定规则差不多。首先是看有没有遗嘱指定，要是没指定的，就看法定继承人能不能担任；如果在法定继承人里也选不出来，再考虑是不是由村委会或者民政部门担任。

在一些情形下，无法确定遗产管理人，或者确定遗产管理人时有争议，这时候需要法院介入，指定遗产管理人。主要是三种情况。

第一，遗嘱里没有指定遗产管理人，要由法定继承人相互推选。但是谁也不服谁，始终选不出来，各个继承人又相互不信任，不愿意共同管理。这时候，继承人就可以起诉到法院，请法院在继承人里指定一位遗产管理人。

第二，继承人不继承，也不愿意管遗产，或者唯一的继承人下落不明，这时候也需要法院指定管理人。在这种无人继承的情况下，法院会指定被继承人住所地的村委会或者民政部门担任遗产管理人。

第三，没有指定遗产管理人，并且分割遗产时继承人也没有争议，直接要分财产，但是遗产的其他利害关系人，比如债权人不同意。债务还未清偿，如果直接分遗产，会损害债权人的利益。这时候，债权人可以起诉，要求指定遗产管理人，让管理人用遗产清偿债务。

## 遗产管理人违反职责

遗产管理人的职责与遗嘱执行人的职责是近似的，毕竟都是管理遗产，只不过遗嘱执行人管理的财产范围更小，仅限于遗嘱涉及的财产。同样，遗产管理人妥善履行职责后，也有权按约定或法律规定领取报酬。如果违反了职责，也要承担法律责任。判断一个管理人是否违反了职责，关键是看四个要件：客观上有失职行为；失职行为造成了实际损失；损失与行为有因果关系；管理人有主观过错。

这么说比较抽象，我结合一个实际案例来说明。

村民小谢在外地打工。他的母亲赵老太去世后，遗产无人管理，小谢就委托村委会主任老魏帮忙管理遗产。老魏找人帮忙并见证，清理了遗产，并将其中的8万元储蓄卡放到村委会柜子里保存，装储蓄卡的信封上写有密码。小谢回来后，发现存款已被他人冒领，就要求村委会主任老魏赔偿。

这个案例里，老魏接受委托代管遗产，就是担任了遗产管理人。他清点遗产后，没有保护好储蓄卡和密码，这是客观上有失职行为。储蓄卡里的存款被冒领，继承人小谢有财产损失，并且这个损失与老魏的失职保管有因果关系，这就符合了其中第二、第三个要件。最后，老魏虽然不是故意损害遗产，但把写有密码的储蓄卡信封，随意放到柜子里保管，没有尽到高度的注意义务，这属于主观上有重大过失。因此，老魏的行为符合四个要件，构成管理人失职，他应当向小谢承担赔偿责任。

## 案例回顾

本节涉及的是遗产管理人的指定。

案例里，小颜是老颜唯一的继承人。刘甲和刘乙是老颜生前的债权人。继承开始后，小颜本可以继承遗产，同时担任遗产管理人，用老颜的遗产还债。可是，小颜看到父亲的遗产不足以清偿债务，就放弃继承，并且也不愿意管理遗产。这样，老颜的遗产就没有主体来支配了，法院也不能直接判决以遗产清偿债务。这时，法院应该向刘甲和刘乙释明《民法典》第1146条的规定，让刘甲和刘乙以遗产利害关系人的身份，请求法院指定遗产管理人。

因为小颜是唯一的法定继承人，尽管他放弃继承，但是这个身份不能否认。所以，法院可以直接指定小颜为遗产管理人。由他清偿刘甲和刘乙的债务。当然，债务清偿以现有遗产数额为限。清偿债务后不足的部分，小颜是不用承担责任的。

假设老颜一个继承人也没有了，这时候法院该指定谁为遗产管理人呢？因为老颜是城市居民，这时候能指定的就是民政部门了。民政部门担任管理人后，就要以留下的遗产为限，清偿刘甲和刘乙的债务。

## 161 遗产债务清偿

继承后遗产不够还债,继承人还能主张留出生活费吗?

处理遗产事务时,非常重要的一项就是清偿遗产债务。本节要讲的就是遗产债务的问题。先看一个案例。

冯先生和闫女士离婚时,儿子小冯还是中学生。离婚后,父亲下落不明,小冯随母亲闫女士生活。后来,闫女士和老李同居。某次吵架,闫女士失手把老李杀死,然后服药自杀。

由于小冯是母亲唯一的继承人,老李的三个儿子就向法院起诉,要求小冯赔偿死亡赔偿金80万元。此外,闫女士生前还欠他人50万货款。闫女士的遗产总价值只有120万元,不足以清偿全部债务。小冯还主张,自己是未成年人,要在遗产里留出必要的生活费。

法定继承要同时继承权利和义务。继承了遗产,还要以继承的数额为限,清偿被继承人留下的债务。现在小冯能继承的遗产是120万元,要清偿的债务却是130万元,这是不是意味着,小冯继承的全部遗产都要拿去还债了呢?小冯要求为自己保留一部分生活费,法律会支持吗?

要想回答这个问题,需要了解《民法典》对于遗产债务的规定。

## 遗产债务的范围

要清偿遗产债务，前提是确定这部分债务的范围。在我国，遗产债务主要有五类。

**第一，被继承人生前未缴纳的税款。**

**第二，被继承人生前所欠债务。**这是遗产债务的主要部分。这个债务的范围很宽，不限于因合同行为产生的债务。像本节案例中，闫女士生前欠的 50 万货款是因合同行为产生的债务，而她杀害同居男友老李，在刑法上构成过失杀人，在民法上属于侵权行为，被判决向死者家属赔偿 80 万元死亡赔偿金，这是因侵权行为产生的债务。此外，无因管理和不当得利也会产生债务。假如闫女士生前丢失一只小猫，被他人照顾、送回，未付管理费，这是无因管理债务；又或者，闫女士错收一笔转账但一直未还，这是不当得利，未还的款是不当得利债务。这些债务都需要用她留下的遗产清偿。

**第三，继承费用。**继承费用是指为管理、清算、分割遗产，以及执行遗嘱而支出的费用。比如遗嘱执行费、遗产管理费、公示催告费、诉讼费，等等。

**第四，酌分遗产债务。**继承人以外的人，如果对被继承人扶养较多，或者依靠被继承人扶养，有权适当分得遗产。这种"适当分得"的遗产就不是通过继承权取得的，它也是遗产债务的一部分。

**第五，遗赠债务。**遗赠本质是受遗赠人请求执行遗嘱财产的权利，在本质上也是债权。我国继承法理论认为，这种继承方式对应的财产也属于遗产债务范围。

## 遗产债务清偿顺序

如果被继承人留下的遗产只对应着一类债务，那直接清偿就可以了。然而现实往往是，留下了遗产，同时还欠着多种类型的债务，而且遗产还不足以清偿全部债务。这时候，先还哪笔后还哪笔，就必须有一个明确顺序了。

法律规定，有多种遗产债务待清偿时，最先清偿继承费用，还有剩余的再清偿未缴纳的税款，其次是被继承人生前所欠债务，再次是酌分遗产债务，最后才是遗赠债务。这里特别要注意，遗嘱继承和遗赠的法律地位相同，在清偿遗赠债务的同时，也要一起分割遗嘱继承的遗产。不过，遗嘱继承不是遗产债务，而是实现继承权。

之所以最先清偿继承费用，是因为这些费用关系着遗产的管理、清算和分割。妥善处理好这些遗产事务，对继承人们有利，对没收回欠款的遗产债权人也有利，所以为此支出的费用要优先清偿。清偿税款比清偿被继承人生前所欠债务更优先，这是国库优先权。酌分遗产债务，会优先于遗嘱继承、遗赠债务被清偿，是因为酌分遗产中，非继承人、被继承人之间有扶养关系，而遗嘱继承或遗赠却是无偿取得财产。

遗产分割前，如果先按法定顺序把债务都清偿了，这是最理想的，但现实往往不会这样。实践中常见的是，继承人以及相关利害关系人，比如酌分遗产人、遗赠扶养协议的扶养人等，在债务清偿之前就把遗产分配了。这时候，又该怎么"秋后算账"呢？

《民法典》的规定是，首先，**遗赠扶养协议的扶养人和酌分遗产人不承担债务清偿责任**。酌分遗产人和遗赠扶养协议的扶养人都与被继承人有扶养关系。他们接受遗产前，要么是已经履行了扶养义务，要么是没有血缘关系，但一直依靠被继承人扶养。他们分得遗产后，就不用再清偿被继承人的债务。

除他们以外，剩下的无论是法定继承人、遗嘱继承人，还是受遗赠人，都有清偿债务的责任。**其中，首先承担清偿责任的是法定继承人**。只有法定继承人继承的所有遗产都用来清偿了，并且还不够，才轮到遗嘱继承人以及受遗赠人清偿。法律规定，对剩下还未清偿的债务，遗嘱继承人和受遗赠人要按比例以所得遗产清偿。

举个例子，如果被继承人遗留 200 万元遗产，扣除了遗嘱继承的 60 万元和遗赠的 60 万元后，法定继承了 80 万元，但是所欠的税款和其他债务是 100 万元。这时候，法定继承人要先用全部 80 万元清偿债务，剩下的 20 万元债务由遗嘱继承人和受遗赠人分别负担 10 万元。因为他们获得的遗产比例是一样的，所以负担债务时也是均分。要是遗嘱继承人以及受遗赠人分得的遗产都用于清偿债务了，还不够，这时候对剩余部分债务，他们不再承担清偿责任。我们知道，我国法律规定的继承是限定继承，继承人或受遗赠人只需要在各自继承的遗产数额内承担清偿义务。

## 小冯可以保留生活费

到这里，可以来回顾本节案例了。

本节案例情形没那么复杂，只涉及小冯一个法定继承人，并且被继承人闫女士留下的遗产债务类型也比较单一，就是生前所欠的欠款。这些债务分为两部分，一部分是闫女士生前未偿还的 50 万元货款债务；另一部分是因侵权行为产生的、需要赔偿给老李一家的死亡赔偿金 80 万元，总计 130 万元遗产债务。

闫女士留给小冯的遗产只值 120 万元，不足以清偿全部 130 万元债务。对这种情况，小冯本来是要以能继承的全部遗产为限，清偿闫女士留下的债务，对仍不足清偿的10万元不再承担清偿责任。然而，本节案例比较特殊，小冯是缺乏劳动能力的未成年人，没有生活来源，他的父亲老冯也下落不明。尽管继承人的继承要让位于遗产债务清偿，但为了小冯日后能正常生活，判决时，必须在遗产里为他保留必要的生活费和学习费用等，其余的遗产才按照遗产债务清偿的顺序进行清偿。

具体操作方法是，小冯先继承闫女士的遗产，继承后，留下必要的生活费，对剩余部分的财产，再按比例去支付死亡赔偿金和闫女士生前所欠的货款。如果是在价值120万元的遗产里给小冯留出了20万元生活费，那剩下的100万元则要按照61%和39%的比例分配，其中61万元支付死亡赔偿金，39万元清偿货款。对这之外仍不足以清偿的债务，小冯就不再承担清偿责任了。

**延伸课堂：**

_____

为什么法定继承的遗产要优先用来清偿债务，然后才轮到遗嘱继承人和受遗赠人按比例清偿呢？都是白得的财产，这样对法定继承人会不会不公平？

这是因为，被继承人有自由处分遗产的权利。

既然是被继承人的权利，只要不违反法律法规，不违反公序良俗，任何人都不能认为他的遗嘱行为无效，更说不上是公平还是不公平了，这就是遗嘱自由原则。

法律会这样规定清偿顺序，也和遗嘱自由原则有关。遗嘱继承人和受遗赠人能获得遗产，是遗嘱人自由意志的直接体现。这虽然是所谓的"白得财产"，却有充分的法律依据和遗嘱人的意志。而法定继承人能获得遗产，就不是被继承人的直接意志了，是法律推定的意志。换句话说，还能法定继承就不错了，如果遗嘱合法有效，并且是把遗产都处分给了其他人，那法定继承人是一点遗产都分不到的。

因此，遗产不足以清偿全部债务的时候，法律规定，基于推定意志分得的法定继承遗产要先用来清偿债务；不足以清偿的，才用直接体现被继承人意志的遗嘱财产或遗赠财产清偿。

## 162 转继承

遗产分割时继承人死亡了,遗产该归谁所有?

在继承中有一种可能会被大家忽略的情况,就是被继承人死亡后,继承开始,但遗产正在分割或者尚未分割,总之就是遗产还没分完,继承人也死亡了。这时候该怎么继承呢?来看一个案例。

大桂的父亲去世得早,他一直与母亲、弟弟二桂、妻子闫女士,以及两个儿子桂甲、桂乙一起生活。一大家子住在父母共同建造的12间房子里。后来母亲去世,一家人也没有分割遗产,还是共同居住。结果过了没多久,大桂也去世了。这时候,闫女士就和弟弟二桂对房屋的归属起了争执。二桂认为,闫女士是儿媳,不是第一顺序继承人;自己是儿子,是第一顺序继承人,而且是唯一的继承人了,应该继承全部12间房屋;而闫女士认为,房子自己一家也有份,应该按照现有的人口平均分配,自己、二桂、自己的两个儿子,每人三间。

在这个案例中,被继承人母亲死亡后,遗产还没有分割,其中一个继承人大桂也去世了。这时候,遗产要怎么分割呢?是真就像弟弟二桂说的,遗产都归他吗?其实不是的,闫女士一家也有权分得遗产,但不是像她说的那样要按人口均分房屋。怎么理解呢?这就涉及转继承了。

### 转继承的定义和要件

转继承,就是在继承开始后,继承人没有放弃继承权,却在遗产分割完之前死亡了，这时候，已故继承人本应继承的遗产份额转由他的继承人继承。转继承，就是在这么一种特殊情况下的继承方式。在转继承里，死去的继承人叫被转继承人，被转继承人的继承人则叫转继承人。

在适用转继承时，也得确定转继承的份额。如果被继承人立有合法有效的遗嘱，那转继承人能获得的遗产份额就按遗嘱确定；如果没有合法有效的遗嘱，转继承人的应继份额就按法定继承处理。

也就是说，如果转继承人有多个，那么如果被转继承人，也就是已故的继承人生前立有遗嘱，就按照遗嘱执行。多位转继承人按照遗嘱确定自己能获得的遗产份额；如果被转继承人生前没有立遗嘱，那转继承人按照法定继承规则分配转继承来的遗产。

总之，"遗嘱继承优先于法定继承"。有遗嘱的，先考虑遗嘱；没有遗嘱的，再考虑法定继承。在转继承中也是这样。

转继承的性质，其实就是应继份向已故继承人的继承人转移。可能很多人不理解，为什么这种情况是由转继承人获得遗产，而不是由还活着的、与已故继承人同一顺位的其他继承人取得遗产呢？这是因为在继承开始后，被继承人享有的财产权利、义务就已经由继承人承受了，只是还没有来得及分割而已。只要继承人没有放弃或丧失继承权，被继承人的遗产就会直接成为继承人的合法财产。因此，在被继承人死亡后，尽管继承人还没有实际接受遗产，但他也会成为遗产的共有人。换句话说，尽管遗产分割完之前继承人死亡了，但他应取得的份额也应该由他的继承人继承。

过去的《继承法》没有规定转继承制度，但是这种情况在实际生活中大量存在，转继承的规则也一直被司法实践认可。所以，《民法典》第1152条最终确认了转继承制度，这也是我国立法进步的表现。

转继承是一种特殊情况下的继承方式，因此也是有适用范围的。无论在法定继承还是在遗嘱继承中，发生转继承，都须具备三个要件。

**第一，继承人必须在被继承人死亡后、遗产分割完成前死亡**。这是转继承发生的时间要件。如果继承人是先于被继承人而死亡，那只能发生代位继承，不存在转继承。要是继承人是在遗产分割后死亡的，遗产都分割完了，那就是普通的法定继承或者遗嘱继承，他的继承人直接继承他的遗产，也不存在转继承了。

**第二，继承人必须没有丧失或放弃继承权**。这是转继承发生的客观要件。如果继承人因为法定事由丧失了继承权，或者放弃了继承权，本人都没有遗产继承资格了，那自然也就不涉及遗产转继承的问题。

**第三，死亡的继承人还有自己的继承人，自己应当继承的份额，可以由转继承人接受**。这是转继承的结果要件。如果死亡的继承人没有继承人，当然也不发生转继承。

## 转继承与代位继承的区别

转继承和代位继承不一样，但这两个制度在实践中确实容易混淆，要区分它们，需要注意两点。

**首先，它们的性质不同**。转继承的本质是一种连续发生的二次继承，是继承人直接继承后，又转由转继承人继承。转继承人实际上享有的权利是分割已故继承人的遗产，而不是分割被继承人的遗产。代位继承是代位继承人基于自己所拥有的代位继承权，直接继承被继承人的遗产。

**其次，它们的主体与客体不同。** 在转继承里，已故的被转继承人可以是被继承人的全体继承人；转继承人可以是被转继承人死亡时还存在的所有继承人，比如妻子、子女。总之，有继承关系的都可以。而代位继承比较特殊，被代位人只能是被继承人的子女或兄弟姐妹；代位继承人也只能是被继承人子女的晚辈直系血亲，或者是被继承人兄弟姐妹的子女。无论是被代位继承人，还是代位继承人，范围都有限，不是所有继承人都可以。因此，代位继承的适用范围更小，在实践中发生的机会也要比转继承少。

## 闫女士和子女可以转继承大桂的遗产份额

我们来回顾一下本节案例。

从一般的继承规则来看，闫女士作为儿媳，对婆婆的遗产确实没有继承权。不过，婆婆有两个儿子，一个是闫女士的丈夫大桂，一个是丈夫的弟弟二桂，他们两个都是婆婆遗产的法定继承人。在没有遗嘱的情况下，应该平分遗产。尽管婆婆去世时，两个继承人没有分割遗产，但他们享有遗产的份额是没有错的。

婆婆去世后，遗产没有分割，闫女士的丈夫大桂也去世了。这就是"继承开始后，继承人并没有丧失或放弃继承权，却在遗产分割完毕前死亡"，符合转继承的要求，而且妻子闫女士、儿子桂甲和桂乙都没有丧失或放弃继承权，因此，大桂应得的这笔遗产就由大桂的继承人，也就是妻子闫女士、儿子桂甲和桂乙转继承。

所以说，婆婆遗留的12间房屋，应当平分成两份，每份6间。二桂应当继承一份，闫女士的丈夫大桂也能得到一份。闫女士、桂甲、桂乙都是大桂的法定继承人，可以转继承大桂应得的这一份。对转继承的6间房，闫女士和桂甲、桂乙，各分得两间。

**延伸课堂：**

继承权长期不行使，会失效吗？比如一个家族一起居住在一间祖屋，好多代都是按乡间传统继承，没有进行析产、过户等手续。那么，多年不继承、不过户，是否会丧失继承资格？

原来的《继承法》规定了20年的继承时效，也就是继承人超过20年都没有行使继承权，继承权行使就不受法律保护了。比如，老人去世后，儿子因为在外打工，一直没回来继承房产。房产由老人的弟弟居住、打理，20年后，儿子才忽然说要主张继承权，这时法律就不会支持。因为已经过了20年的继承时效，儿子的法定继承权消灭了。

不过，《民法典》出台后，没再规定20年继承时效，因为有了诉讼时效规则。

制定《继承法》的时候还没有诉讼时效，制定《民法通则》后诉讼时效才确立。编纂《民法典》时为了简化立法，就删去了继承时效。这就意味着，继承权的行使也用诉讼时效来限制。

不过，我们要注意区分，取得继承权利是没有诉讼时效的，只有行使继承权才涉及诉讼时效。在遗嘱继承、法定继承中，继承人没有表示放弃继承权的，就视为接受继承。即使没有分割遗产，也是所有继承人共同取得遗产权利，会形成共同共有。只有继承权受侵害，才涉及诉讼时效。例如，非继承人侵占遗产，或者个别继承人不通知其他继承人就私分遗产，都是侵害继承权。

这时候，如果被侵害的继承人知情，就会开始计算一般诉讼时效，这个期间是三年。三年里，如果受侵害人一次都没有主张权利，侵权人以诉讼时效届满抗辩，法律就不再保护了。如果侵害行为发生时继承人不知情，20年过了继承人才知道，这就是过了最长诉讼时效。这时候，继承人主张权利，侵权人以诉讼时效届满抗辩，权利人的请求也不会得到支持。

因此，即使法律不再规定继承时效了，按诉讼时效规则，行使继承权也还是有时效限制的。

## 163 必留份

遗嘱里没给留遗产，未成年继承人能要求继承吗？

本节来学习一个特殊的遗产分割情形——必留份。这个概念在前文中涉及过，它的意思是，在遗嘱继承或者遗赠里，被继承人必须为缺乏劳动能力，又没有生活来源的继承人，保留必要的遗产份额。

概念不复杂，然而在实践中，有时候认定是不是能适用必留份规则，并没那么简单。来看一个案例。

老王病重，将丧偶的大儿媳吴娟和孙子女王甲、王乙，以及二儿子召到自家住宅，当面叫二儿子从木箱里拿出两份自书遗嘱，一份给吴娟，一份给二儿子。遗嘱内容是：自己过世后，养老用房归儿媳吴娟，另一套住房以及其他财产由二儿子继承。两人接受了遗嘱。不久，老王病逝。大儿媳吴娟和二儿子就因遗产分割发生了争议。吴娟认为，自己的丈夫（老王的大儿子）已经去世，两个子女王甲、王乙还未成年，没有劳动能力，老王的遗产里，也应该为他们留出一份。二儿子拒不同意，仍然要求按遗嘱分配遗产。

案例情况就是这样。显然，老王写遗嘱时并没有给孙子女王甲、王乙留遗产。现在，大儿媳吴娟主张自己的子女也应分得遗产，会涉及的规则，就是本节要说的必留份。

先说结论，王甲、王乙是不能主张必留份的。首先，王甲、王乙在身份上是孙子女，我国法律规定，孙子女、外孙子女不属于法定继承人，不适用必留份规则。而且退一步说，就算他们是法定继承人，也不符合必留份规则的构成要件。

为什么这么说呢？我们看看《民法典》的规定。

## 什么是必留份

必留份，也叫必继份或者保留份，是指遗嘱人或遗赠人必须为"缺乏劳动能力又没有生活来源"的继承人，保留必要的遗产份额。这个规则只发生在遗嘱继承或遗赠里。

必留份制度其实是对遗嘱自由的一种限制。被继承人本来可以通过遗嘱自主决定如何处分遗产，但是，这种自主决定是有限度的，不能因此剥夺了"缺乏劳动能力又没有生活来源"的继承人的必留份。例如，张老伯的儿子是残障人士，缺乏劳动能力，也没有其他生活来源，平时都由张老伯扶养。但是，张老伯的遗嘱却写道："自己死后，所有财产都捐给国家。"这个行为虽然对国家有利，也是张老伯的真实意思表示，但仍然不能全部生效。因为遗嘱没有为残障的儿子留下必留份。只有遗产扣除了给儿子的必留份后，剩下的部分才能遗赠给国家。

必留份制度的法律意义主要有两点。首先，必留份能一定程度限制遗嘱自由，保护那些缺乏劳动能力又没有生活来源的继承人。其次，是有利于减轻社会负担，防止被继承人将本应由家庭承担的义务推给社会。比如被继承人把财产全部遗赠给其他人，对需要财产维持生活的父母、子女等继承人不管不顾。如果没有必留份制度，这些弱势的继承人最终还得靠社会资源来帮助。

## 必留份权的产生和效力

在实践中，继承人要满足两个条件才能享有必留份权。

**第一，继承人是缺乏劳动能力的人**。本节案例中，孙子女王甲、王乙是因为年幼而不具备劳动能力。除了年幼，实践中常见的是因年迈或者身体残障、智力残障而不具备劳动能力。

**第二，继承人没有生活来源**。生活来源有两种。一是自己取得，二是依靠他人取得。所以，这里说的"没有生活来源"，必须是继承人自己无法获得生活来源，同时也不能依靠他人获得生活来源。如果继承人也有一些收入，但非常少，比如靠拾荒挣一些钱，或者每月靠领取社会补助生活，这算不算有生活来源呢？法律的规则是，确定是否有生活来源，要看继承人现有的收入能不能维护基本生活需要。如果继承人的各项收入能让他的生活水平与当地群众的一般生活水平相同，应当认定为有生活来源。如果达不到一般水平，在法律上就属于"没有生活来源"。

还要注意，继承人的生活情况是会变化的。所以，认定这些要件时，还要明确认定时间。也就是，继承人的生活状况不能在立遗嘱时，或者遗产分割后确定，只能是在继承开始时确定。举个例子，老肖去世前留有遗嘱，写明自己的遗产全部交由女儿继承。继承开始时，儿子因为有劳动能力和生活来源，就不能主张继承。结果分割遗产一个月后，儿子被查出肺癌晚期，只能辞掉工作接受治疗。一段时间后，生活就无以为继了。

这种情况下，儿子如果主张在遗产里再分出必留份，法律就不会支持了。因为他在继承开始时还是健康的人，是遗产分割后生活变困难了。这种情况，儿子只能是基于亲属权，让自己的姐妹履行一定的扶助义务。

如果一份遗嘱违反了必留份规则，那么，没保留必留份的部分无效，扣除必留份后，其余遗嘱内容仍然有效。我们可以把它总结为一个规则，就是"部分无效，部分有效"。

到底该留出多少必留份，法条没有明确规定，只是写了要为继承人保留"必要的"份额。裁判时，法官会根据必留份权人的诉讼请求和实际情况确定，通常就是分出一个应继份，在应继份的基础上根据实际情况上下浮动。例如前文张老伯把遗产都遗赠给国家的案例，确定必留份份额，就是分出一个必留份权人，加上一个受遗赠人，差不多把遗产平均分成两份。

## 王甲、王乙无法主张必留份权

来回顾一下本节案例。

本案的遗嘱人为老王，留下的是自书遗嘱，并且他宣读遗嘱时意识清醒，具备遗嘱能力。所以，应当认为遗嘱内容是他的真实意思表示。遗嘱里只写明二儿子享有遗嘱继承权，大儿媳享有受遗赠权，没有给孙子女王甲、王乙留遗产。前面说过，即使王甲、王乙是没有劳动能力的未成年人，这样的遗嘱也是有效的。因为王甲、王乙不是老王的法定继承人，无权主张必留份权，要求分得遗产。

而且，就算法律规定孙子女属于法定继承人，王甲、王乙也无法主张必留份权，因为他们不满足必留份规则的第二个要件"没有生活来源"。王甲、王乙虽然是未成年人，不能依靠自己的劳动获得生活来源，但是他们的母亲能够抚养他们。所以，即使他们属于继承人，也无法主张必留份规则要求分得遗产。

那么，还有一个问题，王甲、王乙是孙子女，属于老王过世大儿子的代位继承人，他们能不能通过代位继承权主张遗产呢？也是不能的。因为代位继承的前提是被代位人有继承权，而老王的遗产未发生法定继承，老王已经通过遗嘱把所有财产都处分给了大儿媳吴娟和二儿子，也就是说过世的大儿子没有遗产份额，那他的代位继承人当然也不能主张代位继承了。

其实，即使王甲、王乙不能直接分得遗产，也不能说遗嘱损害了他们的利益。因为老王设立遗嘱，将部分遗产遗赠给大儿媳吴娟，其实就包含了孙子女的利益。母亲对子女有抚养义务，母亲分得遗产，子女也是间接的受益者。

**延伸课堂：**

**兄弟姐妹里有人丧失了劳动能力，其他人有扶助的义务吗？**

兄弟姐妹里有一个人失去了劳动能力，其他兄弟姐妹通常都是要负扶养义务的。但要注意，这里说的兄弟姐妹不包括堂兄弟姐妹、表兄弟姐妹等。

规定兄弟姐妹间的扶养义务时，我国的做法和传统民法的做法不太一样。

国外民法对亲属扶养义务的通常规则是，亲属相互之间互负扶养义务，但是，由于亲属的亲等不同，也就是血缘关系的远近不同，以及为了防止亲属之间推诿扶养义务，还要规定扶养顺序。就像继承顺序那样，顺序在先的先承担扶养义务，前一顺序没有扶养人的，后一顺序的扶养人承担义务。这样规定扶养义务和扶养顺序，就能比较好地解决亲属之间的相互扶养问题。比方说，兄弟姐妹里老幺丧失了劳动能力又没有生活来源，那他的大哥、二姐、三姐，由于亲等相同，就都是同一顺序的扶养义务人，应当共同对丧失劳动能力的老幺承担扶养义务。

但我国《民法典》的规定有些不同。《民法典》沿用了《婚姻法》的做法，在第1075条规定，有负担能力的兄、姐对于父母已经死亡或者父母无力抚养的未成年弟、妹有扶养义务；或者反过来，由兄、姐扶养长大的、有负担能力的弟、妹，对于缺乏劳动能力又缺乏生活来源的兄、姐有扶养义务。

我国的扶养义务与传统民法的扶养义务差别很大，我们的规定不仅烦琐，而且还设置了一些没有道理的前提条件。比方说，弟、妹对于兄、姐的扶养义务，是以兄、姐把弟、妹扶养长大为条件的，这就好像是存在了明显的对价关系似的。问题是，亲属之间互负扶养义务的基础来自血缘和亲情，不是来源于扶养和被扶养之间的对价。所以，我对这个规定一直持保留态度。

就问题里描述的情况，如果按照《民法典》的规定，兄弟姐妹之间不一定都负有法定扶养义务，是否扶养是要看符不符合法定条件。符合了，兄弟姐妹之间才会产生扶养义务。至于扶养义务应达到什么程度，一般来说，提供扶养费让被扶养人恢复到正常生活水平即可；但如果被扶养人完全丧失生活能力，那要完全承担其生活费用。

## 164 遗赠扶养协议

签订遗赠扶养协议后照顾邻居多年,邻居可以反悔吗?

我们知道,遗赠扶养协议是当多种继承方式冲突时,效力最优先的一种方式。除了这一点,遗赠扶养协议还有许多其他规则。来看一个案例。

老华没有子女,独自生活,为了安度晚年,与邻居辛阿姨签订了遗赠扶养协议。协议约定,辛阿姨照顾老华生活起居,并负责生养死葬。作为回报,老华去世后,会将其所有的402室房屋以及日常生活用品都遗赠给辛阿姨。协议公证后,辛阿姨带着丈夫及两个儿子入住了402室,一家人与老华共同生活,老华每月补贴辛阿姨生活费600元。在共同生活期间,辛阿姨还对402室进行了维护和装修,为老华过生日。老华的各种日常生活事宜都是辛阿姨代为出面。六年后,老华认为辛阿姨照顾自己时态度粗鲁,离开家在外居住,并向法院起诉,主张解除和辛阿姨的遗赠扶养协议。

辛阿姨和老华是签了遗赠扶养协议的,一家人辛辛苦苦照顾了老华六年,老华说解除就解除,辛阿姨不同意也情有可原。然而这个案例,按照《民法典》的规定,确实是可以解除的。要明白其中的原因,先要理解遗赠扶养协议是怎么回事。

## 什么是遗赠扶养协议

遗赠扶养协议,是指遗赠人和扶养人为明确相互间的遗赠和扶养权利义务而订立的协议。

听起来有点复杂,但是说到底,它就是一个合同。因此,它具有合同的特征。

**首先,遗赠扶养协议是双方的法律行为,而且属于双务合同,双方都负有一定义务**。在遗赠扶养协议里,一方是"遗赠人",另一方是"扶养人"。在本节案例中,老华需要他人扶养,根据合同,他有义务将402室房产和其他财产遗赠给辛阿姨,老华就是遗赠人。而辛阿姨要对老华尽扶养义务,以后才能接受遗赠,她就是扶养人。

这里要注意的是,接受扶养的遗赠人只能是自然人,因为只有自然人需要他人照顾。而接受遗赠的扶养人就不一样了,既可以是自然人,也可以是有关组织。假如与老华签订协议的并不是辛阿姨,而是一家养老院,约定老华过世后把房子遗赠给养老院,这也是可以的。此外,如果扶养人是自然人,不能是法定继承人范围内的人,比如父母和子女之间就不能签订这样的协议,因为他们之间本来就有法定的扶养权利义务。

**其次,遗赠扶养协议是一个诺成法律行为**,也就是"一诺即成",只要遗赠人和扶养人双方意思表示达成一致,协议就会发生效力。

**最后,遗赠扶养协议属于要式法律行为**。合同必须用书面形式订立,不能用口头形式,协议上要写清楚三方面内容。第一,当事人的姓名、性别、出生日期、住址这些基础信息。如果扶养人是组织,则要写明单位名称、住址、法定代表人及代理人的姓名。第二,要写明双方自愿达成协议的意思表示,还要规定清楚双方的权利和义务。比如，遗赠人接受扶养，那衣食住行、养病、丧葬，具体怎么安排；遗赠财产有哪些、有多少，产权归属如何，有没有担保人；等等。第三，协议在什么条件下可以变更、解除？要是出了争议怎么解决？违约责任怎么算？这三部分内容，都要在协议里明确。自订立之日起，遗赠扶养协议就会产生法律效力。

## 遗赠扶养协议的效力

遗赠扶养协议的法律效力有几方面。

首先，对于扶养人来说，依照协议的约定，扶养人负有对遗赠人进行生养死葬的义务。他的权利则是在遗赠人死亡后，取得协议里约定的财产。

对于遗赠人来说，则是正好反过来。遗赠人有权要求扶养人履行生养死葬的义务，他的义务则是在死亡后，让协议里约定的财产为扶养人所取得。

这里要注意，协议一旦签订，遗赠人去世前就不能擅自处分这部分遗赠的财产了。虽然遗赠人仍对财物享有完整的所有权，但是对于协议中约定的财产，扶养人已经认定日后属于自己。如果这时候遗赠人擅自处分，比如把约定遗赠的房产卖掉，就侵害了扶养人的权利。为了平衡扶养人与遗赠人两者之间的利益，法律规定，遗赠人不得擅自处分协议中约定的财产，除非得到了扶养人事先同意或者事后认可。

还有非常重要的一点，是遗赠扶养协议对第三人的效力。遗赠扶养协议在各种继承方式中，法律效力是最高的。当被继承人死亡后，无论他有没有法定继承人，有没有立遗嘱，有没有进行过遗赠，都不影响遗赠扶养协议的效力，遗赠扶养协议约定的这部分遗产要按照协议规定的处理。如果老华没有解除协议，他过世后402号房就得遗赠给辛阿姨，哪怕这时候他失散多年的儿子出现，也没法继承。如果除了这套房老华还有别的财产，那就按照他的遗愿，进行遗赠、遗嘱继承或者法定继承。

除了继承人，遗赠扶养协议对其他第三人也有约束力。比如，在遗赠扶养协议存续期间，老华未经辛阿姨同意，就把房子赠与王阿姨了。在老华去世后，这份遗赠扶养协议也具有约束力，辛阿姨有权要求王阿姨交出房屋。

## 遗赠扶养协议的意义

法律赋予遗赠扶养协议这么高的效力，是因为适用遗赠扶养协议，不管是对个人还是对社会，都有非常重要的意义。

**一方面，它有利于保护老年人的合法权益**。我国已步入老龄社会，老年人在社会人口中所占的比重还会不断增加。在这样的现状下，遗赠扶养协议可以激励更多人去扶养没有继承关系的老人。这样，丧失劳动能力的孤寡老人，或者身边没有子女照顾的病残老人都能得到扶养和照料，安度晚年。

**另一方面，遗赠扶养协议还能激励近亲属尽到扶养义务**。如果近亲属能够很好地尽到扶养义务，需要扶养的人就没有必要、也不会与其他人或组织签订遗赠扶养协议了。

**从社会层面来看，遗赠扶养协议也有很大的价值**。我国现在的社会保障事业还不能完全满足社会的需要，尤其是在农村地区，很难把所有人的养老事业全部包下来。确认遗赠扶养协议制度，可以让很多老人的生养死葬问题得到解决，减轻国家和社会的负担。

### 案例回顾

本节案例中，辛阿姨一家和老华共同生活了六年多。辛阿姨一直在照顾老华是事实，双方签订的遗赠扶养协议也得到履行。后来，老华对辛阿姨的扶养行为不够满意，要求解除，但辛阿姨尽到了基本的扶养义务，并没有损害老华的利益。

虽然老华要求解除的理由严格来说有点站不住脚，但遗赠扶养协议毕竟是协议，而且还具有人身性，双方当事人享有任意解除权。因此，老华是可以解除协议的。不过，对于因解除协议给对方造成的损失，也应当承担赔偿责任。

就这个案子而言，辛阿姨一家对老华尽到了扶养义务，但辛阿姨一家四口这六年居住在老华家里，也明显受益。因此，解除遗赠扶养协议，老华应当适当补偿辛阿姨支出过的费用，比如扶养的花费、装修房屋的费用等，但也只是适当补偿，而不用全部补偿。因为老华也是有每月支付生活补贴费的，并且辛阿姨一家住在老华家里，住房的费用也要适当扣除。同时，协议解除后，辛阿姨也不得占用老华的房屋，需要及时腾退。

## 165 无人继承遗产

孤寡老人的遗产无人继承又无人受遗赠，遗产该如何处理？

我们知道，遗赠扶养协议是解决孤寡老人养老的一种方法。但是也有一种可能，就是孤寡老人过世了，生前没有签订遗赠扶养协议，也没有其他继承人。在这种情况下，就会产生无人继承又无人受遗赠的遗产。还是先看一个案例。

老林是某村村民，某天被老郭开车撞伤，送到医院抢救。老林没有结婚，无儿无女，住院期间只有堂弟小林一直在护理。老林最后没抢救过来，还是死亡了，同时留下了一些银行存款和一幢房屋。

撞了人的司机老郭向交警大队支付了死亡赔偿金，向小林给付了误工补助费和后事处理费。后事办完后，老林的遗产却成了问题。老林不仅没有配偶子女，也没有兄弟姐妹，甚至他的父母、祖父母、外祖父母等也都过世了，他的遗产无人接受。因为堂弟小林为老林操办后事，老林的银行存单、房屋和死亡赔偿金都由小林占有。村委会向法院起诉小林，认为老林的遗产无人继承，请求将老林的财产判归村集体所有，但小林坚决不同意。因为村委会和老林非亲非故，护理期间也一直没出现过，无权取得遗产。

在这种情况下，老林的遗产确实是归村集体的，因为老林的遗产会被认定为无人继承又无人受遗赠的遗产。

## 无人继承又无人受遗赠的遗产

一笔遗产无人继承又无人受遗赠，在实践中出现这种情况主要是三种情形。

**第一种情形是，这笔遗产没有遗嘱继承人和受遗赠人，也没有法定继承人。**

**第二种是，虽然有继承人或者受遗赠人，但是对方放弃了。**我们知道，对于遗赠，在 60 天内没有明确表示的，就视为放弃；而遗嘱继承和法定继承，需要继承人以书面形式明确放弃，法律才认为是放弃继承权。如果不表态，就视为接受。

**还有第三种，继承人或者受遗赠人没有放弃，但是丧失了权利。**这就是前文提到的一种比较极端的情况，继承人欺诈、篡改遗嘱，甚至遗弃、虐待、杀害被继承人，都会导致权利的丧失。

不管哪一种情况，最后的结果就是，这笔遗产既没有人继承，也没有人接受遗赠，变成了一笔无人继承和受遗赠的财产。

## 对无人继承遗产的管理

对无人继承遗产的管理，《民法典》没有做特别规定。所以，可以适用一般的遗产管理方法，也就是先指定遗产管理人。

其实从《法国民法典》以来，大陆法系的各国民法典几乎都规定，当没有继承人，或者继承人生死不明的时候，需要特别设定遗产管理人来确定遗产有没有人接受，应当转交给谁。我国也属于大陆法系，对于无人继承又无人受遗赠的遗产，也要指定遗产管理人。对此，可以选任一位遗产管理人，由他来编制遗产清单、对外公告，以及用遗产清偿死者的债务。这些事情做完之后，就要进行剩余财产的移交。

那么，移交给谁呢？古今中外，都出现过这种遗产无人继承的情况。我们先来看看各种处理方法。

在罗马法里，当继承人告缺，空落的财产就由国库继承。这里说的"告缺"，就是今天说的没有继承人，也没有受遗赠人。日耳曼法也有类似的规定，死者没有近亲时，其遗产归属于氏族团体或者拥有裁判权的国王、侯爵、伯爵等。动产经过一年，不动产经过三年，如果还没有人主张继承权，就认定是无继承人的遗产，归氏族团体或有裁判权者所有。我国古代也有类似的绝产制度。当被继承人没有男性后代的时候，财产的归属方法是，被继承人生前有遗嘱的依遗嘱办理；如果没有遗嘱，则归被继承人的女儿所有；没有女儿，则归其他近亲属所有；其他近亲属也没有的，收归官府。

不过，这些制度都与我们今天的制度不同。我国《民法典》是按死者身份来确定无人继承遗产的归属的。主要有两种情况。

第一，如果死者生前是国家机关、国有企业工作人员，一般企业职工，或者是城镇个体劳动者、无业居民等，他的无人继承遗产就归国家所有，用于公益事业。这种情况的关键词是"国家"。

第二，要是死者生前隶属于集体所有制组织，无论是乡镇企业等集体所有单位的职工，还是农村集体经济组织的承包户，他的无人继承的遗产归死者生前所在的集体所有制组织。这里的关键词就是"集体"。

## 规则的完善

按照我国现行的法定继承人范围，其实比较容易形成无人继承又无人受遗赠的遗产。

我们知道,《民法典》规定,法定继承的第一顺序是配偶、子女、父母,第二顺序是兄弟姐妹、祖父母和外祖父母,这个范围是比较狭窄的。除了这些人,被继承人可能还有别的亲属,虽然他们不是法定继承人,但毕竟与被继承人有血缘关系。遗产是死者生前的个人合法财产,如果遗产由其他亲属继承,毕竟还是在被继承人的家族中传承。为什么不这么做呢?

我们要看到,这样的规定有它的历史原因。1985年我国制定《继承法》的时候,改革开放刚刚开始,当时思想解放的程度、个人财富的积累都与今天不一样。那时的立法思想是,尽量减少继承人的范围,减少继承顺序,出现更多的无人继承又无人受遗赠的遗产收归国有,让国家增加财富。当时的立法思想与保护个人财产权的原则是不相吻合的。

等到编纂《民法典》继承编的时候,为了保持民事制度的稳定,并没有改变原来的法定继承人范围和继承顺序,而是做了两处修订:一是增加了侄子女和甥子女的代位继承,二是规定无人继承又无人受遗赠的遗产收归国有时,增加了"用于公益事业"的规定。不过,无人继承又无人受遗赠遗产的基本制度没有改变。

在我看来,遗产的性质是私人财产,应当尽量避免出现遗产无人继承又无人受遗赠的情况。这样,私人财富才能尽可能地在被继承人的亲属内传承。因此,应当扩大法定继承人的范围,增加更多的继承顺序。只有继承人范围扩大后,还有遗产无人继承又无人受遗赠,才收归国有或者集体所有。不过,这是一条很长的路,还需要进一步积累经验,逐渐完善我国的继承制度。

## 案例回顾

老林一直独自生活,没有其他近亲属,也没有设立遗嘱或遗赠扶养协议。小林虽然是老林的堂弟,依据《民法典》规定,堂兄弟并不在法定继承人的序列,所以小林不是老林的法定继承人,无权继承他的遗产。虽然老林被抢救后,堂弟小林一直辛勤照顾,但这样对老林的短期照顾,还不属于《民法典》第1131条规定的"对被继承人扶养较多",所以,小林也不能主张酌分遗产。

老林既没有法定继承人,又没有遗嘱继承人、受遗赠人,把他的遗产认定为无人继承又无人受遗赠的遗产,是没有问题的。依照《民法典》第1160条的规定,老林是村民,他的遗产应当归其生前所在的集体所有制组织。所以,村委会要求遗产由村集体取得,确实是有法律依据的。

不过,就算小林不能酌分遗产,但他处理老林后事时额外支出的花费,还是要先用老林的遗产清偿的。

# Chapter 7

第七章

一

## 保护权利的侵权责任

## 166 侵权责任保护范围

抚育 16 年的儿子不是亲生的,能要求前妻赔偿吗?

说到侵权责任,大家应该不陌生。如果自己的行为侵害了他人的合法权益,当然要承担相应的责任。在很多地方,我们都会看到"版权所有,翻版必究"的字样,就是因为版权是受到法律保护的,侵犯了就要承担责任。

然而,究竟哪些权益受保护,哪些权益不受保护,很多人就不清楚了。但是这个问题又特别重要,必须搞清楚,因为只有明确了侵权责任的保护范围,我们才能知道,万一自己的权益受损害,能不能追究别人的侵权责任。

我们还是先看一个案例。

老李和妻子蔡女士结婚 16 年,有一个即将 16 岁的儿子。蔡女士因为另有所爱,跟老李协议离婚,老李无奈同意,但要求儿子由自己抚养。蔡女士不同意,被逼无奈,说出了儿子不是老李亲生的事实。老李不相信,去做亲子鉴定,儿子果然不是自己亲生的。

老李虽然同意离婚,但难以忍受蔡女士欺骗他 16 年,于是向法院起诉,认为蔡女士侵犯了自己的权益,要求追究蔡女士欺诈行为的责任。

在这种情况下,对于蔡女士的欺诈行为,老李能用侵权责任来保护自己吗?可能很多人的第一感觉都是,蔡女士要被谴责,因为她确实伤害了老李。但是，这具体侵害了什么权呢？好像没法用侵权责任来保护。但事实上，侵权责任能保护老李。要想理解这个结论，就要看《民法典》对侵权责任保护范围的具体规定了。

## 侵权责任保护的实体民事权利

原来的《侵权责任法》规定保护范围用的是列举+概括的方法，列举了18种民事权利，比如生命权、健康权、名誉权、所有权等，然后再加上其他人身权益和财产权益，比如没有规定的债权、胎儿利益、死者人格利益等。而《民法典》修改了表述方式，采用直接概括的方式，规定侵权责任的保护范围就是民事权益。换句话说，所有民事权益都是侵权责任的保护范围。我认为，这是一个更好的方法，不再受列举的限制，能全面地保护民的主体的权益。

既然是权益，就可以拆开来看——所谓的"权"，就是民事权利；而所谓的"益"，就是民事利益。侵权责任保护的，就是民事权利和民事利益。

对于民事权利，简单来说，凡是《民法典》总则编第五章列举的实体民事权利，都在侵权责任的保护范围之内。

第一是人格权，包括生命权、身体权、健康权、姓名权、肖像权、名誉权、隐私权、个人信息权等。

第二是身份权，包括配偶权、亲权、亲属权。

第三是物权，包括所有权、用益物权和担保物权等。

第四是债权，包括了合同债权和无因管理、不当得利等准合同债权。

第五是知识产权，包括著作权、专利权、商标权、发现权等。

第六是继承权。

第七是股权以及其他投资性权利，比如购买基金、理财、保险的投资权。

当然，除了《民法典》总则里规定的，其他法律规定保护的民事权利，比如公司法规定的股东对公司事务的知情权等，也受侵权责任保护。

## 侵权责任保护的民事利益

侵权责任保护的民事权利这部分是很清楚的，比较难确定的是侵权责任保护哪些民事利益。

对这些民事利益，《民法典》没有统一列举，只是确定了几条原则。凡是法律明文规定应当保护的合法权益，都是侵权责任保护的范围，比如胎儿、死者的人格利益；还有故意违背善良风俗，导致他人利益损害，也都在侵权责任的规制范围里，比如在他人的喜宴上奏哀乐就是侵权行为。

为了更好地保护民事主体的行为自由，还有一条原则是：轻微损害不在侵权责任的保护范围之内，损害达到重大程度才算。比如，工伤导致上肢截肢，当然损害了当事人挠痒痒的利益，但"不能挠痒痒"并不是重大利益损害，于是不受侵权责任的保护，当事人只能以身体权、健康权受到损害为由请求保护。

这些原则相对比较笼统，我按照自己的研究理解，把它们归纳为五种。

**首先是其他人格利益，也就是具体人格权不能涵盖，但又应当保护的人格利益。**比如，休息权虽然在《民法典》里没有单独规定，但显然是人的基本权利之一。侵害休息权造成损害的，也由侵权责任保护。再比如，强迫人跟狗一起吃狗粮，显然损害了人的人格尊严，这类涉及尊严的人格利益也受侵权责任保护。

**其次是死者的人格利益，包括死者的姓名、肖像、名誉、荣誉、隐私、个人信息以及遗体。** 凡是侵害死者这些人格利益的，应当认定为侵权行为，对死者的近亲属承担损害赔偿责任。

**再次是胎儿的人格利益，比如胎儿的人身损害赔偿请求权。** 换句话说，虽然胎儿还没有出生，但人格利益依然受到法律的保护。这项在具体执行中比较复杂，胎儿出生前，损害赔偿请求权是一种期待权；胎儿出生后，孩子的亲权人，比如母亲，可以作为法定代理人行使这个权利。

有个真实的案例。贾女士怀有四个多月身孕，乘坐出租汽车时因交通事故受伤。贾女士起诉认为，自己为治疗伤害而服药，会影响胎儿健康，要求对胎儿的人格利益损害予以赔偿。最后法院判决认为，目前对胎儿的伤害还不确定，没有办法予以保护，但等到孩子出生后，如果确定确实产生了伤害，那贾女士就可以起诉，要求赔偿。

**还有就是其他身份利益，也就是亲属之间基于特定亲属关系而产生的，不能为身份权所概括的利益。** 身份权包括配偶权、亲权和亲属权，但在这些之外，还有大量的身份利益存在。比如本节案例，前妻欺骗丈夫抚养了没有血缘关系的孩子，就侵害了配偶权之外的身份利益，当然也应当保护。

**最后是其他财产利益，也就是物权、债权、知识产权等财产权之外有关财产的利益。** 现实生活中，有很多财产利益不能概括在这些财产权之内，但仍然应当保护。比如，老高在集市卖鱼，有关部门错误吊销了老高的经营许可证和营业执照，导致海鲜来不及处理，变质了，老高损失一大笔钱。在这种情况下，有关部门侵害了老高的什么财产权益呢？不是物权，也不是债权，更不是知识产权，但老高确实因此蒙受了损失。这些财产权之外的其他财产利益也要保护，老高就可以要求有关部门赔偿。

### 老李有权主张赔偿

在本节案例中，老李确实受到了伤害，但显然不是具体权利被侵害。但我们知道，侵权责任的保护范围不限于民事权利，还包括民事利益。

蔡女士的欺诈行为实施了16年，在这么长的时间里，老李一直相信自己有亲生儿子。这个欺诈行为时间太长了，当真相出现的时候，老李不但没有了老婆，连孩子也没有了。因此，蔡女士的欺诈行为耽误了老李拥有子嗣，属于损害了老李的其他身份利益，是耽误子嗣的损害，所以蔡女士应当承担侵害老李身份利益的损害赔偿，具体赔偿金额可以由法院根据当事人的诉讼请求和实际损害判定。

这个案件中，老李主张赔偿过往16年对孩子的抚养费，法院也支持了。其实，就这种情况来说，如果老李还主张精神损害赔偿，法院也是有可能支持的。

**延伸课堂：**

**刑事案件里附带的民事赔偿，受侵权责任法保护吗？**

这个问题现在还没有确定的结论。对刑事附带民事损害赔偿，民法和刑法的理论和实践在认识上还不统一。

《民法典》第187条规定，民事主体因同一行为应当承担民事责任、行政责任和刑事责任的，承担刑事责任或者行政责任不影响承担民事责任。按照这样的规定，无论是侵权损害赔偿，还是刑事附带民事损害赔偿，保护的权益都是相同的。

然而，最高人民法院的相关司法解释却不是这样规定的。司法解释规定，对刑事被告人不能附带精神损害赔偿，也不可以另行提起民事诉讼，要求刑事被告人承担精神损害赔偿。理由是，一个行为人触犯刑事法律，不能重复受到法律制裁。现行司法解释认为，承担了刑罚和通常的民事赔偿，又要承担精神损害赔偿，就是重复制裁。

2002年出台了一个"受到人身损害可以主张精神损害赔偿"的司法解释，深圳某区法院审理一个强奸案件，就在判处了刑罚后，又判了被告向受害人赔偿8万元精神损害赔偿金。被告人上诉后，最高人民法院又发出了刑事附带民事赔偿"不准附带精神损害赔偿"的司法解释。区法院的判决就被中级人民法院撤销了，原因是司法解释规定不能对刑事被告人判处附带精神损害赔偿。

最高人民法院这两种不同的司法解释都是有效的，一般也不会冲突，但一涉及刑民交叉并且有精神损害赔偿的案件，就可能会冲突了。在司法解释中，这两个规则到今天也还没有统一。在实践中，现在是不支持在刑事案件里还主张精神损害赔偿的。

## 167 侵权责任构成要件

在相邻的饭店门旁摆样品花圈，属于侵权吗？

本节讲解侵权行为的构成要件。先看一个案例。

老周和老谢在同一条街上相邻开快餐店。老周经营有方，生意红火，老谢的店却生意不好，门庭冷落。后来，老谢改开花圈店，还是经营不好。看到老周经营越来越好，老谢心里嫉妒，就把样品花圈摆到与快餐店相邻一侧的门旁边。

因为花圈没有越界，老周选择了忍让，只是用席子遮挡，避免影响自己的经营。老谢见状却来劲了，架高花圈，越过遮拦的席子。老周只好提高了席子的高度，老谢却又将样品花圈吊得更高，让老周无法继续遮挡。老周很生气，就向法院起诉，主张老谢恶意侵权。

案例情况就是这样。老谢因为嫉妒，故意在快餐店旁摆样品花圈，首先是道德问题。然而，法律确实没禁止在快餐店旁开花圈店，而且老谢摆样品花圈也没有过界。那老周还可以主张老谢摆花圈侵权吗？这到底是道德问题，还是法律问题呢？

事实上，老谢的行为毫无疑问是侵权。把老谢的行为放到侵权责任的构成要件里看，就清楚了。**认定侵权行为，要看四个要件，分别是：违法行为、损害事实、因果关系和过错**。其中，前三个是客观要件，最后一个是主观要件。

## 违法行为要件

违法行为，是指民事主体违反法定义务，违反法律保护的法益，或者故意违背善良风俗实施的作为或不作为。

违反法定义务我们比较熟悉，比如造成了人身损害，就违反了不得侵害他人健康权的义务；诽谤他人，违反了不得侵害他人名誉权的义务。这些都是违反法定义务。

违反法律保护的法益，就是指侵害死者人格利益、胎儿人格利益这些法律特别保护的法益。比如诽谤死者名誉、散播死者隐私，或者侵害为胎儿保留的遗产份额，这些都是违法行为。

还有一种情况，是行为人的行为没有侵犯他人权利，也没有违反法律保护的法益，但是却故意违背善良风俗致他人的损害。像本节案例，老谢在他人的快餐店门口摆花圈，很难说是侵犯了什么具体的法定权利，也不是违背了法律保护的法益。但这样的行为，显然是一般人不能接受的，违背了善良风俗，所以也具备违法性。

违法行为本质是一种行为，存在作为和不作为的样态。作为的违法行为最常见，说白了就是主动触犯，比如故意伤害他人、毁损他人财产等。不作为的违法行为就相对复杂。它是指行为人负有特定的作为义务，必须完成，否则就是违法。比如，行为人是警察，基于这个职务，法律会要求他执法时必须尽职尽责、保护他人。如果警察为了自己不受伤，不尽力捉贼，或者执法时不管不顾，伤害百姓，这都是不作为的违法。再如，张三带邻居的小孩外出游玩，如果小孩遇到危险张三不救助，也是不作为的侵权。尽管张三不是警察，和小孩也没有亲属关系，但他仍有救助义务，这种义务就来源于张三的前一个行为，即带小孩外出。

此外，也要看违法行为的实施方。如果是本人亲自实施的，那无论是作为还是不作为，构成侵权的，就是直接责任。还有一类比较特殊，是间接侵权，要承担的是替代责任。比如，父母容许未成年子女拿刀具玩耍，伤害了他人，或者员工没接受安全培训，公司就要求上岗，结果损坏了他人财产。这都属于监护、管理下的人实施了侵权行为，监护人或管理人要承担替代责任。如果阳台上的花盆被风刮掉伤害他人，这是对物件管理不当，让物件致人损害。虽然不是自己的直接行为，但也构成侵权，要承担侵权责任。

**损害事实要件**

侵权责任要件的第二点是看行为有没有造成损害事实。明确损害事实要件的意义在于，确定是否成立侵权责任，以及如何确定赔偿范围。如果仅有违法行为，但没有损害事实，不能发生侵权责任。

损害事实可以归纳为两大类。

第一类是人身损害事实。人身损害，拆开来说，其实就是人格利益损害和身份利益损害两种。像身体权、健康权、名誉权、荣誉权等受损害，这都是人格利益损害。而如果是配偶权、亲权以及亲属权等受了损害，这是身份利益受损害。

第二类是财产损害事实。无论是财产被侵占、被破坏，还是有其他财产利益损失，都属于有财产损害事实。这里说的"其他财产利益损失"，通常不是财富价值的直接减少，而是间接损失，比如丧失了未来可得的利益。举个例子，出租汽车被肇事货车撞坏，既造成了车辆的损失，又耽误了未来的营运收入。营运收入的损失，就是本应得到的利益因不法行为侵害而无法得到了。

### 因果关系要件

侵权责任的第三个要件是因果关系。它是指,违法行为作为原因,损害事实作为结果,在它们之间存在的引起和被引起的客观联系。

虽然说是客观联系,但在实践中,也不一定都容易判断。例如,殴打导致受害人耳膜穿孔,那殴打行为和损失事实之间有因果关系。这是好判断的,可以用直接因果关系规则认定。

但要是客观联系不那么清晰,就要用相当因果关系规则来判断。也就是要认定,行为是不是导致这种损害结果发生的不可缺条件,并且,它不单是会偶然地引起损害,而是通常会引起这样的损害。比方说,一个人受到伤害,因破伤风死亡,致伤的行为与死亡的后果就有相当因果关系。但一个人受伤害后住院治疗,赶上医院失火死亡了,伤害行为与死亡结果就没有因果关系,因为死亡后果是火灾这个偶然因素造成的。侵权人只构成伤害的侵权行为,对死亡结果不承担侵权责任。

总结一下,判断因果关系,除了要看行为是不是实际引起了损害结果,还要依据行为时的一般社会经验和智识水平,判断行为是否有引起损害结果的可能性。只有这两点同时满足,才能认定行为与结果之间有因果关系。

### 过错要件

认定一般侵权责任还有最后一个要件——过错。也就是行为人实施违法行为时的主观心理状态。过错分为故意和过失两种。

故意，就是行为人能预见到自己行为的结果，仍然希望它发生，或者听任它发生。

本节案例中，老谢明知摆放花圈会妨碍老周的快餐店经营，还要摆出来，并且老周用屏风遮挡后，他还要加高花圈，这显然是故意。如果是老谢店门不稳，随时有砸到客人的风险，但老谢为了省钱一直不维修，结果真把顾客砸伤了，这也是故意，属于放任损害结果发生。

至于过失，过错程度要比故意轻。它不是追求或放任损害结果发生，而是因疏忽或懈怠没有尽到注意义务。比如，司机为了赶时间，在车比较少的公路上疲劳驾驶，结果未能及时避让前方车辆，导致交通事故。这里司机也知道疲劳驾驶有风险，但显然不是故意要引起交通事故，而是轻信自己能避开损害结果。这种主观心态就属于过失。

## 老谢的行为构成侵权

了解了认定侵权责任的四个要件，我们再回顾一下本节案例。

这个案例中，损害事实、因果关系和过错这三个侵权责任要件不难判断。快餐店的经营受到了妨碍，这是有损害事实；摆放花圈的行为与妨碍经营之间也有因果关系；开花圈店的老谢也显然是故意摆出和加高花圈的。

不过，摆放花圈的行为违法吗？难道卖花圈的店还不允许摆放样品花圈吗？前文也分析到了，从形式上看，老谢卖花圈、摆花圈，都在自己的店前，并没有违反法律。但是老谢的花圈店与老周的快餐店相邻，紧挨着快餐店门摆花圈，基于善良风俗，客人会觉得犯忌讳，这肯定会影响老周的生意。

其实，假如老周第一次遮挡，老谢不再加高花圈的位置，是很难认定他故意违背善良风俗的，但他两次提高花圈的高度，就能看出明显的恶意了。因此，认定他的行为有违法性，并且出于主观故意，是有充分依据的。

因此，老周起诉后，可以要求老谢在合理的高度摆放花圈，不能越过屏风高度，并且就摆放花圈给老周造成的损失，如诉讼费、给快餐店带来的间接损失等，老周也可以主张赔偿。

## 168 侵权责任归责原则

汽车风挡玻璃爆裂致人死亡，车厂无过错也要承担责任吗？

上一节讲过，要认定一个行为构成侵权责任，关键要判断是否具备四个要件，分别是违法行为、损失事实、因果关系以及过错。在一般的侵权纠纷里，这些要件通常要由受害人举证证明，也就是常说的"谁主张，谁举证"。然而，在一些特殊的情形，比如产品责任、环境污染纠纷等，受害人没有专业知识，或者没有举证条件，很难举证。这个时候，就涉及侵权责任归责原则了。

还是先看一个案例。

老李驾驶进口吉普车在高速公路上行驶，时速110公里。行驶过程中，右侧风挡玻璃突然爆裂，高压气流从裂口灌入，冲撞到了副驾驶上的老白，导致他昏迷。老李立即停车，截车送老白到医院抢救。结果，老白还是抢救无效死亡了，死因为内脏爆震伤。

交警勘查事故现场，初步判断风挡玻璃是因自身原因爆裂，不是外力导致。老白的近亲属与吉普车厂家协商赔偿，但厂家认为，没有外力的作用，汽车风挡玻璃不会爆裂，拒绝赔偿。

双方就协议约定，爆裂的风挡玻璃先由厂家保存，后续双方共同委托鉴定机构鉴定。结果厂家代表违反协议，将物证自行鉴定，鉴定结论是质量没有问题，拒绝任何赔偿。于是，死者的亲属就直接向法院起诉，要求厂家赔偿。

在这个案例中，厂家违反了共同鉴定协议，是厂家有过错，肯定是要赔偿的。然而我要说的是，这个案例，即使不证明厂家有过错，它也需要赔偿。因为这类侵权行为适用的是无过错责任原则。

要理解这个结论，我们得先来说说什么是侵权责任的归责原则。

归责原则是确定侵权行为人损害赔偿责任的一般准则。它是指损害事实发生后，侵权行为人应依何种根据承担责任。这种根据体现了法律的价值判断——法律应以行为人的过错，还是应以已经发生的损害结果为标准，让行为人承担侵权责任。在我国，一般侵权行为适用过错责任原则，特殊侵权行为适用过错推定原则或者无过错责任原则，这三个原则构成了我国《民法典》的侵权责任归责体系。

## 过错责任原则

过错责任原则大家比较熟悉，前两节讲的一般侵权行为就是以过错作为价值判断标准的。要构成一般侵权行为，过错是决定性的要件。缺少这一要件，即使加害人有违法行为，也造成了损害结果，并且行为与损害有因果关系，那也不承担赔偿责任。

举个例子，顾客在商场购物，不慎将贵重手链丢到了垃圾桶，保洁人员倒垃圾时就直接清理掉了。顾客发现手链丢失，就向商场索赔，但商场不认为自己有过错，拒绝赔偿。最终法院也支持了商场的主张。这个案例，就是有财产损害，商场的行为与损害结果之间也有因果关系，但商场没有过错，所以不能认定商场侵权，进而要求赔偿。

当然，要是顾客能举证商场有过错，比如发现了贵重手链却没有按流程放到失物招领处，是工作人员疏忽把手链弄丢了，那商场就得赔偿了。商场赔偿后可以再向工作人员追偿。

## 过错推定原则

　　结合生活经验可以知道，在上面这个商场的案例中，一般顾客要举证到这种程度，难度非常大。而且这还只是普通财产纠纷，如果是一些更复杂的案件，比如产品责任、环境污染等，受害人举证对方有过错就更难了。

　　这种情况下，为了平衡纠纷双方的利益、降低举证难度，法律就在过错责任原则的基础上，延伸了另一类归责原则——过错推定原则。具体来说，就是在特定案件里，法官可以从损害事实本身推定加害人有过错，并据此确定加害人要承担赔偿责任。这其实也是过错责任原则，只不过是过错要件不需要原告举证了。原告只需要举证证明损害事实、违法行为和因果关系这三个要件，而被告需要证明自己对损害没有过错，如果不能证明，那就从损害事实本身推定行为人有过错，并要求其承担赔偿责任。

　　在《民法典》里，适用过错推定原则的情形比较多。比如，监护人责任、违反安全保障义务损害责任、用人单位责任，以及机动车交通事故责任等。

## 无过错责任原则

　　如果说前两个原则还涉及要举证有没有过错，那第三类归责原则，也就是无过错责任原则，就和它们完全不一样了。无过错责任原则只看损害结果和行为人有没有因果关系，不问其是否有过错。有损害,且损害与行为有因果关系,则违法行为人有责任;反之则没有责任。

比如,某公司存放烟花爆竹的仓库由于气温突然升高,发生了火灾,造成了严重的人身和财产损害。这个案例中,受害人要索赔就不用考虑烟花公司有没有过错,只要烟花公司的行为和火灾损害之间有因果关系,就要承担赔偿责任。哪怕烟花公司举证自己采取了安全措施,并且这些安全措施也符合行业规范,都不考虑。这就是无过错责任。

相比过错推定原则,无过错责任原则其实对行为人来说是更严苛的,连让行为人"自证无过错"的机会都剥夺了。法律这么规定的目的,就是要让受害人的损失更容易得到补偿,因为与无过错责任原则关联的行为本身就具有高度危险性。法律会要求行为人用高度谨慎的态度去经营,避免造成他人损害。

爆竹公司这个案例,涉及的就是《民法典》规定的高度危险责任,适用无过错责任原则。除此之外,像环境污染和生态破坏责任、产品责任和饲养动物损害责任,也都适用无过错责任原则。

### 车厂需要承担赔偿责任

讲完这些归责原则,我们再来分析本节案例。这个案例的实际过程还比较曲折。

死者的家属起诉,认为车厂自行鉴定物证不符合双方约定,要求直接判决车厂承担侵权责任。但当时一审法院却采信了厂家出具的鉴定报告,认为风挡玻璃没有质量缺陷,并且认为死者家属在诉讼过程中没能举出证据证明车厂对事故有过错,所以判决不构成侵权责任。

这就是适用过错责任原则驳回了原告的诉讼请求。但本案的侵权情形其实是产品责任。前文也分析到了，《民法典》规定，产品责任适用无过错责任原则，原被告双方都不需要举证过错要件。一审法院责令死者家属举证汽车厂有过错，并以举证不能驳回了他们的赔偿请求，这是适用法律不当。

按照无过错责任原则的要求，车厂生产的玻璃爆裂，并因玻璃爆裂导致老白死亡，这就具备了违法行为、损害事实要件。至于因果关系要件，本来是要由原告证明的，但由于厂家破坏协议，导致双方无法共同鉴定，所以应该推定受害人的死亡与厂家的风挡玻璃缺陷有因果关系，由厂家举证推翻这种推定。如果无法推翻，则推定因果关系成立。

这个案例，就是一审法院判决后，死者的近亲属上诉，二审法院适用无过错责任原则重新审理。审理时，厂家没能证明风挡玻璃爆裂与老白的死亡后果没有因果关系，因此，推定因果关系成立。最终，二审法院判决吉普车厂向老白的近亲属承担赔偿责任。

**延伸课堂：**

### 法律中有哪些规则能减轻受害人的举证负担？

无过错责任原则、过错推定原则，都是受害人不用举证过错要件，能减轻举证负担。除此之外，在证明因果关系要件时，有些规则也能减轻受害人的举证负担。

比如盖然性因果关系说、疫学因果关系说或者概率因果关系说等，它们的基本要点都是一致的，就是推定因果关系，保护弱势的受害人。受害人没有办法完全证明因果关系要件时，只要举证证明到一定程度，也就是行为有较大可能性引起损害，法官就会推定侵权人的行为与损害之间存在因果关系；然后由被告负责举证，证明自己的行为与损害发生之间没有因果关系。

在个别人或者少数人主张受到公害或者药害致病索赔的诉讼中，由于不是大量人群集体发病，原告很难提出能证明"自己的疾病与公害或者药害之间，有直接因果关系"的科学数据。所以法律规定：只要能够举证公害或者药害等加害因素与被侵权人疾病的发生具有一定概率的因果关系，即可以考虑认定侵权行为成立，并在计算损害额的多少时，也考虑因果关系的概率大小。但一定要注意，推定因果关系规则是特例，只有在受害人难以证明因果关系时才适用，比如环境污染、生态破坏以及高科技侵权等情形。现实中绝大部分侵权情形，都还是要由受害人举证损害与侵权人的行为有因果关系的。

## 169 共同侵权行为

汽车追尾造成后车乘客重伤，能要求前车驾驶员赔偿吗？

本节讲解共同侵权行为，先看一个案例。

小张驾驶自家的小型客车带着小谢，在行驶过程中，小张追尾撞到在前的、由小王驾驶的货车，导致乘客小谢受重伤。交警认定，小张是酒后驾车，承担事故的主要责任。被追尾的小王因为驾驶的货车超载了，不符合安全技术规范，承担事故次要责任。乘客小谢认为，自己受重伤，和小张以及货车司机小王都有关系，要求他们共同承担赔偿责任。但小王认为，自己是被追尾的，也是受害者，应该是小张负全责，自己没有责任。

在这个案例中，受伤的小谢主张两个司机都要赔偿，有没有道理呢？有的人可能会想，追尾的司机负全责，这是交通事故赔偿的惯例。而且货车司机小王自己也被撞了，也有损害，应该只由酒驾的小张赔偿。但事实上，这个案件的最终结果是判决两人都要向乘客小谢赔偿，因为他们对小谢构成了共同侵权。

要理解这个结论，我们得先来说说什么是共同侵权行为。

### 什么是共同侵权行为

共同侵权行为是指，两个以上的行为人，基于共同故意或者过失，侵害了他人的民事权益。

**基于共同故意的侵权，又叫主观的共同侵权。** 例如，三个学生共同商议，偷摘了果园的水果。这就是二人以上，基于共同故意，共同侵害他人财产，属于主观共同侵权。

要注意，这种共同侵权，加害人可能不仅有直接实施行为的人，还包括教唆人、帮助人等。比如偷水果时，如果三个学生里一个人是教唆，一个是实际偷摘，最后一个给他们提供工具，那这个主观共同侵权里就同时存在了教唆人、实行人和帮助人。

有主观的共同侵权，当然也就有客观的共同侵权。**客观的共同侵权是指，二人以上基于客观关联共同，构成了共同侵权行为。** 客观关联共同，是指行为人之间没有共同故意，但每一个人的行为都是损害发生的原因，这些行为结合在一起，最终造成了同一个损害结果。本节就是一个客观的共同侵权。开小客车的小张和开货车的小王不是协商好故意要让乘客小谢受伤的，但正是因为小张醉驾追尾，以及小王的货车超载了、有安全隐患，两个原因结合，才导致小谢受了重伤。假设小王的货车并没有超载，只是单纯地被追尾，就不会构成客观的共同侵权，只会是有过错的一方要承担侵权责任，也就是小张对损害负全责，而且对撞坏的小王的货车也要承担责任。

在共同侵权里，共同实施侵权的人叫共同加害人。

共同侵权行为的加害人可能会有分工不同，比如有实行人、教唆人、帮助人等，但要注意，这种有分工的情况只在主观的共同侵权里存在。如果是客观共同侵权，所有加害人只能是实行人，因为他们之间根本没有意思联络，不可能提前分工。

此外就是，共同加害人既可以是自然人，也可以是法人或非法人组织。比如偷水果的案例，某公司派人开车在果园边等着，学生偷完后马上运走去市场上销售，这个公司也是共同加害人。

## 连带责任的基本规则

法律规定，共同加害人应当承担连带责任。连带责任有一些基本规则。

首先，要确定整体责任，看这件行为整体给受害人造成了多少损害。其次，损害已经造成了，那么各个共同加害人分别承担多少责任，就要看各自的过错程度，以及每个人的行为对这个结果各自发生的原因是多少。这个原因多少，我们叫做原因力。比如，对教唆人和帮助人，就不会以他们是不是实际行为人这个身份来确定责任份额，而是看他们的过错程度。教唆人要对整个行为负责，帮助人只对自己帮助行为所起的作用那个部分负责。这不是否认连带责任的整体性，而是要公平地确定各共同加害人要承担多少责任份额。这是共同加害人内部的责任分担。那么对受害人来说，他要向谁请求赔偿全部损失呢？答案是，各共同加害人都要承担连带责任。意思是说，共同加害人中的任何一个人或者几个人，都有义务向受害人负全部赔偿责任。

原则听起来很简单，不过操作起来还是比较复杂的。首先，如果每个加害人都能承担自己的份额，那就各自承担。如果其中一个人或者几个人无力赔偿、不能赔偿，就由其他共同加害人承担。如果其中一个人或者几个人已经全部赔偿了受害人的损失，其他共同加害人就不需要继续赔偿了。

受害人也可以选择其中一人赔偿。例如，有五个连带责任人，受害人可以请求其中最有赔偿能力的一个、数个作为被告起诉，让对方承担全部赔偿责任。选择权在受害人，法院不能强制受害人必须起诉哪一个。如果有一个加害人承担了全部赔偿责任，他也有权向其他应该负责、却没有负责的共同加害人追偿，来弥补自己的损失。例如，受害人只起诉了一个连带责任人，他承担了全部责任，但是其他四个连带责任人也应当承担自己的份额。这样，被起诉的这个连带责任人就可以向其他四个连带责任人追偿各20%的最终责任，不会只由他一个人承担所有赔偿。

我们会发现，在这里，连带责任的加害人责任是特别重的。法律这样规定，就是为了保障受害人赔偿权利的实现。确认了这种连带责任，受害人在行使损害赔偿请求权的时候，就变得简便易行，举证负担比较轻。比如，果园老板发现三个人来偷水果，但只抓到了跑得最慢的那一个，那就可以直接向这个加害人追责。这样，就不必担心共同加害人中的一人或数人难以确定，或因为共同加害人中的一人或数人没有足够的财产赔偿，而难以获得全部赔偿。

## 案例回顾

到这里，本节案例的结论就已经清楚了。

在这起交通事故中，确实是追尾的汽车驾驶员应当承担全部赔偿责任，因为被追尾的前车无法预料和防范后车追尾。而且后车驾驶员的追尾行为不是因为技术问题，而是因为酒后驾车，在通常情况下，应当对事故的全部损害承担赔偿责任。然而问题是，本案引发交通事故的前车驾驶员也有过错，因为他驾驶着超载的大货车在路上行驶，已经违反了道路交通法规。他的行为与损害的发生也有因果关系。

本案中前后车的驾驶员根本不认识，肯定不是主观的共同侵权行为。但是，如果没有前车驾驶人的过失，后车也不会追尾。所以，两者之间的行为具有客观关联性和因果关系，造成的是同一个损害结果，损害结果不可分。这就符合了客观关联共同的要求，构成客观的共同侵权行为，共同加害人应当对小谢的人身损害承担连带赔偿责任。

对于小谢来说，他可以起诉小张或者小王中的任意一个人，要求他承担全部赔偿责任；也可以一起起诉，让他们共同承担赔偿责任。对小张和小王的赔偿责任份额，交警部门认定小张负主要责任，小王负次要责任，是适当的。所以，小张最终承担的责任应当在70%左右，小王的赔偿责任为30%左右。

## 170 共同危险行为

四个孩子向楼下扔砖造成他人死亡，谁承担赔偿责任？

有一种行为看上去和共同侵权很像，但其实完全不同，那就是共同危险行为。听名字可能有些抽象，来看一个案例。

某中医院扩建住院部，在住院部楼顶堆放建筑材料。周日下午，12岁的小明和8岁的小亮一起到住院部楼顶的平台上玩耍，同行的还有4岁的小芳和7岁的小芬。四个孩子玩耍的时候，把一些砖头丢到楼下，其中一块恰好砸中从楼下经过的赵姐，导致赵姐头部重伤，住院治疗10天后死亡。很明显，导致赵姐丧命的就是那块从天而降的砖头，但当时楼上有四个孩子，这块砖头到底是哪个孩子扔下的，并不明确。事后，赵姐的丈夫就向法院起诉，要求四名孩子的监护人承担连带赔偿责任。

四个孩子往楼下扔砖头，导致赵姐被砸中身亡，这很像上一讲说的共同侵权行为。但是要注意，共同侵权行为的前提是两个及以上的行为人共同实施行为，侵害他人的民事权益。而这个案例中四个孩子虽然都做了危险行为，都往楼下扔砖了，但砸到赵姐的只是其中的一块。换句话说，真正侵害赵姐的是一个孩子，而不是四个孩子，只是不知道具体是哪个孩子而已，所以这种行为就不构成共同侵权行为，而是构成共同危险行为，同样要承担连带责任。

## 什么是共同危险行为

共同危险行为又叫"准共同侵权行为",是由《德国民法典》创设的侵权行为规则,我国《民法典》第1170条也做了具体规定。它指的就是,两个及以上的行为人,共同实施有可能侵害他人民事权益的行为,而且造成了损害结果,但又不能判明其中谁是真正的加害人。

我们可以这么理解,如果两个及以上的行为人都有加害行为,共同导致他人的权益损害,那就是共同侵权行为,所有行为人,也就是加害人,都要承担连带责任;如果损害不是由行为人共同造成的,而是由其中一个人造成的,那就构成单独侵权行为,这个加害人单独承担责任;但是还有一种情况:损害的事实已经发生,也确实是两个以上的行为人中的一个导致的,但是不能明确判断谁才是真正的加害人,这种情况就构成共同危险行为。

比如,三人在林中持气枪打鸟,其中一人的子弹打伤他人,但不能确定究竟是三人中的哪一人的射击行为造成的损害,那这三个人的行为就都构成共同危险行为。

## 共同危险行为的特征

在实践中,认定共同危险行为,要看行为的四个特征。

第一,行为是两个及以上的人实施的。这是共同危险行为成立的基本条件之一。所谓"共同",当然至少得是两个人。一个人实施的行为造成他人损害,只是单独侵权行为,不构成共同危险行为。

第二,行为具有危险性——具有侵害他人人身权利、财产权利的可能性。而且行为人做出这种行为的时候，不针对任何特定的人，也不是故意要伤害他人。就像本节案例中的四个孩子，压根没意识到砖头会伤害人，只有这样，才构成共同危险行为。如果当时他们瞄准的就是赵姐，砖头就是往赵姐头上扔的，那就不是共同危险行为了，而是故意伤害。

第三，具有危险性的共同行为是导致人损害的原因。如果共同危险行为与损害结果没有因果关系，不构成共同危险行为。比如，孩子们扔下的砖头没有砸到赵姐，赵姐不小心自己摔伤了，那孩子们的行为就不构成共同危险行为。

第四，损害结果不是全体行为人造成的，但又不能确定具体加害人。如果确定是某一个或者几个人的行为导致的，那就构成单独侵权行为或者共同侵权行为了，也不是共同危险行为。

总之，行为由两个及以上的人实施，这种行为具有伤害他人的危险性，而且行为也导致了他人权益受损，又不能判断具体的加害人，只有同时满足这四点，才构成"共同危险行为"，缺一不可。

## 共同危险行为人与责任

在共同危险行为中，共同实施危险行为造成他人损害的人，都叫做共同危险行为人。共同危险行为人一般是自然人，但在某些情况下也可以是法人、非法人组织。比如，美国曾发生过一个阿伯特化工厂案，案件的受害人叫做辛德尔。辛德尔的母亲在怀着辛德尔的时候，吃了一种特殊的保胎药，结果药物残留在胎儿体内，导致辛德尔成年后患有乳腺癌。显然，药物伤害了辛德尔的身体，但是当时生产这个药物的化工厂有好几家，根本不知道辛德尔的母亲吃的是哪一家工厂生产的。于是，法院就追加了当时生产这个药物的几家化工厂，让他们按当年生产的产品数量占全市场的比例承担赔偿责任。

这就要说到共同危险行为的责任承担了。

我们知道，任何人在实施具有危险性的行为时，都应当注意避免伤害他人。但是在共同危险行为中，共同危险行为人因为疏忽或者懈怠，显然没有尽到这种注意义务。所以，所有共同危险行为人都具有这种过失。从这个角度来看，共同危险行为人是一个整体，不可分割。也因此，《民法典》规定，实施共同危险行为致人损害的，共同危险行为人应当承担连带赔偿责任。

这种连带责任的承担规则，与共同侵权行为的基本一致，但也有区别。其中最大的区别是应承担的责任份额不同。共同侵权行为人的个人责任可以按照各自过错的程度确定，共同加害人实际分担的责任份额可能并不平均。但是共同危险行为人在实施危险行为的过程中，致人损害的概率相等、过失相当，所以在责任划分上，一般是平均分担，各人以相等的份额对损害结果负责，在等额的基础上实行连带责任。

在本节案例中，四名未成年人在楼顶扔砖头导致赵姐死亡的行为完全符合共同危险行为的特征，构成共同危险行为，共同危险行为人应当负等额责任，并在等额的基础上承担连带赔偿责任。

在这个案件里，四个孩子都是未成年人，属于限制民事行为能力人和无民事行为能力人，而且又没有财产，所以应该由他们的监护人共同承担连带赔偿责任，赔偿的金额应该平均分配，连带承担。当然，中医院对自己的建筑材料管理不善，也应当承担一部分赔偿责任。也就是说，中医院承担一部分责任，四名孩子的监护人平均承担其余的赔偿责任。

## 171 分别侵权行为

前后车重复碾轧,怎样对受害人进行赔偿?

本节学习一种特殊的侵权情形——分别侵权行为。我们从一个案例说起。

黄昏时分,老邵骑自行车回家,在马路上被老朱驾驶的小型轿车撞倒在地。老朱撞人后逃逸,当时路上车辆和行人稀少,老邵没有得到救助。五分钟后,老刘驾驶一辆轻型货车经过,临到跟前才发现老邵躺在地上。老刘刹车不及,车辆碾过老邵才停住,老邵当场死亡。在这种情况下,对于老邵的死,老朱和老刘分别要承担怎样的赔偿责任呢?

在这个案例中,虽然是两个人共同侵害了一个人的利益,但是老朱和老刘两个人既没有共同故意,也没有共同过失,显然不是共同侵权行为。而且是老邵的货车把老刘碾压致死,不存在搞不清楚伤害行为是谁做出的情况,不属于共同危险行为。他们的行为就是分别侵权行为。

### 什么叫分别侵权行为

所谓分别侵权行为,就是两个及以上的行为人分别实施了侵权行为,彼此既没有共同故意,也没有共同过失,但在客观上造成了同一个损害结果发生。

分别侵权行为有四个特征。

**首先,侵权行为必须由两个及以上的行为人分别实施。**这里有两个关键,一个是"两个及以上的行为人",也就是说,必须是多数人侵权,不能是一个人;另一个关键词是"分别实施",侵权人各自没有主观联系。比如,张三和李四商量好了去偷老王家的桃子,都商量好了,就是有主观上的联系,不属于分别侵权。

**其次,多个侵权行为在客观上针对的是同一个侵害目标,不能是多个目标**。比如,张三偷了老王家的桃子,李四偷了老张家的桃子,侵害目标不是同一个,当然不属于分别侵权行为。

**再次,每个行为人的行为都是损害发生的原因,可能是全部原因,也可能是部分原因**。

**最后,损害结果可以分割**。举个例子:甲乙两个工厂向水塘里排污,污水成分一样,导致水塘的鱼死了大部分。甲工厂排污 30 吨,乙工厂排污 70 吨,于是很明显,30% 的结果是甲工厂造成的,70% 的结果是乙工厂造成的,这就叫结果可以分割。

总结一下,侵权行为必须由两个及以上的行为人分别实施,他们彼此之间没有主观上的联系,但各自的行为又侵害了同一个目标,而且造成的损害后果可以分割。符合这些特征,才叫做分别侵权行为。

典型分别侵权行为和共同侵权行为看起来很像,但其实有很大区别。

区分主观的共同侵权比较容易,因为这类共同侵权行为人必须有主观上的共同故意,比如商量好了去偷东西;而分别侵权行为中,行为人既没有共同的故意,也没有共同过失。通过行为人有没有共同的故意,就能区分开。

真正难区分的是客观共同侵权行为和分别侵权行为。在客观的共同侵权行为里,行为人没有共同的故意,只是客观上导致了同一个损害结果的发生,确实和分别侵权行为很像。区别这两者的关键是损害后果是否可以分割。损害后果不可分的，就是客观共同侵权行为；损害后果可分的，是分别侵权行为。

就拿前文的例子来说：小张驾驶自家的小型客车带着小谢，在行驶过程中，追尾了前面小王驾驶的货车，导致小谢受重伤。在这起交通事故里，小谢重伤的损害是没法分割的。虽然最终法院是认定小张承担70%责任，小王承担30%责任，但这是根据交警部门认定的主要、次要责任来确定的，而不是分割了损害后果。所以，这是共同侵权行为。而本节排污的例子，根据排污量可以确定，30%的原因是甲工厂的，70%的原因是乙工厂的，很明显，损害后果可分割，就是分别侵权行为。

## 典型分别侵权行为

分别侵权行为又可以分为典型分别侵权行为和叠加分别侵权行为。先来看典型分别侵权行为。

典型分别侵权行为，就是在分别侵权行为里，行为人各自的行为共同造成了一个损害结果，单靠各自的行为，没办法导致现有损害结果的发生。还拿往池塘排污来举例。两个工厂分别向池塘排污，污水成分一样，同时排污导致池塘致毒物含量超标，导致池塘里大部分的鱼死亡。这个损害结果是两个工厂共同导致的，单个工厂的排污行为都做不到，这就叫"共同造成一个损害结果"，这种行为就是典型分别侵权行为。

在典型分别侵权行为中，行为人承担按份责任，只对自己的行为后果承担责任，不对他人的行为后果负责。损害后果30%是甲工厂造成的，70%是乙工厂造成的，那就甲工厂赔偿30%，乙工厂赔偿70%。

## 叠加分别侵权行为

叠加分别侵权行为，就是在分别侵权行为里，每一个行为人的行为都足以引起损害结果的发生。在这里，不是大家的行为叠加导致了损害结果的发生，而是每个行为人的行为都足以导致损害发生，这是叠加分别侵权行为与典型分别侵权行为的最大区别。换句话说，所有行为人的侵害行为，导致同一个损害结果——单个行为人的行为都不足以导致这个结果的，是典型分别侵权行为；单个行为人的行为足以导致损害结果发生的，就是叠加分别侵权行为。

还拿排污的例子来说：甲乙两个工厂排污导致池塘里的鱼大部分死亡，甲排30吨，乙排70吨，甲乙共同导致了损害后果发生，单独一个工厂排污则不会，这就是典型分别侵权行为。如果换个条件，池塘里的鱼全部毒死了，而且只要5吨污水就会把鱼全部毒死，而现在甲排了30吨，乙排了70吨，都远远大于5吨，这就叫"单个行为人的行为都足以导致损害后果的发生"，这就是叠加分别侵权行为。

在叠加分别侵权行为中，行为人承担连带责任。至于每个行为人要承担多少，原则上是每一个人承担均等的赔偿份额，因为每一个人的行为都足以造成全部损害。

## 半叠加分别侵权行为

《民法典》只规定了典型分别侵权和叠加分别侵权两种，但在现实生活中，还有一种复杂的情况。

单个行为人的行为不足以导致损害后果发生的，是典型分别侵权行为；单个行为人的行为足以导致损害后果发生的，是叠加分别侵权行为。那如果一部分行为足以导致损害后果的发生，另一部分行为不足以导致损害后果的发生呢？对此《民法典》没有规定，但这种情况是存在的。讨论立法时我提出，这也是分别侵权行为的一种形态，叫做"半叠加分别侵权行为"。法律没有规定，但是司法解释明确规定了半叠加分别侵权行为，承担部分连带责任——行为人对原因力重合的部分，承担连带责任；不重合的部分，谁实施的行为谁负责。本节案例就是这种情形。

老朱驾驶小轿车将老邵撞倒后，老刘驾驶货车碾轧导致老邵死亡，老朱和老刘双方都没有共同的故意，但两个行为共同导致了老邵的死亡。很明显，这是分别侵权行为。

老朱和老刘的行为并不都足以导致老邵死亡，轿车司机老朱只是把老邵撞倒了，不足以导致他直接死亡，所以这不是叠加分别侵权行为。然而，老朱和老刘的行为也并不是都不足以导致老邵死亡，老刘的货车碾轧就足以导致老邵死亡，所以也不是典型分别侵权。这个案例是半叠加分别侵权行为。

对于半叠加分别侵权行为，行为人对原因力重合的部分承担连带责任，不重合的部分，谁做的谁负责。法院判定，对于老邵的死亡，货车司机老刘的行为是100%的原因力，因为无论老邵是不是躺倒在路边，老刘都应该注意开车，不能直接碾过去，而轿车司机老朱的行为是70%的原因力。所以，双方原因力重合的部分就是70%，不重合的就是30%。对于重合的70%，老朱和老刘承担连带责任；对于不重合的30%，由老刘单独承担。

## 172 过失相抵

放在路边的开水桶烫伤了儿童，能主张监护人有过失而减轻责任吗？

前文已经讲了共同侵权行为、共同危险行为和分别侵权行为。这些行为比较明确，过错都在侵权人一方，受害人完全没有过错。然而在现实生活中，受害人也是可能有过错的，这种情况就涉及本节要讲的规则——过失相抵。还是先看一个案例。

女职工尹姐在厂区住宅区的开水房打开水，要给孩子洗澡。她提着水桶走到一个交叉路口，提不动了，就把两只装满开水的水桶放在路口，去借扁担。这时，6岁男孩小强玩耍后回家，经过这个路口，倒退着走，因为被水桶的耳子挂住毛线裤，掉进了开水桶，导致臀部及双腿烫伤。小强的父母向法院起诉，请求尹姐承担侵权责任。尹姐认为，小强的父母作为监护人，没有看好孩子，这不全是自己的责任。

在这个案例中，尹姐确实可以减轻责任，因为这种情形符合过失相抵的要件。

### 过失相抵的构成要件

适用过失相抵规则的基础是与有过失。与有过失的意思是，对侵权损害结果的发生或者扩大，侵权人有过错，但受害人也有过错。比如本节案例中，尹姐把开水桶放在路边，无人看管，这是有过错；但小强的父母没有监护好孩子，让他在有一定危险性的厂区里玩耍，同样有过失。双方的行为对小强烫伤这件事都具有原因力。

如果与有过失成立，法律后果就是过失相抵，可以减轻加害人的赔偿责任。过失相抵的"抵"，就是抵销的"抵"，但这只是一种形容。它真正的意思是，根据双方的过失多少两相比较，来确定双方各有多少责任，并不能简单地理解为互相抵销。

过失相抵的构成要件需要从两个方面考虑：加害人和受害人。

加害人应负的责任其实就是判断符不符合侵权责任构成要件，也就是有没有违法行为，有没有造成损害事实，两者之间有没有因果关系，以及行为人是否有过错。

受害人责任的确定，我们结合一个案例来说。老李到商场选购了一件很精美的玻璃工艺品，售货员交给他之后，老李把它放到柜台下自己的脚旁，继续跟售货员结算价款。这时，老张也到商场挑选工艺品，但眼睛只盯着柜台，没看到放在地上的工艺品，就把它踢倒摔碎了。这里是否适用过失相抵，要判断三点。

**第一，受害人的行为是损害发生或扩大的共同原因。** 损害的发生与扩大都是过失相抵的事由。如果受害人老李不是随意地把玻璃工艺品放在地上，就不会被后进门的老张踢坏。他的行为确实是损害发生的原因之一。

**第二，受害人的行为须为不当。** 构成过失相抵，受害人的行为不用达到违法行为的程度，只要是不当就可以。比如，老李随意把玻璃工艺品摆在自己脚旁，这说不上是违法行为，但确实会增大工艺品被踢倒的风险，属于行为不当。其他的不当行为，还包括不违反法律，但是违反道德、职业操守等行为。此外，不当行为既可以是积极行为，也可以是消极行为，比如本节案例，小强的父母没有监护好小强，就属于消极的不当行为。

**第三，受害人主观上须有过错。**如果受害人只有不当行为，但主观上无过错，仍然不构成过失相抵。老李明知工艺品是玻璃制品，放到地上后也没采取必要的保护措施，就是应当注意而没有注意，就是有过失的。

后进门的老张只看柜台没注意脚下，把玻璃制品踢倒了，当然有一定的过错。但是，受害人老李明知工艺品是玻璃制品，放到地上后也没采取必要的保护措施，就是应当注意而没有注意，也是有过错的。所以，综合以上的条件，老李作为受害人，是满足过失相抵要件的。

## 过失相抵的责任分担

发生了过失相抵，双方的责任如何分担呢？根据《民法典》第1173条的规定，有过失相抵情形的，法官可以不等当事人主张，依照职权减轻加害人的赔偿责任。判断过程通常是两步。

**第一步，比较过错。**比较过错，是指侵权人和受害人都有过错时，通过比较加害人和受害人的过错程度，决定各自承担多少责任。掌握过失轻重的标准是：故意重于重大过失；重大过失重于一般过失；一般过失重于轻微过失。这个判断一般由法官做出。例如，侵权人和受害人之间的过错比例是50%，就是同等责任；如果侵权人负有主要责任，受害人是次要责任，就是侵权人有70%左右的过错，受害人的过错程度在30%左右；如果反过来，是受害人有主要过错，侵权人为次要过错，那侵权人应当承担30%左右的赔偿责任。但要是侵权人具有故意或者重大过失，受害人只有轻微过失，不实行过失相抵。

**第二步，原因力比较**。比较了过错，定好责任后，再比较一下原因力，这里原因力的作用更像是一种"微调"。比如，已经确定了加害人和受害人过错程度相同，承担同等责任，还要根据双方行为的原因力大小进行"微调"：原因力相等的，各自承担50%的责任；原因力不等的，在50%的基础上上下调整。

此外就是，有一些侵权情形适用无过错归责原则，受害人即使有过错，也无法和侵权人的无过错相比较。这就只能用原因力大小来确定责任。比如，某化工厂对一批工业硫酸做了必要保护，也树立了警示牌。但受害人因为疏忽，还是不小心被硫酸弄伤了。这种情形也属于过失相抵，但无法靠比较过错来认定双方责任。因为这是高度危险责任，适用无过错责任原则，认定化工厂责任时，不用考虑过错要件。所以，只能以化工厂、受害人对损害结果发生的原因力大小认定双方责任。

## 案例回顾

判断是否构成过失相抵，要从侵权人和受害人双方来分析。从侵权人尹姐这边看，她把开水桶放在路边，无人看管，直接造成了小强烫伤，当然具有重大过失，构成侵权，应当承担赔偿责任。但是，小强只有6岁，是无民事行为能力人，应当在监护人的监护下活动。他的父母作为监护人，让他在厂区范围内自由活动，这是有危险性的，父母有监护不周的过失。因此，这符合过失相抵的要件，应当适用过失相抵规则，减轻尹姐的责任。

说句题外话，按照欧洲侵权法的规则，侵权法更重视保护未成年人的权益，所以对监护人监护不周的一般过失，原则上不实行过失相抵，因为实行过失相抵，会使受害的未成年人减少赔偿。不过，我国的《民法典》还没有这样的规定。现在法院裁判这类案件，通常是认为构成过失相抵的，应当减少侵权人的赔偿责任，做到有多少过失，就承担多少责任。

**延伸课堂：**

### 在我国，认定过失会使用"汉德公式"吗？

第117节延伸课堂讲过一个案例：未成年人在工厂水塘里游泳，因为工厂未对塘底清淤，导致未成年人被尖锐物刺伤，最终死亡。虽然未成年人是自己下水的，但法院还是判了工厂要承担赔偿责任。汉德公式就是在这个案例里提出来的。公式说的是，当避免意外的成本，低于意外发生的期望值时，行为人对自己的行为就有过失。

把公式放到案例里看，是说那个工厂用一万美元就可以对水塘清淤，消除危险，但是工厂没有这么做，结果造成了未成年人死亡的严重后果。造成死亡的损害远远超过一万美元，这就是消除意外的成本远远低于意外发生的期望值，所以认定工厂有过失。

这个公式是比较抽象的，比如怎么计算"一个意外发生的期望值"？以及，"造成的损失"和"意外发生的期望值"之间，怎么比较高低更合理？这些问题可能比案件本身还复杂，因此在一般的侵权案件里，很少有人能用这个公式来认定过失。

在大陆法系国家，比如我国以及德国、日本等国家，认定过失的标准还是看行为人是否"应当注意而没有注意"。如果是的话，这种不注意的心理状态就是过失。这个不注意的标准和汉德公式认定过失的标准相比，很明显前者更简单、高效。

著名法学家王泽鉴教授也认为，汉德公式采用经济学的方法来确定过失，有一定的先进性和新颖性，但是它并不好用。在大陆法系的司法实践中，一般不会用这样的方法来确定过失，用传统的过失判断方法就足以解决问题了。在我国法院的民事法官群体里，也几乎没有人使用汉德公式来认定过失。

# 173 损益相抵

医疗事故致患者死亡，可以用捐款抵扣赔偿吗？

在民法领域，有一个与过失相抵平起平坐的赔偿规则——损益相抵。虽然《民法典》没有对它作明文规定，但在司法实践中是存在的。还是先看一个案例。

老方因为医疗事故死亡，他的妻子周女士获得了医疗事故损害保险金8万元。老方在住院抢救期间，还得到了好友赠款10万元。妻子周女士向法院起诉，要求医疗机构赔偿人身损害65万元。医院认可自己有过错，但主张先扣除周女士因医疗事故而获得的18万元，扣完再按照自己过失的程度承担损害赔偿责任。在这种情况下，老方因医疗事故而死亡，却也因为医疗事故得到了总计18万元的赔偿和赠款，是否应当抵销医疗机构的相应赔偿责任呢？

具体能不能抵销，得看是不是适用损益相抵规则。

## 损益相抵的特征

损益相抵在侵权法里也叫"损益同销"。就是说，受害人的合法权益受到了损害，但是又因为损害发生的同一原因获得了收益。出现这种情况，应当将收益从赔偿额中扣除，剩下的部分才是损害赔偿的范围。

具体来说，损益相抵具有三个法律特征。

**第一，损益相抵适用于一切需要确定损害赔偿责任的场合，不仅包括侵权损害赔偿，也包括违约损害赔偿。**

**第二，损益相抵原则解决的，是损害赔偿责任大小的问题，它不解决损害赔偿责任应否承担的问题。** 换句话说，损害发生了，损害赔偿责任是否应该由加害人承担呢？损益相抵原则不管，它管的是，损害赔偿责任已经确定由加害人承担了，但是具体赔偿额是多少呢？这个由损益相抵原则确定。

**第三，损益相抵确定的赔偿额，是损害额扣除新生利益后的差额，而不是全部损害额。** 举个例子，老王的鞭炮厂爆炸，导致老李的房屋被震塌。一般我们能想到，老王要赔偿老李的全部损失，包括重建房产的费用、外出租房的费用等，比如总计 100 万元。但实际上老王并不需要赔这么多。房屋倒塌后还会出现大量残余的建筑废料，这些废料是有价值的，例如拆掉的梁檩等材料可以重新利用等。老王和受害人老李可以协商，找一个专门的回收商，给这些废料估价，比如 5 万元。这些废料的价值就是因侵权行为产生的新生利益。损益相抵就是说，要么废料归侵权人老王，然后老王赔偿全部损失；又或者，受害人老李要求建筑废料留给自己，那老王赔偿时就有权扣除掉这部分的利益额，可以只赔 95 万元。

简单总结一下，损益相抵适用于一切需要确定损害赔偿责任的场合；解决的是损害赔偿责任大小的问题；确定的赔偿额，是损害额扣除新生利益后的差额。符合这三个特征的，就适用损益相抵。在诉讼中，法官不需要等当事人提出主张，就可以直接根据掌握的证据适用这个原则。

一般认为，损益相抵制度诞生于罗马法。在罗马法里，确定具体损害时，就已经存在将所获利益与损害加以平衡的做法，不过只是局限在几个相互独立的案例中，没有形成统一规则。损益相抵真正发展成一项损害赔偿规则，始于19世纪的德国法。

不过，在我国的唐宋律例中，就有适用损益相抵规则的规定。比如，唐律的规定是，杀死一匹马，价值十匹布，马的皮肉骨等价值八匹布，于是赔偿数额就是十匹减八匹，赔偿两匹布的价值就可以了。这就是损益相抵规则，而且是确确实实写在法律中的，比德国适用损益相抵规则要早一千多年。

## 构成要件

在侵权责任中，构成损益相抵，必须具备三个要件。

**首先，必须有损害赔偿之债的成立**。构成损益相抵必须以损害赔偿之债的成立为必要要件。没有侵权损害赔偿之债的成立，就不适用损益相抵。

**其次，受害人必须获得了利益**。这种利益既包括积极利益，也就是受害人现有财产的增加，比如刚才例子里说的，因为房屋倒塌而获得了大量的建筑材料；也包括消极利益，也就是受害人本应支出的费用，因为损害的发生而免于支出。举个例子，张三把李四家的牛牵走了，导致李四只能雇人耕种。李四要求赔偿时，当然有权要求赔偿雇工费、找牛的费用以及其他损失。但是，也因为牛被牵走，李四这段时间省下了对牛的喂养费用，这就是获得的消极利益。侵权人张三赔偿时，有权主张先把自己养牛的费用扣掉。

**最后，损害事实与所得利益之间具有因果关系，换句话说，受害人因为损害的同一个原因而获得了收益**。还是拿刚才房屋倒塌的例子来说，正是因为房屋被鞭炮厂的爆炸震倒，才产生了大量的建筑材料。出现了这些利益，就叫损害事实与所得利益之间具有因果关系，就适用权益相抵规则。有些利益与损害没有因果关系，就不得适用损益相抵原则。比如，他人捐赠给受害人的财产，或者慈善机构用于救治的财产，或者国家、单位给予的补助的财产等；再比如因继承而获得的利益；还有因退休金、抚恤金而获得的利益；最后，还有他人送来的慰问金。这部分财产通常认为和损害没有因果关系，不适用损益相抵规则。

具备这三个要件即构成损益相抵，应在损害额中扣除所得利益额。

### 计算方法

损益相抵的计算与折抵方法比较多，但原则就是一条，先确定损害造成的损失和收获的利益的价值，然后相减，赔偿差额。

具体的赔偿计算方法是：先确定损害之物的原有价值，然后扣除损害之物的折旧，再减去因损害发生的新生利益。这样得出的就是实际损害赔偿的数额。变形一下杀死马匹的案例，假设马原本价值十匹布，因为受过伤，市价为八匹布，它死亡后留下的皮肉骨价值六匹布，所以马主人的实际损失就是两匹布。于是，赔偿金额就是两匹布。这种方法适用于财产损害赔偿。

现实生活中还有很多其他的情况。比如，对于侵权造成的损失，受害人已经获得了金钱赔偿，那就应当将新生利益退还给赔偿责任人。比如，致毁他人房屋，如果对损坏的房屋全额赔偿，则残存的零部件或建筑材料应归赔偿责任人所有，否则违背公平原则。

再有，现实生活中还有拿实物相抵的。这时候，新旧物的差价应由受害人退还给侵权人，否则受害人对差价为不当得利。例如，交通事故损坏了受害人的一辆自行车，侵权人实物赔偿一辆新的自行车，新旧差价300元，受害人要退回侵权人300元。

最后，还有最终将原物返还给受害人的情况。这时候，受害人所获得的消极利益应当退还给责任人。比如前面说的，侵占他人耕牛应负返还义务，但受害人在侵占期间减少的草料、喂养人工等费用，应作为消极利益从中扣除。

在本节案例中，医疗损害赔偿金能不能冲抵医疗机构的损害赔偿责任，要看医疗损害保险是由谁投保的。如果是医疗机构投保的，就应该适用过失相抵原则；如果是受害人自己投保的，就不能适用损益相抵规则。案例中的医疗损害责任保险是医院投保的，保险公司也支付了医疗事故保险金8万元，因此在确定医疗机构对老方的人身损害赔偿时，应当实行损益相抵，减少医疗机构的损害赔偿数额。

对于其亲友给付的10万元捐赠款，虽然也是因为医疗事故而获得的收入，但是这是老方及其家属与捐赠者的人情关系，不能作为损益相抵的新生利益，因此不能实行损益相抵规则。

所以，妻子周女士主张赔偿65万元，医疗机构主张先抵扣18万元再赔偿，这是没道理的，医疗机构只能主张抵扣其中8万元。

## 174 第三人原因

房屋因地铁施工成了危房,开发商要承担赔偿责任吗?

从本节开始,我们来讲解《民法典》侵权责任编里的免责事由。第一个免责事由是第三人原因。先看一个案例。

小明购买了房地产开发公司开发的一套别墅,房屋质量过关。但在付完钱、还没有办理产权登记之前,地铁公司在地下挖掘施工,出了状况,导致别墅房屋倾斜,部分地基陷落,成为危房。然而同一片区的其他房屋都没事。

小明起诉,请求房地产开发公司承担赔偿责任,而房地产公司却认为房屋损坏不是自己的行为造成的,拒绝承担赔偿责任,认为小明应该去起诉地铁公司。

在这种情况下,房子是向开发商买的,现在成了危房,按合同相对性原理,找开发商赔偿合情合理。然而,因为符合第三人原因的免责规定,房地产公司的抗辩是成立的,小明应该直接找地铁公司索赔。

### 第三人原因的定义

第三人原因,也叫"第三人过错",是指一方侵害了另一方的民事权益,但是这个侵害完全是因第三人的故意或者过失导致的,在这种情况下,就应该由第三人承担侵权责任,而实际侵害他人合法权益的人叫做"实际加害人",免除责任。第三人承担赔偿责任,适用侵权损害赔偿的一般规则就行。

举两个例子。

比如,老王在马路上挖了一个坑,老李路过时将老张推入坑中,导致老张受伤。在这个案例里,受害人老张是跌入老王挖的坑里受伤的,所以老王是实际加害人。老王在马路上挖坑肯定属于违法行为,但是并没有造成损害。而第三人老李故意伤害老张,导致老张受伤,老李的行为是损害发生的全部原因。这种情形就适用第三人原因,实际加害人责任免除,由第三人承担赔偿责任。

再比如,张三的菜园里有一口灌水井。李四经过菜园,没有经过张三的同意就擅自打开水井,导致邻居王五的菜园被淹,造成财产损失。在这个案例里,王五的菜园是被张三的灌水井破坏的,张三是实际加害人。但张三的水井在自家菜园里,张三并没有违法,是第三人李四擅自使用张三的灌水井实施了侵权行为,导致损害发生。尽管损害是实际加害人,也就是张三的水井造成的,但张三对于损害的发生没有过错,应当免责,由第三人,也就是李四承担赔偿责任。

## 第三人原因的法律适用

第三人原因的规则并不复杂,关键是判断一个行为是否适用第三人原因。这一点,可以结合侵权责任的构成要件来认定,主要有四个。

**第一,有违法行为**。其中,第三人有违法行为是必需的,而实际加害人可能有违法行为,也可能没有违法行为。比如刚才的例子,老王在马路上挖坑,老李将老张推入坑中,导致老张受伤。推人的老李就有违法行为；实际加害人，也就是在路边挖坑的老王，也有违法行为。而另一个例子，李四打开张三家的灌水井，导致邻居王五的菜园被淹。第三人也就是李四，有违法行为，但是实际加害人也就是张三，完全没有违法行为。

**第二，有损害事实**。换句话说，被侵权人的民事权益受到了损害。

**第三，有因果关系**。第三人的行为和损害结果之间具有因果关系。还是拿刚才的案例来说，王五的菜园被淹完全是由于李四打开灌水井导致的，这就叫"第三人的行为和损害结果之间具有因果关系"。

**第四，过错认定**。实际加害人自己没有过错，过错完全在于第三人。

只有同时满足这四点，才有可能构成第三人原因，实际加害人免责，责任由第三人承担。

对于"实际加害人自己无过错，过错完全在于第三人"的证明，司法实践通常的处理方式是：如果被侵权人主张由实际加害人承担责任，而实际加害人认为自己没有责任，应该适用第三人原因，由第三人承担责任的，那实际加害人不仅要证明自己没有过错，还要证明第三人的过错和损失之间的因果关系。都能证明的，就适用第三人原因，免除实际加害人的责任，赔偿责任由第三人承担。如果被侵权人不要求实际加害人承担责任，而是直接要求第三人承担责任的，第三人的过错和损害发生的因果关系就要由被侵权人证明。

## 第三人原因免责的例外

前文的描述中，是"只有同时满足这四点，才有可能构成第三人原因"。为什么是"可能"呢？这就涉及第三人原因的适用范围了。

**首先，第三人原因不适用于合同领域。**在侵权责任领域，第三人原因是免责事由，免除实际加害人的侵权责任。而在合同领域，第三人原因不是免责事由，违约人仍然承担违约责任。如果违约人和第三人有约定，就按照约定处理；如果没有约定，就依照法律的规定处理，也就是违约责任由违约人承担，违约人承担责任后，可以向第三人追偿。

**其次，一些适用无过错责任原则的侵权类型，不能因第三人原因免责，比如产品责任、环境污染和生态破坏责任、饲养动物损害责任等。**比如，老李出门遛狗，小张放鞭炮导致狗狗受到惊吓，挣脱绳索，咬伤了旁边的老王。看起来，老李牵绳遛狗没有过错，是小张的行为导致狗狗受到惊吓、进而咬了人，但因为这种情形是饲养动物损害责任，适用无过错责任原则，于是就不适用第三人原因，而是要按照无过错责任原则处理——受害人老王既可以向遛狗的老李请求赔偿，也可以向放鞭炮的小张请求赔偿。如果向老李索赔，老李赔偿后有权再向小张追偿。

这样规定的原因与无过错责任原则的立法精神是一致的，就是要让受害人能更容易得到补偿。

## 本节案例构成第三人原因

分析本节案例的关键是，小明别墅被损坏，是开发商的过错，还是第三人即地铁公司的过错？很显然，别墅的损坏不是开发商造成的。如果不是地铁公司在地下挖掘，破坏别墅的基础结构，别墅就不会塌陷，小明就不会有损失。换句话说，地铁公司的挖掘行为是造成别墅损坏的原因，而且是全部原因，所以这是侵权责任里的第三人原因的案件。

可能有的人会好奇,小明是和开发商签合同买的别墅,可不可以适用合同领域里的第三人原因,要求合同另一方也就是开发商,直接赔偿呢?让开发商赔偿后,再自己去找地铁公司追偿。

这是不行的。因为案例中,双方已经结清了钱款、验收了房屋,房屋买卖合同的主要义务已经履行完毕了,而且地铁公司和开发商也没有合同关系,所以不能主张合同法里的第三人原因。至于别墅还没办理产权登记,这不影响合同主要义务已经履行完毕,因为小明已经在事实上占有了别墅,成为事实业主,办证只是一个时间的问题。

这个案例的最终结果,就是房地产公司举证损害与自己没有因果关系,免除了赔偿责任。赔偿责任由第三人,也就是地铁公司承担。

**延伸课堂:**

---

《产品质量法》规定,因第三人过错导致产品缺陷的,消费者有权直接向生产者追偿。案例里的买房人为什么不能用这个规定,先向开发商追偿,再由开发商向地铁公司追偿?

不动产不适用《产品质量法》,不适用产品责任规则。在全世界的产品责任规定里,只有我国台湾地区是把不动产也作为产品的,其他国家和地区都认为产品必须是动产。

就这个问题,我还想多展开一些。适用过错责任原则和过错推定原则的时候,第三人原因是免责事由;但对适用无过错责任原则的侵权案件,第三人原因就不能免责了。问题里说的产品责任就适用无过错责任原则,第三人原因不是免责事由。具体来说就是,如果产品有缺陷造成他人损害,不是产品的生产者、销售者的原因造成的,而是由仓储者、运输者等第三人的过错造成的,也仍然是生产者、销售者先承担赔偿责任。他们承担责任后,再去找第三人追偿。

这种损害赔偿责任承担规则,最开始没有名字,我把它叫做"先付责任",就是没有过错的行为人要先承担责任,承担了赔偿责任以后,再去找有过错的第三人追偿。

规定这样一种损害赔偿规则,是因为在产品责任里有过错的第三人,是隐藏在产品责任背后的,如果让受害人直接请求第三人承担赔偿责任,受害人不知道谁是第三人,也不知道应该怎样才能证明第三人有过错。但是,由于产品责任是无过错责任,要求生产者、销售者承担赔偿责任不用证明过错,因此法律就规定,受害人可以直接向产品的生产者、销售者要求赔偿。生产者、销售者承担了赔偿责任以后,如果认为是第三人的原因造成的损失,可以找第三人追偿。

这样的规则尽管对生产者、销售者是比较麻烦,但是,却能让受了损害、处于弱势的消费者能更便捷地保护自己的权利,实现损害赔偿的请求权。

## 175 受害人过错

学生受到学校处分后自杀身亡,学校要承担赔偿责任吗?

本节讲解另一个侵权免责事由——受害人过错。我们知道,在侵权行为里,如果受害人也有过错,应该过失相抵,侵权人不用承担全部赔偿责任。但受害人过错的概念则不同,过失相抵是责任减轻事由,受害人过错则是完全的免责事由。对行为人来说,这是两种完全不同的法律负担。先看一个案例。

中学生小刚在考试时打小抄,被监考老师发现。学校教务处与政教处认定小刚作弊成立,给予记过处分,处分决定贴在校园的公示栏里。小刚看到处分决定后就回家了,再也没去学校,后来就在家里自杀了。小刚的父母认为,孩子之所以会自杀,是学校公开处分导致的。学校的行为损害了未成年人小刚的心理健康,因此要求学校赔偿。

小刚考试作弊,学校记过处分,这没问题。但学校未提前告知小刚和他的父母就直接向全校公示处分,这是流程有瑕疵。这种情况下,学校是不是要对小刚的自杀负责,向他的父母赔偿呢?按《民法典》的规定,小刚的行为属于"受害人过错",学校是免责的。

要想理解这个结论,我们需要看看什么是受害人过错。

## 什么是受害人过错

受害人过错,规定在《民法典》第1174条:"损害是因受害人故意造成的,行为人不承担责任。"

听起来不难理解,受害人故意伤害自己,行为人当然不应该承担责任。但我要说的是,这条规则其实表述得不够完备。条文里说,必须是"受害人故意"才构成受害人过错,但传统侵权法理论认为,这里应当是"受害人过错",而不是"故意"。因为过错范围更大,除了有受害人故意,还包括受害人过失。因此,在司法实践中,认定受害人过错,也不只是受害人故意这一种情况,还包含受害人有过失的另外两种情形。

## 受害人过错的类型

**第一,受害人故意**。它是指:受害人明知自己的行为会伤害自身,还希望或放任这种结果发生。有一个真实案例。某男子与女友一起去动物园。在狗熊笼子前边,狗熊走来走去,女友问:"你敢不敢踢它一脚?"男子说:"这有什么不敢的!"在狗熊走过来的时候,他就踢了狗熊一脚。狗熊没反应,两个人哈哈大笑。狗熊又走过来,男子又踢了一脚,结果狗熊一口咬住他的脚跟,造成了人身伤害。这就是受害人故意引起的损害。这类损害由于是受害人故意导致,并且受害人的行为是损害发生的全部原因,所以行为人,也就是动物园,不承担责任,责任由受害人自己承担。

不过这种情形也有例外。如果受害人会损害自身是受到了行为人的引诱,那应当认为损害是行为人故意造成的,而不是受害人故意。

比如，某美容师为了销售美容课程，向潜在客户展示了一种自制美容面膜的方法，宣称这样做面膜既省钱又效果好，但没有展开说明注意事项。某个客户按指导自制了面膜，结果因为操作不当皮肤严重过敏。这个案例，虽然是客户自己做面膜，按说应该自担风险，但这是因为受到了美容师的错误指导。所以，美容师对损害的发生有故意，至少是放任了这种损害结果发生。

**第二，受害人重大过失**。这是指，受害人对于自己的人身和财产安全毫不顾忌，以至于造成了自身损害。比如，在景区里，成年游客不顾警示牌，趁工作人员不注意，悄悄越过围栏拍照，结果失足掉进湖里，造成财产损失，这就属于受害人有重大过失，景区不承担责任。

**第三，受害人一般过失**。举个常见的例子，顾客用完午餐，急忙赶着离开，结果出门时把服务员的汤撞洒了，弄脏了自己的衣服。这个场景里，顾客不小心撞洒汤，就是一般过失。而且顾客的过失行为是损害发生的全部原因，所以餐厅对损害的发生没有过错，不承担责任。

要注意，在后两种受害人有过失的情形里，如果行为人完全没有过错，当然免责。但如果行为人也有过失，或者与受害人过失相当，那只会构成过失相抵，行为人不完全免责，只能减轻部分责任。

## 受害人过错的构成要件

受害人过错的三种常见类型归纳起来其实就是一句话：**受害人对自身的损害有故意或者过失**。这也是认定受害人过错的其中一个构成要件。

除它之外，还有两个构成要件。

**一个是受害人的损害与行为人的行为有关**。本节案例中，尽管直接导致小刚死亡的是自杀行为，并非是学校的处分行为，但是学校的公开处分和小刚会选择自杀还是有一定关联的，因此这一要件成立。假设学校没有处分小刚，是小刚回家后没有任何预兆就自杀了，这就和学校没有关系，不涉及认定侵权行为，自然也不用考虑受害人过错规则。

**另一个要件和受害人的故意或过失有关**，也就是：**受害人的故意或过失，必须是造成自己损害的全部原因**。受害人有过错的，无论是故意、重大过失还是一般过失，只要过错是损害发生的全部原因，就构成免责事由。但如果行为人也有过失，或者与受害人过失相当，那就构成过失相抵，而不是受害人过错。

## 受害人过错的证明责任和特殊规定

我们会发现，在三个要件里，两个都与受害人的过错有关。一个是受害人对自身损害有没有过错；另一个是，这些过错是不是造成损害的全部原因。那么在诉讼中，这就存在一个举证责任的问题。

根据"谁主张谁举证"原则，既然行为人主张自己免责，那当然就是行为人提出证据。行为人要证明，虽然自己的行为与受害人的损害有关，但造成损害的全部原因是受害人的过错。只有证明了这些，受害人过错才能成立，才能免除行为人的侵权责任。

当然，现实很复杂，有些情况下，即使受害人的过错是损害发生的全部原因，也可能不免除行为人的责任。《民法典》对此有一些特殊规定。

**第一类是，法条明确规定，受害人故意不是免责事由，而是减轻责任的事由。** 比如，老张养的小狗特别温顺，老张经常遛狗都不拴绳。某次遛狗，老张上卫生间。路过的小李就故意挑衅小狗，吓它和用脚踢它，一而再再而三，小狗就反扑上去，咬伤了小李。在这个场景里，小李会受伤全是因为自己有过错，按说老张是应该免责的。但是，为了保护受害人的利益，法律规定，这种饲养普通动物的侵权情形，即使是受害人故意引起损害，行为人也是减轻责任，而不免除责任。

**第二类，是绝对责任条款**，也就是：无论受害人是故意还是过失引起损害，都不免责，也不减责。假如老张养的不是温顺小狗，而是法律禁止饲养的烈性犬，比如藏獒，这时，即使受害人故意挑衅后被咬伤，养犬的老张也不能免责或减轻责任，而是要赔偿小李的全部损失。

## 案例回顾

在本节案例中，小刚是受害人，他在考试时作弊，受到学校的处分，最后自杀身亡。虽然学校公开做出处分决定时，在操作规程上有一定瑕疵，但是这不属于侵权行为，而是学校在履行管理、教育学生的职责。

如果行为人的在先行为不构成侵权行为，或者行为人虽然构成侵权行为，但受害人的其他故意行为，比如自杀行为，中断了在先行为与受害人所受损害的因果关系。有这些情况的，行为人都无须承担侵权责任。换句话说，学校的处分行为，与小刚自杀身亡有一定的关联，但不存在直接的因果关系。小刚的死亡结果，完全是因自己的故意行为，也就是自杀行为导致的。所以，学校不用承担侵权责任，小刚的父母主张学校赔偿是没有法律依据的。

这个案例的最终结果，是学校对自己的行为致歉，并基于人道主义向小刚的父母做出了一些金钱补偿，但是没有承担侵权赔偿责任。

**延伸课堂：**

云南昆明有一个男子，在烧烤摊上连续喝酒后死亡了，经过鉴定是饮酒过度造成的。家属起诉烧烤摊，要求赔偿 14 万元，法官判决烧烤摊赔偿 5000 元。烧烤摊是不是应该一分钱都不用赔？

先说结论，成年人在烧烤摊喝酒，没有人劝酒，因过量饮酒造成自己死亡，过错完全在于自己，这是典型的受害人过错。所以，死者家属要求赔偿 14 万元，是不成立的。法院哪怕只判决赔偿 5000 元，在法律适用上也是不正确的。可能有人会说，烧烤摊的摊主看他喝多了，应当不再卖给他酒，摊主也有过错。这要看实际情况，如果客人很多，摊主关注不到醉酒者有异常情况，是不负这个责任的。

最近这些年，共同饮酒造成同饮者人身损害赔偿的案件，法院判了很多，大体上形成了比较一致的裁判规则。这就是，共同饮酒者对其中的醉酒者没有尽到安全保障义务，让其受到人身损害，有过错的同饮者，要承担赔偿责任。至于应当赔偿多少，要

第七章　保护权利的侵权责任

看共同饮酒者有多大的过错，按照过错程度确定赔偿责任。

例如，多人共同饮酒，强行劝酒，让其中一个人烂醉如泥。其他人把他送到家里，放在沙发上就都走了。结果醉酒人呕吐堵塞气管，最终窒息死亡。这样的过错就比较严重，法院会判决有过错的同饮者承担80%左右的赔偿责任。

我在老家法院时，就遇到过这样的真实案例。一个访问团来访问，举行宴请，访问团中的一个成员喝醉了酒。访问团告诉宴请一方，你们放心，我们负责送他回宾馆。十几个团员坐中巴回宾馆后，大家一哄而散下车去唱歌，就忘了这个醉酒的人。结果第二天早晨才发现少了一个团员，醉酒者在车上呕吐窒息，死在车上了。访问团和接待单位讨论赔偿问题，访问团承认是他们自己的责任，与宴请者无关。

这也告诉我们，共同饮酒应当注意保护同饮者的人身安全。首先就是，不可强行劝酒；其次，对醉酒者，要善尽安全保障义务，不要让他发生危险。

## 176 自甘风险

踢足球导致骨折,可以要求对方球员赔偿吗?

本节来讲解一个《民法典》新规定的免责事由——自甘风险。先看一个案例。

某市体育局举办第五届全民健身运动会。甲队和乙队都是民间自发组织的足球队,比赛过程中,甲队队员小陈与乙队队员小郎发生冲撞,导致小陈腿部骨折,住院手术。小陈认为,小郎把自己撞伤了,应该承担赔偿责任。而三位裁判认为,虽然小郎犯规了,但不属于恶意犯规,更不是有意伤人,不用赔偿。小陈不认可裁判结果,将小郎和赛事的主办方体育局起诉到法院,要求承担连带赔偿责任。

可能有的人认为,小郎既然是踢球犯规,就是有过失,应当承担一定责任。但事实上,根据《民法典》规定的自甘风险规则,小陈是不能要求小郎赔偿的。我们来看看《民法典》对自甘风险是怎么规定的。

### 什么是自甘风险

自甘风险本来是英美侵权法的一个概念,我国以前的法律没有规定,《民法典》第一次规定了这个免责事由。所谓的自甘风险,就是指受害人自愿参加具有一定风险的文体活动,过程中,因为其他参加者的行为而造成损害,如果其他参加者没有故意或者重大过失,受害人就不得要求其他参加者承担侵权责任。

这个定义中有五个要点。

**第一**，受害人自愿参加的活动仅限于"**文体活动**"，而且是合法的文体活动，不能是法律、行政法规禁止的活动，比如赌博就不可以。

**第二**，受害人参加的文体活动"**具有一定风险**"。如何判断是不是具有风险，通常以参加活动、对活动有充分了解的理性人的认知为判断依据。比如，但凡是参加过比赛的足球爱好者都知道，足球具有一定的危险性，于是足球就是"具有一定风险"的文体活动。而书法创作一般就被认为没有什么风险，不属于"具有一定风险"的活动。

**第三**，受害人是"**自愿**"参加活动的。行为人知道或者应当知道参加的文体活动有一定风险，还自愿参加，就可能构成自甘风险。自甘风险里的"自甘"，其实就是心甘情愿的意思，认识到有风险还自愿参加。比如，明知道蹦极是有风险的体育活动，报名时还看了风险须知，还自愿参加的，就符合这一要件。

**第四**，造成受害人损害的是"**其他参加者**"，而不是其他原因。只有自愿参加者受到了其他参加者的伤害，才符合自甘风险的要求；其他原因造成的损害不在自甘风险的范围之内。比如，蹦极出了事故，那得看事故是不是其他参加者导致的——如果是，那就有可能适用自甘风险；如果不是，比如遇到了极端恶劣天气，跟其他参加者没关系，那就不适用自甘风险。

**第五**，对于伤害的发生，**文体活动的其他参加者没有故意或者重大过失**。如果有故意，那就是故意伤害。

## 自甘风险的法律后果

其他参加者没有故意或者重大过失，才有可能构成自甘风险。如果有故意或者重大过失，这就不再是免责事由，而是构成侵权责任。比如当年"拳王"泰森复出，在打不过对方的时候，咬掉了对方的一块耳朵，这就是故意伤害，不能用自甘风险规则免责。

石景山法院曾经判过一个案件。几个中学生课余时间在学校操场踢足球，进攻球员冲进对方禁区射门，守门员扑球时没有抓牢，球打在自己的眼睛上，造成一只眼睛严重受损。受害学生的母亲向法院起诉，要求射门的同学承担赔偿责任，但法院最终判决不赔。这是完全有道理的。在足球比赛或者运动中，射门的运动员总不能事先警告守门员，要抓牢球、不能让球打到自己的眼睛。射门球员没有故意或者重大过错，于是就适用自甘风险规则。

在这一点上，《埃塞俄比亚民法典》就规定得特别具体："在进行体育活动的过程中，对同一活动的参加者或者在场观众造成伤害的人，如果不存在任何欺骗行为或者对运动规则的重大违反，不承担任何责任。"

此外，对于具有一定风险的文体活动，《民法典》对活动组织者的责任也有规定：对风险活动组织者，适用"违反安全保障义务损害责任"和"教育机构损害责任"规则。风险活动的组织者有过错就有责任，无过错就无责任。比如，2021年，在甘肃省举行的百公里越野赛中，参赛选手在比赛中遭遇大风、降水、降温的恶劣天气，造成21名参赛选手死亡、8名参赛选手受伤。组织者对于即将到来的恶劣天气没有预判，过程中也没能保障参赛选手的安全，导致这么多选手死伤，这就叫"组织者没有尽到安全保障义务"，要承担损害赔偿责任。

## 小郎的行为适用自甘风险

我们来回顾一下本节案例。

小陈自愿参加具有一定危险性的文体活动——足球比赛，过程中被其他参加者小郎伤到了腿，这些都符合自甘风险的要求。这里的关键是，小郎的行为是否属于故意或重大过失？如果没有故意或重大过失，就适用自甘风险，免除责任；如果有故意或者重大过失，就不能免责。

本案例中主持竞赛的三位裁判都认定，小郎的确有犯规行为，但不是恶意犯规，于是就不存在故意或者重大过失，适用自甘风险原则，不应当承担侵权责任。虽然小陈对这个结果不认可，但也没有证据证明小郎是故意的或者有重大过失，无法让小郎赔偿。而体育局作为竞赛活动的组织者，制定了比赛规程，竞赛是按照规程进行的，因此也不存在组织过失，也不应当承担赔偿责任。

如果小郎求胜心切，为了阻挡小陈的进攻，借铲球之机，故意"铲"小陈的腿，造成小陈腿骨骨折，这就超出了自甘风险的范围，应当承担侵权赔偿责任。又或者，活动的组织者没有做好场地平整工作，导致小陈抢球时摔伤骨折，那组织者有过错，也要承担侵权责任。

## 177 自助行为

顾客吃霸王餐，店家可以扣物、扣人催要餐费吗？

本节来讲侵权责任编里最后一个免责事由，也是《民法典》新增的一个免责事由——自助行为。

自助行为就是权利人受到了侵害，在情势紧迫又不能及时获得国家机关保护的情况下，可以采取必要行为维护自己的利益。

举一个常见的案例：老吴一行三人来到老王开的饭店用餐，点了雪花牛肉、龙虾汤烩翅、燕窝等豪华菜品，价值3000元，吃饱喝足后，想要溜走。店主老王上前阻拦，老吴三人称没带钱，无法结账，等下次再来时一起结账。老王不同意，让店员报了警，并将老吴等三人带到一个房间，不让离开，让他们联系家人或朋友来送钱。20分钟后，警察来到现场，老吴就向警察举报老王侵害他们的人身自由，请求饭店赔偿。

这个案例中，老王确实限制了老吴三人的人身自由20分钟，侵害了他们的人身自由，但这是为了追回餐费，所以构成自助行为，可以免责。

假设老吴等人是熟客，带的钱不够支付餐费，因为有急事，要求先留下欠条或押下部分财产，下次再结清，但老王还是不同意，仍然扣留了他们。这时候，店主老王限制他们的人身自由，就不可以免责了，因为老王采取的自助行为过当了。根据法律规定，自助行为过当，行为人要承担侵权责任。

## 什么是自助行为

自助行为规定在《民法典》第1177条。这个条文有两部分内容：一是规定了，构成自助行为，行为人免责；二是对自助行为的限制，规定了实施自助行为采取措施不当，要承担侵权责任。

自助行为是《民法典》新增的条款。早在2008年制定《侵权责任法》时，我们就建议要规定自助行为，不过立法机关没有采纳。当时考虑的是，自助行为是一把双刃剑，弄不好会出现"以暴制暴"的情形，如果自助行为超过必要限度，可能会成为新的侵权行为。不过，这十多年来的司法实践还是表明，即使没有专门规定，自助行为在实际生活中也经常出现。出现争议了，法院也不会让实施自助行为、保护自己权益的人承担侵权责任。所以，编纂《民法典》时，立法机关最终还是规定了自助行为是法定的免责事由。

自助行为的性质属于自力救济，也就是依靠自身的力量保护自己的合法权益。它和公力救济，比如报警、向法院起诉等依靠国家的力量救济自己正好相对。从现代法治发展的轨迹看，公力救济是越来越受重视的，私力救济在法律地位上是一种例外——能够通过公力救济解决的，就不宜用私力救济，只有符合特定条件才可以使用私力救济。自助行为也是这样。

## 在什么情况下才能实施自助行为

在实践中,实施自助行为需要满足四个要件。

第一,**行为人的合法权益受到了侵害**。没有侵害,就不用寻求救济。侵害除了有不法侵害,也有"合法侵害"。"合法侵害"通常是指没有故意、过失,而是不得已侵害了他人权益,例如为了防止火灾蔓延而砍伐树木打火道,树木的主人就不能对这种"侵害"实施自助行为,因为这是法律规定的紧急避险行为。但是,砍树人在事后要对树木的主人做出合理补偿。

第二,**情况紧迫且不能及时获得国家有关机关保护**。这是把自助行为和寻求公力救济区分开来的关键要件。只有客观上来不及找国家机关保护自己,或者不实施自助行为,权利保护的难度会显著增加,才可以实施自助行为。

有一个典型案例。老张没有经申请就建窑烧砖,老李因老张烧砖损害了自己种植的荔枝树,就在砖窑烧砖的时候拿冷水去泼,导致砖块内外出现温差,一批砖块破裂和变形,给老张造成了财产损失。这个案例中,老李的荔枝树受到的损害就不属于情况紧急无法寻求国家有关机关保护,因为老张私自建窑烧砖,本身就是违反有关行政法规的,行政机关会处罚和取缔。老张可以及时向有关机关举报,或者向法院起诉。如果情况更紧急,还可以申请财产保全,在判决做出前让老张停止烧砖,防止扩大损害。这都是可以及时寻求的公力救济。私自烧砖的老张除了受行政处罚,肯定要赔偿老李受到的全部损失。但老李向砖窑泼冷水不构成自助行为,所以不免责。对老张砖块的损失,老李应当承担赔偿责任。

第三,**自助行为只能是扣留侵权人的财产,或者适当拘束侵权人**

的人身自由。这个要件规定了自助行为可以采取的方式。其实在《民法典》里，写的是可以实施"扣留侵权人的财物等合理措施"，没有明文规定可以"适当限制侵害人的人身自由"。但这两种行为其实都在自助行为的范围之内，只是立法时考虑，"适当限制人身"不宜在条文里公开说明。

此外就是，这些行为不能违反法律的强制性规定，也不能违反公序良俗。比如，雇佣他人暴力讨债，将债务人囚禁在笼子里逼债，都是法律或者公序良俗禁止的行为，不是自助行为。

**第四，扣留财产和限制人身自由这样的自助行为，不得超出必要限度。**自助行为的目的是救济自身，如果行为足以保全自己的合法权益了，比如让吃霸王餐的人留在店内，或者扣留了他们的财产，那就不能再进一步侵害行为人的人身权益。比如扣了财产还要扣人，或者只是扣了人，但还要把这些人绑起来、让他们在店门口示众，等等。

## 自助行为的法律后果

构成自助行为的法律后果，就是免除自助行为人的侵权责任。

然而，如果采取自助行为的措施不适当，造成他人损害了，应当承担侵权责任，赔偿损失。变形前文的举例，假设店主老王是把老吴等三人锁在狭窄的卫生间里，或者绑在饭店门口示众，就是侵害人格尊严的行为，超出了自助行为的必要限度，老王是要承担侵权责任的。

在本节案例中，顾客吃霸王餐，店家为了维护自身权益，是有权利在必要限度内拘束顾客的人身或者扣留其财产的。店家和顾客通常不认识，如果任凭顾客走脱，日后可能无法追回餐费。这时，如果店主老王只是把人扣下，没有其他侵害行为，并且及时报警，就属于在必要限度内实施自助行为，不承担侵权责任。

假如顾客是常客，某次吃饭忘记带钱，因为着急办事，提出先写欠条或者押下财产，后续来支付餐费，这时候店家老王还非得扣留他们，并且因此耽误了顾客的急事，这就属于实施自助行为程度过当。熟客留下欠条，或者押下财产，这样的行为通常足以维护店家的合法权益。在这种情况下，如果店家还要同时限制顾客人身自由，就属于实施自助行为过当，要承担侵权责任。如果是这种情况，老吴等三人要把欠老王的餐费结清，但与此同时，老王对于因扣押三人给他们造成的其他损失，也要承担赔偿责任。

**延伸课堂：**

自助行为和正当防卫有什么不同？自助行为对未成年人也同样适用吗？

正当防卫规定在《民法典》第181条。简单来说就是：正当防卫面对的，是行为人侵害自己的合法权益，防卫人对违法行为人的人身进行反击，阻止侵害行为。这里的关键是"人身反击"。

有一个美国的案例。一个单身妇女领着两个幼儿在家里，深夜有两个歹徒砸门。这个妇女拿出自己的枪，同时打电话报警，询问警察："我可不可以对这两个歹徒开枪射击？"警察回答说：

"我不能告诉你是否可以开枪打伤他们,但是,你为了保护自己和两个孩子,可以采取任何你认为适当的行为。"这个妇女放下了手机,对两个正要破门而入的歹徒开枪射击,打死一个、打伤一个。没死的歹徒起诉,追究妇女的侵权责任,法庭判决妇女是正当防卫。

而自助行为不是对违法行为人的人身反击,而是适当扣押对方的财产或者适当拘束对方人身。自助行为对未成年人也能实施,不过未成年人自身没有判断能力,也没有责任能力。因此,对未成年人实施自助行为,法律对"行为不能超过必要限度"要求更严格。比如成年人吃霸王餐,被适当扣留,可以等到其亲友送钱来为止;但是,对未成年人实施自助行为,受害人就必须主动、及时通报公安机关以及联系未成年人的监护人来处理,否则就可能是自助行为程度过当。

## 178 人身损害赔偿

城市居民和农村居民在同一事故里身亡,死亡赔偿金有不同标准吗?

从本节开始进入对损害赔偿规则的学习,也就是合法权益受到侵害后,具体怎么赔偿。本节先讲第一种,也是最基础的损害赔偿规则——人身损害赔偿。

先看一个案例。

三名中学生乘坐一辆车外出,途中发生了交通事故,学生们伤势很重,送医院抢救无效后死亡了。他们的父母向法院起诉,要求肇事司机的单位承担赔偿责任。审判时,法院按照城乡不同标准,对两名来自城市的同学按照城市标准确定死亡赔偿金;对一名来自农村的同学按照农村标准确定死亡赔偿金,两种赔偿数额相差20万元。农村学生的父母觉得这太不公平了,要求同等赔偿。

这个案件,是推动死亡赔偿金规则完善的一个重要案例。因为发生得比较早,按当时的法律和司法解释,法院确实是以城乡的不同标准确定了不同的赔偿额。这之后,计算死亡赔偿金的规则多次修订,到今天,这种不公平的计算方式已经被纠正了。现在最新的规则是,无论死者是城市居民还是农村居民,死亡赔偿金都是同一标准。

这个立法变化是怎么发生的,计算人身损害赔偿额时又该注意什么?我们先从人身损害赔偿的含义说起。

侵权责任中的人身损害,就是指自然人的生命权、身体权、健康权受到侵害，导致了受伤、残疾、死亡等后果。对应的人身损害赔偿，就是这些人身损害发生后，要求侵权人以财产赔偿等方式对受害人进行救济和保护的侵权法律制度。比如本节案例中，车祸导致三名学生死亡，就侵害了其生命权，肇事司机当然要承担对受害人的人身损害赔偿。

概念非常好理解，重点是具体如何进行赔偿、赔偿多少。我们分别按照人身损害导致他人受伤、人身损害导致他人残疾，以及人身损害导致他人死亡这三个方面，详细说说具体的赔偿规定。

### 造成伤害的损害赔偿

对于人身损害导致他人受伤的赔偿，按照规定，应当赔偿的费用包括两部分，一部分是为了治疗和康复而支出的费用，比如医疗费、护理费、交通费、营养费等；另一部分是因误工而减少的收入。种类比较多，我们重点说四种。

首先是医疗费。医疗费的具体计算，要根据医疗机构出具的医药费、住院费等收款凭证，再结合病历和诊断证明这些证据来确定。当然，对于受害人提出的证明医药费的证据，侵权人如果有疑问，比如觉得没有必要花那么多，可以自己举证证明。

其次是护理费，也就是补偿受害人因为受伤害而生活不能自理、需要有人护理而支出的费用。这要根据护理人员的收入状况、护理人数、护理期限而确定。一般来说，护理人数就是一个人。当然，如果医疗机构或者鉴定机构出具明确意见的，比如认定一个护理人不够，需要两个人，那就按照这些意见确定。护理期限原则上计算到受害人恢复生活自理能力、不需要护理时为止。

再有就是交通费，也就是受害人以及陪护人员因为就医或者转院而发生的交通费用，侵权人要赔偿。具体以正式的票据为凭证，如出租车小票或高铁票等。

最后是误工费，也就是补偿受害人由于人身受到伤害、耽误工作而造成的损失。这个要根据受害人的误工时间和具体的收入状况来确定。误工时间根据医疗机构出具的证明确定就可以，收入状况要复杂一些，受害人有固定收入的，按照最近三年的平均收入计算；如果受害人不能举证证明自己最近三年的平均收入状况，就参照受诉法院所在地的相同或者相近行业职工的上一年度平均工资来确定。

## 造成残疾的损害赔偿

人身损害造成残疾，肯定比通常的受伤要严重。所以，除了上文说的医疗费、误工费，交通费等赔偿，侵权人还要赔偿残疾辅助器具费和残疾赔偿金。

残疾辅助器具费一般以普通适用器具的合理费用为标准计算。当然，如果伤情有特殊需要，比如辅助器具配制机构发现，受害者伤情特殊，不能使用普通器具，只能用专门定制的高端器具，那就以辅助器具配制机构的意见为准。

残疾赔偿金则要根据接受诉讼的法院所在地上一年度城镇居民的人均可支配收入计算。如果受害人不满60周岁，通常就赔20年的人均可支配收入。受害人超过60周岁的，年龄每增加1岁便少赔1年，比如受害人65周岁，就赔偿15年；75周岁以上的，统一按5年计算。

当然，这是一个基础的计算标准，实际赔偿时，还会根据受害人丧失劳动能力的程度或者伤残等级来调整。比如，受害人因伤致残，但实际收入没有减少，比如一个书法家、脚部受伤，不太妨碍书法创作，对收入影响很小。但也有可能是伤残等级比较轻，但因为职业的特殊性，严重影响劳动就业，比如一个外科医生，手部受伤并不严重，但也很长一段时间没法给病人做手术了。对于这些情况，就要对残疾赔偿金做相应调整。

## 造成死亡的损害赔偿及其变化

人身伤害造成死亡的情况下，要赔偿丧葬费和死亡赔偿金。

丧葬费以接受诉讼的法院所在地上一年度职工的平均工资为标准，计算6个月的总额。比如，当地职工每个月的平均工资是5000元，那就赔偿3万元的丧葬费。

死亡赔偿金，一般以接受诉讼的法院所在地上一年度城镇居民人均可支配收入为标准，按20年计算。标准和残疾赔偿金一样，60周岁以上的，年龄每增加1岁就少赔1年；75周岁以上的，统一按5年计算。

对于人身损害造成死亡的赔偿，在不同的时期，规定不太一样。

对于死者的赔偿，《民法通则》只规定了丧葬费，没有规定其他赔偿，这就导致赔偿数额非常小。为了纠正这个缺点，《消费者权益保护法》等法律和行政法规规定，除了赔偿丧葬费之外，还要对死者进行一定的赔偿，但是赔偿的内容、赔偿的标准都不统一。

2004年，最高人民法院人身损害赔偿的司法解释明确规定，对于造成死亡的，还应当支付死亡赔偿金。但是，计算死亡赔偿金的方法，城市和农村是不同的，这就使得农民得到的赔偿很少。就像本节案例说的那样，城乡两个赔偿标准，赔偿数额相差巨大。案例中的法院执行的就是这个赔偿标准。这种做法也被称作死亡赔偿金的"同命不同价"。

对于这样的规定，我一直持否定态度。对于造成死亡的赔偿，并不应该存在城里人和农村人的区别，因为死亡对每个人来说都是一样的损失，获得平等的赔偿是最基本的规则。

2009年制定《侵权责任法》的时候，很多学者都建议改变这样的规则，但规则没有完全修改，最后规定，在同一个侵权行为造成数人死亡的时候，要按照同一个标准计算死亡赔偿金。换句话说，2009年之后，在本节案例的情况下，就不能再区分城市和农村了，而是要按照同一个标准赔，但是要有一个条件，就是在同一个侵权行为造成数人死亡的时候，要按照同一个标准计算死亡赔偿金。如果是不同的侵权行为造成的城市居民和农村居民的死亡结果，赔偿数额仍然是不同的。《民法典》刚出台时也没有对这种情况做出改变。

直到2022年5月1日，新修订的人身损害赔偿司法解释才确定，用同一标准计算死亡赔偿金，不再区分城市和农村。在今天，侵权行为造成城市居民或农村居民死亡，死亡赔偿金的计算标准是一样的，也就是前面说的，以接受诉讼的法院所在地上一年度城镇居民的人均可支配收入为标准，按20年计算。

通过人身损害造成死亡的赔偿规则的变化，也能看到我国法律的逐步完善。

## 延伸课堂：

**在交通事故里，残疾赔偿金比死亡赔偿金更高，这会不会导致侵权人更倾向于撞死被害人呢？**

这个担忧是现实的，但这也是全世界的民法都无法解决的问题。在各国的人身损害赔偿规则里，基本都是造成残疾的相关赔偿金额要高于死亡赔偿金。

因为侵权行为造成受害人残疾，丧失劳动能力，侵权人不仅要承担残疾赔偿金，还要赔偿对受害人以及由其扶养的亲属的生活补助费、残疾辅助器具费等。造成死亡就不是这样，除了赔偿抢救的医疗费，丧葬费，死亡赔偿金，以及死者生前扶养的人的生活补助费以外，基本就没有其他赔偿内容了，赔偿数额相对固定。因此，有人说侵权行为造成受害人残疾的赔偿是一个无底洞，是要直到受害人死亡时，才会终结赔偿。

既然赔偿额差别这么大，会不会让行为人为了减少赔偿数额，对本来只是重伤的受害人下狠手，直接造成死亡结果呢？

这是有可能的，但这个问题，民法本身无法解决。解决的方法是刑法。一个人驾车，过失造成他人重伤，承担了全部赔偿责任，尽管赔偿数额巨大，但他可能没有牢狱之灾。但是，把一个人撞伤后，为了减少赔偿数额就把他撞死，这就不仅仅是一个损害赔偿的问题，而是有了杀人故意，要接受严厉的惩罚，等待他的可能就是死刑,或者是无期徒刑等。那可以比较一下,究竟是多花点钱去承担残疾赔偿责任,还是把受害人直接撞死而使自己承担刑罚呢?一般人都不会选择刑罚的。

## 179 财产损害赔偿

汽车肇事撞坏文物造成 2000 万元损失，需要全部赔偿吗？

财产损害赔偿也是一类基础的损害赔偿规则，在日常适用上，它甚至比人身损害赔偿更常见。

说到财产损害赔偿，可能很多人会想到，如果没有额外的惩罚性赔偿，那应该就是按实际损失赔偿，损失多少赔多少。这个基本原则没有错。但是，对财产损害赔偿，还是有一些特殊问题要注意的。先看一个案例。

1999 年，一辆轿车撞坏了沈阳故宫博物院门前的文物"下马碑"。肇事司机是火锅城的员工，事故发生后，因伤势太重，经抢救无效死亡了。这块被撞坏的"下马碑"是重要文物，经过鉴定，损失数额约为 2000 万元。

因为肇事司机已经死亡，而肇事车辆也在火锅城名下，于是博物院就向法院起诉，认为火锅城对职工和名下车辆疏于管理，要求火锅城赔偿 2000 万元的财产损失。

这个案例比较复杂，涉及的知识点比较多。首先就是，博物院要求火锅城承担责任，是有法律依据的。虽然开车撞坏文物的是司机，但是火锅城作为用人单位，对自己的职工和名下的车辆疏于管理，按法律规定，要先承担替代责任，承担责任后，再向造成损害的职工追偿。本节案例中肇事的职工已经死亡，火锅城赔偿后无法追偿，但火锅城要承担责任，这是没问题的。

但是，要承担替代责任，火锅城并不需要赔偿全部2000万元损失。虽然赔偿财产损害通常采取"填平原则"，也就是要填平实际受到的损害，有多少损失就赔偿多少，但这个案件不能适用填平原则，而是要适用"可预期损失赔偿规则"。火锅城虽有过失，但它无论如何也预见不到自己的过失会造成如此严重的损害，所以要用合理方式计算赔偿额，减轻火锅城要承担的赔偿责任。这个案件，法院最终是判决火锅城赔偿了100万元。

要理解这个结论，我们得先来看看什么是财产损害赔偿。

财产损害赔偿责任规定在《民法典》第1184条，条文说得比较简单，只规定了"侵害他人财产的，财产损失按照损失发生时的市场价格或者其他合理方式计算"。然而，在司法实践中，确认财产损害赔偿责任并没有那么容易，至少要包括两步：一是认定财产损害事实；二是计算财产损失。

## 财产损害事实的类型

先说认定财产损害事实。虽然在不同纠纷里，财产损害事实各不一样，但归纳起来无非就是三种：侵占财产、损坏财产和损害其他财产利益。

其中，侵占财产和损坏财产比较好理解。典型的侵占财产行为就是偷窃、抢夺，以及非法扣押他人财产等。至于损坏财产，可以把它理解为一种财产的"质变"，也就是财物的外在形态和内在质量受到破坏，导致财产的价值贬损，乃至完全丧失。本节案例中，汽车撞坏了珍贵文物，就是一种典型的损坏财产行为。

最后就是其他财产利益损失，这类财产损害事实包含的范围就比较宽了。它是指，除所有权以外的其他财产权受到损害而产生的财产利益损失。用益物权、担保物权，以及债权和知识产权等权利里包含的财产利益都属于这里说的"其他财产利益"。有一次上课，一个学生拿着我教材的盗版书让我签名留念。我问他书是哪里来的，他说书摊上买的，只要五块钱，比在书店里买要便宜几十块。商家卖盗版书，损害作者的知识产权，侵害的就是其他财产利益。

### 直接损失和间接损失

出现财产损害后，认定财产损失主要是两种情况。

**第一类是计算直接损失。** 直接损失，是指加害人侵占或损坏受害人的财产，导致受害人现在拥有的财产价值量实际减少。对直接损失的赔偿，就是全部赔偿。换句话说，是先计算出被侵害财产实际减少的价值，再按照实际减少的部分赔偿。当然，计算被侵害财产的价值，除了根据市场价计算，还要考虑财产的已使用时间、损耗等折旧因素。

**第二类是计算间接损失。** 很多时候，现有财产价值贬损了，往往还会影响受害人未来可得的利益。例如，毁坏工厂设备，设备本身的价值减少甚至丧失，这是直接损失，需要全部赔偿。但与此同时，工厂在修复设备期间无法生产，因此造成的经营损失就是间接损失。这种预期可得的经营利益也是需要赔偿的。

要注意，间接损失毕竟是一种未来的可得利益。侵害行为实施时，它只具有一种取得的可能性，还不是一种现实的利益。所以，计算间接损失，必须限定在一定范围内，超出这个范围的损失不能认为是间接损失。比如工厂设备被损坏，工厂要求侵权人赔偿未来可得的经营利益，这没问题。但如果工厂认为，这次停工还会造成潜在的品牌价值贬损，要求侵权人再额外赔偿市场推广、品牌修复的费用，这就不行了。这不是设备损坏带来的直接影响，因果关系链过于遥远。

此外，侵害其他财产利益，比如侵害用益物权、担保物权，以及债权和知识产权等，涉及的赔偿大多也都是赔偿间接损失。比如，租客对租赁的房屋享有按时入住、按期租赁的债权。如果签合同后，房东迟迟不让入住，或者在租期截止前就要赶走租户，那因此给租户造成的财产损失就属于间接损失。

## 财产损害赔偿的方法

无论是直接损失，还是间接损失，按《民法典》的规定，最基础的计算方法就是"按照损失发生时的市场价格"计算。然而，这种计算方法只适用比较简单的财产损害纠纷，比如损坏了邻居的自行车，这是一个具体的物，而且物品的价格稳定、可预期，不会在短时间内快速波动。这时候，按"损失发生时的自行车市场价格"折算赔偿额，就是适当的。

但如果损害的财产不是具体的物，而是像前面说的，是其他物权、债权、知识产权等权利，又或者是价格上升比较快的物品，这就要用更加弹性的规则来兜底了，也就是条文规定的"其他合理的计算方式"。这是一个概括性的条款。其中的关键词是"合理"，无论用哪种计算方法，只要是符合法律规定，或者符合公平原则和诚实信用原则的，就没问题。比如，侵害知识产权造成损害的，如果单行法规定了具体的赔偿数额计算方式，那就以单行法的方法为准。再如，计算损失时,要遵守"可预期损失赔偿规则",也就是本节开头说的,侵权行为人在造成财产损害时,如果无论如何也预见不到行为造成的损害会如此严重,这时就要合理计算赔偿额,适当减轻行为人的赔偿责任。

之前有一个案例,一个农民工到北京植物园,看到一个葡萄架上有一串葡萄,就给偷吃了。农民工不知道,这一串葡萄是培育了十年的优良品种,已经投入了几十万元栽培。在这种情况下,显然不能让农民工全部赔偿。虽然农民工实施侵权时有过错,但他无论如何也预见不到造成的损害会如此严重。而且,植物园对特种葡萄母苗没有做特殊保护,也有一定的过失。所以,派出所最终把农民工放走了,植物园也没有起诉。其实就算真要赔偿,法院也不会让农民工赔偿几十万元的。

## 案例回顾

这个案例,法院最终认定,肇事司机承担80%责任,但因为人死亡了,责任消灭;博物院对文物保管不善,承担15%的责任;而火锅城对名下车辆和职工疏于管理,对损害承担5%的责任,判决赔偿100万元。

在制定《侵权责任法》的时候,我们详细讨论了这个案例,认为法院的判决结果没问题,但判决理由不准确。如果认定火锅城承担替代责任,那就应该承担所有的85%的责任,不能说因为行为人死了,80%的责任就消灭了,用人单位只赔偿自己负担的5%就行了。

参加立法的专家都认为,这个案件确定财产损害赔偿的最好理由应该是可预期损失赔偿规则。汽车肇事损害文物,造成2000万的实际损失，要承担替代责任的火锅城是无论如何也预料不到的。因此，对这种比较极端的情况，要适当减轻火锅城的赔偿责任。法院最终认定火锅城赔偿 100 万元，赔偿数额还是比较适当的。火锅城对名下车辆管理不善，确实是有过失，但是过失程度比较轻，甚至比博物院保护不力的过失程度还要轻一些，所以只让其赔偿了实际损失额的 5%。

## 180 精神损害赔偿

顾客因"容貌不佳"被禁止进酒吧，可以请求精神损害赔偿吗？

本节来学习精神损害赔偿。与财产损害赔偿和人身损害赔偿相比，在实践中，精神损害赔偿的确定要复杂得多。哪些情况能适用精神损害赔偿，赔偿额又该怎么计算呢？先看一个案例。

高女士和同事进入酒吧时，工作人员以高女士"容貌不太好，怕影响店中生意"为由，拒绝她入内。高女士非常生气，认为酒吧这是当众侮辱人格尊严，给自己造成了极大的精神伤害，就向法院起诉，要求酒吧公开赔礼道歉，并且赔偿精神损失费五万元。酒吧抗辩时说，高女士形象不佳，她一进到酒吧，其他客人就走，新客人也不敢进来，实在是影响营业，自己有权拒绝其消费。

在这个案例中，一个主张侵权而赔偿精神损害，一个要保护自己的经营利益，到底谁的主张有道理呢？我先说结论，酒吧是应该赔偿的，因为它的行为侵害了高女士的人格尊严，让高女士产生了精神痛苦。

我们来具体看看《民法典》的规定。

### 什么是精神损害赔偿

精神损害赔偿规定在《民法典》第1183条，该条第1款的表述是："侵害自然人人身权益造成严重精神损害的，被侵权人有权请求精神损害赔偿。"

条文说得比较笼统，实际上，这里说的精神损害赔偿有两大类，一类是精神利益损害赔偿，另一类是精神痛苦抚慰金。精神利益损害赔偿救济的是自然人受到的精神利益损害，主要保护的是名誉权、肖像权、姓名权等精神性人格权和身份权；而精神痛苦抚慰金，是人身权益受侵害后，对受害人或者死者的近亲属产生的精神痛苦的救济，保护的是自然人不受精神创伤的权利。

举个例子。张三是武打明星，某鞋厂盗用他的肖像为自己生产的运动鞋代言，这是直接侵害了张三的肖像权。这时，如果明星张三主张赔偿，鞋厂要赔偿的就是两部分，一是盗用肖像期间获得的销售收入，二是精神利益损害赔偿。如果张三还要求鞋厂赔偿精神痛苦抚慰金，法院是不会支持的，因为按一般社会观念来看，这种情形下盗用肖像，通常不会给明星张三造成精神痛苦。但如果张三的肖像被盗用后，不是用于给鞋代言，而是给壮阳药代言，这时候，张三主张精神痛苦抚慰金，法院通常就会支持，因为壮阳药广告严重影响了张三的个人形象。不过，最终计算时，也只计算一笔精神损害赔偿金，但是会适当提高赔偿数额。

## 精神利益损害的具体类型

精神利益损害事实主要有三类。

**第一，精神利益损害后引起的直接财产损失**。这主要是指，精神性人格权和身份权被侵害，为恢复权利而支出的必要费用。例如，女职工被散布黄色谣言，她为恢复名誉、消除影响而支出的辟谣费用，以及为消除侵害后果而支出的其他费用，如诉讼费、调查费等。

第二，精神利益中的财产利益损失。在民法保护的人身权益里，有一些精神性人格权里包含有明显的财产利益，比如名称权、肖像权、信用权等。这些权利有商用的可能性，有可能转化为财产利益。这些具备财产利益的人格权受侵害，其中的财产利益必遭损失，像前文举例的，武打明星的肖像被盗用为运动鞋代言，会给他带来明显的财产损失。出现这些损失时，明星除了主张侵权人赔偿盗用肖像获得的收入，也可以主张精神损害赔偿。

第三，对纯粹精神利益的损害。纯粹精神利益损害，是指对人身权益里非财产因素的损害。这种损害，纯粹表现为精神利益的损害，无法直接用金钱衡量。比如曝光他人的隐私信息，这些隐私信息虽然没被拿去商用，受害人也不需要为辟谣而支出必要费用，但仍然会给受害人造成纯粹的精神损害。

## 算定精神损害赔偿的方法

相较于人身损害赔偿、财产损害赔偿，精神损害赔偿的最大不同，是具体损失不好衡量，毕竟是精神利益受损。所以，计算精神损害赔偿时的最基本原则，就是法官自由酌量原则。当然，自由酌量也不意味着法官就毫无约束了，计算的时候有三条规则。

第一，比照规则。立法对于精神损害赔偿金的算定已有明确规定的，就比照该规定算定赔偿数额。比如，《国家赔偿法》规定，行政侵权或者司法侵权，侵害个人人身自由，造成精神损害的，按照限制自由的天数比照每日的工资损失计算赔偿金。

第二，参照规则。这是对比照规则的一种补充，它是指，立法没有规定具体的赔偿数额时，可以参照其他标准确定赔偿数额。例如，

《民法典》第1182条规定,人身权益受损后有财产损失的,可以按照被侵权人因此受到的损失,或者侵权人因此获得的利益赔偿。

**第三,概算规则**。概算规则,用于计算最难衡量的纯精神利益损害和精神痛苦慰抚金,相对比照规则和参照规则,概算规则要考虑的因素最多。具体来说,法官应考量加害人过错程度的轻重、受害人精神利益的损害后果或者精神痛苦程度,以及双方的经济负担能力等因素,适当斟酌,确定具体数额。

曾经有一个真实案例。清华大学一对教授夫妇有一个十几岁的独生女,三人在乘坐公共汽车时,售票员打骂一名乘客,女儿看不过去,就批评售票员,结果售票员竟然穷凶极恶地把这个小女孩活活掐死了,父母和其他乘客拉都拉不开。夫妇俩因此受到了极大的精神伤害,向法院起诉时,除了主张对女儿的死亡赔偿金,还要求公交公司承担精神损害赔偿。

这个案例中,售票员的行为非常恶劣,是故意杀人,他最终受到了刑法制裁。公交公司会招募并且让这样的职工上岗,属于在管理上有重大过失,要承担替代责任;而夫妇俩眼看着自己的女儿被掐死,受到了非常大的精神伤害。所以,法院除了支持死亡赔偿金,还判决公交公司向夫妇俩赔偿30万元精神痛苦抚慰金。这30万元的精神损害赔偿,就是概算出来的结果。

## 案例回顾

酒吧以高女士"容貌不佳"为由,当众阻拦她进入酒吧,这显然是人格歧视行为,侵害了高女士的人格尊严。当时一审法院认定,酒吧的行为给高女士造成了精神损害,判决酒吧赔礼道歉,并向高女士赔偿精神痛苦抚慰金五万元。可是，酒吧上诉后，二审法院只判决维持赔礼道歉，最终撤销了赔偿五万元的精神痛苦抚慰金。

我认为，二审法院的判决不妥当，因为酒吧的行为显然是侵害了高女士的人格尊严。人格尊严虽然不像肖像权、名誉权那样是具体的人格权利，但也是受法律保护的。所以，高女士以人格尊严受损，主张精神损害赔偿，是有法律依据的。

不过，高女士主张赔偿五万元精神痛苦抚慰金，这个数额过高了。按照前文所讲，计算精神痛苦抚慰金要依据概算规则，综合侵权人的过错程度、给受害人造成的精神痛苦大小，以及双方资力等因素酌定赔偿额。这个案例中，酒吧是为了维护经营利益才阻拦高女士，应该认为过错程度较轻。并且，酒吧的阻拦行为实际上也没有给高女士造成严重的精神伤害。所以即使支持精神损害赔偿请求，也应当适当减轻酒吧的赔偿责任。

**延伸课堂：**

**学生遭受校园霸凌，能追究精神损害赔偿吗？**

校园霸凌是在世界范围内都存在的一种校园侵权行为，情节严重时，会给被霸凌的学生造成严重的人格损害或精神痛苦。所以，可以要求赔偿精神痛苦抚慰金。

在学理上，霸凌是指：行为人为了控制、恐吓或者孤立受害人，对其持续实施羞辱、威胁、骚扰等行为。而校园霸凌是霸凌的一种特殊形式，是把主体限定在与校园活动有关的人群了。

霸凌行为在性质上是一般侵权行为，也就是受害人一方要举证侵权人有违法行为，也就是霸凌行为，以及损害事实、因果关系和过错。但校园霸凌比较特殊，因为多数行为人是未成年人，因此，通常会适用监护人责任规则——只要受害人有人身和精神上的损害事实，就推定未成年霸凌者的监护人有过错，由监护人代替承担侵权责任。

此外，发生校园霸凌时，如果学校没有尽到对学生的保护义务，有过错的，应当承担补充责任。比如，老师明知学生被霸凌，只是偶尔制止，但一直没向双方家长报告，这就是未尽到保护义务。如果被霸凌者受伤较重，侵权人的经济状况又较差，一时无法赔偿全部损失，对赔偿不足的部分，学校要承担补充责任。但如果行为人全部赔偿了，学校则不承担责任。

# 181 损害具有人身意义的特定物

祖宗画像丢失，能请求精神损害赔偿吗？

本节我们讲一个特殊的精神损害赔偿规则：损害具有人身意义的特定物，要承担精神损害赔偿。什么叫"损害具有人身意义的特定物"呢？来看一个案例。

叶先生家里有一幅有百余年历史的画像，画上的人物是20余个叶姓家族的共同祖先。叶先生把这幅祖宗画像交给装裱店装裱，结果在老板外出旅游的时候，老板的岳母把这幅祖宗画像当成破烂给卖了。老板无法向叶先生交差，只好说："我给你免费装裱一幅画吧。"叶先生不同意，认为这幅画对自己的家庭意义重大，这个损失必须赔偿。老板不予赔偿，叶先生向法院起诉，让老板承担精神损害赔偿责任。

有的人可能会想，精神损害赔偿，赔偿的是人格利益和身份利益的损失，而叶先生的画像丢失，这是财产损害，法院应该不会支持精神损害赔偿请求。但事实上，老板需要赔偿叶先生的精神损失，因为这幅画属于具有人身意义的特定物。侵害了具有人身意义的特定物，就不仅是赔偿财产本身的价值了，还需要赔偿对方的精神损害。

## 损害具有人身意义的特定物

"损害具有人身意义的特定物"规则，在《民法典》第1183条第

2 款:"因故意或者重大过失侵害自然人具有人身意义的特定物造成严重精神损害的,被侵权人有权请求精神损害赔偿。"

我们知道,侵害自然人人身权益,应当承担精神损害赔偿责任;侵害财产权益,应当承担财产损害赔偿责任。换句话说,侵害财产的场合一般不适用精神损害赔偿。这曾经是一个通行的惯例,各国法律基本都不准许在财产侵权里让受害人主张精神损害赔偿。

然而现在,规则修改了。因为有些侵权行为表面上侵害的是财产,但是这些财产比较特殊,含有人格利益或者身份利益,也就是所谓的具有人身意义的特定物,损害这种特定物,客观上也会给受害人带来精神伤害。比如,在叶先生的祖宗画像中,就包含着人格利益和身份利益。这个物件承载着叶先生的家族情感,现在被装裱店当破烂卖了,叶先生一家往后祭祀祖先时失去了重要的情感寄托,这当然是精神损害。之前还有一个案例。地震中丧失双亲的孩子,只留下一幅父母的结婚照。这个孩子长大成人后,到照相馆放大照片,留作纪念,结果照片被照相馆弄丢了,这让她受到严重的精神损害,法院也支持了她的精神损害赔偿请求。

## 构成要件

在实践中,主张这类特殊的精神损害赔偿,需要符合三个要件。

**第一,要有损害结果,也就是受到侵害的是自然人具有人身意义的特定物,侵害行为使该物毁损或者灭失。**这里说的"具有人身意义的特定物",是指:特定物中渗进了人的人格价值或者身份利益,使这个物成为人的精神寄托、人格寄托或者人格化身。只有这样的财产才叫做"具有人身意义的特定物"。

特定物中的人格意义、身份利益不会凭空产生，必须来自一定的人际关系，比如亲情、友情、爱情等。当人与人之间具有这些特定的关系，并且将这种关系寄托在某一个特定物之上时，这种具体的特定物就成了具有人身意义的特定物。打个比方，恋人定情时赠送的定情物，比如一个香囊、一张手绘画像，虽然价值不高，但是在当事人之间具有非同一般的意义，成了某种人格、某个人的象征。这个定情物就是具有人身意义的特定物。侵害这些物，不仅会造成物的毁损、灭失，而且还会造成受害人的精神损害。

**第二，行为人实施的侵权行为，与造成具有人身意义的特定物的损害，具有因果关系。**这里的因果关系有两层含义——侵权行为既是造成物的损害的原因，又是造成受害人精神损害的原因。只有两个因果关系都具备，才能请求精神损害赔偿。

**第三，行为人在主观上具有故意或者重大过失。**比如本节案例，叶先生把画像交给装裱店老板后，老板没有做好保存或者特别交代，就自己旅游去了，导致这幅画像被当作废品卖掉了，这就是主观上有重大过失。

只有同时符合这三个要件的要求，才能以损害具有人身意义的特定物为由，主张精神损害赔偿。这时候，侵权人就不仅要赔偿财产本身的损失，还要承担精神损害赔偿责任。

### 赔偿规则

对于精神损害赔偿额的计算，主要是法官结合案件实际情况，基于自由裁量原则、概算规则确定赔偿数额。不过要注意，损害具有人身意义的特定物毕竟不是直接侵害受害人的人格权、身份权等具体权利，认定这类精神损害赔偿时，必须要遵循必要原则，也就是：不能否认这种精神损害赔偿存在的必要性，但也不能过度适用，只有确有必要的才给予赔偿。

比如，一对男女朋友一起逛商场时买了一对戒指，男方的戒指被他人损坏了，就不能要求对方承担精神损害。虽然这里的戒指也体现了特定的人际关系，但因为此时戒指具有高度替代性，侵权人赔偿后，受害人还能再买到一样的，因此不能认定精神损害赔偿。

在本节案例中，叶先生的祖宗画像就是具有人身意义的特定物，这是叶先生家祭拜的对象，是叶先生家缅怀先祖时的情感寄托。现在，这个特定物被装裱店当成破烂卖了，无法再找回，也没有其他物可以替代，这是侵权行为直接损害了具有人身意义的特定物，给叶先生造成了精神痛苦。这就表明，既有侵权行为，并且侵权行为和损害结果之间也具有因果关系。最后，装裱店老板对于这么重要的物品，没有做好保护就出门旅游去了，这是没有尽到注意义务。所以，尽管这个案例是侵权行为直接侵害财产，不是直接侵害人身权益，但是，叶先生向装裱店主张精神损害赔偿，是完全符合法律规定的。

## 182 违约精神损害赔偿

发现旅游团里有传染病人,能要求旅行社赔偿精神损害吗?

本节介绍一类特殊的精神损害赔偿规则,也是《民法典》新增的规定——违约精神损害赔偿。这个规则特殊在哪呢?先看一个案例。

17名游客参加旅行社组织的新、马、泰、港、澳15日游,旅行社指定了一名团内游客作为领队带队出发。旅游途中,团内有一名成员被发现患有传染性肝炎。其他游客非常紧张,一路上都不得不采取防护措施。最终,患病游客回程时在香港去世。其他旅客认为,旅途中出现这样的事,严重影响了他们正常旅行,就向法院起诉,要求旅行社退回旅游费用并赔偿精神损害。

这个案例中,旅行社招募成团时没有切实履行筛查义务,显然是违约了,要承担违约责任。旅客要求退回费用,这没问题。但是,旅客们还要求赔偿精神损害,法院会不会支持呢?有观点认为,不应该支持。因为这是旅行社违约,要承担的是合同领域里的违约责任,而精神损害赔偿却是侵权责任。如果违约赔偿里包含了对精神损害的赔偿,这不符合法理。在《民法典》出台前,这个问题确实是有争议的。但现在法律已经明确了,违约行为造成精神损害的,应该承担精神损害赔偿。

## 对违约行为能主张精神损害赔偿吗

在《民法典》实施前，我国法院不会在违约责任里支持精神损害赔偿。这个法律适用规则甚至都不用一个专门的司法解释条文规定，而是在司法解释文件的标题里就体现了——《关于确定民事侵权精神损害赔偿责任若干问题的解释》。"民事侵权精神损害赔偿责任"这个表述就限定了精神损害赔偿只适用于"民事侵权"，不包括违约责任领域。

司法解释之所以这样规定，是因为违约行为造成的损害大多是合同的预期利益损害。合同不能如约履行，让债权人损失了预期能获得的利益，这种损害用违约金、违约损害赔偿等违约责任就足以保护了。

即使违约行为构成加害给付，也是按违约责任和侵权责任竞合来处理，而不是在起诉违约的同时，还主张精神损害赔偿。比如消费者买到一个有缺陷的电磁炉，使用时爆炸了，这就是加害给付。对消费者来说，这不仅损害了合同的预期利益，还会有其他利益损害——要是炸伤了自己，这是人身损害；要是炸坏了其他财产，这是出现了合同财产之外的其他财产损害。这种情形，按法律规定就属于违约责任与侵权责任的竞合，消费者可以选择追究违约责任或侵权责任。如果起诉侵权，就能主张精神损害赔偿，而不是在起诉违约的同时，要求精神损害赔偿。

既然构成加害给付，可以起诉侵权责任，进而要求赔偿精神损害，那为什么《民法典》还要规定追究违约责任时，可以直接请求精神损害赔偿呢？

这是因为，有些违约行为即使给受害人造成了精神损害，也无法适用加害给付规则。加害给付规则只适用于因交付商品造成债权人有人身、财产损害的违约，原则上不适用于因提供服务造成损害的违约。像本节的旅行团案例就不适用加害给付规则，但同时旅行社的违约行为又给旅客造成了精神损害。

对这种情况，法院原来的做法是，违约行为给受害人造成严重精神损害的，如果当事人坚持主张要精神损害赔偿，必须在违约之诉之外另行提起侵权责任诉讼。通过侵权责任诉讼，确定违约人同时也是侵权人，要求精神损害赔偿。但是，这样的做法会给当事人带来额外的诉讼负担：一个违约行为既造成债权人的合同利益损害，又造成精神利益损害，必须提起两个诉讼才能完整救济自己的权利。并且，这两个诉讼可能还不是由同一个法院管辖，可能造成同案不同判的裁判结果。

按法院管辖规则，起诉违约行为，要由合同签订地、履行地的法院管辖；如果另起诉侵权的精神损害赔偿，则是由侵权行为实施地或者损害结果发生地的法院管辖。这两个地方很可能不一样，那么，审理违约责任的法院可能认定违约，审理侵权案件的法院则可能认定不侵权。

### 违约精神损害赔偿的要件

为了避免上述情形，《民法典》编纂时就在第 996 条规定，因违约行为侵害他人人格权，造成严重精神损害的，受损害方追究违约责任的同时，也可以要求精神损害赔偿。

适用这个规则需要符合两个要件。

**第一，双方当事人存在合同关系，并且一方当事人有违约行为。** 这是主张违约精神损害赔偿的前提要件。没有合同，就不可能有违约,更不会有这类特殊的赔偿责任。又或者是,有合同但是没有违约行为,也不会构成违约精神损害赔偿。

**第二,违约行为必须给受害人造成了人格权益损害**。既然是违约行为,那首先肯定是侵害了对方当事人,也就是债权人的债权,造成了合同预期利益损失。但光有这一点还不够,只有违约行为还侵害了债权人的人格权益,给债权人造成了精神损害,才能构成违约精神损害赔偿。比如,新人定制结婚花篮,送到婚礼上,打开包装一看,发现是丧事用的花篮。这就既是违约,同时还给债权人造成了精神损害,可以主张精神损害赔偿。假设不是送错花篮,而是送晚了,这就只是单纯的违约,只能追究违约责任。

## 我国的精神损害赔偿责任体系

我国侵权法的精神损害赔偿责任体系主要有三个层次。

首先,是《民法典》第1183条第1款规定的,侵害人身权益,造成受害人精神损害的,要承担精神损害赔偿责任。这是有关精神损害赔偿的一般性规定,适用于绝大部分造成精神损害的侵权情形。

其次是两个有关精神损害赔偿的特殊规定。一个是侵害具有人身意义的特定物,要承担精神损害赔偿。它救济的情形是侵权人没有直接侵害他人的人格权,但是损害了他人有特定意义的财产,进而造成了精神损害。另一个就是违约精神损害赔偿。它对应的是侵权人没有直接侵害他人的人格权,也不是直接毁坏他人财产,而是违约了,并且违约行为间接损害了他人的人格权,造成了精神损害。

由这样三个规则组成的精神损害赔偿责任体系,几乎就是360度地把我国自然人的人身权益保护起来了。

## 案例回顾

本节案例是《民法典》出台前的一个典型案例。那时候，我国还没有违约精神损害赔偿规则。所以，旅客们起诉违约责任的同时，还主张精神损害赔偿，法院没有支持。法院最终判决旅行社退回全部旅游费用，不用承担精神损害赔偿。理由就是，在违约责任里主张精神损害赔偿，这不符合法理要求。

但前文也分析到了，这种做法是不利于保护受害人的。所以，《民法典》出台后突破了传统法理的束缚，对这种"违约行为导致精神损害"的情形做了特别规定。现在，即使追究的是违约责任，如果违约行为还给受害人造成了严重的精神损害，受害人有权直接主张精神损害赔偿，不必再另行提起一个侵权之诉，增加诉讼负担。

## 延伸课堂：

### 受欺诈买到"阴宅"，能要求精神损害赔偿吗？

有的人认为："买到阴宅要主张赔偿"是封建迷信，法律不应该支持，我不这样认为，我觉得这是一个交易习惯的问题。

最早提出阴宅买卖效力问题的，应该是我国台湾地区的司法实践。按照民间习惯，出卖阴宅要说明实情，而且价格要低。

我国大陆地区在住房制度改革之前，是不存在这个问题的，因为那时城市居民住的基本上是公房，享有的住房权利也是公房的使用权，没有所有权。即使某个房间里死过人，由于公房租赁的机会少，管它是不是什么阴宅，都是先住上再说。住房制度改革以后，城市里基本上都是商品房，这就出现了阴宅的问题。主要有两种情形，一是房屋在开发商出售之前，某一个房间就死过人，变成阴宅，开发商不说明这个事实，按照普通住宅出卖；二是业主自己的房子里死过人，卖二手房时，房主或者是中介人隐瞒真实情况，欺诈买受人。

对于阴宅问题，不能说一个商品房里死过人，这个房子就再也不能住人了。而且如果是公寓，那还在小区的整体范围之内，也无法拆除。不过，出卖人，无论是开发商还是原业主，在出卖的时候，都必须说明实际情况。如果买方明知是阴宅还愿意购买，这就没有问题了。要是开发商或者是原业主，没有说明阴宅的实际情况，按法律规定，这就构成欺诈。买受人可以在发现后的一年内，决定是不是要撤销这个买卖合同。撤销了买卖合同，卖方除了返还购房款，还要额外赔偿买家的其他财产利益损失，比如借贷房款支付的利息，或者因搬家、另外租房而产生的必要费用等等。

至于这里有没有精神损害的问题，我的看法是，如果买方购买了这个房子不主张撤销，还要居住，则可以请求精神损害赔偿。房价是否要降低，退回部分房款，这要看双方协商。如果精神损害赔偿已经填补了受害人的损失，那不退回部分房款，也是有法律依据的。如果入住前就发现了问题，或者在一年除斥期间内主张撤销合同，那就只能是要求退房款，并赔偿其他财产损失，比如贷款利息、因搬家和租房产生的必要费用等，不能再请求精神损害赔偿。

第七章　保护权利的侵权责任

## 183 公平分担损失

在电梯里劝阻吸烟，老人猝死，劝阻者有责任吗？

侵权损害赔偿里有一个特殊规则——公平分担损失。这个规则要解决的问题是：损害事实发生了，但是行为人、受害人双方都没有过错，该如何认定责任？先来看一个案例。

何先生是医生，乘坐小区电梯时，遇到一位正在吸烟的老人。何先生觉得在电梯里吸烟不文明，而且对别人和老人自己的健康都不利，于是劝说老人不要在电梯里吸烟，没有使用过激的言论。老人受到劝阻后，情绪变得很激动，对着何先生大吵，导致心脏病发作，当场猝死。后来，老人的家属到法院起诉，要求何先生赔偿40万元。

这个案件在裁判时有两种看法。一种认为何先生没有过错，不用赔偿；另一种认为虽然双方都没有过错，但老人猝死毕竟与劝说行为有关，基于公平原则，应该双方分担损失。

何先生是否应该对老人的死亡后果分担损失，这就涉及公平分担损失规则了。我们看看《民法典》的规定。

### 公平分担损失的适用范围

公平分担损失责任，是指行为人和受害人都没有过错，在损害事实已经发生的情况下，由法官结合公平原则、根据法律规定，确定由双方当事人公平地分担损失。

公平分担损失规则只有特定情形才能适用。也就是，双方当事人均无过错，并且涉及的损害赔偿无法用过错责任原则、过错推定原则和无过错责任原则调整。严格地说，这已经不是侵权赔偿的问题了，只是在侵权领域里发生，才在侵权责任编里规定。例如，电力工人对高压电力线路施工，附近有村民想偷材料就触碰了高压线路，结果损害了自身，这是"受害人故意"，电力公司对村民故意造成的损害免责。但假设对村民的损害，电力公司没有过失，但也不能证明村民有故意或者重大过失，电力公司就要赔偿全部损失了，不能适用公平分担损失责任，让电力公司只负担其中一部分责任。因为高压电力线路造成损害，是高度危险责任，适用无过错责任原则，不受公平分担损失规则调整。

对于公平分担损失责任，立法是有变化的。原《侵权责任法》规定适用公平分担损失规则，没有强调"依照法律规定"，而是"可以根据实际情况"由双方分担损失，具有较大的弹性。但现在《民法典》做了修改，将"可以根据实际情况"改为"依照法律规定"。这说明，现在要适用公平分担损失责任，不能只基于公平原则判断，而是要符合特定的构成要件。

## 公平分担损失责任的构成要件

公平分担损失责任的构成要件主要有三点，分别是：行为人给受害人造成了损害、行为人和受害人对损害的发生都没有过错，以及要有法律的特别规定。

按《民法典》的规定，目前只有监护人责任、暂时丧失心智损害责任，以及高空抛物损害责任，才是法律明文规定适用公平分担损失的情形。在本节案例中，老人猝死与何医生的劝说行为相关，这是行为与损害有关；何医生劝说老人不要在电梯里吸烟，显然没有过错，老人发病猝死，这是意外事件，也不是老人自身有过错。前两个要件满足，但第三个要件不符合，因此，本节案例不适用公平分担损失规则，何先生不用对老人的死亡结果分担损失。

如果何先生是在电梯里突发精神疾病，暂时丧失意识对老人实施了暴力，导致老人心脏病发作死亡，这虽然也是双方都没有过错，但可以按照《民法典》规定的暂时丧失心智损害责任，认定何先生要对损害结果适当分担损失。

## 责任分担的方法

如果适用公平分担损失，具体分担责任时，主要考察两个因素。

**第一，受害人的损害程度**。损害程度直接决定着当事人分担损失的基础。如果是财产损害，那无论多少，只要受害人认为有必要，都可以主张分担损失；如果是人身损害，通常要求是轻伤、重伤，乃至死亡，让受害人或其亲属有较大损失，才能以此为基础，斟酌怎样分担、分担多少。

**第二，双方当事人的经济负担能力**。这是确定公平分担损失责任的基本因素。在考虑当事人双方的负担能力时，应当首先考虑行为人的情况。行为人经济负担能力强的可以让其多赔，负担能力弱的可以少赔。在考虑受害人的经济状况时，也要考虑其对财产损失的承受能力，经济状况好，承受能力强的，应该让行为人少赔；经济状况不好，承受能力弱，则让行为人多赔。

两个因素结合起来就是：损害程度达到了相当程度，双方当事人的经济状况相近的，可以平均分担；一方情况好，而另一方情况差的，经济状况好的一方负担较大部分，经济状况较差的一方负担较小部分。在这样的基础上，再适当考虑社会心理等因素，对分担金额做调整，使责任的分担更为公平、合理。

## 案例回顾

案例中，老人因心脏病突发而猝死，死者家属认为，老人之所以情绪如此激动，是因为何先生不尊重他，让他受到了侮辱。其实，何先生并不知道老人患有心脏病，而且法律法规明文规定，公民有权制止吸烟者在禁烟场所吸烟。何先生劝阻吸烟时，也没有过激的语言和行为，没有超过合理劝阻的限度。因此，何先生的行为没有过错。至于因果关系，何先生的劝阻行为本身是不足以导致老人死亡的，老人会猝死是因自身情绪激动，进而引发心脏病。这个死亡结果，依照社会一般观念，是何先生实施劝阻时无法预料的，因此不成立因果关系。所以，何先生的行为不构成侵权，不应当承担赔偿责任。

虽然何先生和老人都没有过错，但老人的死亡毕竟与何先生有一定关系。对这种情形，在《民法典》实施以前，法院会根据实际情况，依照公平分担损失规则让双方分担损失，但《民法典》实施后就不是这样了。现在的规定是，行为人给受害人造成了损害，并不是双方都没有过错就应该公平分担损失，还必须有法律的特别规定。不是法律规定的"监护人责任、暂时丧失心智损害责任，以及高空抛物损害责任"这三类情形，即使双方当事人都没有过错，也不能分担损失。所以，老人被劝阻吸烟后猝死，是一个意外事件，不适用公平分担损失规则，何医生不用向老人的近亲属承担赔偿责任。

**延伸课堂：**

因见义勇为受到伤害，能要求补偿损失吗？

因紧急避险或见义勇为产生损害，是有可能由双方分担损失的。比如，张三为躲避野兽袭击躲进了李四家，李四家的门因此被野兽撞坏了。这是张三在紧急避险，因为危险来自自然原因，避险人张三不用承担赔偿责任，但是对李四家损坏的门，张三可以适当补偿。

要是追张三的野兽是被李四出手打跑的，这是见义勇为。如果李四因此受伤，在见义勇为里受益的张三要对李四的损害适当补偿，这也是公平分担损失。

紧急避险和见义勇为是规定在《民法典》总则编里的；监护人责任、暂时丧失心智损害责任，以及高空抛物损害责任这三类适用公平分担损失规则的情形，是在侵权责任部分规定的行为类型。现在这几种类型我们都讲到了，就更完备了。

但要注意，即使构成了紧急避险或见义勇为，认定双方是否要分担损失，前提也是要符合公平分担损失的条件，也就是受损人和行为人都对损害的发生没有过错，否则也不能公平分担损失。

## 184 定期金赔偿

受害人要求一次性赔偿，但侵权人主张定期支付，法律会如何认定？

本节来学习一个有关赔偿支付方式的规则——定期金赔偿。定期金赔偿和通常的一次性赔偿相对，侵权人不是一次性赔偿全部损失，而是在未来的一段时间内，按特定的期限向受害人分次支付赔偿金。赔偿时，要是双方能协商共识，这是最好的。但现实往往是，一方要一次性赔偿，另一方主张定期支付，谁也不肯让步。先看一个案例。

个体出租车司机老庞开车时，因疏忽发生交通事故，造成行人郑先生死亡。死者郑先生留有一个一岁的孩子，法院在调解对孩子的生活补助费时算出，老庞每一年要支付补助费6万元，赔偿17年。如果一次性赔偿，共要赔偿102万元。当然，这不包括应当一次性赔偿的死亡赔偿金。

老庞拿不出那么多钱，就简单算了一笔账：如果借钱赔偿，年利率是10%，不考虑利率变化、通货膨胀等情况，借102万元，一年的利息就是10.2万元；如果五年后还，利息是51万元。但要是每年借6万元，一年也就是6000元的利息，每年结清本息，连续17年，利息也就是10.2万元。因此，老庞决定每年按期支付赔偿金。但死者的家属不同意，主张一次性赔偿。当然，实际计算定期金比这复杂多了，这只是一个比方。

可以看到，选择不同的赔偿方式，给侵权人和受害人的影响是不一样的。一次性赔偿最符合死者家属的意愿，但会给老庞造成更重的负担；定期赔偿对老庞比较有利，但又不符合死者家属的意愿。此时法院会怎么认定呢？

先说结论，这个案例中，法院支持了老庞以定期金方式赔偿。我们来看看法律的规定。

## 一次性赔偿与定期金赔偿

《民法典》第1187条规定了对赔偿费用的一次性支付方式和分期支付方式。但要注意，这个条文里说的"分期支付"，不是定期金。对于定期金，《民法典》没有明文规定，是规定在司法解释里的。

可以分期支付的，是判决确定之前就产生的赔偿费用，比如医疗费、丧葬费等，以及死亡赔偿金和精神损害抚慰金。对于这些已经确定的费用，原则上应一次性支付，如果侵权人确有困难，比如一下子拿不出这么多钱，也可以分期支付。而以定期金方式赔偿的，是判决时还不存在，但判决后必然发生的损失，包括残疾赔偿金、残疾辅助器具费、被扶养人的生活补助费等。这些费用是在判决确定后才会陆续产生以及变化的，所以需要侵权人终身支付。其中，残疾赔偿金虽然与死亡赔偿金的算法近似，主要也是以"上一年度城镇居民人均可支配收入"计算，但是，残疾赔偿金里变量更多，还要考虑伤残等级、受侵害人日后的恢复程度，所以它在判决确定后还会变化，可以适用定期金赔偿规则。

当然，对这类需要终身支付或者长期支付的人身损害赔偿，也可以把将来的多次赔偿一并计算，作一次性赔偿。换句话说，能适用定期金赔偿的情形，也可以选择一次性赔偿。

## 定期金的合理性

在定期金赔偿和一次性赔偿这两种赔偿方式里,定期金赔偿才是更合理的。主要有两个原因。

**第一,定期金赔偿,其期限是不确定的,更加灵活**。比如,赔偿残疾辅助器具费,如果按平均寿命赔偿,就可能导致赔偿费用过多或过少。要是受害人在活到平均寿命前死亡了,那相对定期金赔偿,赔偿费用就多了。又或者,伤残受害人活过了平均寿命,但因为赔偿金一次性支付完毕了,那受害人还在生存、仍需要开销残疾器具费时,又不能再获得赔偿了。因此,以定期金方式赔偿,就是按受害人的实际寿命赔偿,生命延续多久就赔偿多久,对受害人更有保障,对侵权人也可能负担更小。

**第二,相比定期金赔偿,一次性赔偿相当于让侵权人立即执行若干年以后的赔偿义务,这可能会给侵权人带来利息损失或额外负债**。

虽然相比一次性赔偿,定期金赔偿更加合理,但是,采用定期金赔偿也是有风险的,比如赔偿义务人破产,无法再继续支付;又或者是定期金赔偿涉及的时间周期太长,执行起来比较麻烦。为此,法律规定,确定侵权人承担定期金责任的,应当责令其提供担保,以避免侵权人将来逃避赔偿或无法赔偿。具体的担保方式主要就是物保和人保,也就是抵押、质押或者保证。除此之外,也可以采取一些特定支付方式来起担保作用,如设定专门的赔偿账户,约定由银行代管、代发赔偿金,等等。

## 如何确定定期金

了解了定期金的适用范围和合理性,接下来还有一个问题,就是:定期金赔偿该如何确定呢?

首先,对这类需要终身支付的人身损害赔偿,确定赔偿方式究竟是定期金赔偿还是一次性赔偿,法律规定,以定期金为原则,以一次性支付为例外。

其次,是确定定期金的支付标准、支付时间,并在相关法律文书里明确。法院认定的定期金赔偿额,既可以是每次支付的一个固定数额,也可以是一个相对确定的计算标准。例如,判决赔偿20年的残疾赔偿金,每年支付一次,每次支付5000元;又或者是,判决赔偿残疾赔偿金,每年支付一次,支付的标准参照上一年度当地人均收入,直至被侵权人死亡。当然,如果采取的是相对确定的计算标准,那执行期间有关统计数据变化了,比如当地人均收入上升或下降,那对应的赔偿金额也要调整。

至于定期金赔偿的给付时间,可以按月、按季,也可以按年。实践中如果按月、按季赔偿,支付的次数太多,过于烦琐,所以通常是按年支付,这样也更容易执行。此外就是,定期金赔偿的终期,不像计算一次性赔偿那样要受期限限制,而是受害人的实际生存年限。如果赔偿的是对未成年人的扶养费,则是支付到对方年满18周岁。

在本节案例中,郑先生的家属主张老庞应一次性赔偿,但老庞则主张以定期金方式支付,每年赔偿一次,分17年赔偿完。

一次性赔偿显然更符合受害方的意愿,但会给侵权人造成比较大的负担。案例里老庞要一次性赔偿完,就要借巨额债务,会负担大量贷款利息。对这种双方有分歧的情况,要以定期金赔偿为原则,一次性赔偿为例外。不过，为了减少定期金赔偿给受害人带来的风险，司法解释也规定了，侵权人承担定期金责任的，必须向受害人一方提供相应的担保，避免侵权人将来逃避赔偿或无法赔偿。也就是说，虽然老庞可以选择分17年支付赔偿金，但适用这种方式的前提，是他要向郑先生一家提供担保，确保后续17年能按期、足额地支付赔偿金。

## 185 监护人责任

帮朋友带孩子，孩子伤人了，由谁承担赔偿责任？

监护人责任是一种常见的特殊侵权责任类型。先来看一个案例。

齐先生出差7天，把6岁的儿子小齐委托给老朋友孙先生照看。照顾期间，孙先生带小齐在社区里玩，小齐在玩闹中挥舞树枝，不小心刺伤了玩伴小刚的眼睛。事发当时，小刚的爸爸正在和孙先生打篮球。事发后，他找到孙先生要求赔偿，但孙先生认为自己只是临时照顾，要赔偿也应该是孩子的父亲，也就是齐先生来赔。而齐先生认为，既然委托了孙先生照顾孩子，现在孩子伤人，这是孙先生照顾不力，应该由孙先生赔偿。

在这种情况下，究竟该怎么认定责任，就涉及《民法典》中有关监护人责任的规定了。本案中，齐先生确实需要赔偿，但根据《民法典》的规定，孙先生也要承担一部分责任，因为他对小齐监护不力，也是有过失的。

### 监护人责任的定义和法律适用

监护人责任规定在《民法典》第1188条，是指无民事行为能力人、限制民事行为能力人造成他人损害的，由他的监护人承担赔偿责任。

监护人责任是一种替代责任。也就是说，一个人的行为损害了他人，不是由行为人本人承担责任，而是由与行为人有特定关系的人或组织承担侵权责任。例如，两个未成年人窃取了他人的金银饰品，因为无处隐藏，就埋到了花园的地下。破案后，两个未成年人领着警察起获赃物，结果发现金银饰品已经被其他人盗走。这时，对这些金银饰品的损失，就要由未成年人的监护人来赔偿。

在实践中，适用监护人责任规则追究赔偿责任，要考虑三个要素。

**第一，也是最基本的，是要认定构成监护人责任。因为没有责任，就不涉及赔偿。**

认定时考察的构成要件，就是违法行为、损害事实、因果关系和过错这四个要件。要注意的是，监护人责任适用过错推定原则。也就是，只要被监护人有致人损害的事实，法律就推定他的监护人是疏于监护，有过错。对过错要件，受害人不用单独举证。要是监护人不认可，则实行举证责任倒置，由监护人举证证明自己无过错。不能证明的，监护人就要承担侵权责任。

**第二，监护人没有过错的，也应当公平分担损失。** 假如在本节案例中，小刚和小齐是在两位父亲的照看下玩耍，两位小朋友凑得太近，就相互推了一下，结果小刚摔倒撞伤了头。这时候，尽管小齐的父亲没有监护过失，但是他仍然不免责，而是要对小刚的受伤结果分担损失。

**第三点是责任承担。在这一点上，我国的监护人责任与外国的监护人责任不同。**

国外的监护人责任基本上都只以民事责任能力划分，只要是无民事行为能力人、限制民事行为能力人造成他人损害，都由监护人承担责任。但在我国，认定责任时除了考量责任能力，还会考量被监护

第七章　保护权利的侵权责任　　437

人是否有财产。被监护人没有财产的，还是由监护人替代承担全部责任；要是有财产，则先用被监护人自己的财产支付赔偿费用。赔偿后还不足的，才由监护人承担全额补充责任。

无论是承担补充责任，还是承担全部责任，说的都是监护人来承担，而本节案例中，孙先生只是临时照顾，却也要承担赔偿责任，这是因为他要承担委托监护责任。

## 委托监护责任

委托监护责任规定在《民法典》第1189条，是《民法典》新增的规定，是指监护人把监护职责委托给其他人，在委托期间，被监护人损害他人的，监护人承担侵权责任。同时，有过错的受托人也要承担相应的赔偿责任。

委托监护责任的要件和一般监护人责任没有太大区别，我们要重点了解的是委托监护责任的责任分担规则。关键是两点。

**第一，承担委托监护责任的主体是监护人和受托监护人**。监护人不会因为将监护职责委托出去了，就免除责任，仍然是侵权人。也就是说，在本节案例里，即使孙先生有过失要承担责任，小齐的父亲也不免责，同样要承担责任。

**第二，两种责任主体承担的责任是单向连带责任，也叫混合责任**。混合责任借鉴了美国侵权法的规则，指的是在一个数人实施的侵权行为中，有的人承担连带责任，有的承担按份责任。

在委托监护人责任里，监护人承担的是全额的损害赔偿责任；受托监护人只有在自己有过错时，才按份承担责任，也就是承担一个与其过错相适应的赔偿份额，不对全部损害承担连带责任。换句话说，即使小刚的父亲，同时起诉了齐先生、孙先生，也不能说先让朋友孙先生承担全部赔偿责任，赔偿后再让他向齐先生追偿。但反过来，让齐先生先承担全部赔偿，赔偿后再向孙先生去追偿，这是没问题的。

## 齐先生和孙先生都要承担赔偿责任

本节案例中，父亲齐先生将6岁的小齐委托给朋友孙先生照顾，是把监护职责临时委托给了孙先生，但齐先生对小齐的监护责任，并不因此而转移或减轻。现在小齐给小刚造成损害了，齐先生仍然要承担替代的侵权责任。

朋友孙先生作为受托人，对小齐负有管理和保护的义务。孙先生带孩子在社区玩时，与小刚的爸爸去打篮球了，没有在旁边看护两个孩子，这就表明，孙先生和小刚的爸爸都存在一定的过失。

由于受害方的监护人也有一定的监护过错，根据过失相抵规则，小刚的父亲也需要分担相应的责任。剩余部分的赔偿，孙先生和齐先生作为责任主体，承担单向连带责任。齐先生对全部损害承担连带责任；孙先生对自己有过错的部分，以适当比例承担按份责任。

这个案例，法院就是认定了齐先生和孙先生都对小刚的损害承担赔偿责任。先按照过失相抵规则，受害方，也就是小刚的父亲有一般过失，承担20%的责任；侵权人齐先生和孙先生要承担的是80%的赔偿责任；在80%的责任里，监护人齐先生承担主要的赔偿责任，应分担50%左右的责任；孙先生作为委托监护人，承担30%左右的赔偿责任。

## 186 暂时丧失心智损害责任
司机突发心梗造成交通事故,要承担责任吗?

本节讲解另一种特殊侵权责任——暂时丧失心智损害责任。

暂时丧失心智,是暂时丧失了辨认能力和控制身体的能力,行为人无法控制自己的行为。这种情况下造成损害,就会涉及暂时丧失心智损害责任。我们来看一个案例。

于师傅驾驶小客车与老唐驾驶的轿车发生碰撞,导致老唐受重伤。发生事故时,于师傅也昏迷不醒。经鉴定,事故原因是于师傅驾车时突发心梗,身体暂时失去控制能力,进而导致两车碰撞。老唐起诉于师傅,要求他承担全部赔偿责任。但于师傅认为,自己也有损害,而且突发心梗、丧失控制能力不是自己的过错,拒绝赔偿。

情况就是这样。如果于师傅是因为醉驾、疲劳驾驶等原因丧失了控制能力,进而引发事故,那肯定得赔,而且是全责。但案例中,于师傅突发心梗、丧失控制能力,这是无法预料的,于师傅没有过错。在这种情况下,于师傅确实不用承担赔偿责任,但是,对因此造成的损失,他仍然要适当补偿。

要想理解这个结论,我们得先来看看什么是暂时丧失心智损害责任。

## 什么是暂时丧失心智损害责任

暂时丧失心智损害责任，是指完全民事行为能力人因过错，或者因醉酒、滥用麻醉或精神药品等，使身体丧失控制能力，给他人造成损害，应当承担的侵权责任。

这个规则最早是在《侵权责任法》里规定的。但在更早的《民法通则》时期，司法实践中已经有不少相关案例了，其中最多见的就是因醉酒导致的交通事故侵权。可能很多人会以为醉驾和疲劳驾驶在民法里是交通事故责任，其实不是的。它的赔偿依据是暂时丧失心智损害责任。因为无论是醉酒，还是疲劳驾驶状态，它们的关键特点都是行为人暂时丧失了自我控制能力，在这种状态下损害了他人权益。

之前有一个案例，徐某驾驶机动车在公路上行驶，因过敏性鼻炎特别严重，就吃了过敏药。结果驾车时太困，导致交通事故，撞死行人一人，撞伤两人。这就是典型的因过错让自己丧失了身体控制能力，因为徐某明知服药会产生困意，还坚持开车，这是有重大过失。最终，徐某被判决承担全部赔偿责任。

## 构成要件

在实践中，认定暂时丧失心智损害责任，要满足三个要件。

**第一，侵权人是完全民事行为能力人**。这是主体要件。对限制民事行为能力人或者无民事行为能力人，不适用丧失心智损害责任。因为在法律意义上，他们本来就是辨认能力不健全的。有损害他人的行为时，也要由监护人替代承担民事责任。所以，只有平常心智健全的完全民事行为能力人，才可能存在暂时丧失心智的情况，需要由专门的规则调整。

**第二，被侵权人须遭受实际损害。**这种损害既可以是人身损害，也可以是财产损害。那么，这种特殊侵权行为是否能够侵害精神性人格权，造成精神利益损失呢？例如，在暂时丧失心智状态下诽谤、侮辱他人等。这得分情况来看，如果胡言乱语是事后被认定是暂时丧失心智，不应当认定为故意侵权；但要是借口心智丧失，恶意诽谤、侮辱他人，那就要承担侵权责任了。

**第三，侵权人是在暂时丧失心智、无法控制自己行为的情况下，侵害了他人。**并且，**侵权人会暂时丧失心智，是自己有过错。这是主观要件。**比如前文中疲劳驾驶的案例，徐某明知服药后会有困意，无法控制自己的行为，还坚持开车，最终酿成事故，这就是对自己暂时丧失心智有过错。

除了过错，《民法典》还单独规定了"因酗酒、滥用麻醉药品或者精神药品"让自己暂时没有意识或者失去控制，造成他人损害的，也应当承担侵权责任。这一条虽然是单独规定的，但其实也是侵权人有过错，只不过酗酒、滥用麻醉药品或精神药品，是一种比较特殊的过错情形。这里要注意，醉酒有生理性醉酒和病理性醉酒之分。这两种醉酒的法律意义不同。生理性醉酒就是常说的"喝多了"，这本来是可以控制的。所以，生理性醉酒后损害他人，行为人有过错，应承担侵权责任。但如果是病理性醉酒，也就是少量饮酒即导致醉酒，进而损害他人，这时候认定责任就要分情况来看。比如，张三明知自己是病理性醉酒，沾几口就会醉酒、丧失控制能力，却还要喝，这就是对暂时丧失心智有过错。要是因此损害了他人，要承担侵权责任。但如果他是第一次喝酒，不知道自己会病理性醉酒，就应该认定张三对暂时丧失心智没有过错，即使造成了损害，也只需要对损害适当补偿。

既然行为人对自己暂时丧失心智，可能是有过错，也可能是无过错，那么对应的，承担责任的方式也不同。要是因过错导致暂时丧失心智，致人损害，无论是因醉酒、滥用药品，还是有其他过错，都由侵权人承担全部赔偿责任。但要是像本节案例那样，行为人暂时丧失心智是因为身体原因，而不是主观上有过错，这时候，就应当依照第183讲说的公平分担损失规则，由法官根据双方的经济状况、损害程度，判决行为人对损害后果适当补偿，而不是全部赔偿。

## 举证责任

对于行为人暂时丧失心智是不是有过错，实行过错推定。这和监护人责任一样，都是举证责任倒置，受害人不用举证对方有过错，而是由行为人证明自己没有过错。不能证明的，承担全部赔偿责任；能证明的，适用公平分担损失规则，行为人对损害适当补偿。

查明这种状态，通常是比较困难的，所以不能只依靠一般经验法则。法院在审理这类案件时，应当邀请医学专家鉴定，正确认定行为人当时是不是处于暂时丧失心智状态，以及丧失的程度。不过，如果行为人是因醉酒、滥用精神药品或者麻醉药品，使自己暂时没有意识造成损害的，则直接认定为行为人有过错，要承担全部责任。

说到这里，我们来回顾一下本节案例。

案例中，于师傅是完全民事行为能力人。他驾车途中突发心梗，无法控制机动车，撞伤了开轿车的老唐。这表明于师傅当时处于暂时丧失心智状态，也给受害人造成了实际损失。所以，这不是一般的侵权行为，而是暂时丧失心智损害责任。在这种情形下侵害他人，行为人有过错的，应当承担侵权责任；行为人没有过错的，要根据公平分担损失规则，让行为人对受害人做适当补偿。

而于师傅突发心梗、丧失控制能力，显然不是在主观上有过错，因为他自己无法预料。所以这个案例，于师傅不用承担全部赔偿责任，但是也不完全免责。因为两人经济状况相近，法院最终是根据公平分担损失规则，认定于师傅对老唐的医疗费、护理费，汽车维修费等损失承担 50% 的补偿责任。

当然，我们知道，这个补偿额是要根据双方的经济负担能力认定的。假设于师傅的经济状况比老唐好，那他要分担的补偿额就要高于 50%。如果于师傅的经济条件还差一些，分担的损失就是 50% 以下了。

## 187 用人者责任

外卖小哥送餐撞伤他人，外卖平台要承担赔偿责任吗？

用人者责任是一类特殊侵权责任，是一个责任类型的统称，它包含的规则包括用人单位责任、劳务派遣责任和个人劳务责任三类，每一类都和我们的工作、生活息息相关。先看一个案例。

老王驾驶货车经某村路口，与尹师傅驾驶的小摩托相刮。为躲避摩托，货车撞上了路边护栏，造成车体损坏。万幸两个人都没有受伤。尹师傅是外卖平台的骑手，事故发生时正在给客户送餐。交警认定，尹师傅在本起交通事故中负主要责任。老王要求尹师傅和外卖平台赔偿。尹师傅认为，自己车速过快是不对，但这是为了及时完成平台订单，责任应该由平台承担。外卖平台认为，尹师傅只是在平台简单注册和完成任务，平台从未和他签订任何劳动合同，现在造成事故，应该由尹师傅本人承担责任。

这个案例，就涉及了本讲要说的用人单位责任。如果构成用人单位责任，那单位要替职工承担赔偿责任。而本节案例中，尹师傅虽然在完成订单，但确实没和外卖平台签劳动合同，这时候还能适用用人单位责任，要求外卖平台赔偿吗？事实上，还是适用的，外卖平台仍然要承担责任。

要想理解这个结论，需要先了解什么是用人单位责任。

## 用人单位责任

用人单位责任，是指用人单位的工作人员，因执行工作任务损害了他人，单位要作为责任主体，对工作人员的致害行为承担赔偿责任。理解这个定义，有三个关键。

**第一，是"用人单位的工作人员"，这确定了侵权行为的主体。** 必须是"用人单位的工作人员"侵权，才成立这种侵权责任。要注意，并不是必须签了劳动合同、交社保才算工作人员。只要劳动者持续向单位提供劳务，单位定期支付薪水，这都算形成了实际的劳动关系。本节案例就是这样，尹师傅为平台提供配送劳务，平台给他发工资。即使双方没签正式的劳动合同，他们之间也形成了劳动关系。尹师傅是外卖平台的工作人员，可以适用用人单位责任。企业试图不签正式合同来规避单位责任，这是无效的。

**第二，"因执行工作任务造成他人损害"，这限定了侵权行为发生的场合。** 比如，员工开车上班，不小心撞伤行人，这和用人单位就没有关系。因为通勤按社会一般观念，不属于"执行工作任务"。但要是员工在送货时撞伤行人，这就是用人单位责任了。

**第三，这种侵权责任是替代责任。** 工作人员造成他人损害的，首先由用人单位承担责任。尹师傅因执行工作损害他人，车体受损的司机老王，有权要求外卖平台承担替代责任。

认定用人单位责任，同样要考察构成要件，也就是判断是否存在：违法行为、损害事实、因果关系和过错。

这几个要件中，第四个过错要件比较特殊。与一般侵权行为不同，用人单位责任适用过错推定原则。法官会从工作人员致人损害的事实中，推定用人单位有疏于选任和监督管理的过错。要是用人单位否认，也不需要受害人举证证明，而是实行举证责任倒置，由用人单位证明自己无过错。假设尹师傅曾多次违章，外卖平台暂时停用了他的账号，但尹师傅还是私下到商户处接单，这时用人单位就没有过错，不承担责任。如果出现损害，这就是一般侵权行为，由尹师傅个人承担赔偿责任。当然，如果构成用人单位责任，单位也赔偿了，那赔偿后，单位是有权向有过错的工作人员追偿的。在本节案例中，由于尹师傅送餐时超速，对损害的发生也有过错。外卖平台承担责任后，有权向尹师傅追偿。

## 劳务派遣责任

如果招募和用工是分离的，比如，甲公司招募员工后，员工不在甲公司工作，而是被派到乙公司干活。这时候如果员工造成损害，就要说到第二类用人者责任——劳务派遣责任。

劳务派遣的典型特征是劳动力雇佣与劳动力使用相分离。被派遣的员工不与接受劳务派遣的单位（用工单位）签劳动合同、建立劳动关系，而是与劳务派遣单位（招工单位）存在劳动关系。这是一种"有关系没劳动，有劳动没关系"的特殊用工形态。

既然多了一类主体，对应的，劳务派遣责任也分为两种。

**最主要的是用工单位承担责任。** 为什么是用工单位承担责任，不是派遣单位承担责任？原因是，员工被派遣后，基本就不由派遣单位管理了，而是在用工单位的指挥、监督下，完成工作任务。当然，如果被派遣的员工对造成的损害也有过错，那用工单位在承担赔偿责任之后，有权向有过错的员工追偿。

只由用工单位负责，前提是派遣单位没有过错。如果派遣单位有过错，例如招募的被派遣员工不符合年龄要求、经验不足，或者在派遣之前没有做必要的培训，导致员工执行派遣任务时致人损害。**这时，劳务派遣单位和用工单位要共同承担责任**。用工单位毕竟是直接管理、监督劳动者，所以还是对全部损害负责，承担连带责任；有过错的派遣单位，只在自己的过错范围内，承担按份责任。如果用工单位首先全部赔偿了，赔偿后可以向派遣单位追偿。

## 个人劳务责任

个人劳务责任是指，在个人之间形成了劳务关系，提供劳务的一方因劳务造成他人损害，接受劳务的一方应承担替代责任。

当然，像前文说的两类责任一样，如果劳务提供者对造成的损害有过错，雇主赔偿后，有权向他追偿。比如，房屋主人雇保洁员打扫卫生，叮嘱不要碰倒窗台的花盆，但保洁员还是不小心碰倒了，导致砸伤人。这时，雇主首先承担赔偿责任，赔偿后，有权向劳务提供者追偿。如果劳务提供者没有过错，是雇佣者指示不当，比如为了赶时间，非得要求保洁员踩踏窗台打扫，而不是用扶梯，结果导致部分窗框坠落，砸伤人。这就全由雇佣者承担赔偿责任，赔偿后也无法追偿。

在个人劳务责任里，因为通常是临时用工、不够规范，很多时候提供劳务者还会因劳务行为损害了自身，这时候认定责任，关键是看各方当事人的过错。这在法律上叫个人劳务工伤事故责任，劳务提供者有过错，雇佣者无过错时，由提供者自负其责。如果是雇主叮嘱保洁员不要踩窗台，保洁员还要踩，结果保洁员受伤了，这就是自身有过错损害了自己。反过来，雇佣者有过错，劳务提供者无过错，则由雇佣者赔偿全部损失。如果双方都有过错，则根据过失相抵规则，双方按过错比例，承担相应的责任。

**延伸课堂：**

**员工在加班路上受到损害，能要求工伤赔偿吗？**

单位的工伤事故责任主要由《劳动法》和《工伤保险条例》调整。

认定工伤事故责任，要看三个要素，分别是：工作地点、工作任务，以及工作时间。也就是，员工是不是在工作地点受伤的，是不是因执行工作任务受伤的，是不是在工作时间内受伤的。符合三要素并且员工有人身损害，就构成工伤事故责任。赔偿工伤事故损害时，适用无过错责任，先由工伤事故保险赔偿。没有工伤保险，或者保险赔偿不足的，再由单位赔偿。

去加班的路上，或者上下班途中受到损害，也属于工伤。虽然上下班途中不属于在工作地点，也不是正在执行工作任务，但为了更好地保护劳动者的权益，法律特别规定：上下班途中遭受意外损害，比如被车撞伤，构成工伤事故责任。受害的员工可以要求肇事人赔偿，也可以申请工伤事故赔偿。

这样，劳动者工伤事故理赔，工作时间的计算实际上就是"门对门"，不过这个"门"，不是用人单位的门，是家门——上班出家门之后，到下班进入家门之前，都可以推定为工作时间。

这期间发生意外损害，可以认定为工伤事故。当然，如果上下班途中去办别的事情，例如去与人吃饭，这就不属于工作时间了。

对于加班的认定，适用客观原则。无论是领导安排，还是自己主动，只要是为完成工作任务，都算是加班。在这期间员工损害他人，或者出意外受伤了，也构成用人单位责任或者工伤事故责任。不过，如果工作人员是在单位干私活，那无论是造成自己损害还是损害他人，用人单位都不承担责任。

## 188 定作人指示过失责任

工人维修棚顶,导致木架砸伤行人,房主要承担责任吗?

用人者责任包括三种类型,分别是用人单位责任、劳务派遣责任、个人劳务责任。本节讲解一个容易与个人劳务责任混淆,但规则不同的侵权责任——定作人指示过失责任。

定作人是民法承揽关系中的一个专门概念。与之相对的,还有一个词叫承揽人。承揽,可以理解为承包总揽。它涉及的行为很多,比如加工、定制、修理、复制、测试、检验等等。承揽关系说白了就是,一方按要求完成工作,另一方支付报酬。这其中,提出要求的就是定作人;按要求完成任务的,则是承揽人。来看一个案例。

张师傅是装修工人,曾多次为栗女士制作室内衣柜、吊顶、雨棚等物。某天,栗女士请张师傅来维修雨棚顶面的玻璃钢瓦。张师傅登上顶棚维修时,栗女士叮嘱他要小心,雨棚上的一些木头不结实,有安全风险。张师傅表示自己经验丰富,不怕,便爬上棚顶作业。结果修到一半,一部分木架掉落,砸伤了路过的行人小吴,导致小吴花费了两万多元的医疗费。

小吴要求张师傅和栗女士赔偿,但栗女士认为,这是张师傅施工失误,与自己无关,拒绝赔偿。这个案例里,栗女士就是定作人,张师傅则是承揽人。对行人小吴的损害,栗女士要不要赔偿呢?可能有的人会想,根据个人劳务责任规则,栗女士得赔偿,因为是她雇了张师傅来工作。而且不仅要赔,还得对全部损害承担责任,只是赔偿后可以向张师傅追偿。但事实上,在这个案例中,栗女士不用赔偿,张师傅承担全部责任。为什么呢？这就涉及定作人指示过失责任了。

## 定作人指示过失责任

定作人指示过失责任规定在《民法典》第1193条:承揽人在完成工作过程中造成第三人损害或者自己损害的,定作人不承担侵权责任。但是,定作人对定作、指示或者选任有过错的,应当承担相应的责任。

承揽关系和个人劳务关系不一样。简单来说,个人劳务就是像保姆、小时工那样,个人对个人提供劳务,工作是按小时计算报酬的;承揽则是交付劳动成果后取得报酬,雇主购买的是劳动成果。我们接触最多的承揽就是家庭装修,业主是定作人,工程队是承揽人。案例中张师傅的工作,显然是交付特定成果,所以是承揽关系。如果是个人劳务关系,雇主要对劳动者的劳动负责,而如果是承揽关系,定作人不对承揽人的劳动负责任。

定作人指示过失责任不是中国原有的制度,甚至也不是大陆法系固有的制度,而是来自美国的侵权法。我国原来的《民法通则》和《侵权责任法》都没有规定这个制度,是司法解释首先做了规定。等到编纂《民法典》,这条司法解释才被整合吸纳成为法律条文。

## 定作人指示过失责任的构成要件

定作人指示过失责任的构成要件主要有三点。

**第一，当事人之间的合同必须是承揽性质的合同**。这是区分定作人指示过失责任和用人者责任的关键要件。双方不是劳务关系，是承揽关系的，才适用定作人指示过失责任。如果是劳务关系，就是用人单位责任或者个人劳务责任。

要注意的是，适用定作人指示过失责任，双方的合同只要具备承揽性质就可以，不必一定是严格的承揽合同。比如装修，这是严格的承揽合同，但如果是打出租车，这就只是合同具有承揽性质。乘客购买的，是司机"送到目的地"这个劳动成果。司机正常驾驶，发生事故，因为司机是承揽人，乘客是定作人，就只是司机承担责任。只有乘客有过失，比如让出租车司机超速快开，发生交通事故，才构成定作人指示过失责任，乘客也要承担一部分责任。

**第二，侵权行为须发生在执行承揽合同的过程中**。无论是正在执行承揽定作事项，还是在为完成承揽事项做前期筹备，比如采购材料，都是执行承揽合同。

**第三，由于定作人的过失，让承揽行为侵害了第三人或承揽人的民事权益**。本节案例中，张师傅维修时不慎让木架坠落，砸伤了行人小吴，这是典型的因执行承揽事项损害了第三人，不构成定作人指示过失责任，定作人不承担责任。

然而，假设不是行人小吴受伤，是张师傅维修时踩到腐朽的木架，跌落摔伤了，并且定作人栗女士对损害有过错，这就会构成定作人指示过失责任。这一点和个人劳务工伤事故责任有点像，有过错的一方才要承担责任。

## 《民法典》规定的定作人指示过失责任的特点

定作人指示过失责任源自美国侵权法，我国法律是借鉴《日本民法典》的规定做了自己的规定。相比传统的定作人指示过失责任，我国《民法典》的规定有自己的特点。

**首先，《民法典》规定的定作人指示过失责任，适用范围更大。**传统的定作人指示过失规则只在造成第三人损害时适用，而《民法典》是把"承揽人造成自己损害"这种情形也规定了。这样规定的好处是一个规则能适用多种情形，有利于一揽子解决问题。而在此之前，这种情形要由专门的工伤事故责任规则调整。

**其次是，定作人要承担责任的情形，相比传统规则也更多。**《民法典》规定，定作人对定作、指示或者选任有过失的，由定作人承担责任。这里提到了"定作、指示、选任"这三类情形，而传统的规则，只有两类情形，也就是定作人仅对"定作"或"指示"的过失承担责任，对"选任"的过失不承担责任。例如，装修队在施工时造成他人损害，一般来说业主（也就是定作人）是不承担责任的，由装修队自负其责。但如果是业主瞎指挥造成了损害，这时业主就要承担责任，这是定作人对指示有过失。

假如这个装修队没有资质，伪造了一个资质证书，欺骗了业主，如果装修队在施工时造成他人损害，由于定作人有选任过失，也要对损害后果负责。但其实这是不太公平的。因为很多时候，定作人也不是专业人士，很难识别承揽人专业资质证书的真假。这种情况下，规定定作人对"选任的过失"也要负责，可能会不合理地扩大定作人的责任范围。因此在我看来，还是应该把定作人指示过失责任，限定在"定作人有定作、指示过失"，才承担责任，而不是"选任过失"也要承担责任。

## 案例回顾

张师傅为栗女士维修雨棚,由于张师傅是以自己的劳动技能、劳动工具完成任务,交付特定成果,所以这是一个承揽合同关系,不是个人劳务关系,符合定作人指示过失责任的前提要件。张师傅是在执行承揽任务时给第三人小吴造成的损害,符合定作人指示过失责任的第二个构成要件。

那么,案例里张师傅造成损害,究竟是自己的过错,还是栗女士有指示的过错呢?这决定了栗女士作为定作人是否要承担责任。

在维修开始时,栗女士就告知张师傅雨棚木材不结实,要注意安全。但张师傅还是贸然上去,导致木架坠落,让其他行人受伤。这是张师傅明知有危险却轻信自己能避免,最终造成损害,对损害有过错。所以,造成路人损害的过错在张师傅,而不是栗女士,应该由承揽人张师傅对全部损害承担赔偿责任。

假如是张师傅发现木架腐朽,向栗女士报告了风险,但栗女士认为没有问题,坚持让张师傅上顶棚维修,最后造成人身损害。这时候,栗女士对造成的损害就有过错,要承担定作人指示过失责任,和张师傅共同承担损失。

### 延伸课堂：

农村建房，邻里前来帮忙。建房者提供了一定的安全保护，但帮忙者因为聊天不小心造成砖块跌落，砸伤了路人甲。这时，建房者要承担责任吗？

这种情况涉及的是帮工责任。帮工责任就是农村建房或者做其他事情，乡亲们来无偿帮忙。帮工期间，如果村民自身受到损害或者给他人造成了损害，就构成帮工责任。

帮工是无偿行为，和有偿的承揽不同，因此司法解释专门规定了帮工责任，主要有几点规则。

首先，帮工人损害他人的，比如因疏忽导致砖块脱落，砸伤行人，由被帮工人替代赔偿全部损失。帮工人有故意或者重大过失的，被帮工人赔偿后，有权向帮工人追偿。

其次，如果受损害的是帮工人自己，按过错责任原则处理，由被帮工人和帮工人，根据自身过错程度分担损失。当然，如果是第三人造成损害，比如帮工人被汽车撞伤，由肇事人赔偿。赔偿不足的，被帮工人承担补充责任。

此外还有一种特殊情形：被帮工人明确拒绝，帮工人还非得帮忙，结果反倒添乱了。帮工人损害了自己或者伤害了他人，由帮工人自负其责，被帮工人不承担责任。但是，对损害赔偿不足的部分，被帮工人有义务补偿损失。

## 189 网络侵权责任

在网站上被"人肉搜索",网站要承担赔偿责任吗?

网络侵权责任是一种新的侵权责任类型。我们先看一个典型案例,这是我国"人肉搜索"第一案。

小王与姜女士是夫妻。某天晚上,姜女士从自己家所在的24层楼跳楼自杀。自杀前,姜女士在博客上以日记的形式,记录了丈夫小王的外遇经历以及对自己的冷漠,博客里还附上了小王和外遇女性的合影。姜女士死后,她的同学小张注册了一个网站,姜女士的亲属及朋友在网站上发布了一些纪念姜女士的文章。小张还把这个网站链接到了天涯、新浪等网站。后来,姜女士的博客日记和纪念文章被转发到天涯网、新浪网等社区论坛,又不断被其他网民转发。网民发起了对小王的"人肉搜索",辱骂小王,有的网民甚至到小王和他父母的住处骚扰。

小王不堪其扰,就到法院起诉了。法院认定小张在网站上披露小王的"婚外情"和个人信息,属于侵犯他人隐私,不仅损害了小王的社会评价,还严重干扰了他的正常生活,最终判决小张删除侵权文章、赔礼道歉,赔偿精神损害抚慰金5000元。

同时,小王还起诉了网站,认为网友转发的那些披露自己隐私、辱骂自己的内容,网站不但没有制止,还予以发布,要求网站也承担责任。

有的人会认为，网站不需要承担责任。现在网上那么多爆料和批评，也不见得都对，如果网站都承担责任，那也不用经营了。何况这也是网友的个人行为，网站不能限制。

但事实上，在这个案例中，网站是要承担责任的，因为它明知网友在"人肉搜索"，还不限制，就构成了网络侵权责任。

## 网络侵权行为

网络侵权行为，是指在网络媒介平台上，网络用户、网络服务提供者，因故意或者过失侵害了他人的民事权益。

网络服务提供者的范围很大，比如，提供搜索、链接服务等网络服务提供商，像谷歌、百度等；以及能管理信息呈现的网络存储空间、展示平台，比如微博；还有，在个人网站上收录、发表作品的网络内容提供者，也属于网络服务提供者。

网络侵权责任保护的利益范围很广。只要是在网络上被侵害的民事权益，网络侵权责任都保护，尤其是人格权和知识产权。例如，在网站上发表侮辱、诽谤他人的言论，揭露他人隐私，又或者是把他人享有著作权的影视作品上传到网站，这些都是网络侵权行为，行为人都应当承担侵权责任。

《民法典》用四个条文规定了网络侵权责任，讲得比较复杂。但其实，只要记住两个关键规则，就能把握住网络侵权责任的精髓了，这两个规则分别是：避风港原则和红旗原则。

## 避风港原则：通知规则

避风港原则是指，网络用户利用他人的网络服务实施侵权行为，网络服务提供者在原则上不承担责任，因为提供者无法对海量信息一一审查。但这种免责是有条件的，网络服务提供者要符合通知和反通知两个规则。

通知规则是指，认为自己权益受到损害的权利人，有权通知网络服务提供者，要求消除网络上的侵权信息及其影响。比如，让网站对一些用户发布的信息采取删除、屏蔽、断开链接等必要措施。当然，权利人在行使通知权时，要举出对方构成侵权的初步证据，以及自己的真实身份信息，否则通知无效。

如果通知有效，网络服务提供者接到通知后，应当实施两个行为：一是及时将通知转送给发布信息的网络用户；二是转送后，根据实际情况，对涉嫌侵权的信息及时采取删除、屏蔽或者断开链接等必要措施。网络服务提供者只要履行了这两项义务，就进入"避风港"，不承担侵权责任。

要是接到通知后，网络服务提供者没有及时采取屏蔽、禁言等必要措施，导致损害扩大了，那就不能进入"避风港"，而是要承担部分连带责任——对损害扩大的部分，网络服务提供者要与实施侵权行为的用户承担连带责任。比如，张三在网站上诽谤李四。李四通知网站之前，是侵权人张三单独承担责任；通知网站后，如果网站没有采取必要措施，这之后发生的损害就是网站和张三共同承担侵权责任。

### 避风港原则：反通知规则

通知规则对通知一方有利，但显然会限制另一方网络用户的表达权利。为了保持两方用户表达权利的利益平衡，避风港原则设置了通知规则之后，又设置了反通知规则。这里说的反通知很像是法庭上被告对原告主张的抗辩。也就是，接到通知的那方网络用户，要向网络服务提供者提交自己不存在侵权行为的声明。这份反通知声明也应当包括不存在侵权行为的初步证据。不符合这样要求的声明，不发生反通知效果。

接到反通知声明后，网络服务提供者要及时向发出通知的权利人转送反通知声明，并告知他向有关部门投诉或者向法院提起诉讼。通知方接收到反通知声明后，必须在合理期限内告知网络服务提供者，自己已经投诉或提起诉讼，否则，网络服务提供者应该终止之前采取的必要措施。这个合理期限可以《参照电子商务法》的规定，为15天。

此外，要是最终证明是行为人错误行使了通知权，被通知方根本没有侵权，那这期间给被通知方、网络服务提供者造成的损害，都由错误通知的行为人赔偿。

### 红旗原则

避风港原则是网络服务提供者及时转送了通知和反通知声明，就不承担侵权责任。而红旗原则，就是无论如何，网络服务提供者都无法免责了。

"红旗原则"这个表述很形象，是指网络用户实施的侵权行为，在网络上已经"红旗飘飘",尽人皆知了。网络服务提供者知道或者应当知道而不采取必要措施,就应当与实施侵权行为的网络用户一起,对造成的损害承担连带责任。当年香港地区的"艳照门"事件,相关明星的不雅照片在一些网站疯传,这些网站也没有采取措施限制,这就违反了红旗原则,构成侵权。后来是政府及时介入、删除照片,才没有再追究这些网站的责任。

**案例回顾**

最后回到开头说的这个"人肉搜索"第一案,丈夫小王主张网站侵权,涉及的规则是"避风港原则"。

尽管这个案例发生在《民法典》颁布之前,但当时法院对责任的认定,也都符合今天《民法典》规定的网络侵权责任条款。本案的小王婚后出轨、冷落妻子,给妻子姜女士造成了严重的精神伤害,使姜女士不堪忍受而自杀,这在道德上应该谴责。但是,网民对小王"人肉搜索",在网上对他人身攻击,甚至骚扰他的私人生活,这是"以暴制暴",是违法的。

本案的网络服务提供者,他们的网站被利用实施"人肉搜索",侵害了小王的个人隐私。小王通知网站这是侵权,要求立即删除,但网站没有及时采取必要措施,这就违背了避风港原则里的通知规则,网站构成网络侵权责任。

最终,除了侵犯隐私权的小张,法院还认定这些网络服务提供者也要对损害承担赔偿责任。其他参与"人肉搜索"侵权的网民,因为数量太多,也不好查证,小王没有起诉,因此没有追究他们的连带责任。

## 190 违反安全保障义务损害责任

顾客在没有护栏的消防通道里跌落,饭店要赔偿全部损失吗?

本节讲解违反安全保障义务损害责任。先看一个典型案例。

电视台主持人沈女士在某饭店就餐,包间在二楼邻近消防通道的位置。就餐时,沈女士接到一个电话,边接边走到附近的木制消防通道安全门旁。过了很长时间她也没回来,同行的人开始寻找,发现沈女士跌到了楼下。事故原因是消防通道的楼梯没有安装栏杆。沈女士被送医院后,经抢救无效身亡。她的近亲属起诉,要求饭店赔偿全部损失。饭店认为,消防通道还未竣工,在这种情况下沈女士还要走过去,最终跌落,这是她自己有重大过失,于是拒绝赔偿。

很显然,消防通道未竣工就开业,饭店肯定是有过错的,它主张完全免责,这没有任何道理。但像饭店说的,沈女士走到楼梯旁不小心跌落,自己也有一定的过失。是不是要按过失相抵规则,让双方都承担一部分责任呢?事实上,这个案例中,饭店要赔偿全部损失,因为它涉及了本讲要说的违反安全保障义务损害责任,这是一个特殊侵权行为。

## 违反安全保障义务损害责任

违反安全保障义务损害责任，是指对他人负有安全保障义务的人违反该义务，直接或者间接地损害了他人的人身或者财产权益，应当承担损害赔偿责任。

理解这个定义，要把握两个关键。

**第一**，这类侵权责任的行为人，是"对他人负有安全保障义务的人"。如果是在经营场所，比如饭店，负有安全保障义务的就是经营者；如果是在公共场所或者是组织集体活动，负有安全保障义务的就是场所管理人或者活动组织人。

**第二**，这类侵权责任的行为方式，不是主动侵权，而是不作为。行为人应当履行安全保障义务而没有履行，或者没有履行好，就可能构成这类特殊侵权。

那么，该怎么确定一个行为人是不是负有安全保障义务呢？

**首先**，是看法律有没有直接规定，这是最直接的义务来源。比如，《消费者权益保护法》就规定："消费者在购买、使用商品和接受服务时享有人身、财产安全不受损害的权利。"这是法律直接规定的安全保障义务。

**其次**，是看合同约定的主义务。有些合同的核心条款，就是一方向另一方承诺，要在合同里履行安全保障义务。例如，在旅客运输合同里，除了按时送达，旅客的人身安全保障义务也是合同的主义务。再如，公园卖门票，除了准许客人入园游览，保障游人的人身安全同样是合同的主要义务。

**最后**，是合同的附随义务。有的合同虽然没有明确约定安全保障义务，但按法律中的诚信原则解释，一方当事人仍然要对另一方提供安全保障。例如，餐馆、旅馆向顾客提供服务，按照诚信原则的解释，客人只要接受服务，它们对客人的饮食安全、住宿安全就负有保障义务。

## 违反安全保障义务损害责任的类型

为了更准确地适用法律、认定责任，我国民法把违反安全保障义务的侵权类型归纳为四种。

**第一种，是设施、设备违反安全保障义务**。这是指，经营场所或者社会活动场所的设施、设备必须符合国家强制标准；没有国家强制标准的，应当符合行业标准，或者达到进行特殊活动所需的安全标准。否则，就是设施、设备违反了安全保障义务。比如，在消防方面，法律规定，经营场所和活动场所除了配有消防设备，还要配有报警设施、紧急疏散标志和疏散图等。如果设备设施种类不全，比如有疏散图但没有疏散标志；又或者种类全，但设备设施数量不足，造成损害了，这些都是违反了安全保障义务。

本节案例中，消防通道的楼梯没有安装护栏，饭店既没有安排专人在旁提醒，也没有设置警示标志阻拦，导致沈女士失足坠亡。这是饭店没有对本应预见的安全隐患采取必要措施，有重大过失，构成了设施、设备违反安全保障义务侵权。虽然沈女士打电话时没注意楼梯没有护栏，有一定过错，但根据违反安全保障义务损害责任规则，饭店仍然要对损害后果承担全部赔偿责任。

**第二种，是服务管理违反安全保障义务**。比如，饭店服务人员没有擦干净地板的油渍，导致顾客滑倒；又或者是厨房、用餐环境没有定期消毒，滋生病菌，引起食物中毒。这些都是因服务管理不达标而违反了安全保障义务。

此外，在经营场所或者社会活动中已经出现不安全因素，但负责人没有尽到必要的提示、协助义务，造成损害，也构成违反安全保障义务损害责任。比如演出进场散场，人流密集，但组织方没有及时疏导或者指示，导致参与者受伤；又或者是商场、餐厅清洗地面后，没有立起"小心地滑"的警示标志，导致顾客滑倒，等等。

**第三种，是对儿童违反安全保障义务**。这是一个对儿童进行特别保护的规则，说的是公共场所的管理人或者群众性活动的组织者，必须对儿童进行专门保护，以保障儿童不受场地内有诱惑性危险的侵害。之前有一个案例，公园内有一个水塘，水深一米，没有设置栏杆，孩子可以近距离玩水。一个 6 岁的小朋友看到水边有鱼游来游去，伸手抓鱼，结果掉到水里了。最后孩子被救上来了，但还是受到了惊吓和人身损害。如果是成人为抓鱼失足落水，这是自己有过失，公园是不承担责任的，但对给儿童造成的损害，公园就要赔偿损失，因为这是对儿童未尽安全保障义务。

**第四种，是在防范和制止他人侵害方面，未尽安全保障义务**。这也是一种比较特殊的侵权类型。上海某法院就判决过一例这样的案件，是酒店在防范、制止侵权行为上未尽安全保障义务，造成了客人损害。案情是：客人住进酒店后，被一个罪犯盯上，这个罪犯先后八次在酒店里跟踪这位客人，最后闯入客人住的房间，抢劫了财产，还杀害了客人。这个罪犯在跟踪期间形迹一直比较可疑，而且不是住店旅客。在这种情况下，酒店一直没有驱逐，还任由可疑人员进入酒店，就是未尽安全保障义务。最终，法院除了惩罚抢劫者，也认定酒店需要向死者的近亲属承担损害赔偿。

## 违反安全保障义务损害责任的承担

在违反安全保障义务侵权里，导致侵权的原因不同，对应的赔偿责任也不太一样。

**最基础的一类是自己责任**。也就是经营场所的经营者、公共场所的管理者，或者集体活动的组织者，自身违反了安全保障义务，比如前面说的设备、设施不达标损害他人，由这些主体直接承担责任。

**第二类是替代责任**。这和前面说的用人单位责任有关联。如果违反安全保障义务的，不是场所经营者本人，而是属下的工作人员，则要依照用人单位责任规则，认定由单位首先赔偿，赔偿后再对有过错的员工追偿。

**最后一类是补充责任**。这类责任类型，只会在行为人未能防范和制止第三人侵害时触发。比如前文的案例中，房客在酒店内被抢劫，酒店对房客受到的损失就要承担相应的补充责任。虽然直接侵权人是罪犯，会受刑事制裁，但首先还要对受害人一方承担全部赔偿责任，比如支付死亡赔偿金、丧葬费等。如果他能够全部赔偿，那补充责任人也就是酒店，就不用再赔偿了。不过，这种情况很少见。现实中更多的是，直接责任人不能赔偿、赔偿不足或者干脆下落不明，这时，违反安全保障义务的行为人就要承担相应的补充责任。补充责任人要在自己的过错范围内承担赔偿责任，过错程度越重，要承担的赔偿比例就越高，反之则越低。当然，补充责任人承担责任后，有权向直接侵权人追偿。

**延伸课堂：**

**病房窗台比国家标准矮三厘米，住院患者跳窗自杀了，医院有责任吗？**

医院的病房是给患者住的，应当按照国家标准设计窗台高度。如果是普通的住宅，窗台矮三厘米完全没有问题，因为落地窗也符合国家标准。但在医院就不行，医院的窗台低了三厘米，就是设备、设施未尽安全保障义务。没有发生事故当然没有问题，一旦发生事故，医院就要承担责任。即使是患者自杀，主要过失在受害人自身，医院也要在未尽安全保障义务的范围内，承担相应的责任。

实践中出现这种情形，医院可能要承担30%左右的责任。不过，医院承担责任后，有权向医院病房的设计者和施工者追偿，因为他们在设计或者施工时有过错，留下了安全隐患。

曾经有一个案例，一家著名的房地产公司建商品房楼梯，按国家标准，每一节台阶的高度应该是13厘米到15厘米。但建好的楼梯中，有一节台阶却是18厘米。一个业主下楼梯，在这个18厘米的台阶往下踏时，一脚踩空，摔伤了。事后，就要求房地产公司赔偿。这个案例中，其他的楼阶都符合标准，只有这一个高了一点，看起来是很小的瑕疵，但也属于设施、设备违反安全保障义务。业主没受伤，那就没事；但要是有人因此摔伤，对造成的损害，房地产开发公司就脱不了干系了。

第七章　保护权利的侵权责任

## 191 学生伤害事故责任

儿童放学后身体不适,校方要承担责任吗?

本节我们学习一个在特定场所造成损害的侵权责任——学生伤害事故责任。这个规则要解决的,是未成年学生在幼儿园、学校或者其他教育机构里受到损害了,该怎么认定责任。先看一个案例。

4岁儿童小宝在幼儿园入托。上午入园时还活泼好动,放学时,老师告诉家长,小宝说弯腰难受,不过没看出什么异状,家人就接走了。晚上父母送小宝到医院就诊,发现孩子左肋处一个红点,经查确认左上腹部有金属异物,手术看到是其腹壁近胸骨柄处有一枚钢针。住院取出小宝体内的钢针后,小宝的父亲就代理小宝起诉,请求判令幼儿园承担人身损害赔偿责任。幼儿园拒绝赔偿,理由是小宝父母无法举证钢针的来源,不排除这是入园前就受到的伤害。但小宝的父母认为,入园前小宝一直没事,是入园后才有身体不适,幼儿园应该承担责任。

在这种情况下,幼儿园确实要赔偿,认定赔偿的依据就是学生伤害事故责任。根据学生伤害事故责任规则,即使小宝的父母无法举证幼儿园有过错,幼儿园也要承担责任。

### 学生伤害事故责任

学生伤害事故责任,是指无民事行为能力或者限制民事行为能力的学生，在幼儿园、学校或者其他教育机构学习、生活期间，受到了人身损害，相应的教育机构要承担赔偿责任。

理解这个定义要把握四个关键词。

**第一个关键词是"学生"**。各类全日制学校的学生、幼儿园的儿童，以及在其他教育机构，比如校外兴趣班、培训机构等的受教育者，都属于广义的学生。不过，学生伤害事故责任里的"学生"，仅指其中的未成年学生，所以定义里才明确限定了是"无民事行为能力或者限制民事行为能力的学生"。如果是在高校就读，或者参与成人教育培训的成年学生，则不受学生伤害事故责任规则保护，要根据损害的实际情况，适用其他侵权责任规则。

**第二个是"教育机构"**。定义里说的"其他教育机构"，必须是有相应资质的。如果是几个老师私下开培训班，或者是文体兴趣班却办着中小学学科教育，这就不属于教育机构。未成年学生要是在这些场合受损害了，无法受专门的学生伤害事故责任保护，而是适用一般的人身损害、财产损害赔偿规则。

**第三个是"学习、生活期间"**。未成年学生只有在教育机构里学习、生活，才受这个专门规则保护。认定这个期间，应当采用"门到门"原则，就是学生从进校门到出校门期间，都属于这里说的"学习、生活期间"。如果学校或者幼儿园有接送班车的，"门到门"就应当以班车门为限。学生在乘车期间，甚至是上下车的人身安全，教育机构都有保护的义务。此外就是，如果学校组织了校外活动，在校外活动期间，也属于"学习、生活期间"。

**最后是"人身损害"**。学生伤害事故责任，只保护人身损害，不保护财产损失。如果未成年学生在上学期间有财产丢失或者毁损，适用一般的财产损害赔偿规则。

## 学生伤害事故责任的认定

在实践中，认定构成学生伤害事故责任，同样是要判断侵权责任的四个构成要件。

这其中，违法行为、损害事实、因果关系这三个要件，和前文讲过的侵权类型没什么区别，需要辨析的是过错要件。在学生伤害事故责任里，认定教育机构是否有过错，涉及两种不同的归责原则。

**如果受到人身损害的未成年学生是无民事行为能力人，那认定教育机构有过错时，适用过错推定原则。**不满 8 周岁的学生在学校、幼儿园等教育机构里受到人身伤害，直接推定教育机构有过错。教育机构认为自己无过失的，举证责任倒置，由他们自证清白。能证明则免责，不能证明就要承担赔偿责任。这样把举证负担转移给教育机构，能督促他们更好地保护幼龄学生的民事权益。

在本节案例中，小宝只有 4 岁，属于无民事行为能力人。虽然小宝的父母无法举证钢针的来源，但小宝确实是在上幼儿园后感到身体不适的。在这种情况下，适用过错推定原则确定赔偿责任。如果幼儿园能举证证明自己没有过错，比如能证明是教育机构以外的行为人给小宝造成了人身损害，那可以免除自己的责任，让真正的侵权人赔偿；如果不能证明自己没有过失，就构成学生伤害事故责任，要对小宝受到的损害承担全部赔偿责任。

**如果受到人身损害的是限制民事行为能力人，比如满 8 周岁但不满 18 周岁的学生，适用过错责任原则，也就是由被侵权方承担举证责任。**其实这就与保护一般人没有区别了。换句话说，在学生伤害事故责任里，对限制民事行为能力的学生，是没有提供特别保护的。

此外还有一种特殊情况，是不区分受损害学生的民事行为能力，一律适用过错责任原则——学生在教育机构里受到了第三人的侵害。比如，学校组织课间餐，课间餐供应商提供的食品变质，造成学生上吐下泻。这时，就是由受侵害的一方举证食品供应商有过错。能举证的，就由食品供应商承担责任。当然，要是学校在这个过程中有过失，比如没有复查食品，或者对引进的供应商没做好审核，那学校也要承担相应的补充责任。

假设很多学生都因此食物中毒，食品供应商无法赔偿全部损失，那学校要对赔偿不足的部分承担补充责任。法律会根据学校行为的过错程度，以及行为造成损害的原因力大小，认定学校要承担的补充责任。比如学校本该复查食品，但没复查，导致变质食品供应给了学生，这是有重大过失，对赔偿不足的部分，学校可能就要全部补足。但如果学校复查了食品，食品是在供应商分餐时被污染的，那学校则过失较轻，可能只要对不足部分承担 20% 左右的补充责任。当然，教育机构承担了相应的补充责任之后，有权向第三人追偿，因为第三人才是真正的侵权人。

### 学生伤害事故赔偿的责任承担

确定了学校等教育机构要承担的责任，通常是教育机构全部赔偿，这没问题。但要注意的是，如果教育机构没有过错，学生的人身损害事故，是学生自己或者其监护人导致的，教育机构不承担赔偿责任。

比如，学生有特异体质，或者患有特定疾病，比如患有癫痫，但学生及其监护人都未告知学校，导致学生在校病发时无人救治，造成人身损害，校方不承担责任。再如，学生实施有危险性的行为，如打架斗殴等，学校、教师多次告诫、纠正，学生拒不改正，监护人也不管教，导致学生受到人身损害的，校方也不承担赔偿责任。

## 192 产品责任

过量喷洒杀虫剂引起爆炸,生产商要承担赔偿责任吗?

产品责任是一类容易出现在商品买卖里的特殊侵权责任,是一个对消费者特别重要的侵权法规则。还是先看一个案例。

经营蛋糕房的薛老板买了 3 瓶喷雾杀虫剂,安排员工张师傅、李师傅在打扫卫生后喷洒除虫。蛋糕房店铺有 200 平方米(大约 6 个标准集装箱的面积),打扫卫生后,李师傅喷了大半瓶,张师傅却喷了两瓶。由于杀虫剂里含有压缩石油气作辅助气体,关灯时,电火花引发高浓度的石油气爆炸,导致两人被炸伤。张师傅、李师傅起诉,要求杀虫剂生产商赔偿。厂家拒绝,理由是:杀虫剂的成分符合国家标准,没有质量问题。之所以爆炸,是因为张师傅李师傅喷太多了。

这个案例中,张师傅、李师傅没有主张工伤责任,而是直接起诉了厂家,所以不涉及工伤赔偿,只涉及产品责任。很多人会认为,认定产品责任,前提得是产品有缺陷。但现在杀虫剂成分达标、没有质量问题,生产商应该不用赔偿。然而事实上,很多时候,产品即使成分没问题,但没有正确说明使用方法,仍然属于产品有缺陷,会构成产品责任。

产品责任,是指产品的生产者和销售者因生产、销售缺陷产品,给他人造成了人身伤害、财产损失,应当承担赔偿责任。认定产品责任,最重要的一步是认定缺陷,也就是判断产品是否存在危及他人人身、财产安全的不合理危险。但要注意,合理的危险不是缺陷。例如,鞭炮是爆炸物,本身是有危险性的,但这是产品特性,是合理危险,因此不是缺陷。

**产品缺陷的种类**

在实践中,出现四类情形,属于产品有缺陷。

第一,产品有设计缺陷。这是指产品的设计,如产品构造、配方等存在不合理危险。比如,啤酒瓶回收后是可以继续使用的,但一些瓶身设计不合理的啤酒瓶在回收使用后容易瓶身炸裂,伤害消费者,这就属于产品设计有缺陷。

当然,如果产品是被消费者用到了设计用途以外的情形,那即使存在不合理危险,也不能认为是有设计缺陷。例如,在休闲区设置的摇椅,供人就座休息,没有危险,但是使用者把摇椅当秋千使用,造成自身损害,就是不当使用,而不是产品设计有缺陷。

第二,制造缺陷。它和设计缺陷的区别在于,产品在结构、配方等方面设计都没问题,但是在制造过程中有过失,产生了缺陷。比如有多条食品加工生产线,绝大部分都没问题,但有一些卫生管理不达标,导致食品里残留了细菌,影响消费者健康。

在日常生活中,一些本身没有危险性的产品,比如纸巾、洗发水等日用品,或者食物等,给人造成损害了,通常都是设计、生产过程有缺陷。但如果一些产品本身就有一定的危险性,比如烟花爆竹、药品,或者是家用电器、汽车等更复杂的产品,它们给使用者造成人身、财产损害了,怎么认定这是使用不合理还是产品有缺陷呢?这就要说到另外两种缺陷类型了。

**第三，警示说明缺陷**。这是指产品存在合理危险，但在销售产品时没有进行充分的警示与说明。合理危险是指产品虽然包含危险，但只要依照合理的方法使用，危险就不会发生。本节案例中的杀虫喷雾就是有合理危险的产品。如果厂家没在瓶身或者说明书里提示使用方法，或者是提示了，但是警示说明不充分，导致消费者受损害，也会构成产品责任。

**第四，跟踪观察缺陷**。应当召回而未召回的产品，就存在跟踪观察缺陷。比如，厂家推出新款汽车，按照当时的技术无法发现会有小概率的刹车故障，不过后来发现了。这时厂家就有义务批量召回产品，如果应当召回而未召回，导致了使用人遭受人身损害或者财产损害，这也构成产品责任。要注意，跟踪观察缺陷与产品设计、制造缺陷不同。产品出厂时，当时的技术不能发现产品有缺陷，才可能构成跟踪观察缺陷。要是产品的缺陷是出厂时能够发现而未发现的，会涉及设计缺陷或者制造缺陷。

当然，产品有缺陷是认定产品责任的其中一个要件，除此之外，还要考察的要件是损害事实和因果关系。

在损害事实里，人身损害、精神损害都容易理解，要注意的是财产损失。这里的财产损失不是指因购买产品而支付的金钱，是指缺陷产品造成的其他财产损失。例如，产品买回家就坏了，这只是合同违约，应该根据违约责任要求商家退换货、赔偿损失等。但买回家的产品发生爆炸，炸坏了其他财产，这就涉及产品责任了。

## 不真正连带责任

认定产品责任时，适用无过错责任原则。无论生产者、销售者有无过错，只要产品存在缺陷，造成损害，就构成侵权责任。换句话说，受害人无论是起诉生产者还是销售者，在举证时，都不用证明对方有过错。

可能有人会认为，法律这样设置举证责任，当然对保护消费者有利，但如果其中一方，比如生产者或销售者，真的与造成的损害没有关系，这是不是不太公平？这就要说到产品责任的一个特殊责任分担规则了，就是"不真正连带责任"。它和连带责任规则基本是一样的，只是在最后的责任分担上有不同。

举个例子，甲工厂生产了一批有质量问题的电磁炉，商家乙因为进货便宜，明知有缺陷还是采购了，结果有消费者使用后被炸伤。这时候，工厂甲、商家乙都有50%的过错，消费者找甲、乙赔偿都行，而且可以要求他们任何一方赔偿全部损失，只是甲或乙赔偿后，有权按责任份额向另一方追偿。这是典型的连带责任。

但如果商家乙不知道电磁炉有缺陷，正常进货、销售。这时，消费者要是被炸伤，也有权找工厂或者商家的任何一方全部赔偿，这和连带责任的规则是一致的。但不同的是，商家对产品的缺陷没有过错，不是最终责任人。因此，全额赔偿后，可以向甲工厂追偿全部损失。这种情形，甲、乙之间就是"不真正连带责任"，跟连带责任人各自分担份额不一样。

## 免责事由

理解了产品责任的缺陷类型和责任分担规则，我们会发现，生产者、销售者要负担的法律风险还是比较大的。为了平衡他们承受的法律负担，法律还规定了一些特殊的产品责任免责事由，主要有两种情况。

**第一，产品未投入流通，就造成他人损害的，不构成产品责任。** 例如，工人私自夹带了一些产品出厂，即使产品有缺陷造成自己损害或者他人损害，也不得请求厂家承担责任，而是由夹带产品的工人承担责任。

**第二，产品投入流通了，但当时的技术水平还不能发现产品有缺陷。** 这种免责事由也被称为科技发展水平抗辩，也就是，产品出现了生产者无法预料的产品致损风险，导致他人损害的，生产者、销售者不承担赔偿责任。当然了，对这类产品风险的举证，由生产者承担，要是无法举证，仍然构成产品责任。这种免责事由就与产品跟踪观察缺陷有联系，生产者发现产品有无法预料的风险时，必须实施召回措施，要是召回不及时，就属于对产品有跟踪观察的缺陷，仍然要承担产品责任。

## 案例回顾

厂家生产的杀虫剂，配方里除了有杀灭蚊虫的成分，还有压缩石油气作为辅助气体，确保杀虫剂雾状喷出。这没问题，在成分上是符合国家标准的。但问题是，因为含有压缩石油气这样易燃易爆的成分，杀虫剂属于有合理危险的产品。厂家除了确保设计、制造过程没有缺陷，还必须对使用方法和存在的危险做充分的警示说明，未充分警示造成消费者损害的，仍然会构成产品责任。

本节案例中，厂家虽然在杀虫剂瓶身标注了"使用本品，每10平方米喷洒15秒，关上门窗20分钟，效果最佳"，但法院认为，这样的警示说明不充分，消费者看到这样的标注，意识不到"如果不这样使用就可能发生危险"，所以认定产品有警示说明不充分的缺陷，最终判决厂家要对爆炸造成的人身损害承担60%的赔偿责任。此外，蛋糕店只有200平方米，但受害人却喷洒了两瓶半杀虫剂，按社会一般人的观念来看，这也是过量使用了。根据过失相抵规则，法院认定剩下的40%责任由受害方自行承担。

# 193 机动车交通事故责任

　　顺路捎朋友去机场，出车祸了，司机要赔偿吗？

　　本节来讲解一个在生活中很常见的侵权责任——机动车交通事故责任。先看一个案例。

　　张先生开车到机场接机，恰好朋友王女士也要去，两人就顺路同行。车开到路口时，轿车与李师傅的小货车相撞，造成后座的王女士死亡。交警认定，李师傅负事故主要责任，张先生负次要责任。由于李师傅投保了机动车责任保险，王女士的家属起诉，要求李师傅、保险公司、张先生连带赔偿丧葬费、死亡赔偿金等损失。

　　王女士的亲属要求保险公司、李师傅承担赔偿责任，这没问题，因为李师傅买了汽车保险，并且对事故负主要责任。但是，张先生是免费搭送王女士，王女士的家属还要求他赔偿，这合理吗？事实上，这是合理的。虽然张先生是免费搭送，但毕竟对事故负有次要责任，所以也要对王女士的死亡承担责任。不过，免费搭送是善举，按法律规定，应当减轻张先生的赔偿责任。

　　要想理解这个结论，得先了解什么是机动车交通事故责任。

## 机动车交通事故

　　机动车交通事故，是指机动车与其他交通活动参与人，因违反道路交通规则，造成的人身伤亡或者财产损失。这里说的"其他交通活动参与人",是指行人、自行车、电单车使用人等非机动车驾驶人。

规范机动车交通事故的规则很多,不仅《民法典》中有规定,《道路交通安全法》也有规定。我们主要来了解一下与我们最相关的责任认定规则,主要是三部分,分别是:一般规则、"人车分离"时的责任认定,以及与开头案例对应的好意同乘规则。

### 一般规则

关于机动车交通事故,有几项一般规则。

首先是强制保险优先规则。也就是,机动车发生交通事故造成损害,机动车一方有责任的,先由交通事故强制保险赔偿;赔偿不足的,才要求机动车一方赔偿。

其次,是责任认定的归责原则。在《民法典》中,认定道路交通事故责任有两类归责原则。**如果是机动车之间发生交通事故,实行过错责任原则**。像本节案例这样的两车相撞,就是谁有过错,谁承担责任。其中李师傅对事故负主要责任、张先生负次要责任,那对王女士的死亡后果,两人就要按各自的过错程度,赔偿损失。**要是机动车一方造成了非机动车驾驶人或者行人损害,实行过错推定原则**。受害人举证了对方有违法行为、有损害事实以及因果关系后,法官直接推定机动车一方有过错。要是机动车一方不认可,实行举证责任倒置,由机动车一方自证无过错。能够证明的,免除责任;不能证明的,过错推定成立,机动车一方应当承担赔偿责任。

此外,过失相抵、受害人过错等责任减轻情形在这里也适用。不过,在机动车交通事故责任里,即使有过失相抵情形,也要适当增加机动车一方的责任。例如,即使损害都是由非机动车一方引起的,机动车一方也要承担 10% 以下的责任。至于具体是多少，由法官根据损害的实际情况以及受害人的过失程度确定，一般在 5%-10% 之间。当然，如果受害人是"碰瓷"，也就是为了骗取赔偿，故意碰撞机动车、给自己造成损害，机动车一方不承担侵权责任。

## 人车分离的机动车交通事故责任

讨论一般规则时，都是"谁开车，谁就是车的责任人"，机动车一方只有一个主体，认定责任的规则也比较清晰。然而，如果情形再复杂一些，是"人车分离"，比如机动车属于张三，但使用人是李四，这时发生了交通事故损害，认定责任时涉及的情形就比较复杂了。

**第一种，也是最常见的，是因租赁、借用等情形，让机动车的所有人、管理人与使用人分离。**这时出现事故了，由使用人承担责任。当然，如果机动车的所有人或管理人对损害的发生有过错，也要赔偿。比如，张三向好友李四借车，独自自驾出游，结果在高速公路上违章出事故了。这时，通常是张三自己承担责任。但要是李四明知张三刚学会开车，还不能独自上高速，仍然把车借给他，这就是李四对借车有过错，李四要根据自己的过错程度，承担与自身过错相应的按份责任。

**第二种，是以买卖或者其他方式转让机动车，比如继承、赠与等，并完成交付的，即使汽车未办理过户登记，发生交通事故了，也只由受让人担责。**机动车是动产，交付就算转移所有权了。即使没办过户登记，也不影响所有权转移，只是没做行政管理登记而已。不过，如果转让的是拼装或者已经达到报废标准的机动车，发生交通事故了，这时就不是受让人自己担责，而是转让人也要一起承担连带责任。而且，这是一个绝对责任条款——不论交通事故里受害人有没有过错，转让人和受让人都要承担连带责任，不能减责，更不能免责。

之前有一个典型案例，老王要在工地上拉原料，就花 8000 元向马某买了一辆小货车。后来发现，这辆车手续不全，属于报废车，老王就按废铁价格以 4000 元卖给在工地打工的小李。小李当时没有钱，就开着这辆车在老王承包的工地上拉原料，用运输费顶车款。结果这期间，小李驾车撞伤了人。最终，法院认定最初卖车的马某，二手买车的老王，以及第三手买车的小李，都要对伤者的人身损害连带赔偿。

**第三种情形，也是一种连带责任。以挂靠形式从事经营活动的机动车，造成交通事故损害，由挂靠人和被挂靠人承担连带责任。**实践中最常见的就是货车挂靠。比如，货车所有人把货车"挂靠"在一些物流公司名下，由物流公司负责安排运输任务，名义上货车由物流公司管理，但实际上仍是个人所有。相应地，货车所有人需要支付一定的"挂靠费"给物流公司。这时，即使双方没有签挂靠合同，出现交通事故了，也由双方对损失承担连带责任。

最后还有两种情形，和刑事责任有一定的交叉。

**一种是机动车被盗窃、抢劫或者抢夺后，发生了交通事故，由这些犯罪人承担赔偿责任**，车辆的所有人或原使用人没有责任。**另一种是机动车驾驶人肇事后逃逸，而且机动车的权属不明。**这时，如果需要支付对受害人的抢救、丧葬等费用的，首先由汽车交强险的保险方赔偿。如果赔偿不足，或者汽车未购买交强险，由道路交通事故社会救助基金垫付。救助基金垫付后，有权向追查到的肇事人追偿。

## 好意同乘规则

好意同乘，是交通事故中的一种特殊情形，是指无偿搭乘他人的机动车，搭乘人受到了交通事故损害。如果驾驶人有责任，不免责，但是应当减轻赔偿责任。

适用好意同乘减轻责任的前提，是驾驶人善意为他人提供便利。如果驾驶人对造成的损害有故意或者重大过失，那机动车一方要承担全部赔偿，不能减轻责任。比如，驾驶人明知汽车有刹车故障，还要搭乘同行人；或者是驾车时有闯红灯、超速等违章行为，导致交通事故发生，让无偿搭乘人受伤，驾驶人就应当全部赔偿。

此外，好意同乘必须是无偿搭乘他人。这里说的无偿，不光指不收乘车费，而且是任何费用都不能收取。如果搭乘人支付了部分汽油费或者过路费，就属于一定程度的有偿搭乘，要是途中发生交通事故、搭乘人受损害了，驾驶人承担的赔偿责任要比完全无偿更重。比如，适用好意同乘规则，减轻责任后，机动车一方只需要承担50%的赔偿责任。要是搭乘人支付了部分汽油费或者过路费，但未达到乘车费标准，机动车一方要承担的就可能是70%左右的赔偿责任。

在本节案例中，张先生无偿搭乘朋友王女士，在开车时，与肇事者李师傅的车辆相撞，造成王女士死亡。其中，李师傅负主要责任，张先生负次要责任。王女士是免费搭乘者，张先生是驾驶人，而且张先生对造成王女士死亡，没有故意或者重大过失，这就构成好意同乘。所以，张先生承担赔偿责任时，应当在承担次要责任的基础上，再适当减轻他的赔偿数额。这个案例，法院认定，张先生本应承担30%左右的赔偿责任，但适用好意同乘规则减轻后，只需承担15%左右的赔偿责任。

**延伸课堂：**

### 交通事故完全由行人导致，为什么机动车还要赔偿？

这个规则借鉴了日本法里的优者危险负担规则。意思是，在机动车交通事故中，双方中哪一方的机动性能、回避能力更强，就应当承担更多的赔偿责任。比如都是机动车，四轮机动车和三轮机动车相比，四轮机动车就是优者，在承担赔偿责任时，就要比三轮机动车多承担一些。同样的道理，机动车和非机动车或者行人发生了交通事故，机动车的机动性能和回避能力更强，因此也要多承担赔偿责任。

用最通俗的话解释，就是机动车是铁做的，而行人是肉做的。铁做的东西造成了人的损害，机动车一方就应该多承担责任。这个规则，是对受害人给予了更多的关照，表达了一种对人的关怀。

优者危险负担规则在日本的适用范围很广泛。无论是机动车和行人或非机动车驾驶人，还是小车和大车、四轮车和三轮车，只要发生交通事故，在赔偿数额上都适用优者危险负担规则。但在我国，只有机动车和行人或非机动车驾驶人发生交通事故的情形，才适用这个规则。

## 194 医疗损害责任

患者因选用了便宜的手术器材受损,医院要承担责任吗?

本节要讲一个比较复杂,但又与我们生活息息相关的侵权责任类型——医疗损害责任。还是先看一个案例。

某骨科医院为姜女士实施脊椎矫正手术。在术前选择脊椎固定钢板时,姜女士要选择价格更便宜的钢板。主治医生劝阻,建议用质量更有保障的,避免因钢板质量不好出现问题,但姜女士还是坚持用便宜钢板。术后一个月,固定脊椎的钢板断裂,姜女士又进行了二次手术,选择了质量更有保障的钢板。姜女士起诉骨科医院,要求赔偿二次手术的损失。医院不同意,认为钢板是患者自己选的,而且钢板的质量问题是医疗器械厂家的责任,医院无需赔偿。

但事实上,在这种情况下,医院有义务赔偿。案例涉及的钢板断裂属于医疗产品损害责任,和产品责任规则有所不同。

### 医疗损害责任的基本规则

医疗损害责任,是指患者在诊疗活动中受到损害,医疗机构或者其医务人员有过错的,由医疗机构承担损害赔偿。**首先,医疗损害责任是一种替代责任**。这与监护人责任、用人单位责任类似。换句话说,受害人请求赔偿时,不能起诉医务人员,应当起诉医疗机构。

当然，医务人员和医疗机构是有劳动关系的，承担赔偿责任之后，医疗机构有权按用人单位责任的规定，向有重大过失的医务人员追偿。

**其次，认定医疗损害责任，主要适用过错责任原则**。也就是，在诊疗活动中，只有医疗机构或者其医务人员有过错时，才对受损害的患者承担赔偿责任。比如，张三到医院做手术，手术全程都符合诊疗规范。但张三病情复杂，术后出现了后遗症。这时，张三就无法要求医院赔偿，因为这是客观的手术风险，医院没有过错。然而，如果是医务人员术前未告知有后遗症风险，或者术中有操作失误，导致张三受损，这就是医务人员有过错，构成医疗损害责任。

## 医疗损害责任的类型

实践中为了更及时、准确地认定责任，法律把医疗损害责任归纳为四大类。

**第一，医疗伦理损害责任**。指的是医务人员违反告知义务，比如手术、检查前未告知风险，或者违反其他医务人员伦理道德，如泄露患者的隐私信息；为了多收费，对患者做了不必要的检查；等等。医务人员有这些行为，构成医疗伦理损害责任，由医疗机构赔偿。

**第二，医疗技术损害责任**。这是指，医务人员在诊疗活动中，未尽到与当时的医疗水平相应的诊疗义务，造成患者损害。比如，配药师错配药品，医生手术时未做好消毒、把手术工具遗落在患者体内等，都属于医疗技术过失。因为医疗技术的专业性较高，在实践中认定这类过失时，受害方通常会申请医疗损害责任鉴定，这时候，医疗机构有义务配合出具病例资料。

如果医疗机构隐匿或者拒绝提供与纠纷有关的病历资料，又或者是过失遗失了，甚至是违法伪造、篡改、销毁病历资料，则直接推定医疗机构有技术过失，要对患者赔偿。当然，有伪造、篡改情形的，相关的伪造、篡改人，还会承担被撤销医务人员执业资格等法律责任。

**第三，医疗管理损害责任**。这是指医疗机构整体在医疗管理上有失误。例如，医院整体没有做好公共卫生消毒，导致患者感染；医院非法收集、使用患者的个人信息，以及招募了不符合资质的医师；等等。这都属于在医疗管理上有失误，因此给就医者造成损害的，由医疗机构赔偿。

**第四，医疗产品损害责任**。前三类医疗损害责任，一般情况下还是适用过错责任原则，只有出现特别情况，比如医疗机构隐匿、篡改病例等，才实行过错推定。而最后一类，医疗产品损害责任，对医疗机构更严格了，实施的是无过错责任原则。也就是说，因药品、医疗器械有缺陷，或者输入不合格的血液造成患者损害的，认定责任时，实行无过错责任原则。这时，患者除了有权要求药品、医疗器械等产品的生产者赔偿，也可以直接要求医疗机构赔偿，不论医疗机构有没有过错。当然，医疗机构赔偿后，有权向医疗产品的生产者、销售者追偿。本节案例就符合这种情形。

## 医疗损害责任的免责情形

和其他特殊侵权责任类型一样，在医疗损害责任里也有免责事由。

**第一，患者或者近亲属不配合医疗机构实施的符合诊疗规范的**

**诊疗**。之前北京某医院就发生过一个案例。一位产妇难产需要剖宫产，其男友就是不同意、不签字，结果延误了手术，造成了一尸两命的结果。因为医院在诊疗过程中没有过错，法院就认定其不承担赔偿责任。

**第二，医务人员在抢救危重患者等紧急情况下，尽到了合理诊疗义务**。例如，医务人员冒着出现后遗症的危险，抢救濒临死亡的患者，患者的生命保住了，但留下了后遗症。这时也不能认为是医疗损害责任。

**第三，限于当时的医疗水平难以诊疗**。这一点和产品责任里的科技发展水平抗辩免责类似。比如，对患者实施手术后，出现了极小概率才会发生的后遗症。按当时的医疗水平，无法认识到手术会出现后遗症。对这样的损害后果，医疗机构也不负赔偿责任。

## 患者姜女士有权要求医疗机构赔偿

最后再来回顾一下本节案例。

医疗产品，无论是药品还是医疗器械，都是产品，按理说也应该适用产品责任规则，确定赔偿。其他国家的侵权法其实就是这样规定的，患者在医院使用药品或者医疗器械受到损害，医院没有过错的，患者只能找医疗产品的生产者、销售者赔偿，不能要求医院赔偿。

然而，我国在制定《侵权责任法》时，对这样的规定作了调整，规定：医疗产品给患者造成损害的，患者可以直接要求医院赔偿。这背后的考虑是，患者在医院治疗，使用有缺陷的药品或者医疗器械受到损害，当然可以向生产者、销售者请求赔偿。但是，给患者使用医疗产品的毕竟是医疗机构，同时，产品责任是无过错责任，对医疗产品造成的损害,当然也可以适用无过错责任。既然是无过错责任,医疗机构即使无过错,也应该先赔偿。医疗机构赔偿后,有权向产品的生产者和销售者追偿,补偿自己的损失。这样总比让患者直接去找缺陷医疗产品的生产者、销售者赔偿要好得多,患者赔偿请求权也更容易实现。

《侵权责任法》实施后,这个规则的反响很好,《民法典》也就继续坚持了这样的规定。因此,即使案例里医院没有过错,是患者姜女士图省钱,选择了质量不好的钢板,她也有权要求医院先赔偿,因为固定脊椎的钢板断裂就属于医疗产品损害责任。为了更好地保护患者,法律规定,构成医疗产品损害责任的,患者有权要求医疗机构先赔偿。当然,医疗机构赔偿后,有权向质量有缺陷的固定钢板生产者、销售者追偿。

**延伸课堂:**

### 过度医疗属于医疗损害责任吗?

我国《民法典》没有规定过度医疗责任,只规定了过度检查责任,也就是第1227条:"医疗机构及其医务人员不得违反诊疗规范实施不必要的检查。"这只是做了禁止性规定,没有明确具体的责任认定方法。因此,对过度检查,应该适用《民法典》规定的医疗损害责任一般条款,也就是医疗机构有过错时,就要承担责任。

过度医疗，学理上认为是与过度检查类似的侵权责任。所以，也应该根据医疗损害一般条款认定责任。也就是，医疗机构实施过度医疗，给患者造成财产损害，患者可以要求医疗机构赔偿，因为过度医疗本身就是过错，而且这种过错是故意。

但是，有一点要特别注意，主张过度检查或者过度医疗的侵权责任时，举证"过度"的事实往往难度比较大。原因在于，认定过度检查或者过度医疗，需要做医疗鉴定，这会涉及比较复杂的专业知识，而且认定标准也非常高。曾经有一个案例，一个患者在住院期间检查了一百多个项目。患者认为是过度检查，但经过医疗鉴定，结论是每一项检查在医疗规范上都有依据，无法认定是过度检查。

因此，要起诉过度检查或过度医疗，一定要寻求专业人士帮助，比如医生或者专门从事医疗损害救济的法律人士，收集到符合医疗鉴定规范的证据，否则，仅仅以"甲医院这样做，乙医院不这样做，节省了很多钱"为依据起诉，是很难得到法院支持的。例如，患者在甲医院住院期间一天要花上千元，但是回到自己家乡的医院住院，每天才花数百元，因此起诉甲医院赔偿。法院就不会只以这个标准认为甲医院是过度医疗。

## 195 环境污染和生态破坏责任

加油站被偷油，阀门未关造成泄漏污染，由谁承担责任？

本节讲另一个比较复杂，但又与我们生活息息相关的侵权类型——环境污染和生态破坏责任。先看一个案例。

某天晚上，肖某到加油站偷油，结果打开储油罐后，关不上阀门了，导致油品泄漏，污染了下游的农田、鱼塘。村民们因此损失了30余万元。肖某被抓后，受到了刑罚处罚，但受污染侵害的村民却起诉了经营加油站的张老板，要求赔偿。张老板不认可，认为油污损害是肖某盗窃造成的，和自己无关，而且自己的油也漏了，也是受害人，拒绝赔偿。

这个案例中，显然罪魁祸首是偷盗人肖某，加油站的张老板没有过错。那么，张老板是不是就不用赔偿呢？事实上，张老板需要赔偿，因为本案构成了环境污染和生态破坏责任。这种侵权类型适用无过错责任原则，无论张老板有没有过错，损害真实发生了，他就要承担责任。只不过，张老板赔偿后有权向偷盗人肖某追偿。

要理解这个结论，我们需要了解《民法典》中对于环境污染和生态破坏责任的规定。

环境污染和生态破坏是两种不同的损害结果。环境污染类型很多，如大气污染、水污染、固体废物污染，以及有毒有害物质污染等等。例如，药品制剂厂忘记关氯气阀门。氯气泄漏后，从生产车间所在的山洞向外扩散，导致周围居民区空气污染，30多名群众中毒。这是典型的有毒有害物质污染环境，造成损害。

而生态破坏则不一定因为有污染行为。比如，违法砍伐森林，引起水土流失；过度捕捞或开垦，导致一些动植物灭绝；等等。

**因果关系推定规则**

认定环境污染和生态破坏侵权，适用无过错责任。受害人不用举证过错要件，只要举证对方有违法行为，有损害事实，以及行为与损害之间有因果关系，就能认定侵权，要求赔偿。

除了不用举证过错，环境污染和生态破坏责任在认定因果关系时也有特殊规则，实行的是推定因果关系。原告只要初步证明了有因果关系的可能性，比如对方排污了，自己也有损害，并且行为和损害有时间的前后关联，法官就可以在这个初步证明的基础上，推定存在因果关系。法律这么规定，是因为让受害人证明污染、生态破坏行为与自身损害有因果关系，难度通常比较大。比如损害会有时间上的滞后性，会涉及复杂的化学原理等。

当然，推定存在因果关系，是要满足特定条件的。

**首先，环境污染、破坏生态行为与损害事实之间，可能存在客观的、合乎规律的联系**。比如鱼群集体死亡，村民认为是工厂过量排污导致的。然而，工厂证明鱼群三天前就死光了，而排污行为第四天才开始。损害结果出现在行为之前，时间顺序对不上，排污行为和损害事实之间显然没有合乎规律的联系。

**其次，不存在其他导致损害的原因**。这里说的"其他原因"，是指会中断因果关系、直接造成损害的事由。例如工厂虽然有排污行为，但是鱼群死亡是因他人炸鱼引起的，就能中断因果关系。

当然，无论是判断行为与损害事实之间可能有客观联系，还是排除其他可能导致损害的原因，判断的依据，都是一般社会智识经验。被告如果认为自己的行为与损害事实之间没有因果关系，须举证证明。能证明的，就可以推翻因果关系推定，免除责任，否则就要赔偿损失。

## 市场份额规则和第三人过错的责任承担

说到赔偿，一般来说，是谁实施侵权行为，就由谁承担责任。但在环境污染和生态破坏责任里，侵权情形有时候会比较复杂。比如多个工厂都向河流排污，但无法查清到底是谁造成了鱼群死亡。这时候涉及认定责任，就要说到《民法典》第1231条规定的市场份额规则了。

市场份额规则原本不是针对环境污染和生态破坏责任创立的，是源自美国的一个产品责任案例"辛德尔诉阿伯特制药厂案"。这个案件在前文第170节也提过。某种药伤害了辛德尔，但当时生产这个药物的化工厂有好几家，无法追溯真正的责任人。所以，法院追加了当时生产这个药物的所有化工厂，让他们根据产品当年的市场份额，按比例承担赔偿责任。

对应到环境污染和生态破坏责任里，就是两个以上的侵权人污染环境、破坏生态，但不能确定究竟是谁造成了损害，这时，由所有侵权人共同赔偿。假设变形一下前面的举例，是三家化工厂都向河流排污，造成鱼群死亡。其中一家排了四吨，另一家排了三吨，第三家排放两吨，就按照排放比例确定赔偿份额。

第七章　保护权利的侵权责任

适用市场份额规则时，多个行为人都实施了侵权，但无法查清最终责任人。如果最终责任人很明确，是第三人的过错行为作用于侵权人，导致侵权人污染环境、破坏生态。法律规定，对这种因第三人过错导致环境污染、生态破坏的情形，受害人有权选择赔偿人，既可以让第三人赔偿，也可以让侵权人赔偿。但在两者中只能选一个。

本节案例就是这样。肖某到张老板的加油站偷油，因关不上阀门造成石油泄漏，损害了下游的农田和鱼塘。肖某的偷油行为除了是盗窃外，还构成了因第三人过错导致的环境污染、生态破坏侵权责任。出现这种情形，法律规定：因污染而受害的村民，可以要求肖某赔偿，或者要求加油站的张老板赔偿。虽然张老板对污染损害无过错，但环境污染和生态破坏责任的规则精神是侧重保护受害人。因此，即使张老板无过错，现在村民们起诉了，他还是要赔偿全部损失。当然，赔偿后，张老板有权向肖某追偿。因为肖某才是真正的有过错的第三人。

## 惩罚性赔偿

构成环境污染和生态破坏责任，侵权人通常是赔偿实际损失。有人身损害的，要赔偿医疗费、护理费、营养费等；造成生态破坏的，通常还要赔偿污染清除、生态修复的费用，以及环境在清污、修复期间无法使用而带来的损失等。

不过，这是一般的赔偿情形。《民法典》规定，如果侵权人是故意污染环境、破坏生态，造成了严重损害，还涉及惩罚性赔偿。确定承担惩罚性赔偿，要判断两个要件。

**第一，侵权人有主观故意**。也就是明知国家禁止环境污染和生态破坏，而执意为之。如果是过失或者重大过失，不适用惩罚性赔偿。本节案例，小偷肖某虽然是故意偷油，但对污染环境是没有故意的。阀门关不上，或者忘关阀门，只能说是过失，所以不构成惩罚性赔偿。

**第二，环境污染和生态破坏行为造成了严重后果。**比如水污染造成受害人死亡或者留有严重的后遗症。再如，排放有毒有害物质，不仅毒死了庄稼，同时还给土地造成了永久性损害。这都属于严重后果。

惩罚性赔偿金，要以环境污染、生态破坏造成的人身损害赔偿金、财产损失数额作为计算基数，综合考虑侵权人的恶意程度、损害后果的严重程度，以及侵权人采取的补救措施及其效果等因素，计算最终赔偿额。这个赔偿数额一般不得超过人身损害赔偿金、财产损失数额的两倍。

## 196 高度危险责任

放炮炸石后,碎石滚落致害他人,应当赔偿吗?

高度危险责任是一个比较特殊的侵权类型,先来看一个案例。

老许盖房需要石料,经道班,也就是公路养护人员同意后,请了4个工人,在离公路大约10米远的斜坡上放炮炸石。取得石料后,工人清除公路上的碎石,准许他人通过。半小时后,小谢骑自行车路过,一些石块从放炮位置滚落,不仅撞倒了小谢,还导致小谢右手6级残废。

小谢起诉,要求老许和道班赔偿。老许认为,碎石已经被清理过了,现在还有石头滚落是意外事件,自己没有过错;道班则认为,损害与自己无关,也不愿意承担责任。

事实上,老许和道班都要赔偿。这个案例涉及的就是高度危险责任。其中,放炮炸石是高度危险活动,虽然可见的碎石被清理了,但是,其他石块松动、滚落,砸伤小谢,也与炸石行为有关。所以,不管老许、道班对此有没有过错,他们都要对小谢的损害负责。

### 高度危险责任的定义和构成要件

所谓高度危险责任,就是指行为人实施高度危险活动或者占有的高度危险物,造成他人的人身损害或者财产损害,应当承担的赔偿责任。

这个定义中有两个关键词。**一个是高度危险活动**，就是在现有的技术条件下，虽然以极其谨慎的态度经营，但仍然有很大的危险性，很容易威胁人身安全和财产安全的活动，比如火药、炸药等易燃易爆物品的制作、储存、高空作业、井下作业、爆破等；**另一个关键词是高度危险物**，也就是对周围具有非比寻常的危险性的物品，比如炸药、毒药、病毒、强酸等。

实践中，判断一个行为是否适用高度危险责任，要看这个行为是否满足高度危险责任的构成要件，主要有三点。

**第一，必须有高度危险活动或高度危险物的存在。**高度危险活动和高度危险物的危险性非常大，对周围环境中的一切人和财产，造成损害的概率很高。这是一般性的活动和物品不具备的。要构成高度危险责任，必须得有这样的危险活动或危险物存在。

**第二，必须有损害后果的存在。**危险活动或危险物的致害后果包括人身损害和财产损害。其中人身损害包括致伤、致残、致死；财产损害则包括直接损失和间接损失。总之，只要危险活动或危险物造成了人身损害或财产损害，就构成这一要件。

**第三，两者之间必须有因果关系存在。**只有危险活动或危险物与损害后果之间具有因果关系，才构成高度危险责任。如果没有因果关系，就不构成。在司法实践中，这种因果关系一般由受害人证明。

然而，在一些高科技领域，这个因果关系有时候并不那么好证明。比如，超高压线路区域的人患罕见癌症，就很难证明患病与超高压输电行为有因果关系。对这种情况，适用推定因果关系规则。受害人只要证明危险活动或危险物，和损害事实有表面上的因果关系，甚至只要证明危险活动或危险物是损害后果的可能原因，法官就可以依据这些事实推定因果关系存在。比如有一个世界比较通用的因果关系推定方法——疫学因果关系规则。说的是，以超高压线路建立前后的不同数据进行疫学统计数据对比，如果前后患病的概率相差悬殊，就可以推定超高压输电行为与患癌后果之间有因果关系。

当然，如果危险活动的活动人或者危险物的占有人能证明，危险活动或危险物与损害结果之间没有因果关系，就可以不承担责任。如果不能证明，就推定因果关系要件成立，构成侵权，就要赔偿。

## 高度危险责任的损害赔偿责任

高度危险责任的损害赔偿责任主要有三点。

首先，危险活动或危险物出现了特别异常的危险情况，远远超过了它们通常具有的危险性，对他人的人身和财产安全具有迫在眉睫的威胁的，比如核电站泄漏、有毒物品外溢、高压输电电缆落地等。面对这种情况，一切受到威胁的人都可以请求消除危险。举一个最简单的例子：高压电缆断了，落在地上，很容易导致触电，所有看到的人都能要求相关部门，赶紧把电线接上，消除危险。

其次，如果危险活动或危险物已经侵害了他人的人身或财产权益，就要给予赔偿。除非受害者有故意或者重大过失，否则从事高度危险活动或者持有高度危险物的人要承担全部责任。

对于高度危险活动和高度危险物的损害赔偿，大多数国家都设有最高赔偿限额，我国也有类似的规定。比如，我国《海商法》就对人身伤亡的赔偿及非人身伤亡的赔偿数额进行了限制，《核安全法》也对核损害的赔偿责任规定了限额赔偿。

## 高度危险责任的免责事由

高度危险责任是无过错责任,因此,一般的免责条件并不适用。但这也不是说只要从事危险活动、持有危险物出了问题,就一定要赔偿。法律上还是规定了一些高度危险责任的免责条件

**首先是战争、武装冲突、暴乱等情形**。比如,《民法典》第1237条就规定,战争、武装冲突、暴乱等情形是民用核设施损害的免责事由。《民用航空法》《铁路法》规定,不可抗力是民用航空器造成损害的免责事由。也就是说,遇到战争、武装冲突、暴乱等情形,导致危险行为或危险物致人损害的,可以不承担赔偿责任。

**其次是受害人故意**。受害人的故意既包括直接故意,也包括间接故意。直接故意,就是直接追求损害的后果,比如卧轨自杀,铁路公司就可以不承担责任;间接故意,就是放任损害后果的发生,比如擅自闯入严禁入内的危险区域,导致伤残的发生,对方也可以不承担责任。

**最后是法律的其他规定**。比如,《民法典》规定,在依法划定的高度危险活动区域,或高度危险物的存放区域内,区域管理人已经通过设置明显的标志和采取足够安全的措施等方式,尽到了充分的警示、保护义务,还有人未经许可进入,导致人身或财产权益损害的,高度危险活动人或高度危险物的所有人、占有人、管理人不承担民事责任。

## 案例回顾

老许请4名工人在公路边的高坡上放炮炸石,毫无疑问,这是高度危险活动。高度危险活动结束后,工人虽然清理了公路上的碎石,

但是，炸石还造成了其他岩石松动，导致半小时后滚下碎石，砸伤小谢。这就是高度危险行为，造成了损害后果，危险行为和损害后果之间又有因果关系，完全符合高度危险责任的构成要件。因此，老许应当赔偿小谢的损失。

准许老许放炮采石的道班也有责任。道班准许老许放炮的这段山体离公路很近，只有10米左右，这是非常危险的，很容易伤害路上的行人，但是道班还是同意了。因此，对于损害的发生，道班也有责任，要和老许共同赔偿。

**延伸课堂：**

### 环境污染责任和高度危险责任怎么区分？

在现实生活中，会出现高度危险行为和环境污染破坏生态行为高度相似的情况。这时要如何适用法律呢？

一方面是看原告主张的是哪一个权利；另一方面，法官要根据案件的实际情况区分，确定应当适用哪一种侵权规则。如果两种情况确实非常相似、很难区分，认定成哪一种特殊侵权行为都是可以的。这就构成侵权行为竞合，受害人可以根据自己的利益，选择一个规则来维护权利。

在选择时，两种侵权行为都是无过错责任，在这一点上并没有太大的区别。有区别的是，高度危险损害责任规定了限额赔偿；环境污染和生态破坏损害责任不仅没有限额赔偿，而且对故意造成损害的,还可以请求惩罚性赔偿。

从这一点看,两种侵权责任就存在很大的差别。如果一个高度危险物造成损害,但是同时也造成了污染环境或者破坏生态的损害后果,对受害人来说,当然是选择赔偿额更多的救济方式,也就是环境污染或者生态破坏责任。这样,对于保护自己的合法权益就特别有利。这也是《民法典》侵权责任编把环境污染和生态破坏责任排在高度危险责任之前的原因。

## 197 饲养动物损害责任

狗被挑逗后伤人，狗主人要赔偿吗？

本节来学习另一种特殊侵权损害责任——饲养动物损害责任。还是先看一个案例。

老韩养了一只黑贝犬，狗狗平时就在院子里跑来跑去。某天老杨到老韩家收购活猪，老韩拦住狗后，让老杨去猪圈。后来因为价格没有谈拢，买家老杨赌气离开，经过院子时，黑贝犬冲老杨大叫，老杨大怒，踢了狗一脚，却被狗咬伤了右脚跟。老杨要求狗主人老韩赔偿，但老韩认为，老杨受伤是因为他踢了狗，拒绝赔偿。

事实上，狗主人老韩是要赔偿的，因为本案构成了饲养动物损害责任。

### 饲养动物损害责任

**饲养动物损害责任是指，被饲养或者被管理的动物造成他人损害时，动物饲养人或管理人应当承担赔偿责任。**这里有一点要注意：唆使、利用动物侵害他人，和对动物管束不当导致他人受到侵害，看起来都是动物侵害了他人，但这是两种截然不同的行为，在法律适用上完全不同。

唆使、利用动物侵害他人，比如，和邻居闹了矛盾，故意让狗咬邻居，这是一般侵权责任，属于一般侵权行为中的故意侵权；而对动物管理不当导致他人受到侵害，比如遛狗时不小心，狗咬到了人，这是特殊侵权责任，属于饲养动物损害责任。换句话说，本节我们要了解的只有后一种情况，不包括唆使、利用动物侵害他人这种情况。

## 饲养动物损害责任的构成要件和责任承担

饲养动物损害责任的构成要件有三个。

**首先，被人饲养或管理的动物有加害行为。其次，确实产生了损害事实。**这个损害，既包括人身损害，比如，致人受伤、残疾、死亡等，也包括财产损害，比如，动物侵入别人的农田破坏了庄稼、咬死了他人的家禽等，都算损害。**最后，动物的加害行为和损害事实之间具有因果关系。**

只有同时满足这三个要件，才构成饲养动物损害责任，由动物饲养人或管理人承担赔偿责任。

当然，饲养动物损害责任也有免责或减轻责任事由。

**比如，受害人有故意或者有重大过失。**一般来说，饲养的动物造成他人损害的，饲养人或管理人应该赔偿。但如果能证明损害是被侵害人故意或者重大过失造成的，就可以不承担责任或者减轻责任。本节案例中，如果老杨明知道老韩家的黑贝犬很凶，还故意靠近它，不断挑衅它，结果被黑贝犬咬伤，就可以认为老杨有重大过失，可以减轻狗主人老韩的责任。

**再比如，过程中发生了不可抗力。**发生不可抗力导致动物损害他人的，如果动物饲养人或者管理人已经尽了管束义务，就不用承担责任。举个例子：暴风雨天气，羊群失控，虽然管理人竭尽全力控制，还是有个别羊冲入农田、破坏庄稼。这时候，动物饲养人或者管理人就可以不承担责任。

## 特殊规定的饲养动物损害责任

除了基本规则，《民法典》还专门规定了五种比较特别的饲养动物损害责任。

**第一，未采取安全措施的饲养动物损害责任**。动物是合法饲养的，只是没有采取安全措施，结果造成他人损害了，这种情况，应当适用无过错责任原则。也就是说，不用考察动物饲养人或者管理人的过错，直接由他们赔偿损失。比如，狗狗办理了狗证，可以在城市养，但是遛狗时没有牵绳，咬到人了，直接由养狗人赔偿。当然，如果饲养人能举证，受害人是故意逗狗导致自己被狗咬伤，那就可以减轻责任。

**第二，禁止饲养的饲养动物损害责任**。明令禁止饲养恶性犬，还非要违反禁令饲养，结果造成他人损害的，是饲养动物损害责任中最严格的，直接适用无过错责任原则，并且没有免责或者减轻责任的事由。也就是说，即便受害人有故意、有过失，也不能减轻或者免除饲养人、管理人的责任，需要全部赔偿。

**第三，动物园饲养动物损害责任**。这种情况比较特殊，适用过错推定原则。动物园的动物造成他人损害的，首先推定加害人，也就是动物园有过错。动物园主张自己无过错的，必须证明自己尽到了管理职责。如果能证明，就免责；不能证明的，就要赔偿。

不过，对这个规定，也有人持不同意见：家里养的狗咬伤人都是无过错责任，动物园养的很多是野兽野禽，危险性更大，却适用过错推定原则，不合理。不过当前的法律就是这么规定的，只是在学理上有争议。

**第四，遗弃、逃逸饲养动物损害责任**。比如被遗弃的流浪狗、从动物园里逃出来的老虎，就属于遗弃、逃逸饲养动物。这些动物损害他人了，也适用无过错责任原则，由动物饲养人或者管理人承担责任。

**第五，由第三人过错造成的饲养动物损害责任**。假如本节案例中，不是老杨惹怒了狗，而是路过的一个行人。这种情况也不能因为第三人的过错而免除动物饲养人、管理人的责任，而是适用"不真正连带责任规则"——被侵权人既可以向动物饲养人请求赔偿，也可以向第三人请求赔偿。两个请求权只能选择一个行使。当然，如果先赔偿的是动物饲养人或者管理人，他赔偿之后，有权向第三人追责。因为第三人才是最终的责任人。

## 老韩应当赔偿损失

了解了饲养动物损害责任的规则，我们来回顾一下本节案例。

在这个案例中，老韩饲养的黑贝犬在院内咬伤老杨，被饲养的动物有加害行为，也有损害事实产生，损害事实和加害行为之间具有因果关系，构成饲养动物损害责任。老韩作为黑贝犬的饲养人，应当赔偿损失。

更具体来说，老韩养黑贝犬没有问题，但是没有采取安全措施，就让它在院子里跑，属于前文说的五种情况的第一种——动物是合法饲养的，只是没有采取安全措施，也就是未采取安全措施的饲养动物损害责任。这种情况，适用无过错责任原则，不用考察动物饲养人或者管理人的过错,直接由他们赔偿损失。唯一要讨论的,就是受害人有没有故意或者重大过失。如果构成故意或者重大过失,老韩的责任可以减轻。案例中,虽然狗先对老杨吠叫了,但当时狗还没有伤人。是因为老杨靠近并且先踢了狗,才导致自己被咬伤。所以,对自身的损害,老杨虽然没有故意,却有重大过失。因此,狗主人老韩的赔偿责任应当减轻。

假设是黑贝犬边靠近老杨边吠叫,老杨抬腿踢了狗,这就很难说老杨有重大过失了。因为老杨是在保护自己,属于紧急避险。如果因此受伤,狗主人老韩要赔偿全部损失,不能减轻责任。

## 198 建筑物倒塌损害责任

业主挖地下室导致墙塌伤人，开发商要赔偿吗？

本节我们来了解一种比较特殊的情况——建筑物倒塌损害责任。房子塌了压伤人，都有谁要承担责任呢？来看一个案例。

老谭在别墅区买了一栋别墅，因为别墅没有地下室，老谭就在开始装修前雇了两名工人，在别墅下新挖一间地下室。结果挖着挖着，别墅的一面墙塌了，两名工人也被压伤。受害工人要求老谭赔偿，可是老谭觉得，哪有别墅没有地下室的？挖个地下室墙就塌了，说明别墅施工质量不合格，应该是开发商赔偿。可是开发商说，别墅区的建筑质量完全合格，还出示了各种证明材料。

案情就是这样。那么，两名工人被压伤，谁应该承担责任呢？《民法典》关于建筑物倒塌责任的规定，很明确地回答了这个问题。在这个案子里，应该由老谭，而不是由开发商来承担赔偿责任。

### 建筑物倒塌损害责任构成要件

建筑物倒塌本来是比较小概率的事件，所以在《民法典》之前，《民法通则》并没有专门规定建筑物倒塌损害责任。后来，因为汶川地震等自然灾害，发生了比较多的建筑物倒塌损害事件，立法机关意识到，这类情况需要有专门的法律规则。所以，后续出台的《侵权责任法》规定了建筑物倒塌损害责任。《民法典》更重视这种特殊侵权责任，把这种建筑物损害责任规定为建筑物和物件损害章节的第一种责任类型。

建筑物倒塌损害责任，按照《民法典》的规定，是指建筑物、构筑物以及其他设施因设置缺陷或者管理缺陷而倒塌、造成损害的赔偿责任。

构成建筑物倒塌损害责任，需要具备四个要件。

**第一，有造成损害的物件**。虽然为方便起见，我们把这一类责任称为建筑物倒塌损失，但它其实包括了建筑物、构筑物或者其他设施。建筑物，指民用或者公用的房屋、写字楼、商厦等建筑物。构筑物包括道路、桥梁、隧道、堤防渠堰、上下水道、纪念碑，等等。其他设施，包括建筑物或者构筑物的附属设备，例如，路灯、涵洞等就是道路的附属设备，围栏、台阶就是纪念碑的附属设备。

**第二，既然要追究责任，建筑物就必须有建设单位、施工单位或者所有人、管理人**。在造成损害时，这些建设单位、施工单位或者所有人、管理人就是赔偿责任主体。

**第三，建筑物的设置和管理须有缺陷，进而导致了损害的发生**。设置缺陷是指，建筑物在一开始就存在的不完备，比如设计不良、位置不当、基础不牢、施工质量低劣等问题。管理缺陷是指，建筑物造好之后，存在维护不周、保护不当、疏于修缮检修等不完善的问题。

**第四，因为设置和管理缺陷的原因，造成他人人身或财产损害**。比如墙塌了压伤人，或者压坏了邻居家汽车，这就造成他人人身或者财产损害了。但如果是公共电梯因缺陷中途停驶，比如小江坐公司大楼电梯上27楼，电梯故障，卡在26楼半，修了半天才修好，侵害了小江的人身自由。这虽然也是建筑物有管理缺陷，但不是建筑物倒塌损害责任，因为不涉及倒塌，只适用一般的人身损害规则。

**第五，建筑物倒塌损害责任适用过错推定原则**。建筑物倒塌造成损害，首先推定是建设单位、施工单位有过错，只有当建设单位、施工单位能够证明建筑物不存在质量缺陷，才不用承担赔偿责任。

## 建筑物倒塌损坏的责任主体

建筑物倒塌损坏的责任主体主要有两种情况。

第一种是设置缺陷的赔偿责任主体。设置缺陷，就是建筑物、构筑物或者其他设施在建造的时候就出了问题。如果是这种情况，责任主体就是建设单位和施工单位，由建设单位和施工单位承担连带责任。不过，设置缺陷也不一定就是因为建设单位、施工单位，也可能是之前的环节就出了问题。这时候，应当首先由建设单位、施工单位承担连带责任。赔偿之后，它们有权向其他责任人追偿。这里的其他责任人涉及面就很广了，可能包括设计单位、勘测单位、论证单位、监理单位，还应当包括具有过失的政府部门。

第二种情况就是对建筑物的管理缺陷导致的损害责任，这时的赔偿主体，按《民法典》的规定是建筑物的"所有人、管理人、使用人或者第三人"。原则上来说，谁导致的管理缺陷，谁就要承担责任。

## 建筑物倒塌损害的免责事由

在建筑物倒塌损害责任里，也有免责情形，主要是三种。

第一，虽然建筑物的设置、管理确实有缺陷，但是所有人、管理人已经尽到了防止损害发生的注意义务。比如广场设施部分倒塌，还残存一部分，没有来得及修。在此期间，施工部门在危险地带进行了遮挡，还竖立了警示标志，但行人还是执意从这里走过，结果被掉落的建筑材料砸伤，所有人、管理人就可以不负损害赔偿责任或者减轻责任。

**第二，不可抗力**。这条免责事由，应当适用《民法典》第180条规定的不可抗力的一般规则。地震后小区房子塌了，开发商要不要负责，要分情况来看。如果房屋设计、施工、管理等等都没有缺陷，那就可以免责。甚至只是存在一般的瑕疵，也可以免责。但如果存在缺陷，仍然构成赔偿责任。比如某小区房屋本身存在严重的设计和施工缺陷，地震后房屋倒塌，但是隔壁小区的房屋一点事也没有，就不能以不可抗力为由免责了，要看房屋缺陷和地震在损害当中各占多少原因力，来确定赔偿责任。

**第三，受害人故意或者过失**。如果建筑物、构筑物或者其他设施倒塌造成的损害完全是由受害人故意引起的，应当免除建设单位的责任。如果是受害人有过失，但建筑物本身也有缺陷，则按照前面讲过的过失相抵规则，由有过失的双方，按过错程度分担责任。

## 案例回顾

本节案例应当适用《民法典》第1252条第2款规定，也就是因管理缺陷造成的建筑物倒塌损害责任规则。老谭在自己的别墅下挖地下室，这是违法改建，属于对建筑物的管理有重大过失，现在造成建筑物倒塌，当然要由建筑物的所有人自己承担责任。

那么，开发商有没有责任呢？确实，建筑物倒塌损害责任适用过错推定原则，一旦造成损害，就要推定建设单位和施工单位有过错，但是法律也规定，能够证明建筑物的质量没有缺陷的，就不承担责任。这个案例中，建设单位、施工单位最终证明了建筑物没有缺陷，而且还证明,是因为老谭挖地下室的行为动摇了别墅的基础,因此造成了倒塌。所以法院认定建设、施工单位没有责任。

这个案件中还有另一个问题,就是老谭雇佣两名工人挖地下室,这属于个人劳务。虽然工人们受伤不构成工伤事故,但工人们没有过错,是雇主老谭有指示过失,所以也构成了个人劳务损害责任,两名工人有权要求老谭赔偿。

**延伸课堂:**

### 农村房屋倒塌伤人,村集体要一起赔偿吗?

农村的建筑物倒塌损害责任,规则其实和城市的建筑物倒塌损害责任是一样的。

问题是,农村的建筑物倒塌造成他人损害,即使建筑物的所有人、施工人有过错,要承担赔偿责任,但他们的赔偿能力有限,特别是农村自建房没有设计师,也没有建筑施工队参加,差不多都是村民帮工建成的。所以,这种情况基本上就是房主自己赔偿。

不过,对造成的损害,参与施工的村民如果有过失,也应当承担连带责任,和房屋所有人一起赔偿。如果存在有过错的第三人,例如道路施工不规范,导致房屋墙塌伤人,那当然也可以向施工队追偿。

如果相关责任人都无力赔偿,看造成建筑物倒塌的原因,村集体组织或者国家也可能会进行一定程度的帮助。比方说，房屋质量确实有问题，同时赶上了意外灾害，两者发生竞合，导致房屋倒塌伤人，村集体组织有条件的，应适当补偿受害人的损失；国家有专项救助基金的，也有义务救济损害。但是在实际操作中，这种情况很少。所以我们可以想简单一点，就是：谁有过错，谁承担责任。比如，张三家房子质量不好，倒塌了，把邻居压伤，自己没能力赔了，想让村集体和国家给赔一部分，基本不太可能，因为过错在房主张三。

## 199 高空抛物损害责任

无法查清高空抛物行为人,由居民楼全体高层业主赔偿吗?

本节学习高空抛物损害责任。这是一种虽然发生不多,但在生活中十分威胁群众人身安全的侵权行为。先来看两个案例。

第一个案例是,某天凌晨,郝某在街边谈事情,被路边楼上抛掷的一个烟灰缸砸中头部,当即倒地,送医院抢救后仍然留下了严重的后遗症。公安机关经过侦查,排除了有人故意伤害的可能性,但也无法确定抛掷烟灰缸的行为人。郝某起诉了出事地点两幢居民楼高层的25户居民,要求他们共同赔偿。法院最终判决,由其中有可能造成损害的20户居民承担连带责任。

第二个案例是,社区居委会韦主任到居民家里通知事情,离开楼门的时候,楼上掉下了一个废弃的菜板子,正好砸在韦主任的头上,造成死亡后果。韦主任家人向法院起诉这座楼里的56户居民,要求他们赔偿,但法院判决驳回了原告的诉讼请求。

这两个案件的判决结果截然不同,究竟哪个判决对呢?事实上,这两个判决都不正确。虽然查不清责任人时,要由有可能造成损害的居民一起分担责任,但肯定不是连带赔偿责任,而是补偿责任。

要理解这个结论,我们先来看看什么是高空抛物损害责任。

## 高空抛物规则的立法演变

高空抛物损害责任，是指建筑物中抛掷物或者坠落物造成他人损害，有关人员和单位要赔偿损失。

本节开头说的两个案例，是最早引起社会广泛关注的高空抛物案例。也因为这两个案例，2009年立法机关制定《侵权责任法》，就做了相应的规定："从建筑物中抛掷物品或者从建筑物上坠落的物品造成他人损害，难以确定具体侵权人的，除能够证明自己不是侵权人的外，由可能加害的建筑物使用人给予补偿。"当时这样规定，实际上并没有把高空抛物责任规定为一种特殊侵权行为，连对这种行为该适用什么归责原则都没说。只能说这是一个补偿责任规则，在侵权人不明的情况下，适用公平分担损失规则，由有可能加害的人给予适当补偿。

这一规则在2010年实施后，许多学者认为这个规则不够合理，让建筑物使用人"连坐"补偿不公平。同时，规则实施以后这类案件没有明显减少，预防效果也不明显。编纂《民法典》时，我们提出了这个条文存在的问题，强调规则应该加强对这类案件的防控。后来，《民法典》第1254条在《侵权责任法》第87条的基础上，进行了重大修改，新增了许多条款，原来的内容变成了现行规则中的一小部分。

## 高空抛掷物、坠落物损害责任的基本规则

现行高空抛物损害责任的主要规则归纳起来有六点。

**第一，把"禁止从建筑物中抛掷物品"规定为法定义务**。这是对

建筑物抛掷物、坠落物损害责任的基础性规定。在建筑物中向窗外抛掷物品，是非常危险的危害公共安全的行为，也是非常不道德的，违反了公序良俗，必须先从法律层面严格禁止。

**第二，规定高空抛物造成损害，首先由侵权人承担责任。** 任何人从建筑物中抛掷物品，或者建筑物上坠落物品，造成他人损害，都由抛掷物品的行为人，或者坠落物品的所有人、管理人或者使用人承担责任。这实际上是明确了，对这类侵权行为，首先适用过错推定责任原则。这是确立一类侵权行为的基本要求，不能有任何含糊。

**第三，经调查难以确定具体侵权人的，由可能加害的建筑物使用人给予补偿。** 这就是原《侵权责任法》的规则了。《民法典》将它保留了下来。这种情况在生活中并不罕见，比如开头所举的两个案例，都是高空抛物造成损害，但是无法确定具体侵权人的情形。要注意，这种特殊的责任承担方式，是由可能加害的建筑物使用人按份补偿受害人的损失，而不是对全部损害承担连带赔偿责任。当然了，如果居民能够证明自己不是加害人，比如能给出不在场证明，或者证明自己不是建筑物坠落物品的权利人的，不用承担补偿责任。

**第四，可能加害的建筑物使用人补偿后，有权向侵权人追偿。** 在难以确定具体侵权人的情况下，由可能加害的建筑物使用人承担补偿责任，其中必定有无辜者。如果后续找到了具体的侵权人，那么他们有权向侵权人追偿。

**第五，建筑物管理人对高空抛物损害未尽安全保障义务的，要承担责任。** 比如，物业服务企业没有定期检查建筑物的外墙皮，导致外墙脱落砸伤行人，这时就由物业赔偿全部损失。

**第六，公安机关应当依法及时调查责任人。** 在高空抛物损害责任中，绝大多数情况其实都是能够查清具体加害人的。但是，由于高空抛物损害责任规定在民法的民事责任里,在《民法典》出台前,对这类案件,很多公安机关并不立案侦查,这就导致出现了很多加害人不明的高空抛物损害情形,这个规则也才会被称为"连坐法",让承担补偿责任的人抱怨法律不公平。为避免这种情况大量出现,《民法典》就特别规定了"公安等机关应当依法及时调查,查清责任人",这就明确了高空抛物行为发生后,公安机关应当及时立案侦查,查清责任人。只有动用侦查手段仍然查不清责任人时,才能让有可能造成损害的建筑物使用人共同承担补偿责任。

### 案例回顾

到这里,我们再回顾一下本节的两个案例。

第一个案例是对建筑物抛掷物、坠落物损害责任具有重大影响的第一案。当时,这个案件的审理法官判决由可能加害的人承担连带责任,让20户居民赔偿受害人的全部损失。第二个案例案情与第一个案件相似,法院却判决驳回原告的诉讼请求,理由是责任主体不能确定。

了解了现行高空抛物损害责任的规则,这两个判决的不合理之处就很明显了。

首先,第一个案例,不应当让全体可能加害人承担连带责任,否则就是共同危险行为了。共同危险行为是每一个人都实施了危险行为,但只有一个行为造成损害,由于不知道是谁造成的,所以让共同危险行为人承担连带责任;而高空抛物是只有一个人实施侵害行为。所以,无法查清真正的行为人时,不能认定所有人承担连带责任,只能是按份补偿。

其次，第二种判决意见，对受害人的救济请求完全不管，就更加不对了。对高空抛物损害情形，首先都是要先查清侵权人，让有过错的侵权人承担责任。只有无法查清，甚至是动用了侦查手段仍然无法查清时，才判决让有可能实施加害行为的建筑物使用人，共同承担补偿责任。注意，是补偿责任，而不是连带责任。也就是，每个可能加害的业主只按一定的份额承担一个补偿，受害人不能要求其中个别业主赔偿全部损失，赔偿后再由他们内部追偿。

## 200 障碍通行物损害责任

前车遗撒物品造成后车损害,道路管理者要承担责任吗?

本节我们来学习最后一个特殊侵权行为——障碍通行物损害责任。要专门讲障碍通行物损害责任,是因为发生过一个特别典型的案例。

老贾开着一辆轿车在高速公路上行驶,速度为 120 公里/小时。途中,他突然发现前方不远的路面上有一个障碍物,急忙刹车打方向盘,结果撞坏了高速公路的护栏等设施,还造成一人死亡、两人重伤。前方的障碍通行物是某辆货车的遗撒物,高速公路管理部门还未巡逻发现。

死者的近亲属和两名重伤受害人起诉,要求高速公路管理部门赔偿,理由是管理部门没有保障高速公路的通行安全。但高速公路管理部门认为,自己没有过失,因为高速路的安全巡视是 15 分钟一次,遗撒物是在巡视间隔期里出现的。原告的人身损害是轿车驾驶人老贾造成的,应该由他赔偿。同时,高速管理部门还要求老贾赔偿高速公路护栏等设施的损失。

情况就是这样。可能有的人会想,驾驶人老贾肯定不用赔偿,因为他没有违章,是为躲避障碍物才造成了损害。而高速公路管理部门的安全巡视也符合流程,只是恰好没有巡逻到,也没有过错。因此该由遗撒货物的货车车主赔偿。在这种情况下,老贾确实没有责任,也该由货车车主赔偿。但是，这个案件发生时，还没有全覆盖的监控措施，最终也没找到遗撒货物的货车车主。在这种情况下，要由高速公路管理部门赔偿全部损失，因为构成了障碍通行物损害责任。

## 障碍通行物损害责任

障碍通行物损害责任是指，在公共道路上堆放、倾倒、遗撒障碍通行的物品，造成他人损害，行为人或者公共道路管理人应当赔偿损失。

设置障碍物的行为方式有三类，分别是堆放、倾倒、遗撒。要注意的是，其中堆放、倾倒，行为人的主观心理状态可能是有过失，或者是对致人损害有间接故意，也就是放任损害结果发生；而遗撒行为人的主观心理只能是过失，不可能是放任的间接故意。例如，在收获季节，农民在偏僻的公路上晾晒谷物，结果途经的机动车未及时减速，没刹住车，出现了事故。这样在公共道路上堆放障碍通行物，就属于对损害有间接故意。道路虽然偏僻，但是也有车辆途经的可能，在此堆放谷物，主观上就是放任可能的损害结果发生。

虽然认定障碍通行物损害责任要先判断行为人的主观心理状态，但这是不用受害人举证的，因为确定障碍通行物损害责任适用过错推定原则。**只要公共道路上有障碍物，也造成了受害人人身或财产损害，并且设置障碍通行物的行为与损害事实之间有因果关系，满足了这三个要素，就可以直接推定障碍物的设置人或管理人有过失**。比如，行为人将清理的积雪倾倒在公路上，导致了汽车碰撞事故，就可以直接推定行为人有过错，由行为人赔偿损失。当然，如果实施行为的个人或者有关单位主张自己无过错，则须自己承担举证责任。

能证明的，不承担责任；不能证明的，过错推定成立，要赔偿受害人的损失。比如，倾倒积雪的行为人能举证造成事故的原因不是积雪，是驾驶人自己超速，那就能推翻过错推定，不用对事故的损害赔偿。

## 责任人的确定

构成障碍通行物损害责任的，行为人或者公共道路管理人应当赔偿损失，这就涉及两种认定责任的情况了。

**第一，堆放、倾倒、遗撒行为人是直接责任人**。原《侵权责任法》对障碍通行物损害的责任人规定得比较模糊，只是笼统规定了"有关单位或者个人"应承担责任。《民法典》对此做了修改，明确规定：障碍通行物损害责任的直接责任主体，就是堆放人、倾倒人、遗撒人。现在公路上监控探头比较多，比较容易确定直接责任人。但要是遇到本节案例的情况，或者是在监控没有覆盖的盲区出现这类事故，找不到直接责任人，就要说到第二类责任主体了。

**第二，公共道路管理人要对障碍通行物造成的损害承担相应责任**。公共道路管理人承担责任的前提，是未对堆放物、倾倒物、遗撒物尽到清理、防护、警示等义务，因此引发交通事故、造成损害。尽到清理、防护、警示义务，就是对公共道路的管理无过失，没有尽到上述义务就是有过失。而且，对于没有管理过失的证明责任，也由公共道路管理人承担。能证明已尽义务的，免除责任；不能证明的，就存在过错，要承担相应责任。

## 责任承担规则

公共道路人管理人"承担相应责任",重点是"相应",而不是"全部",这和原《侵权责任法》的规定很不一样。原来的规定是"有关单位或者个人应当承担侵权责任",其实是说:找得到堆放人、倾倒人、遗撒人,就由他们承担责任;找不到行为人的,就是公共道路管理人全额赔偿。但《民法典》改变了这样的规则,现在的规定是:**行为人和公共道路管理人承担责任的方式,是单向连带责任。**

**首先,堆放、倾倒、遗撒障碍物的行为人,对全部损害后果承担连带责任。**不管公共道路管理人是否有过错,直接行为人都有义务先赔偿全部损失。

**其次,公共道路管理人不能证明自己已经尽到管理义务的,应当根据自己的过错,承担按份责任。**也就是,有多少管理过失,就承担多少责任。只有完全没有尽到管理职责的,才是全部赔偿,否则只赔偿部分损失。

这就意味着,如果障碍通行物的行为人无法查清,即使公共道路管理人也有过失,要承担责任,承担的也是部分责任,并不对全部损害负责。相比之前的规则来说,这其实是减轻了公共道路管理人的责任负担。当然,之所以会有这样的立法调整,很大程度也是因为现在找到直接责任人比较容易了。

## 案例回顾

这个案例在发生时引起轰动,焦点是高速公路管理人到底要不要赔偿损失。

机动车上高速是要交费的，那高速公路管理人就有义务保证车辆在高速公路上能够高速、安全行驶。高速公路管理人没有及时发现、清理前车的遗撒物，当然就存在过错，因此要赔偿损害。虽然高速公路管理人辩解说"通常的安全巡视间隔是15分钟一次，事故是在巡视间隔期里发生的"，但这不是国家标准，是涉事部门自己的工作流程缺陷，所以不能说明他们没有过失。而且，遗撒物也不是一经掉落就砸向了后边行驶的车辆，是在路面已经滞留了一段时间，才引发了后续的交通事故。在这期间，高速公路管理人没有及时发现、清理遗撒物，就属于未保障高速公路行驶安全，对造成的损害应该承担责任。

这个案例发生时，适用的还是《侵权责任法》的规定，因为当时没有找到遗撒障碍物的车辆，所以判决高速管理人赔偿全部损失。但就算适用的是《民法典》的最新规定，找不到直接责任人，让高速管理人根据自身过失程度承担相应的责任，也是会判决全额赔偿的。原因刚才也说了，这不是意外事故，是高速公路管理部门因工作流程缺陷，未及时发现路面有遗撒物，进而引发交通事故。这就是高速管理人完全没有尽到管理职责。

# 后记　　　　　　　　　　POSTSCRIPT

## 规范只是途径，权利才是目的

在本书的最后，我想跟大家说几句心里话。

最要紧的一句话就是，《民法典》的规定，确实是给当代人制定的行为规范。但更重要的是，它赋予和保障我们每一个人的民事权利，让我们每一个人都能够活得更有尊严。这也是我自1975年以来研究民法49年的深刻体会。

我刚走进法院的时候，才23岁。在学习办案时，老法官经常给我讲一些民法的理论和规则。说心里话，当时听到他们兴致勃勃地说起那些复杂的理论和规则时，我心里多少有点觉得，是不是在故弄玄虚啊？民法不一定就这么神奇，就这么深刻吧？但是49年过去了，我已经从一个小伙子变成了一个年长者，从一个民法的无知者成了专职的研究者，49年与民法朝夕相伴的岁月，我深深体会到了民法的深度和力量。

我当法官、检察官的时候，用民法的规则来保护当事人的合法权益。我在本书中曾提过贵州两位孤寡老人遗赠扶养协议的案件——他们的财产被恶意者强占，经历了三次审判都没有得到支持。最终我们在最高检再一次提起抗诉，第四次审判，终于给他们讨回了公道。胜诉之时，两个老人已经长眠于地下了。

还有，大家知道江苏无锡的那个冷冻胚胎案件吧？四位老人的子女车祸死亡，子女留下的冷冻胚胎在医院保管，怎么也要不回来，一审法院判决也不支持。那时我已经离开司法系统了，但前后还是写了三篇文章，从学理角度分析规则，为四个老人呼喊，要用民法保护他们的权利。最后他们终于胜诉。在那一年春节的前一天，有人专门打电话告诉我，四位老人在境外已经把追讨回来的冷冻胚胎孕育成了后代，一家人回到国内准备幸福地过年了，我激动得差一点就哭出来了。

这些都是民法的力量！

《民法典》是当代人的行为规范，但规范只是一个途径，规范的根本目的是维护每一个人的权利，维护每一个人的尊严。我衷心希望，你读完这本书后，能真正在生活中践行这些规则。就像我在前言里说的那样：该恪守行为边界时，尊重他人；该维护自身利益时，保护自己。没事不惹事儿，有事儿咱也不怕事儿——因为有《民法典》。

最后，我想再说一句，民法是我们人类探索相处、协作智慧的经验集合。你读完这本书，掌握了《民法典》的规则，就已经走进了民法的大厦里。不过，走进大厦还只是个开始，社会生活是复杂的，法律规则也还会变化。我希望你在读完本书后，还能保持学习民法的热情，去获取更多知识，掌握更多社会生活的行为规则，持续沐浴在民法的阳光里，成为有尊严的人。

**图书在版编目（CIP）数据**

民法典讲义. 下 / 杨立新著. —— 北京：新星出版社, 2024.5
ISBN 978-7-5133-5610-7

Ⅰ.①民… Ⅱ.①杨… Ⅲ.①民法 – 法典 – 中国 – 学习参考资料 Ⅳ.① D923.04

中国国家版本馆 CIP 数据核字（2024）第 100620 号

## 民法典讲义（上下）
杨立新 著

| | | | |
|---|---|---|---|
| **责任编辑** | 汪 欣 | **装帧设计** | 周 跃 |
| **策划编辑** | 宋如月 白丽丽 | **内文制作** | 书情文化 |
| **营销编辑** | 李君麟 lijunlin@luojilab.com | **责任印制** | 李珊珊 |
| | 王 瑶 wangyao@luojilab.com | | |

| | |
|---|---|
| **出 版 人** | 马汝军 |
| **出版发行** | 新星出版社 |
| | （北京市西城区车公庄大街丙 3 号楼 8001　100044） |
| **网　　址** | www.newstarpress.com |
| **法律顾问** | 北京市岳成律师事务所 |
| **印　　刷** | 北京盛通印刷股份有限公司 |
| **开　　本** | 880mm×1230mm　1/32 |
| **印　　张** | 35 |
| **字　　数** | 838 千字 |
| **版　　次** | 2024 年 5 月第 1 版　2024 年 5 月第 1 次印刷 |
| **书　　号** | ISBN 978-7-5133-5610-7 |
| **定　　价** | 199.00 元（全 2 册） |

版权专有，侵权必究。如有印装错误，请与发行公司联系。
发行公司：400-0526000　总机：010-88310888　传真：010-65270449